周振华学术文集

产业卷
中国经济卷
上海发展卷
全球城市卷

创新驱动
与转型发展：
内在逻辑分析

周振华 著

格致出版社　上海人民出版社

潘宜辰摄于2023年5月24日

作|者|小|传

　　周振华，1954 年 4 月 1 日出生于上海。祖籍是浙江上虞。1961 年，就读于上海市南市区中心小学（试行五年制），受到当时最好的教育。但初中三年"复课闹革命"，没上过什么课，留下一片空白。1970 年，作为 69 届初中生，毕业后即赶上知青下乡"一片红"（全部离沪"上山下乡"），便去了黑龙江香兰农场接受"再教育"。农田干活，战天斗地，经受日炙风筛的砥砺，接受凌雪冰冻的洗礼。好在八年的知青生活，没有闲游如戏人生、放荡如梦江湖，而是把青春默默存放，毫无目标地翻阅了一大堆哲学、历史及马列经典著作。特别是调到场部宣传科后，接触了更多文史哲的理论知识。

1977 年恢复高考，仓促迎考，也不抱有太大希望。也许是，付出终究会有回报，竟被牡丹江师范学院政治系录取，圆了多年的上学梦。作为 77 级大学生，对知识的追求，如饥似渴，分秒必争，近乎痴迷和狂热。不经意间，还孕育出未来继续深造的奋斗目标——报考硕士研究生。最初，选择了当时较热门，自身也有些基础的哲学专业方向。后来，接触了政治经济学，有一种直觉：这门学科更为实用，尤其是在改革开放和转向以经济建设为中心的背景下。于是，调整了报考研究生的专业方向——政治经济学，并主攻《资本论》研究，尽管是从"一张白纸"起步。大学期间，除优质完成所有课程学习外，大部分时间花费在备考研究生上，特别是"无师自通"了《资本论》三卷本。

1981 年底，如愿考上了福建师范大学硕士研究生，师从我国《资本论》研究权威人物陈征教授。硕士研究生三年里，在陈征老师的卓越指导和严格要求下，通读和精读《资本论》数遍，受到政治经济学及《资本论》逻辑体系的系统训练，为此后的学术研究打下了扎实的理论功底。并尝试运用《资本论》原理，结合我国改革开放的实际，研究社会主义流通问题。硕士论文成果在《福建师范大学学报》和《南京大学学报》上发表。

1985 年初，硕士毕业去南京大学经济系工作。除了开设《资本论》课程外，又系统学习了宏观经济学和微观经济学、投资学、企业管理学等，进一步完善了经济学的知识结构。在教书育人的同时，深入研究我国改革开放中的重大理论问题，如市场经济问题，现代工业、乡镇工业和农业三部门的结构问题等，并发表了一系列论文。1986 年，被评为讲师。1987 年，领衔完成《社会主义市场的系统分析》一书的撰写，该书由南京大学出版社出版，成为我国较早一部阐述社会主义市场经济的著作。

1987 年，因科研成果突出，被中国人民大学免试录取为博士研究生，师从我国杰出经济学家、教育家、新中国国民经济学学科开拓者胡迺武教授。在此期间，学习和研究的重点转向市场经济条件下的宏观经济管理，在《经济研究》等刊物陆续发表学术论文。参与了吴树青、胡乃武承接的"中国改革大思路"国家重大课题，撰写了其中有关流通体制改革的章节。该成果获首届孙冶方经济科学奖论文奖。博士论文选题是当时比较前沿的产业结构与产业政策研究。博士论文提前一年完成，并以《产业政策的经济理论系统分析》为书名于1991年由中国人民大学出版社出版。

1990年初，去上海社会科学院经济研究所工作。因博士论文撰写中的大量资料积累及观点酝酿，在1991—1992年两年内，出版了《产业结构优化论》和《现代经济增长中的结构效应》两部专著。1991年底，从讲师(助研)破格晋升为研究员。1993年，获享受国务院特殊津贴专家荣誉。1994年，获国家人事部突出贡献中青年专家荣誉。1995年，入选中共中央宣传部、组织部、国家人事部等国家社科领军人才。1996年，任上海社会科学院经济研究所副所长，《上海经济研究》总编。在此期间，陆续出版了《增长方式转变》《步履艰难的转换：中国迈向现代企业制度的思索》《积极推进经济结构调整和优化》(合著)《体制变革与经济增长》《信息化与产业融合》等专著，主编了《中国经济分析》年度系列研究报告(持续近25年)、"上海经济发展丛书"(12卷本)等。

2006年，调任上海市人民政府发展研究中心主任、党组书记；兼任上海市决策咨询委员会副主任、上海市社会科学界联合会副主席、上海市经济学会会长等职。在此期间，创建了上海发展战略研究所，兼任所长；创办了《科学发展》杂志，兼任主编。主持和组织了上海市若干重大课题研究，如"上海'十二五'期间发展主线研究""上海世博后开发利用研究""面向未来三十年上海发展战略研究"等。出版个人专著《崛起中的全球城市：理论框架及中国模式研究》《服务经济：中国经济大变局之趋势》《城市发展：愿景与实践》等，主编《上海：城市嬗变及展望》(三卷本)等。

2014 年，退居二线，任政协上海市十三届委员会常务委员、经济委员会常务副主任，继续兼任上海发展战略研究所所长。在此期间，出版个人专著《全球城市：演化原理与上海 2050》，主编《上海改革开放 40 年大事研究》（12 卷本），并执笔其中的第一卷（总论）《排头兵与先行者》。组织上海发展战略研究所科研人员集体攻关，完成《战略研究：理论、方法与实践》《上海战略研究：历史传承时代方位》《上海战略研究：资源、环境、驱动力》《上海建设全球科创中心：战略前瞻与行动策略》等研究成果并公开出版。

2018 年，受邀组建上海市决策咨询委员会下属的全球城市研究院，并出任院长。创办《全球城市研究》杂志，为总负责人。每年组织面向全市和全国的招标课题研究，主编和出版《全球城市发展报告》《全球城市发展指数》和《全球城市案例研究》三大年度标志性成果。个人撰写并出版《卓越的全球城市：国家使命与上海雄心》《全球城市：国家战略与上海行动》等简明读本。加强国际学术交流，组织"全球城市经典译丛"系列的翻译，个人专著《崛起中的全球城市：理论框架及中国模式研究》《服务经济：中国经济大变局之趋势》《全球城市：演化原理与上海 2050》的英文版也由世界著名学术出版商施普林格（Springer）、世哲（Sage）等出版发行。

曾被中国人民大学、上海交通大学、同济大学、华东师范大学、上海财经大学、上海海事大学、上海师范大学等诸多高校聘为兼职教授。为首届长三角一体化发展咨询委员会专家、上海市决策咨询委员会委员、上海市政府特聘专家，被浙江、成都等多地政府聘为顾问和咨询专家。著作类研究成果曾获得国家"三个一百"原创图书奖、华东地区优秀理论读物一等奖、上海哲学社会科学优秀成果奖一等奖（多次）、北京哲学社会科学优秀成果奖、上海市"银鸽奖"最佳出版奖等多种奖项，入选"十四五"国家重点出版物出版规划等。

自　序

　　出版社准备编辑这套学术文集，要我作一自序。正好，乘此机会，对一路走来的经历及感受作一个系统梳理。但是，又有点犯愁。往事久远，记忆淡去，再加上我有一个习惯，就是只顾匆匆前行，无暇回眸过往。学术生涯四十载，研究成果积三尺，却从未整理过一二。这下可好，有点手忙脚乱，不得不静下心来，凝思回想：这一学术之路如何走过，沿途又有怎样的风景？一帧帧画面，在脑海中匆匆闪过，丰实多彩，却又片断杂乱。这些画面的不规则组合、交叉渲染，竟然变幻为一种朦胧写意，让我突然联想到当年独登泰山的生动场景。两者之间，如此相似！难道是冥冥之中的暗喻？

　　那还是1971年，我参加知青下乡的第二年，回沪探亲途中的事情。事先约定登泰山的同伴们，或许因旅途疲惫，快到泰安站，临时变卦，剩我一人独行。为观日出，我不顾舟车劳顿，半夜三更上山。天色阴黑，万物寂静，漫漫山道上，一道孤影飘然而行，尤显孤单、落寞。沿途两侧，景物模糊，难窥秀丽之色，我不免有些无奈，心生遗憾。更叹浑然不知泰山典故，无以领略沧海桑田之变，乏味、茫然之感陡增。

　　到半山腰，正准备歇脚，突然望见，远处有黑影晃动。哇！原来不乏夜行者。那是两位50多岁的老人，正慢悠悠走着，不时停下来，指指点点，说说笑笑。原来，他们对泰山情有独钟，每隔几年就登临山间，对此地的一景一物了如指掌。见我一人，他们便热情招呼我随其同行。这下可好,下半程的山路,有了另一番风景。他们给我介绍景点,讲传闻趣事。生动之余,阐幽明微,赏心悦目。周边朦胧景物,仿佛逐渐明朗,露出真容仪态,并似乎鲜活起来,呈现古往今来的流动。这才让我慢慢感受到五岳之尊的魅力,初识得泰山的真面目。过了中天门向上,两边山崖壁如削,山路陡峭乱云渡,风啸阵阵催更急。置身其中,犹如逆天渡劫。我咬紧牙关,拉着铁索,奋勇攀爬,直至一步一喘,五步一歇。终于,天色微亮之际,站立于岱顶之上,脚踩云雾缭绕中的峰峦,领略了"一览众山小"的境界。

一

说来好笑。搞了一辈子学术研究,还真不知,学术生涯开端,以什么为标志。有人说,是处女作。如果那样的话,我的学术生涯开端可追溯到1980年。当时,我还是大学三年级的学生,试着对外投稿。想不到,稿件被黑龙江省委党校《理论探讨》录用,他们让我快速去编辑部修改定稿。为此,我专门向学校请了假,连夜从牡丹江乘火车赶去哈尔滨。此番经历给我留下深刻印象。

但我总觉得,这似乎并不能标志学术生涯的开端。当时发表一篇论文,只是业余爱好而已。更主要的是,当时压根没想过要走学术研究之路。这主要源自69届知青的"出身卑微"。所谓的知青,其实没什么文化知识,尤其是69届知青,实际上只有小学文化程度。初中三年,赶上"复课闹革命",没上过文化课;毕业后上山下乡"接受再教育",整整八个年头,实践知识大增,文化知识却没增添多少。幸好,1977年恢复高考,借洪荒之力,我考上了大学,实现了不可想象的"飞跃"。但如此浅薄的底子,怎能去搞这般高深的学术研究?! 至今,回想起来,对走上这条学术之路,我仍感不可思议。只能说,也许是鬼使神差,机缘巧合,勉为其难,艰辛付出的结果吧。

应该讲,真正意义上从事学术研究,是在攻读硕士学位之后,是我国《资本论》研究的权威人物陈征老师将我带入了学术研究之门。其实,当时报考陈征老师的研究生,也是逼迫无奈,挣扎奋起的结果。1978年底,大批知青返城,这使曾经当过知青的我,有一种失落感,回上海的愿望很强烈。无奈所读学校是省属高校,毕业后当地分配。唯一出路,就是报考研究生。但这种机会,只有一次。直接报考上海高校的研究生,风险太大,故选择"曲线返城",先报考福建师大陈征老师的研究生,等以后有机会再回上海。为此,大学在读期间,我足足准备了近三年。考试下来,自我感觉也不错。但结果如何,心里仍没底。在焦急等待之际,意外收到陈征老师来信,告知报考人数多达 80 余人,竞争十分激烈,但"你考试成绩优秀,欢迎前来深造"。这样,我开启了新的人生,走上了学术研究之路。

陈征老师担任中国《资本论》研究会副会长,并率先组建了"全国高等师范院校资本论研究会",担任会长。他的 5 册本《〈资本论〉解说》是我国第一部对《资本论》全三卷系统解说的著作,也是国内对《资本论》解说得最为清晰明达、通俗易懂的专著。在他的教诲和指导下,我开始对《资本论》三卷进行系统学习和研究。一开始,我感觉这"大部头"很难啃,读了老半天,像无头苍蝇似的,不得要领,入不了门。陈征老师送我陆九渊《读书》中的一段话:"读书切戒在慌忙,涵泳工夫兴味长。未晓不妨权放过,切身须要急思量。"于是,我调整了策略,采取"先粗后精、步步为营"的方法。初读时,看不懂的地方,先跳过去,继续往下看;然后,回过头再看,将原先不懂的地方消化了。前后章节,来回研读,并特别注重《资本论》方法论及辩证逻辑关系。在每一阶段学习结束后,加以巩固,把其逻辑演绎梳理出来。通过"三遍通读"加上"两遍精读",我最终将其逻辑演绎完整梳理出来,绘制出了一张《资本论》结构体系示意图。同时,我学习和研究了马克思的《剩余价值史》《政治经济学批判导论》等专著,以及黑格尔的《小逻辑》等。这不仅让我掌握了《资本论》的核心范畴和各种概念,而且理清了基本脉络,甚至有点触摸到《资本论》的精髓。正所谓"半亩方塘一鉴开,天光云影共徘徊。问渠那得清如许,为有源头活水来",唯有进入这一境界,才能真正享受到《资本论》逻辑思维的艺术性和美感。

而且,陈征老师身先垂范,将《资本论》基本原理与中国具体实际相结合,创建了社会主义城市地租理论和现代科学劳动理论,并要求我们把

《资本论》的原理及方法运用于现实之中,特别是中国的改革开放。这不仅为我从事学术研究打下了坚实基础,而且也为我指明了学术研究方向。当年,我的硕士论文就是运用《资本论》原理来分析社会主义流通问题,论文中的研究成果在《福建师范大学学报》和《南京大学学报》上发表。

硕士毕业后,我到南京大学经济系任教。课堂上,给学生上《资本论》课程。业余时间,潜心学习和钻研西方经济学,感觉其中许多原理及方法,可用于现实经济运行分析。在此过程中,我试图将《资本论》的逻辑演绎与西方经济学分析工具结合起来,用于研究中国改革开放及经济发展问题,并撰写和发表了一些学术论文。同时,高度关注改革开放实际情况及相关文献,并通过征文录用,我参加了一系列全国中青年经济学人论坛及研讨会,与许多当时活跃在改革开放理论研究和决策咨询领域的中青年学者进行交流。这种交流,特别是私下闲聊,不仅信息量大,而且现实生动,绝非书本上所能获取。由此,我明显感觉思想认识上一个新台阶。另外,也学习和汲取了他们合作攻关重大课题的经验。当时,这些中青年学者合作发表的一系列高质量、高水平研究报告,产生了重大的社会影响,其建议往往被政府部门所采纳。

在南京大学,我们六个硕士毕业、同时进入经济系的青年教师(金碚、胡永明、张二震、刘志彪、施建军和我)也开展了合作攻关。尽管专业和学术背景不同,但都具有较扎实的理论基础,思想活跃,精力充沛,积极向上,平时交往也较密切。我们围绕一个重大问题,分头调研,取得一手资料,开展头脑风暴,分工协作撰写论文。这些合作论文围绕热点问题,有新思想和新观点,质量也较高,从而录用率较高。成果出得也较快,一篇接一篇地密集"出笼"。后来,感觉不过瘾,遂开始更高层次的合作——撰写专著。当时,全国正进行有关市场经济的大讨论,焦点在于商品经济还是市场经济。我们的选题更超前一步,试图回答"市场经济是什么样的,有怎样一种市场体系结构"。我承担了主要部分的撰写,并对全书进行了统稿和润色。1987年底,《社会主义市场体系分析》一书由南京大学出版社出版。这是国内较早一部全面系统研究社会主义市场经济的专著。我的博士生导师胡逎武先生为此写了书评,发表在《经济研究》上。在南京大学,虽然这种学术合作只持续了两年多(其中三人,离开南大去读博了),但十分让人留恋。它不仅促进互相学习,实现知识互补,拓展学术视野,而且形成学术争锋的强大激励,激发多出成果、出好成果的斗志。对于刚踏入学术研究领域的青年学者来说,这无疑是难得的宝贵财富。

在南大两年多,我的工作与生活已基本安稳下来,也分配到了两室一厅的新房。然而,"天上掉下馅饼",人生又迎来一次重大转折。中国人民大学的胡逎武教授首次招收博士生,向校方争取到一个免试名额。经一些学者推荐,并看了我的科研成果,胡逎武教授对我颇有兴趣,允许我免试去他处攻读博士学位。事出突然,让我有点措手不及。但惊喜之余,我还是毅然决然放下家里一切,投入胡逎武老师门下。

当时,胡逎武老师是中国人民大学最年轻的博导,经济研究所所长,学术精湛,成果丰硕。而且,胡逎武老师思想解放,与时俱进,不受传统理论束缚。他结合中国改革开放和建立社会主义市场的实践,率先将我们的专业方向(国民经济计划与管理)转向宏观经济管理研究。这给我们专业研究打开了通途,其中涉及许多值得研究的新议题和理论创新。更重要的是,这正为我国改革开放及经济发展所迫切需要。胡老师在专业研究指导上,强调系统学习,独立思考,掌握分析工具,涉猎前沿新理论;积极倡导学以致用,理论联系实际,务实求真;鼓励我们运用原理及方法深刻揭示现象背后的深层原因,大胆提出独到见解,发表研究成果。胡老师还经常组织大型课题研究,为学生提供参与现实问题研究的机会及平台。例如,他与吴树青老师一起承接了"中国改革大思路"国家重大课题,组织在校博士生开展研究,带领我们收集资料、开展调查研究、梳理思路、讨论交流;指导我们设计课题、确定提纲、把握写作重点、进行修改完善等。在此过程中,我们全面了解了我国80年代改革开放的进程及特点;充分认识到价格"双轨制"等问题的复杂性和严重性;深切感受到进一步推进改革面临的艰难抉择;深入思考了如何推进改革,减少改革风险的思路和操作路径等。这种"实战"磨炼的机会,非常难得,我们的研究明显提升了一个境界。后来,"中国改革大思路"的人大版本,因研究扎实,并提出独到的改革思路,获首届孙冶方经济科学奖论文奖,我们得以分享荣誉。胡老师这一治学品格,对我影响极其深刻,甚至决定了我此后学术生涯的风格。

特别难能可贵,让我更为感动的,是胡老师对后辈的鼎力扶持,为后辈的开路铺道。初次接触,只觉得胡老师平易近人,对学生关心备至,爱护有加。到后来,我越来越深切感受到,胡老师对学生,倾其心血,尽其所能,创造条件,积极提携,帮助搭建与著名学者的学术联系。他听说我正在翻译国外《金融大百科》的相关词条,便主动联系著名经济学家、资深翻译家高鸿业教授,并陪我去高教授家里,让他帮着把关与指导。高教授视力很差,几乎贴着稿纸进行校对,一整就大半天。这让我十分感动,敬佩之极。还有一次,胡老师给我一本中国社科院经济所董辅礽所长的新著《经济发展战略研究》。原以为,是让我读一下这本书,有助于博士论文写作。殊不知,胡老师说:"你写一个书评吧。"闻之,我吓了一跳。一个无名小卒岂能给大名鼎鼎的大师的著作写书评?! 我赶紧解释,水平太低,难以把握书中要点和精髓,容易"评歪"或评错。看到我有所顾虑,胡老师鼓励说:"没关系,试试吧,争取写出一篇好的书评。我跟董辅礽所长打个招呼。"接下这一任务后,我不敢有丝毫懈怠,反复阅读,认真学习,吃透精神。同时,参阅了不少文献资料,通过比较分析,找出书中的新思想、新观点及理论创新点,阐明该书独特贡献的学术价值以及现实指导意义。一天晚上,胡老师和我,骑着自行车,去董辅礽所长家送书评初稿。董辅礽所长热情、好客、随和,不经意间给人一种轻松、惬意的感觉。而他一拿起稿子阅读,便聚精会神,神情也变得严肃起来。他看得非常认真,逐字逐句斟酌,让我不由产生时间放慢的错觉。寥寥数页,怎么看了这么长时间? 瞬间,我有点坐立不安。一旁的胡老师似乎有所察觉,便乐呵呵介绍起写作过程,还不时夸我几句。总算,董辅礽所长看完了稿子,对我微微一笑,说道:"写得不错。"随后,董辅礽所长与我们交谈了一些重大理论问题及其争议等,并询问了我的学习和科研情况。后来,这篇书评在《经济研究》发表。胡老师用各种方式为学生搭建与著名学者的学术联系，并向大师们积极推荐学生，体现了崇高师德，他是教书育人的楷模。这对我也有深远影响。

在博士课程尚未结束之际，我就提前进入博士论文撰写。经过反复比较和斟酌，我最后确定论文选题为产业结构与产业政策研究，从而也奠定了我学术生涯的主要研究方向。这一选题在当时是比较前沿的，可参考的文献资料较少，还要收集大量历史资料及数据。而传统统计口径缺少这方面的现成数据，要重新整理并作相应的技术处理，甚为繁杂与烦琐。当时，没有电脑，全靠笔记，抄录在小卡片上，厚厚一沓，用不同颜色进行分类。虽然费时、费力，但有一个好处——走心了，不容易忘记。主线逐渐清晰后，开始梳理基本逻辑关系，编排相关内容。由于受过《资本论》逻辑的系统训练，这是我的强项，没有花费太多精力。主要功夫下在充分论证，提出新思想，提炼新观点上。整天，满脑子的问题，不停歇地思考；稀奇古怪的想法，不断否定之否定，似乎进入着魔状态。半夜醒来，有时会突发灵感，好似洞彻事理，便赶紧起床，将它及时记录下来。这段时间，讲呕心沥血，一点也不为过。用了一年多时间，我完成了博士论文写作，提前半年进行论文答辩。并且，经胡老师推荐及专家们严格评审，论文被列入首批"博士文库"出版。至此，我的第一部个人专著《产业政策的经济理论系统分析》诞生了。

1990年初，我来到上海社科院经济所工作。这里集聚了一大批学术大佬和知名专家，学术氛围十分浓厚，学术影响很大，是一个名副其实的学术殿堂。院、所领导高度重视人才培养，言传身教，进行学术指导，并向社会大力宣传和推荐青年学者及其优秀成果。张仲礼院长为我的两部专著亲自作序。袁恩桢所长向宣传部推荐我参加市委双月理论座谈会。所里经常举办报告会，组织学术讨论，鼓励思想交锋，展开争论，却能心平气和，以理服人，学术氛围浓厚、活跃、融洽。这样的环境，不仅让我深受学术熏陶，更加夯实学术研究的根基，而且让我备感温暖，激发起学术钻研的劲头。利用博士期间的知识积累，我在《经济研究》等刊物上连续发表了数篇论文,并先后出版了《现代经济增长中的结构效应》和《产业结构优化论》两部专著。1991年底,我破格晋升为研究员,开启了学术生涯的新篇章。

社科院学术研究的一个显著特点是:针对现实问题,深入调查研究,理论联系实际。上世纪90年代初,我国改革开放进入以浦东开发开放为标志的新阶段,社会主义市场经济体制机制开始建立,许多新事物,如证券市场、公司上市、土地批租等涌现出来。当时,我们宏观室在张继光老师的带领下,系统研究了证券市场的架构、功能及其运行方式,讨论中国证券市场自身运行特征和市场管理及调控方式等,集体撰写了《经济运行中的证券市场》。这是一本国内较早出版的证券市场专著,引起社会较大反响。为此,我们受邀去杭州举办讲座,给浙江省银行系统人员普及股票市场知识。我还在社科院新办的《证券市场研究》周刊担任副主编。周五闭市后,与一批股评家讨论与分析基本面、走势图和个股,然后分头赶写稿件,连夜编辑印制,保证周六一早出刊。另外,在袁恩桢所长的带领下,经常深入基层,进行调查研究,先后参与了二纺机、英雄金笔厂、中西药厂、白猫集团等企业改制与上市的课题研究。在此过程中,我接触了大量鲜活案例,了解到许多实际问题,提出了不少研究新题目,也有了更多理论研究的实际感觉。在此期间,除了坚守产业经济学研究外,也研究了经济增长与制度变革、经济结构调整以及企业改制等问题,在《经济研究》《工业经济研究》等杂志发表了多篇学术论文,并出版数部专著。

到20世纪90年代后半期,理论研究更加深植上海实际,与决策咨询研究相结合,我先后承接和完成了一批国家及市里的重大研究课题。例如,参与了"迈向21世纪的上海"的课题研究,主要分析世界经济重心东移和新国际分工下的产业转移,为上海确立"四个中心"建设战略目标提供背景支撑。在洋山深水港建设前期论证研究中,我主要分析了亚洲各国争夺亚太营运中心的核心内容及基本态势,论证了加快洋山深水港建设的必要性和紧迫性,并评估了优势与劣势条件。尽管这些课题研究是问题导向和需求导向的,但仍需要相应的理论分析框架,并运用现代经济学分析方法和工具,才能找准问题、讲透成因、切中要害、对症下药。而且,通过这些课题研究,还能引发新的学术研究方向及思路,并可以从现象感知、具体事实、个别案例中抽象出理论要素、思想观点,并加以系统化和学理化。因此,在完成许多课题研究的同时,我也在核心期刊上发表了诸如"城市综合竞争力的本质特征:增强综合服务功能""流量经济及其理论体系""论城市综合创新能力""论城市能级水平与现代服务业"等议题的学术论文。

学术研究,确实要甘受坐"冷板凳"的寂寞,乐于"躲进小楼成一统"的潜心钻研,但也需要广泛的社会交往和学术交流。同仁间的思想交锋、观点碰撞,将会带来意外的收获和启发,产生更多的灵感,得到更深的感悟。从 1993 年起,在没有正式立项和经费资助的情况下,通过一批志同道合者的聚合,我们自发组织开展中国经济问题研究,撰写《中国经济分析》系列报告,主题包括"走向市场""地区发展""企业改制""增长转型""结构调整""金融改造""收入分配""挑战过剩""政府选择"等。我负责设计每一主题的分析框架和基本要点,撰写"导论"和有关章节,并负责全书的统稿。这套年度系列报告的编撰,一直持续了 25 年之久,产生了重大社会影响。在此过程中,不仅结识了一大批各专业领域的专家学者,形成了松散型学术团队,而且在大量学术交流中,我深受其益,提高了学术水平。1996 年,我担任经济所副所长后,组织所里科研人员集体攻关,研究改革开放以来上海经济运行新变化及主要问题,并分成若干专题,逐个进行深入研讨,确定分析框架及重点内容,然后分头撰写,创作了一套《上海经济发展丛书》(12 本),其中包括自己撰写的《增长方式转变》。这一成果获得了市级优秀著作奖。此后,我又组织所内科研人员专题研究收入分配理论及我国收入分配问题,突破传统收入分配理论框架,基于权利与权力的视域探讨收入分配,提出了许多新观点,形成集体成果即《权利、权力与收入分配》一书。通过这种集体攻关,不仅锻炼了青年科研人员,带出了一批科研骨干,而且自己也从中吸收许多新知识、新思想,拓展了视野,开阔了思路。

不得不说,教学相长,也促进了学术研究。自 1993 年起,我担任博士生导师,讲授产业经济学课程。鉴于博士生有一定理论基础和思考能力,我重点讲述一些基本原理在现实中的运用及表现,以及实践发展对原有理论命题提出的证伪(质疑与挑战)。这种启发式的、令人思考的教学,要求每年的课程内容及重点都有变化。我每年讲授这门课,都有不同"新版本"。实际上,这是一种促进学术研究的"倒逼"机制。授课前,要根据现实变化和实践发展,重新审视产业经济学理论,如现代信息技术带来的产业融合以及产业集群的新变化等,逼自己事先调整和补充课程内容及重点,并厘清逻辑关系及思路。讲课时,不用讲稿,娓娓道来,主线清晰,逻辑相扣,化繁为简,深入浅出。一些同学惊讶地发现,比较完整的课堂笔记,稍作修改,就可成为一篇论文。更重要的是,在课堂上,我喜欢营造宽松、活跃、惬意的氛围,让学生随时提问及插话,我及时回应,予以解答。这些博士生都很优秀,思想敏锐、想法新奇,又有社会阅历和实践经验,会提出许多"稀奇古怪"的问题,发表与众不同的看法,进行热烈的讨论和争辩。这种探究和碰撞,往往是新知识的开端,理论创新的导火索。特别是那些反对意见,更给人很大启发,有较大研究价值。在近 30 年的博士生指导工作中,我确实从他们身上汲取了不少学术研究的养料,而这些学生也成为我人生中的宝贵财富。至今,我们仍保持着密切联系,不时小聚一番,继续切磋"武艺"。

2006 年,我调任上海市政府发展研究中心主任。在这样一个专职为市委、市政府提供决策咨询的机构里,理论研究更贴近现实,特别是上海经济社会发展的现实,同时也有利于我发挥自身理论研究的特长,使其更有用武之地。当时,上海经济经过连续 16 年高增长后趋于减缓,且出现二产、三产交替增长格局,由此引发坚持发展制造业还是坚持发展服务业的争论。对此,我提出了新型产业发展方式以及产业融合发展方针的政策建议。针对 2008 年全球金融危机对上海形成较大外部冲击,致使诸多经济指标严重下滑,且低于全国平均水平的状况,通过深入分析各种主要变量对上海经济的影响程度,我提出,其主要原因在于大规模投资驱动的上海经济高增长已到一个拐点,外部冲击只是加重了下滑程度。我进一步分析了全球金融危机是世界经济"三极"(技术、资本输出国,生产加工国,资源提供国)循环的"恐怖平衡"被打破,其实质是全球产能过剩。基于此,我提出了不宜采用大规模投资刺激来应对这一外部冲击,而要实行"创新驱动,转型发展"的政策建议。这一建议被采纳作为上海"十二五"发展主线。此后,围绕这一主线,我又深入开展了培育新增长极的研究,如大虹桥商务区开发、张江高新技术区的扩区、迪士尼国际旅游度假区的功能调整及扩区等,提出了中心城区商务"十字轴"及环形(中环)产业带的构想,郊区新城作为区域节点城市的建设,以及融入长三角一体化的空间拓展等政策建议。

在上海举办中国 2010 年世博会时,围绕"城市,让生活更美好"主题,通过城市最佳实践区的案例分析,我进一步挖掘城市发展新理念、新实践和未来发展新模式,出版了《城市发展:愿景与实践——基于上海世博会城市最佳实践区案例的分析》;参与了《上海宣言》的起草,提出设立"世界城市日"的建议;参与撰写作为上海世博会永久性成果的首卷《上海报告》;牵头全市的"上海世博会后续开发利用研究",提出了世博园区"公共活动区"的功能定位。针对当时上海服务经济乏力,服务业发展"短腿"的实际情况,根据市委、市政府的工作部署,从市场准入、税收制度、法律制度、营商环境、统计制度等方面研究影响服务经济发展的制度性障碍,组织了"服务业'营改增'试点"课题研究,提供总体思路及可操作方案。

我在上海市政府发展研究中心工作期间,为做大做强组织全市决策咨询研究的平台及网络,在市领导大力支持和中心同仁共同努力下,除了创办上海发展战略研究所和《科学发展》杂志外,还加强与高校及研究院所、政府部门研究机构、中央部委研究机构、国际智库等联系和合作。例如,与上海市哲学社会科学规划办公室一起创建了 15 家"领军人物"工作室;在大多数高校设立了研究基地及联合举办的发展论坛;组建了由 10 多家高校参与的社会调查中心,由麦肯锡、野村、德勤等 10 多家国际咨询机构参与的国际智库中心,以及决策咨询研究部市合作办公室等。通过组织和参与上述机构的各项活动,加强了与专家学者的合作,拓宽了学术交流的渠道,得以及时了解学术前沿发展新动向,掌握理论研究的主流趋势,获得许多新思想与新见解。同时,在主要领导身边,参加各种工作会议、专题会和内部讨论会,与各委办、各区县有密切联系,深入基层和企业开展广泛调研,接触到大量生动的实际情况,了解到许多关键性的现实问题。这两方面的结合,不仅没有中断自己的学术研究,反而更有助于我学术研究的深化。在此期间,我组织上海30余位专家学者对上海建埠以来的历史、现状、展望作了系统研究,合著《上海:城市嬗变及展望》(三卷本),时任上海市市长韩正为此书作序。后来,在上海发展战略研究所,与上海市地方志办公室合作,我组织上海50多位专家学者撰写《上海改革开放40年大事研究》系列,其中我撰写了丛书总论性质的《排头兵与先行者》一书。

2013年,鉴于上海2020年基本建成"四个中心"后,如何进行目标定位,更上一层楼,我提议开展"面向未来30年上海发展战略研究"大讨论。经上海市委、市政府批准后,研究和制定了大讨论的实施方案,设立了三大平行研究的总课题,即委托世界银行的"国际版"、国务院发展研究中心的"国内版",以及上海市发展研究中心、上海社会科学院、复旦大学、上海市委党校等分别做的"上海版",另有80多项专题研究,广泛动员学界、政界、商界及社会团体和社会组织参与。随后,举办了各种形式的国际研讨会和论坛,分析战略背景、战略资源、战略目标、战略路径及行动,开展学术讨论和交流,参照国际标杆和借鉴国际经验,进行典型案例和实务操作分析等。2014年,我退居二线,去上海市政协工作,同时兼上海发展战略研究所所长,组织所里科研人员集体攻关,出版了《战略研究:理论、方法与实践》《上海战略研究:历史传承　时代方位》《上海战略研究:资源、环境、驱动力》《上海建设全球科技创新中心:战略前瞻与行动策略》等。这次大讨论的研究成果,有许多在《上海市城市总体规划(2017—2035年)》的修编以及上海市委、市政府文件中被采纳。

2018年退休后,我原想"解甲归田",但上海市决策咨询委员会拟成立全球城市研究院，我于是受邀出任院长。时任上海市委书记李强同志为研究院的成立作了重要批示。上海市委宣传部予以大力支持，把全球城市研究院列为首家市重点智库，并帮助创办了公开发行的中英文版《全球城市研究》杂志以及新建光启书局（出版社）。该研究院落户于上海师范大学，也得到校方大力支持，提供了办公用房和人员编制。研究院引进了一批海内外精通外语、熟悉国际大都市的青年才俊，形成基本科研骨干队伍，并构建起一个广泛的社会研究网络。每年围绕一个主题，如"全球资源配置""全球化战略空间""全球化城市资产""城市数字化转型""全球网络的合作与竞争"等，出版《全球城市发展报告》和《全球城市案例研究》，并发布《全球城市发展指数》。另外，还出版《上海都市圈发展报告》系列、《全球城市经典译丛》等。在此过程中，我也延续和深化自己的学术研究，出版了一系列个人专著，并承接了国家哲社重大课题"以全球城市为核心的巨型城市群引领双循环路径研究"等。

二

在上述我的学术生涯中，学术研究林林总总，看似带有发散性，未能"从一而终"，但实际上仍有一条贯穿全过程的明显脉络，即产业经济研究。学术，确实要"术有专攻"，不能开"无轨电车"，但也不是固守一隅之地、无过雷池一步。特别在侧重与现实结合及问题导向的理论研究中，我发现，许多问题在产业经济学范围内并不能得到很好解释，必须向外拓展开去来寻求新的解释。因此，一些所谓的旁支研究，实际上都是从产业经济研究发散出去的延伸性研究。我认为，这种做法也符合学术研究的规律性。如果把学术研究譬喻为一棵大树，那么术有专攻是根深于土的树干，延伸研究则是分叉开来的树枝。枝繁叶茂（当然要经过修剪），不仅反衬出树干的粗壮，而且更多的光合作用，也有利于树木生长。

最初，我的博士论文选题，着重产业结构与产业政策研究，在当时是新颖和前沿的，但也是一个具有较大国际争议的问题。西方主流经济学以发达国家经济运行为蓝本的理论抽象，注重宏观与微观及其综合，不研究产业结构等问题。一方面,这些国家是先行发展国家,其经济发展是一个自然过程,许多结构问题作为经济增长的因变量,在经济自然增长中被不断消化,实行迭代升级,因而结构性问题很少长期累积,结构性摩擦不很充分。另一方面,这些国家市场经济发展较成熟,市场机制在结构转换中发挥着重要作用,使得资源、资本、人力等生产要素较好地从衰退产业部门转移到新兴产业部门。尽管其中存在沉没成本、技能刚性、工资黏性等障碍,但通过经济危机的释放,强制市场出清,达到新的均衡。因此在西方主流经济学看来,只要市场处于动态均衡之中,就不存在产业结构问题,也不需要什么产业政策。然而,后起发展的国家,在经济系统开放情况下,通常可以通过外部引进,发挥后发优势,但由此也形成现代部门与落后部门并存的二元结构,结构性问题比较突出。而且,在追赶和赶超过程中,势必面临领先国家的产业打压(客观的与主观的),致使一些主导产业难以自然发展,形成对外的强大依赖。在这种情况下,旨在调整结构及培育新兴主导产业的产业政策应运而生。特别在日本、韩国等后起发展国家和地区,基于出口导向发展模式的经济起飞后,转向进口替代战略,产业政策发挥着重要作用。总之,西方发达国家一直对产业政策持否定态度,甚至将其视为国家保护主义的产物;后起发展国家,特别是亚洲"四小龙"则比较推崇产业政策,认为这十分必要。因此,在选择这一研究方向时,我心里是有点忐忑的。毕竟这一研究面临重大挑战,且风险也较大。

对于中国来说,这一问题研究有着重大现实意义。在传统计划经济体制下,中国工业化超前发展,跨越轻工业、基础产业发展阶段,直接进入重化工业阶段,导致产业结构严重扭曲,结构性问题不断累积。改革开放后,产业结构迫切需要调整,甚至需要"逆转","补课"轻工业发展,"加固"基础产业发展,实现产业结构合理化。与此同时,随着经济特区开放进一步转向沿海主要城市开放及沿江开放,通过引进外资、加工贸易等参与新的国际分工,外部(全球)产业链日益嵌入本土,打破了原有国内产业关联。在这种情况下,如何进行产业结构调整,采用什么样的政策进行调整,成为一个迫切需要解决的问题。显然,传统的国民经济计划与管理方法已不再适用,而比较可用和可行的新的理论及方法就是产业经济理论与产业政策。当时,产业经济理论主要来源于两部分:一是发展经济学中的结构理论,以刘易斯、克拉克、赫希曼、库兹涅茨、钱纳里等为代表;二是日本的产业结构理论,以筱原三代平、赤松要、马场正雄、宫泽健一、小宫隆太郎等为代表。国内在这方面的研究,基本处于空白。相对来说,这方面的研究文献少得可怜,无疑增大了研究难度。在博士论文撰写中,我针对产业政策国际性的争议,找了一个较小切口,对产业政策进行经济理论系统分析,试图回答产业政策有没有必要,在什么情况下显得尤为重要,属于什么性质的政策,涉及哪些主要方面,有哪些不同政策类型,如何制定与实施,如何与其他经济政策配合,如何把握政策的"度"及避免负效应,如何监测和评估政策绩效等问题。这一研究也算是对这一国际性争议的一种回应。

当然,这一争议至今尚未结束,时有泛起。有的学者对产业政策直接予以否定,认为是扰乱了市场,引起不公平竞争。我仍然坚持自己的观点,即不能把市场设想为是一种平滑机制,可以消除结构变动的摩擦,而是需要通过政策干预(不仅仅是宏观调控政策,也包括产业政策)来解决市场失灵问题。更何况,在外部冲击的情况下,市场本身更容易产生失衡,存在着内外不公平竞争问题,要有产业政策的调节。事实上,我们可以看到,目前西方发达国家也在一定程度上自觉或不自觉地推行和实施产业政策,如美国的"制造回归"、德国的"工业4.0"等。新兴经济体及发展中国家就更不用说,都在加大产业政策的实施。当然,产业政策也有一定的负面效应,犹如宏观调控政策反周期的负面效应一样。特别是在政策不当的情况下,负面效应更为明显。但这不能成为否定产业政策的根本理由。关键在于,采取什么样的产业政策,产业政策是否适度。首先,要立足于产业技术政策,注重解决技术创新瓶颈,促进产业技术能力提升,而不是产业部门扶植政策,对一些产业部门实行保护,实行差别对待。产业部门扶植政策的运用,要压缩到最小范围,甚至予以取消。其次,要通过不同类型产业政策的比较，权衡产业政策的正面效应与负面效应之大小，决定采取什么样的产业政策。最后，要通过科学的政策制定，将产业政策的负面效应降至最低程度。

我在研究中发现，产业政策制定基于三种不同类型的产业结构分析，即趋势分析、机理分析和现象分析。我的博士论文主要基于产业趋势分析来论述产业政策，还远远不够。所以在完成博士论文后，便进一步转向产业结构的机理分析与现象分析。机理分析主要研究产业结构变动对经济增长的作用及其实现机制，即结构效应，重点考察不同类型结构变动对经济增长的差别化影响。这就要对传统增长模型排斥结构因素的缺陷进行批判，并用非均衡动态结构演进分析法替代传统的均衡动态结构演进分析法，具体分析结构关联效应、结构弹性效应、结构成长效应和结构开放效应；以结构效应为价值准则，判断不同类型产业结构状态及其变动的优劣，选择最佳（或次佳）结构效应模式，并说明这一结构效应模式得以实现的必要条件和机制，从而为产业政策制定提供基本思路和方向性指导。这一研究的最终成果即《现代经济增长中的结构效应》，是国内最早系统研究产业结构作用机理，揭示全要素生产率索洛"残值"中结构因素的专著。现象分析主要是立足本国实际，在考察中国产业结构变化的历史过程及其特点的过程中，对照产业结构变动规律，评估和分析中国产业结构变动轨迹的严重偏差；系统梳理当时比较突出的结构问题，深刻剖析各种结构性问题的成因；从产业结构合理化与高度化的不同角度，探讨产业结构调整方向、优化重点及实现途径、方法手段等。这一研究的最终成果是《产业结构优化论》，成为较早全面分析中国产业结构变动及其调整优化的一本专著。

在上述研究中，我已隐约感觉到，尽管结构效应分析与库兹涅茨"总量—结构"分析不同，但都把制度视为"自然状态"的一部分及外生变量。然而，在如何发挥这种结构效应问题上，是绕不过制度这一关键环节的。事实上，许多结构性问题的背后及生成原因就在于制度缺陷或缺失。从这一意义上讲，产业政策对产业结构调整的作用是有限的。或者说，只有在体制机制相对稳定且成熟的情况下,产业政策对产业结构调整才比较有效。如果没有相应的制度变革,仅仅靠产业政策,难以从根本上解决结构性矛盾。特别是中国的结构性问题,许多都是传统计划体制下形成和累积起来的,在体制改革尚未真正到位的情况下呈现出来的。而且,在体制机制不健全的情况下,产业政策实施可能不是缓解而是加剧结构性矛盾。从更宏观的层面考虑,中国经济高速增长的"奇迹"来自全要素生产率提高,其中有较大部分是结构效应所致,而结构效应的释放恰恰是改革开放和制度变革的结果。因此,产业结构重大调整总是与制度变革联系在一起的。这样,产业经济研究开始向制度变革的方向延伸。经过几年的努力,我出版了专著《体制变革与经济增长:中国经验与范式分析》。

在考察制度变革对产业结构及经济增长影响的过程中,我还特别关注了企业制度变革。因为企业组织是产业经济的微观主体,是产业变动及其结构调整的微观基础。产业部门变动及其结构调整是这些企业组织的决策及其行为方式集体性变动的结果,而这在很大程度上取决于起支配作用的企业制度。在企业制度不合理的情况下,企业组织的决策及其行为方式会发生扭曲。对于我国产业结构调整来说,企业改制及迈向现代企业制度显得尤为重要。为此,我对产业经济的研究向微观基础重构的方向延伸,深入研究了影响和决定企业决策及其行为方式的企业制度,最终出版了个人专著《步履艰难的转换:中国迈向现代企业制度的思索》。实际上,这一时期我的其他一些研究,如有关经济结构调整与优化、经济增长方式转变、中国新一轮经济发展趋势及政策的研究,也都围绕产业经济这一核心展开,是产业经济研究的拓展与延伸。

当然,在延伸研究的同时,我也时刻关注产业发展新动向,开展产业经济的深化研究。一是产业融合问题。这主要是关于信息化条件下的产业发展新动向。2000年左右,我较早接触和研究了现代信息技术及信息化的问题,并先后承接了上海市信息委重点课题"上海信息化建设研究"和"上海信息化建设的投融资体制机制研究"。在此研究中我发现,信息化不仅仅是信息产业化(形成新兴信息产业)和产业信息化(信息化改造传统产业）。现代信息技术的特殊属性，能够产生技术融合与运作平台融合，进而促进产品融合、市场融合及产业融合。这在很大程度上打破了传统的产业分立及产业关联，代之以产业融合发展的新方式。为此，我对传统产业结构理论进行了反思和批判，从理论上探讨信息化条件下的新型产业发展方式，分析了产业融合的基础、方式及机理，以及由此构成的产业新关联、新市场结构等。2003 年我出版了个人专著《信息化与产业融合》，在国内较早提出了产业融合理论。

二是服务经济问题。这是后工业化条件下的产业发展新动向。2004年左右，我先后承接了"城市能级提升与现代服务业发展""加快上海第三产业发展的若干建议""'十一五'期间上海深化'三、二、一'产业发展方针，加快发展现代服务业的对策研究""'十一五'期间上海发展服务贸易的基本思路及政策建议"等重大课题。在这些课题的研究中我发现，原先产业经济理论主要基于工业经济的实践，虽然也揭示了服务经济发展趋势，但对服务业发展的内在机理阐述不够深入。事实上，服务业发展有其自身规律及方式，与制造业有较大不同。尽管服务业发展与制造业一样也基于分工细化，但其相当部分是制造企业内部服务的外部化与市场化的结果，其分工细化更依赖于产业生态环境（规制、政策、信用等）。而且，服务业发展带有鲍莫尔"成本病"及"悖论"。因此，促进服务业发展的思路与制造业是截然不同的，更多是营造适合其发展的"土壤"与"气候"，重点在于技术应用，创造新模式与新业态，扩展基于网络的服务半径等。为此，我撰写出版了个人专著《服务经济发展：中国经济大变局之趋势》。

另外，在我研究产业经济的过程中，一个重要转折是开始关注产业经济的空间问题。尽管产业集群理论是从空间上来研究产业经济的，但我感觉其主要涉及制造产业的集群，而工业园区及高新技术园区等空间载体，似乎并不适合于服务经济的集聚。服务经济的集聚方式有其独特性，特别是生产者服务业高度集中于城市及市中心区。为此，我开始重点考虑服务经济的空间载体问题。与此同时，一系列课题研究也促使我把服务经济的空间问题引向了全球城市研究。这一时期，我曾先后承接了国家哲学社会科学基金项目"我国新一轮经济发展趋势及其政策研究",上海市哲学社会科学基金"十五"重点项目"城市综合竞争力研究",上海市哲学社会科学基金 2004 年系列课题"科教兴市战略系列研究"(首席专家),上海市重大决策咨询课题"科教兴市战略研究""全社会创新体系研究""上海'学各地之长'比较研究",上海市科技发展基金软科学研究重点课题"实施科教兴市战略与科技宏观管理体制、机制研究",以及上海市发展改革委课题"上海市新阶段经济发展与 2005 年加快发展措施"等。完成这些研究后我发现,尽管这些课题研究涉及不同领域,内容不尽相同,但实际上都在回答同一个问题,即如何建设现代化国际大都市。由此我想到,如果能在一个更高层次的理论分析框架下来研究这些具体问题,可能会形成统一的标准要求,以及更为明晰的相互间关系,有利于这些具体问题的深入研究,特别是有利于准确地定位判断。于是,我开始关注和研究全球城市理论。

全球城市理论虽然涉及全球化、全球城市网络、全球战略性功能、城市发展战略及规划、城市运行及治理,以及城市各领域的重大问题,但核心是其独特的产业综合体及全球功能性机构集聚。它决定了全球城市不同于一般城市的属性特征,赋予了全球城市独特的全球资源配置等功能。这种独特的产业综合体及全球功能性机构集聚,集中表现为总部经济、平台经济、流量经济等。全球城市正是这种高端(先进)服务经济的空间载体。因此,在全球城市研究中,有很大一部分内容是产业综合体及其空间分布规律。出于研究需要,我举办了国际研讨会,邀请"全球城市理论之母"沙森教授等一批国内外专家前来交流与研讨。之后,我主编了《世界城市:国际经验与上海发展》,翻译了沙森教授新版的《全球城市:纽约、伦敦、东京》,在《经济学动态》等刊物上发表了"世界城市理论与我国现代化国际大都市建设""全球化、全球城市网络与全球城市的逻辑关系""21 世纪的城市发展与上海建设国际大都市的模式选择""现代化国际大都市:基于全球网络的战略性协调功能""全球城市区域:我国国际大都市的生长空间""我国全球城市崛起之发展模式选择""全球城市区域:全球城市发展的地域空间基础""城市竞争与合作的双重格局及实现机制"等议题的论文。同时,陆续出版了个人专著《崛起中的全球城市:理论框架及中国模式》《全球城市:演化原理与上海2050》《上海迈向全球城市:战略与行动》《卓越的全球城市:国家使命与上海雄心》等,主编了《全球城市理论前沿研究:发展趋势与中国路径》,个人专著《全球城市新议题》也即将完成。

三

学术生涯,一路走来,风景无限,辛苦并快乐。

尽管一开始并没有如此的人生设计,但不管怎样,一旦走上学术研究之路,也没有什么后悔与懊恼,就义无反顾、踏踏实实地走下去,坚持到最后。幸运的是,赶上了国家改革开放、蓬勃发展的大好时光。这不仅创造了思想解放、实事求是、理论创新的学术环境,而且源源不断地提供大量来自实践的生动素材,让我们的学术研究始终面临机遇与挑战,有机缘去攻克许多重大和高难度的研究课题,并催促我们的学术思想与时俱进、创新发展,形成高质量的众多研究成果。

当然,这条路也不好走,有太多坎坷,面临多重挑战。特别是,要补许多先天不足,把耽误的青春年华追回来,更是时间紧、困难多,须付出加倍努力。在此过程中,把"别人喝咖啡的时间"用于学习钻研,牺牲掉许多陶醉于爱情、陪伴于亲情、享受于友情的人生乐趣,是在所难免的。而且,还要有孜孜不倦的追求和持之以恒的坚韧,要坚持"苦行僧"的修行,这些都毋庸置疑。

好在,久而久之,这逐渐成为人生一大乐趣,我甚为欣慰。每当面对疑难问题或有争议的问题时,必会生发探究其中的巨大好奇心。每当带着问题和疑惑,学习新知识和接触新理论时,常有茅塞顿开的兴奋。每当有一些新发现或新想法时,便得一丝欣喜,不禁自鸣得意。每当理清思绪、突发奇想时,总有强烈的创作冲动。每当思维纵横、纸上落笔时,定会亢奋不已,乐此不疲。每当成果发表,被引用或被采纳时,获得感和成就感则油然而生。

其实,这也没有什么特别之处,我们这一代学人都差不多。但一路走过,总有一些个人的不同感受与体会。此在,不妨与大家分享。

学术研究,重点自然在于研究,但更是一个学习过程。这并非指大学本科、硕博期间的学习,而是指在此后专职研究过程中的学习。按照我的经验,在做研究的过程中,至少有一大半时间要用在学习上。任何一项研究,都带有很强的专业性,很深的钻研性。只有补充大量专业知识与新知识,汲取新养分,才能拓宽视野,深入研究。而且,也只有通过不断学习,才能敏锐地发现新问题,得到新启发,提出新课题,从而使研究工作生生不息,具有可持续性。另外,对"学习"我也有一个新解:学之,即积累;习之,即哲思。学而不习,惘然之;习而不学,涸竭之。因此,不管理论研究还是决策咨询,都要"积学为本,哲思为先"。

学术研究,不仅是一种知识传承,更是一种理论创新的价值追求。在我看来,"研"似磨,刮垢磨光;"究"为索,探赜索隐。研究本身就内涵创新。我所倡导的学术研究境界是:沉一气丹田,搏一世春秋,凝一力元神,破一席残局。学术研究中,不管是在观点、方法上,还是在逻辑、结构、体系等方面的创新,都有积极意义。但据我经验,更要注重研究范式及本体论问题。因为任何学术研究都是自觉或不自觉地在某种研究范式及本体论假设下展开的,如果这方面存在问题或缺陷,再怎么样完美和精致的学术研究,都不可避免带有很大的局限性。在这方面的创新,是最具颠覆性的理论创新。

学术研究,必先利其器,但更要注重欲善之事。熟练掌握现代分析方法和工具,有助于深刻、严谨的分析,新发现的挖掘,以及思想观点的深化。并且分析方法和工具多多益善,可针对不同的研究对象及内容进行灵活应用。但分析方法及工具要服务于欲善之事,特别是当今时代许多重大、热点、难点问题研究。要拿着锋利的斧子去砍大树,而不是砍杂草。避免被分析方法及工具约束,阻碍观点创新。更不能通过分析方法及工具的运用,把简单问题复杂化。事实上,任何一种分析方法和工具,都有自身局限性。特别是,不要过于迷信和崇拜所谓的数理模型及其验证。

越是复杂、精致的数理模型工具,假定条件越多,也越容易得出偏离现实的观察和结论。

学术研究,生命力在于理论联系实际,回归丰富多彩的大众实践。因此,不能把学术研究理解为狭义的纯理论研究,而是还应该包括决策咨询研究。两者虽然在研究导向、过程、方法及语境等方面不同,但也是相通的,都要"积学为本,哲思为先",知行合一,有创见、有新意。而且,两者可以相互促进。理论研究的深厚功底及分析框架,有助于在决策咨询研究中梳理问题、揭示深层原因、厘清对策思路,从而提高决策咨询研究的质量;决策咨询研究的问题导向以及基于大量生动实践的分析与对策,有助于在理论研究中确定特征事实、找准主要变量、校正检验结果,从而使理论研究得以升华。当然,跨越这两方面研究,要有一个目标、角色与技能的转换。理论研究,明理为重,存久为乐(经得起时间检验);决策咨询研究,智谋为重,策行为乐。

也许让人更感兴趣的是,怎样才能让学术研究成为一种乐趣?据我体会,除了执着于学术研究,将其作为一种使命外,治学态度及方式方法也很重要。

学术研究,要率性而为。因为率性,不受拘束,就能"自由自在"。坚持一个专业方向,研究范围可有较大弹性。刻意划定研究范围或确定选题,只会强化思维定势,束缚手脚。率性,不是任性,要懂得取舍。不为"热门"的诱惑力所左右,趋之若鹜,而是只研究自己感兴趣,且力所能及和擅长的问题。不顾自身特长,甚至"扬短避长",去啃"硬骨头",往往"吃力不讨好",很难走得下去。对于所选择的问题,要甄别是否具备研究条件。那种超出自己知识存量及能力水平,以及研究对象不成熟或不确定、资料数据不可获得等客观条件不具备的研究,只会走入僵局或半途而废。

学术研究,要淡定处之。既要志存高远,脚踏实地,也要云心月性,从容不迫。只有保持平和心态,静心修炼,方能修成正果。任何心猿意马,心浮气躁,只会徒增烦恼,让人焦虑不安。保持适度目标或望值期,做到"全力以赴,力尽所能"即可,至于做到什么程度和达到什么水平,那是"顺其自然"的事情。追求过高目标或期望值,往往"高标准"地自我否定,会带来更多纠结乃至痛苦。面对坎坷与挫折,只有云淡风轻,冷眼相看,蓄势待发,才能迈过一道道坎,从挫折中奋起。任何浮云遮目,畏缩不前,灰心丧气,一蹶不振,只会令人陷入困境,无法自拔。对待学术研究,介于功利与非功利之间,"宠辱不惊,闲看庭前花开花落;去留无意,漫随天外云卷云舒"。任何急功近利,试图一蹴而就,为博"眼球",哗众取宠,一味追求结果的"名利"效应,只会落得焦头烂额,苦不堪言。

学术研究,要抱残待之。这既是对学术抱有敬畏之心,也是一种自知之明。学术研究是无止境的。任何一个阶段的学术研究成果,总会留有瑕疵。对于个体的学术研究来说,其缺陷和不足更会几何级数地放大。因此,学术研究,不求完美,只求不断完善。年轻时,无知无畏,感觉什么都行,并认为来日方长,以后可以得到弥补和提高,总想着要达到完美,不留遗憾。后来,逐渐对自身存在的缺陷和不足,看得越来越清楚,尽管内心有着坚持与努力,却感叹人生苦短,许多东西是难以弥补和提高的。特别是迈入老年后,更明白了应该努力的方向以及如何进一步提高,但已力不从心,望洋兴叹。也许,这就是个体学术研究的一种宿命吧。然而,这种残缺的美感也正是学术发展的魅力所在,让后来者"接棒"跑下去,并超越前人。当然,有生之年,如果还有可能,我很想把近年来对产业经济理论的反思作一系统整理,写一残本《新产业经济学纲要》。

周振华

2023 年 6 月 18 日

前　言

　　"创新驱动,转型发展",在上海"十二五"规划中是作为发展主线提出来的。然而,对此问题的关注及相关研究,早在进入新世纪后就开始了。在 20 世纪90 年代下半期,上海开展了"迈向二十一世纪的上海"大讨论,随后在新编的《上海市城市总体规划 2000—2020》中明确了未来建设"三个中心"(后来增加为"四个中心")和现代化国际大都市的战略目标。而到 2003 年,上海人均 GDP 超过5000 美元,标志着进入了一个经济发展新阶段。正是在这样一种背景下,人们开始关注上海进入经济发展新阶段后将如何发展,以及通过什么样的发展才能达到所确定的战略目标。

　　此期间,我在上海社会科学院经济研究所工作,有幸承接了与此内容相关的市政府决策咨询重大课题、市哲社重大课题及系列研究课题、市软科学基金重大课题,以及市发改委、市经委、市商务委、市信息委等研究课题,较系统地开展了对此问题的研究。在研究中发现,(1)尽管当时上海仍保持 90 年代以来的经济连续高增长势头,并有可能持续一段时间,但支撑经济高增长的动力源(特别是大规模投资驱动)正在减弱,而各种影响高增长的约束条件逐步趋紧。(2)经济连续高增长下的经济结构及产业结构变化出现严重偏差,如消费不足、服务经济"短腿"等,不仅影响和制约经济健康发展,而且与上海建设"四个中心"和现代化国际大都市的战略目标并不相适应。(3)原先支撑经济高增长的比较优势及浦东开发开放等政策优势将逐步减弱,新的竞争优势明显不足,难以继续占据经济发展的制高点。(4)在中国加入 WTO 及全面融入经济全球化的进程中,上海虽然充当了国际与国内两个扇面的重要连接,具有较高的经济外向型程度,并能较好参与到国际产业分工之中,但更多地呈现出对外部的依附性,处于全球产业链和价值链的低端环节,缺乏较高的能级和核心竞争力,难以代表国家参与全球竞争与合作。

通过相关的理论研究、国际比较以及实证分析等,我们得出的一个基本结论是:上海进入经济发展新阶段后,为实现建设"四个中心"和现代化国际大都市的战略目标,必须构建"创新"与"转型"的新发展逻辑,实现增长动力机制转换,推动基于创新的城市转型。其中,核心是通过改革开放,提高市场化程度;实行收入分配及消费政策调整,优化经济结构;通过二、三产业融合发展,促进服务经济发展;全面推进信息化建设,改造传统产业和提升产业能级,等等。另外,继续高举浦东开发开放大旗,推进浦东新发展;实行城市空间布局调整,推动郊区新建设;融入长三角区域合作与发展,并发挥龙头作用;举办好2010年中国(上海)世博会,并发挥区域外溢效应;贯彻和落实科学发展,并进行与此相适应的体制机制创新等。

应该讲,在2008年全球金融危机之前,尽管上海已进入经济发展新阶段,并开始在发展战略上作出相应调整,但凭借着原先经济运行惯性及路径依赖和良好的外部环境(特别是经济全球化进程的大发展),仍保持着较高的经济增长,因而"创新"与"转型"的现实迫切性并不很强。然而,到2006—2008年,上海率先并最强烈地感受到全球金融危机的外部冲击,经济增长、固定资产投资、社会商品零售额、工业增加值、对外出口、引进外资、收入增长等一系列指标全面大幅下滑,甚至低于全国平均水平。在全球金融危机的外部冲击下,上海内部的结构性扭曲、增长动能乏力、多年累积的矛盾等充分暴露,传统的经济增长逻辑被彻底打破,也终结了上海连续16年的经济高增长且增速高于全国2个百分点的历史轨迹。因此,构建"创新"与"转型"新发展逻辑的迫切性日益增强,"创新驱动,转型发展"被提到议事日程上来,最终成为"十二五"乃至"十三五"期间上海的发展主线。

在此期间,围绕"创新驱动,转型发展",我在上海市政府发展研究中心主持开展了一系列研究:(1)培育新的增长点,包括上海世博会后的世博园区开发、虹桥商务区开发、迪士尼国际旅游度假区开发、张江高科技园区"扩区"、临港新区开发、中心城区"十字轴"现代服务业布局、郊区新城建设等。(2)减少"四大依赖",包括重化工业转型升级、房地产健康发展、"高能耗、高污染、高危险"产业和企业转移、贸易结构调整等。(3)体制机制创新,包括与国际惯例接轨的市场准入制度、税收制度("营改增")、法律制度和统计制度,自贸试验区建设等。(4)面向未来 30 年的上海发展战略,包括深化"四个中心"内涵,推进国际金融中心和航运中心建设,构建全球科技创新中心构架,建设卓越的全球城市等。此后,我在上海全球城市研究院组织开展了谨防过程中的转型陷阱、提升城市能级和核心竞争力、融入和带动长三角一体化发展、打造城市品牌和提高城市软实力、推进城市数字化转型等研究。

　　本书汇编了上述一些主要研究的成果。在上海社会科学院承接的课题研究,大部分是由我独立完成或执笔的,其中合作研究也是作为第一作者,所以收录进来较多。在上海市政府发展研究中心虽然主持了许多课题研究,并提出了核心观点及基本框架,但并不是我自己执笔和撰写的,故没有收录其中,只是收录了一些我自己撰写的学术报告、演讲稿、采访稿等,以及我作为第一作者的课题研究成果。另外,有一些研究成果,如城市竞争力、现代服务业发展和提升科技自主创新等内容汇编在另一本书里,也未收录在此书中。因此,从内容上讲,此书并不是很全面和完整的,但是从中仍可依稀找到一些主要的研究线索,供大家参考。

目　　录

1 经济发展进入新阶段 *

经过 90 年代的经济持续高增长,2003 年上海人均 GDP 首次超过 5000 美元,标志着将进入一个经济发展新阶段。国际经验表明,在这一经济发展的新阶段,将发生一系列重大转变,呈现一些趋势性变化。为此,我们进行了上海经济发展阶段性转换的过程背景分析、关于新阶段的基本判断、具有典型意义的事实特征描述以及阶段性转换的动力学分析,并预判了上海进入经济发展新阶段的趋势性变化。

1.1 发展阶段重大转换

1.1.1 动力学分析

上海进入新的发展阶段具有多方面的原因,既有充足的内生力量,也具有巨大的外在推动力。早在 20 世纪 30 年代,上海就已成为远东的经济中心。1949 年以后,在新中国建设中,上海成为国内最大的制造业加工基地,拥有大量熟练工人以及人才优势,为上海经济发展奠定了坚实的基础,并在国内具有举足轻重的地位。自 1978 年改革开放以来,上海更是加快了发展的步伐。特别在 90 年代,上海得风气之先借浦东开发良机,充分用足政策优势,积极提升城市综合竞争力,经济持续快速健康发展。当经济进入起飞阶段后,经济发展本身拥有的惯性促使经济进一步快速发展。上海良好的经济发展前景以及市场、科技与

---

* 本章根据笔者 2003 年和 2005 年的两篇学术报告发言稿改编。

人才优势,吸引了来自海内外的企业与人才,也将进一步促进经济的发展。

就上海本身经济发展而言,上海所具有的在全国经济发展中的领头羊以及政策效应,在促进长三角及全国经济发展中发挥着重要作用,来自全国的迅速经济增长的压力也促进了上海本身经济的迅速发展。随着经济全球化与信息化的加速,来自全球领域的经济竞争日益激烈,在激烈的国际竞争中不进则退,这一自发的内在动力与外在压力将促进经济逐渐发展。上海也越来越融入国际合作与分工,来自国际合作与分工的压力与动力,也将促使上海经济不断发展、产业结构转换及能级提升。随着城乡居民收入水平的持续提高,居民消费结构提升带来巨大动力,这也是促进上海经济不断向前发展的重要力量。同时,上海面临来自国内外经济快速发展的巨大机遇,世博会、CPEA 以及 WTO 效应的显现,在向上海提出积极挑战的同时,也为上海发展提供了良好的机遇。全球科技水平提升也将为经济发展带来良好的契机,并为上海经济发展奠定良好的基础。上海较高的劳动力人力资本水平与良好的发展环境、基础设施与政策优势,亦将促进上海经济的逐步发展。此外,来自党中央、国务院对上海的要求,以及上海市委、市政府本身的要求也将促使经济的快速健康发展。所有上述要素,构成了上海进一步快速发展的内生力量与外在动力。

因此,进入新世纪后,上海经济发展已发生了重大的历史性变化。具体表现为:

(1) 从传统的计划经济模式转向市场经济体制。目前上海的商品市场化程度已达到 95%,拥有证券、外汇、期货、人才等一批国家级要素市场,以及 18 个区域性市场和 180 个地方性市场,股票市场交易额占全国的 55%,债券交易额占全国的 90% 以上。实现投资主体多元化的国有企业占改制企业的 80% 以上,非公经济占全市 GDP 的比重达到 25% 以上。

(2) 经济增长从低于全国平均水平转向高于全国平均水平。80 年代,上海平均经济增长速度为 7.4%,低于全国平均水平 2 个百分点。90 年代前五年上海的经济增长平均速度为 13%,后五年的平均增长速度在 10% 多一点,均高于全国平均水平 2 个百分点。从改革开放初的 1978 年到 1999 年,上海 GDP 总量从 272.8 亿元人民币增加到 4000 亿元人民币,增长了约 14 倍;人均 GDP 从 2498 元人民币增加到 3.08 万元人民币,增长了约 11 倍。

(3) 产业结构从以“二产”为主转向以“三产”为主。1978 年,上海第二产业占 GDP 的比重高达 77.4%,第三产业的比重只有 18.6%。到 1990 年,第二产业比重下降到 63.8%,第三产业比重上升至 31.9%,但第二产业仍居主导地位。90 年代以来,第三产业占 GDP 比重每年提高 2 个百分点,预计到 2000 年底第三产业占 GDP 比重将超过 50%,居于主导地位。

(4)经济发展从粗放型转向集约型。高新技术企业从 1991 年的 29 家发展到 1999 年底的 905 家,数量增加 30 倍,总产值达到 1047.5 亿元,是 1991 年的 200 多倍。在 905 家高新技术企业中有 69% 涉足信息、生物医药、新材料三大高科技领域。高新技术产业产值占工业总产值比重每年提高 1.5 个百分点,预计到 2000 年底高新技术产业产值占工业总产值比重将超过 20%,高新技术产品出口额约占全市外贸出口额的 15% 以上,科技进步贡献率将达到 50%。

(5)经济运行从相对封闭转向对内对外全方位开放。2000 年全市外贸出口总额预计达到 230 亿美元,比 1990 年增长 3.3 倍。港口集装箱吞吐量将突破 500 万标箱。到 2000 年底累计吸收外资合同金额预计达到 925 亿美元。上海在沪外资银行资产占全国外资银行总资产的 60% 以上,外地在沪企业 1 万多家,上海在全国各地投资企业超过 4000 家。

(6)城市建设从还历史性欠账转向建设枢纽功能性设施,全面建成"申"字形高架、"三纵三横"地面道路,初步形成市区轨道交通网的构架,基本建成信息港的主体工程,先后建成一批标志性的文化设施。

(7)城乡居民生活从温饱型转向比较宽裕的小康型。城镇居民年人均可支配收超过 1.15 万元人民币,农村年人均纯收入超过 5500 元人民币,城镇登记失业率低于 3.5%,城镇社会保障覆盖率超过 98%,新增劳动力受教育年限超过 12 年,市区居民人均居住面积超过 11 平方米,平均期望寿命超过 78 岁。

因此,经过 90 年代上海经济持续快速发展,上海已从工商城市转向经济中心城市,经济中心、金融中心、贸易中心、航运中心的功能大大增强。正是在此发展基础上,2003 年上海人均 GDP 首次超过 5000 美元,标志着将进入一个新的发展阶段。

1.1.2 新阶段的判断依据

经济发展过程表现为不同发展阶段的连贯延续、交替演进。在不同发展阶段,呈现出不同的主导动能、结构特质、路径轨迹等,从而发生不同于以往的根本性变化,呈现新的发展模式、组织方式、工作业态等。

当然,依据不同的理论以及观察视角,对发展阶段有不同的划分。例如,从生产方式的角度把经济发展过程划分为农业社会、工业化和后工业化等不同阶段。罗斯托从经济增长动态视角将其划分为起飞准备阶段、起飞阶段、起飞加速阶段和匀速阶段。波特从经济驱动力视角将其划分为要素(自然物、原材料与劳动)驱动、投资驱动、创新驱动和财富驱动等不同发展阶段。这些不同的发展阶段划分都可以在一定程度上作为我们进行阶段性基本判断的参照系。但相对而言,基于量化(即以人均 GDP 水平为基准)的不同发展阶段划分更容易用于阶段性的基本判断。这一衡量标准也是国际上比较通用的方法。我们将以这种发展阶段划分为主,辅之以其他方法,来分析和判断上海发展阶段的历史性转变。

2003 年,上海市 GDP 达 6250.81 亿元,按常规汇率计算的人均 GDP 已超过 5600 美元,标志着将进入一个新的发展阶段。但我们认为,如果以此作国际比较,进而判断经济发展阶段的话,那么对这一数字要作相应的调整。首先,按户籍人口计算的人均 GDP 有扩大化的问题,宜用总人口(户籍人口＋半年及以上常住人口)计算,则人均 GDP 为 4366 美元,尚未进入新的发展阶段。其次,按常规汇率计算的人均 GDP 又有缩小化之嫌,还需按照以购买力平价汇率计算的人均 GDP 来综合考察。据联合国《2004 年人类发展报告》,2003 年中国购买力平价汇率与常规汇率的倍差为 4.21,考虑到这里可能有些误差,故将其倍差率适当调整为 3.21,那么 2003 年按总人口计算的人均 GDP 为 14014 美元。最后,由于上海只是一个城市,向外转移支付约占 GDP 的 30％,因此从可支配财力的角度讲,对 14014 美元作相应扣除后,上海人均 GDP 约为 9810 美元。

参照钱纳里等人提出的工业化进程的一般模式(见表 1.1,其中 2001 年美元由美国消胀指数计算得出),上海人均 GDP 9810 美元的水平大约处在工业化阶段后期,快接近于后工业化的早期。但由于经济结构并不存在明显的间断点,表 1.1 中给出的数字只是大致的分界线而非精确的起点或终点。因此,还需要结合产业结构水平进行综合考察。按当年价计算,2003 年上海三次产业产值比重分别为 1.49％、50.09％与 48.42％。如果按 1978 年不变价计算,则上海三次产业产值比重分别为 0.28％、45.07％与 54.65％,第三产业几乎已超过第二产业 10 个百分点(见表 1.2)。再从部门就业比重来看,2003 年上海三次产业分别为 9.07％、39.00％与 51.93％,第三产业就业比重已明显居主导地位。

表 1.1 工业化(结构转变过程)的时期划分

阶段	时期	人均国民生产总值(美元)			
		1964 年	1970 年	1982 年	2001 年
初级产品生产	1	100—200	140—280	364—728	668—1336
工业化阶段	2	200—400	280—560	728—1456	1336—2671
	3	400—800	560—1120	1456—2912	2671—5342
	4	800—1500	1120—2100	2912—5460	5342—10017
发达经济阶段	5	1500—2400	2100—3360	5460—8736	10017—16027
	6	2400—3600	3360—5040	8736—13104	16027—24041

资料来源:钱纳里等,《工业化和经济增长的比较研究》,上海三联书店 1989 年版,第 56—104 页。

因此,从综合角度看,上海人均 GDP 水平已达到国际惯例的标准,即人均 GDP 在 5000 美元至 8000 美元时,经济便进入了一个重要发展阶段。

当然,在作这样一个分析与判断时,要特别关注一个问题,即上海是一个城市。上述这些发展阶段划分的参照系适用于一个国家与地区的阶段性判断,难以反映城市经济发展的固有特性及阶段性。我们认为,城市经济发展本质上是一个城市功能演化过程。从城市功能的视角来观察城市经济发展过程的阶段性,更能反映城市发展特殊的驱动力、产业构成以及过程形态。因此,在上述人均 GDP 水平衡量阶段性的基础上,我们还需要辅助之城市经济发展过程的阶段性划分方法。

我们认为,从城市经济发展过程来看,可依据其不同功能(积淀、集聚、扩散与辐射)的演化划分为不同发展阶段。在第一个阶段,主要是凭借地理、历史、政治、经济、人文等因素的特殊性,使流动中的各种要素不断沉淀下来,形成一定的规模及形态,成为一个相对快速的经济增长点。在第二个阶段,由城市本身积淀形成的强大向心力,把内源与外源的能量不断积聚起来,使得经济总量迅速膨胀,城市规模日益扩张,能级水平不断提高。在第三个阶段,由城市能量集聚形成的内核逐渐发生裂变,产生强大的溢出效应,对外扩散其影响与作用。在第四个阶段,随着城市溢出扩散形成的内外能量交换的有序化与固定化,经济趋于流量化,服务功能源源不断地向外辐射。

表 1.2　改革开放以来上海的 GDP 及产业结构

年份	GDP (亿元)	第一产业 (亿元)	第二产业 (亿元)	第三产业 (亿元)	第一产业 (%)	第二产业 (%)	第三产业 (%)	第一产业 (%)	第二产业 (%)	第三产业 (%)
					当年价			1978 年不变价		
1978	272.81	11.00	211.05	50.76	4.03	77.36	18.61	4.03	77.36	18.61
1979	286.43	11.39	221.21	53.83	3.98	77.23	18.79	3.68	78.09	18.23
1980	311.89	10.10	236.10	65.69	3.24	75.70	21.06	2.75	74.85	22.40
1981	324.76	10.58	244.34	69.84	3.26	75.24	21.50	2.63	73.90	23.47
1982	337.07	13.31	249.32	74.44	3.95	73.97	22.08	3.74	70.89	25.37
1983	351.81	13.52	255.32	82.97	3.84	72.57	23.59	3.38	69.42	27.20
1984	390.85	17.26	275.37	98.22	4.42	70.45	25.13	4.36	66.43	29.21
1985	466.75	19.53	325.63	121.59	4.18	69.77	26.05	2.83	66.59	30.58
1986	490.83	19.69	336.02	135.12	4.01	68.46	27.53	2.60	65.09	32.31
1987	545.46	21.60	364.38	159.48	3.96	66.80	29.24	2.32	63.46	34.22
1988	648.30	27.36	433.05	187.89	4.22	66.80	28.98	2.35	63.05	34.60
1989	696.54	29.63	466.18	200.73	4.25	66.93	28.82	2.31	62.31	35.38
1990	756.45	32.60	482.68	241.17	4.31	63.81	31.88	2.36	59.01	38.63
1991	893.77	33.36	551.34	309.07	3.73	61.69	34.58	1.91	56.89	41.20
1992	1114.32	34.16	677.39	402.77	3.07	60.79	36.14	1.37	57.23	41.40
1993	1511.61	38.21	900.33	573.07	2.53	59.56	37.91	0.96	56.95	42.09
1994	1971.92	48.59	1143.24	780.09	2.46	57.98	39.56	0.84	55.39	43.77
1995	2462.57	61.68	1409.85	991.04	2.50	57.25	40.25	0.80	55.03	44.17
1996	2902.20	71.58	1582.50	1248.12	2.47	54.53	43.01	0.73	51.53	47.74
1997	3360.21	75.80	1754.39	1530.02	2.26	52.21	45.53	0.62	48.42	50.96
1998	3688.20	78.50	1847.20	1762.50	2.13	50.08	47.79	0.54	45.65	53.81
1999	4034.96	80.00	1953.98	2000.98	1.98	48.43	49.59	0.47	43.66	55.87
2000	4551.15	83.20	2163.68	2304.27	1.83	47.54	50.63	0.40	42.47	57.13
2001	4950.84	85.50	2355.53	2509.91	1.73	47.58	50.69	0.35	43.20	56.45
2002	5408.76	88.24	2564.69	2755.83	1.63	47.42	50.95	0.31	43.52	56.17
2003	6250.81	92.98	3130.72	3027.11	1.49	50.09	48.42	0.28	45.07	54.65

资料来源:《上海统计年鉴》各相关年份。

衡量城市经济发展的指标体系,大致可由总量、质量、流量三大类构成。但在反映其过程变化的阶段性特性中,这三大类指标有所侧重。在第一阶段,主要是总量指标比较集中反映了该阶段城市要素积淀的主要特征。在第二阶段,主要由总量与质量指标共同集中反映该阶段城市能量集聚的主要特征。在第三阶段,主要由质量与流量指标共同集中反映该阶段城市溢出扩散的主要特征。在第四阶段,主要是流量指标集中反映了该阶段城市功能辐射的主要特征。

改革开放以来,特别是 20 世纪 90 年代以来,上海的快速能量集聚总体上是建立在静态比较优势基础之上的(如区位优势、市区较高的土地级差、庞大的资产存量、浦东开发开放政策等),主要是通过改革开放、学习模仿(包括外资引进和国内深圳等地先进经验)以及市场化运作手段来实现的。这种城市快速能量集聚的特征,主要表现在大规模投资驱动上。而这一快速能量集聚,主要集中在 600 平方公里的市区范围内,对 5800 平方公里的郊区只是有所波及。因此,从整个上海来看,形成了一个城市能量集聚的二元结构,即市区已高度能量集聚,而郊区的能量集聚不足。

从目前情况来看,这种城市快速能量集聚过程开始趋于减速。这主要是市区狭窄范围内快速能量集聚已接近其临界点,而郊区较大范围内能量集聚乏力。从内生性来讲,这种城市能量集聚有一个临界点,即达到一定程度,其集聚力开始减弱,集聚效用出现递减。上海在原有较大能量集聚的基础上,再经过 90 年代的快速能量集聚,至少在市区范围已接近这一临界点。其判断依据是:(1)大规模投资驱动已大大扩展了经济总量、城市容量、环境容量,进一步大规模投资驱动将出现边际效用递减。(2)能量集聚的静态比较优势已逐步减弱,如高级差地租的可批土地已十分有限,浦东政策效应趋于消失等。(3)学习模仿型的竞争力已难以吸引大量的能量集聚。(4)伴随能量集聚所形成的各种要素价格高地,使商务成本增大,从而对某些小规模、附加值较低的一般性投资及经营活动产生排斥效应,反过来抑制了要素集聚。因此,上海城市经济发展目前正处于第二阶段能量集聚向第三阶段内核裂变及产生溢出效应的转换中。

1.1.3　特征事实

随着上海人均 GDP 超过 5000 美元,上海不仅经济实力大为增强,而且在其他方面也表现出一系列进入新发展阶段的标志性变化。

(1) 在产业结构中,第三产业逐渐超越第二产业成为第一大产业,服务业在促进上海经济的进一步持续发展,解决上海就业压力,以及促使上海成为服务型城市,构建"四个中心"与建设国际性大都市的进程中发挥着越来越重要的作用。与此同时,先进制造业与装备制造业也不断取得质的突破,制造业的能级与水平不断提升。产业融合发展初见端倪,推动着上海经济步入更高质量的发展阶段。

(2)就业结构逐渐完善。第三产业在吸纳就业方面发挥着重要作用,2003年三次产业的就业比例分别为9.07%、39.00%与51.93%。劳动力市场逐渐完善,市场化就业体制深入人心,以"一个核心机制,四个支撑体系"为基础的劳动力市场体系逐步形成,社会保障体系在维护社会稳定与促进就业方面发挥着积极作用。但是在新阶段就业压力依然严重,尤其是相对低下的劳动力人力资本水平与经济增长对高素质劳动力要求的矛盾日渐突出,失业与空位并存。改革开放以来劳动力成本优势在吸引外资与促进经济增长方面发挥了重要作用,但是对于劳动力成本优势的过分强调,不但不利于积极提升劳动力人力资本,而且也导致经济增长质量不高等一系列问题。劳动力整体素质过低已成为影响经济发展的严重痼疾。

(3)投资与消费比例逐渐趋于平衡。1992年以来投资在经济发展中发挥着重要作用,1992年至2003年平均投资率高达52%以上。随着经济发展步入一定阶段,投资发挥的作用逐渐缩小,消费在经济增长中发挥着重要的作用。在投资继续保持对经济增长推动的重要作用的基础上,消费与知识和技术将在推进经济增长方面发挥更加重要的作用。

(4)城乡居民收入水平不断提高。2003年,城市居民人均可支配收入为14867元,农村居民人均纯收入为6658元,城乡居民越来越多地在享受经济发展的实惠。随着城乡居民收入水平的提高,城乡生活水平逐渐改善。2003年,城市居民人均消费支出为11040元,农村居民人均总支出为6931元,城乡居民消费结构逐渐升级,恩格尔系数逐渐降低,住房、汽车消费,以及文化、精神消费所占比重逐渐提升。

从城市发展的角度讲,改革开放以来上海作为全国工业基地的功能发生了重大转变。随着城市基础设施的不断完善,各类大市场平台的构建,特别是浦东的开发开放,日益凸显上海的区位优势,使城市的集聚能力迅速提高。由于世界城市化水平的高度发展,城市在一国经济、政治中越来越处于绝对主导地位,城市的实力也往往代表着国家的实力。与此同时,国家之间的竞争在很大程度上被具体化为以城市为核心的区域间的竞争。在这种情况下,上海作为中国的一个特大型城市,在国内经济中处于重要的地位,在很大程度上将代表国家参与国际竞争与合作。这就要求上海建设成为现代化国际大都市,为全球和当地之间提供一个界面,包括经济的、文化的和组织机制上的,充分发挥把国家和地区内的资源引入全球经济中,同时把世界资源引到本国和本地区内的重要作用。上海自身的发展已具备了迈向国际化大都市的基本条件,并有其强大的内在推动力。第一,城市的硬件构架及其形态已初步形成,且内在政治、社会环境稳定。第二,城市面对全球经济调整等外部变化已具有相应的创造性反应能力,正在顺利地实现从劳动密集型生产向资本密集型生产再向知识密集型生产的转变,比较成功地进行了经济结构的调整。第三,城市的竞争力正在迅速增强,其影响力不断提高并向更大的范围扩散。第四,城市发展的潜力较大,成长性较好,具有可持续发展的能力。

1.2　新阶段的外部环境

上海经济发展进入新阶段意味着将发生一系列自身机制及结构的重大变化,如动能转换、结构调整等。在此过程中,其所处的外部环境是一个重要变量,将直接影响上海经济发展进入新阶段后自身机制及结构的重大变化和经济运行状态。

1.2.1　国际环境

进入新世纪,经济全球化进程进一步深化和发展,世界贸易与投资迅速增长。世界经济持续增长,经济重心继续东移。新兴经济体进一步发展,在世界经济中扮演越来越重要的角色,形成世界经济多极化格局。在此过程中,中国加入WTO,更全面地融入经济全球化,参与国际分工。至少在进入新世纪的上半期,国际环境是比较良好与宽松的。这对于上海进入新阶段后的一系列转型发展是十分有利的,是不可多得的战略机遇期。

但从较长远来看,当前世界经济繁荣景象的背后,实质上是一种三极关系的"恐怖平衡"。以美国为代表的发达国家为一极,提供技术与资金;以中国为代的新兴经济体为一极，进行生产加工；以能源国为代表的发展中国家为一极，提供能源和原材料，并形成世界经济循环。在这一世界经济循环中，每一极的内部都严重失衡，如美国 8000 亿美元的贸易逆差和 6000 亿美元的财政赤字；中国的贸易顺差和外汇储备以及大量产能等。但每一极的内部失衡在世界经济循环中得到了平衡。例如，美国在巨大贸易逆差和财政赤字情况下，既没有出现通货膨胀，也没有出现高失业率，在很大程度上是靠中国等发展中国家来平衡的。据有关机构估计，中国廉价的商品出口到美国，使得美国老百姓一年可以节约 1000 万美元。如果没有中国大量商品出口到美国，美国物价至少上涨两个百分点。问题在于，这种"恐怖平衡"是脆弱的、难以持续的。其中任何一极的内部失衡达到临界点，都会引发这一"恐怖平衡"的破裂，从而导致世界性的经济危机。

尤其是美国，凭借现代信息技术及互联网，经历了 90 年代的"新经济"繁荣。但进入新世纪后，现代信息技术及互联网也进入了产业化、普及化阶段，美国掌握的技术优势逐渐弱化，而又不具有技术运用及生产成本的优势（这种成本优势已转移到欧盟、日本及新兴经济体），进入了经济调整期。然而，为了继续维持所谓经济繁荣，美国采取了更多制造房地产和金融泡沫的措施。尽管这可维持一段时间，但泡沫终究要破灭。一旦房地产和金融泡沫破灭，就不仅仅是美国国内经济问题了，势必引发世界经济循环"恐怖平衡"的破裂，造成全球金融危机以及产能过剩危机。

一旦出现这种全球性危机，势必导致世界经济增长步伐减慢，进入经济衰退阶段，并且各种不稳定因素叠加和不确定性增大。面对这种全球性危机，由于发达经济体与新兴经济体面临不同的短期挑战及政策取向，因而国际协调与合作更加困难。而且，短期经济稳定目标与中长期结构调整之间的冲突更加突出。这些都会导致全球市场震荡、贸易摩擦加剧、保护主义盛行等状况。

由于中国处于世界经济循环的生产加工一极，一旦"恐怖平衡"破裂，最为突出的问题是外需大幅减弱，从而导致产能过剩问题日益突出，国内经济增长进入下降通道。这将引发部分行业可能出现较大面积亏损，房地产市场风险加大，资金链断裂等一系列现实或潜在风险。

这些情况对上海进入新阶段后一系列转型发展有重大影响。上海经济外向型程度较高，对世界经济变动较敏感，容易出现先行反应，更易受到外部冲击和影响。受世界经济衰退影响，国内经济增长进入下降通道，并伴随着各种矛盾凸显,也将使上海转型发展面临巨大的困难和压力。例如,当上海生产成本不断上升和产业梯度转移加快之时,全国经济增速下降有可能与上海企业加快外迁形成共振效应,使财政和就业面临巨大压力,严重降低和削弱对转型发展的支撑和承受能力。

1.2.2 国内环境

上海作为特大型城市其经济发展具有一定的规律与特点,但也只有与中国经济发展的背景紧密结合,并将自身的经济发展融入全国的经济发展之中,才能在充分发挥引领全国经济发展的基础上,更好地促进自身的发展。为此,对于上海率先进入人均 5000 美元的经济发展新阶段,必须置于中国经济发展大环境中进行考察。

2003 年,中国人均 GDP 约 1100 美元,正处于大规模工业化与城市化发展阶段。工业化与城市化是相互促进、螺旋上升的。就工业化本身要求而言,必须通过大城市来集聚生产要素,以促进工业化的迅速发展。同时,在工业化进程中,第三产业的迅速发展,以及促进农村剩余劳动力迅速转移等,都要求城市化的迅速发展,以通过城市化集聚必要的生产要素与吸纳劳动力,在促进经济不断发展的基础上化解就业压力。在中国工业化进程中,城市化具有特别重要的意义。城市化是工业化的必然要求与必要结果,工业化决定了城市化。城市化作为一种城市人口迅速增长及比重上升的过程,一般被视为工业化进程或经济发展的一项重要指标。同时,工业化本身对于城市化具有重要的带动作用,从生产供给、需求发展以及结构转变等方面带动了城市化的发展。然而,在工业化带动城市化发展的同时,城市化也促进了工业化的进一步发展。城市化的发展带动了劳动力、资本、技术与管理等要素的集聚,形成了工业化发展的有利条件,也进一步促进了工业化的发展。

总的来讲,目前中国工业化正处于初期向中期过渡阶段。东部沿海地区大部分处于工业化中期,有些发达省份与直辖市正从中期向后期阶段过渡,中部地区处于工业化初期,而西部地区总体上尚处于初级产品生产阶段,有些省、自治区正向工业化初级阶段过渡。中国工业化任重道远,还有很长的一段路要走。从产业结构上看,2003 年第二产业所占的比重超过 50%,第一产业作为基础产业仍占 15% 左右,第三产业需要进一步的发展。从就业结构上看,第一产业仍是吸纳就业的主要产业,2003年接近50%,农村剩余劳动力转移的压力仍然沉重,城乡二元经济结构仍非常明显;第三产业吸纳的就业已超过第二产业,但就业比重仍有必要进一步提高;而且劳动力总量巨大与人力资本素质较低的矛盾仍存。

在中国工业化过程中,很重要的一点,是大量的外商直接投资使国际产业向中国转移,使中国成为世界的制造业中心和基地。这一过程对中国来讲也是有所收益的,至少推进了中国的工业进程,缓解了较大一部分的就业压力,吸纳了过剩农村劳动力的转移。另外,也带动了技术进步,促进了企业管理,培育了人力资本,等等。但是,它的负面效应也同时显现出来。大量的生产在中国进行,也把大量的能源消耗及污染带到了中国。另外,这也形成了中国对外部经济比较强的依赖。(1)高度依赖国外的技术和工艺。中国现在高新技术依赖度达到80%,比如生产光纤设备,技术的依赖度达到100%,全部靠进口。(2)依赖于外部的资源。中国对外部石油的依赖达到40%,铁矿石的外部依赖近45%。(3)依赖于外部市场。很多产品生产、制造、加工是在中国,但产品研发在别人手里,品牌在别人手里,销售网络由别人控制。

因此在当前形势下,中国的工业化还不能走传统道路。党的十六大报告指出,要根据世界经济科技发展新趋势和中国经济发展新阶段的要求,在不断完善社会主义市场经济体制的基础上,推动经济结构战略性调整,基本实现工业化,大力推进信息化,加快建设现代化,保持国民经济持续快速协调健康发展,不断提高人民生活水平。为此,最为根本的措施就是坚持以信息化带动工业化,以工业化促进信息化,走出一条科技含量高、经济效益好、资源消耗低、环境污染少、人力资源优势得到充分发挥的新型工业化路子。

在工业化与城市化持续推进经济快速发展的同时,一些久已蕴含的矛盾与问题越发显现,而且也产生了一些新问题与新矛盾。新旧问题与矛盾交织,对中国经济的发展提出了严峻的挑战。如"三农"问题、就业问题、投资消费失衡、资源与环境问题、城乡差距与收入分配差距、教育落后、腐败等深层次矛盾与压力日渐突出。

国内环境对上海进入新阶段的影响是重大的。因为上海在中国经济发展中处于重要地位。一方面,上海经济发展要融入全国经济发展战略一盘棋中;另一方面,上海又要努力促进自身的发展,并充分发挥引领全国经济发展与服务全国经济发展的重大作用。目前,上海进入经济发展新阶段,已处于全国经济发展与工业化进程的前列。但在全国新型工业化的进程中,上海仍有必要紧紧抓住新型工业化进程的机遇,促进经济的进一步持续快速协调健康发展,并在服务全国经济发展的基础上努力促进向服务型城市的提升。上海要充分利用国内国外两种资源与市场,尽量提升在世界产业分工中的地位,在与国外先进经济竞争的过程中做大做强,学习国外的先进科学技术、管理理念、组织方式等,充当全国科技转移中心与管理水平转移中心,通过自身的示范效应,积极引领与带领全国经济充分发展。

1.3　新阶段趋势性变化

国际经验表明,人均 GDP 超过 5000 美元以后的发展历程将呈现重大变化。上海进入新发展阶段,原先集聚起来的能量内核也将发生裂变。这一裂变是一种深刻的城市转型与创新,涉及经济流程、城市能级、产业结构、发展模式和经济布局等方面,呈现出一系列趋势性的新变化。

1.3.1　投资与消费"双推动"

改革开放尤其是 1992 年以来,投资在上海经济增长中发挥了重要作用。1992 年至 2003 年,固定资产形成在 GDP 中的比例年均高达 52.66%,同期固定资产投资在 GDP 中的比例亦高达 48.65%。较高的投资率虽然对经济增长起到了重大的推动作用,且在经济发展的一定时期是必需的。但大量投资投向资本密集型行业和企业,不仅形成就业替代,对吸纳就业的作用有限,而且资本收益高于劳动收益,影响就业人员收入水平提高,相应抑制了消费对经济发展的重要作用。改革开放尤其是 1992 年以来,消费在 GDP 中的比例过低,而且消费结构扭曲。在最终消费中,自 1996 年尤其是 1997 年经济陷入通货紧缩以来,居民消费在最终消费中的比例大致呈逐年降低之势,政府消费在最终消费中的比例逐年增加,这既不利于经济良性发展,也不是提升最终消费的有效途径。在这种情况下,为了保持较高的经济增长,不得不更加依赖于投资驱动,进而形成了依靠大规模投资推动经济增长的循环流程。

进入新发展阶段，投资仍将对经济发展发挥重要推动作用，特别是在初期阶段。一是由于投资驱动的路径依赖仍在发挥作用，有一个较长的过渡期。二是在新发展阶段仍有一定的投资空间，如新基础设施建设、高新技术产业发展、环境治理与生态保护、人力资源开发等，并具有较大的投资潜力，从而政府投资仍占较大比重，民间投资蓬勃兴起，外资利用保持一定势头等。三是在新旧动能转换中，为填补转换的"真空"，还需要相应的投资驱动，以保持经济稳定增长。除此之外，对于上海来说，还有一些比较特殊的原因，如举办 2010 年中国（上海）世博会等，仍将会带来较大规模的投资。但总的来说，投资增长将趋于减缓，投资规模将趋于缩小，更加注重提升投资的效率与效益。

更为重要的是，投资的方向与重点，以及投资资金来源结构将发生明显转变。这既是解决经济发展中现存问题的需要，也是经济发展本身存在的基本规律。投资的方向与重点更多转向：（1）服务领域，特别是现代服务领域；（2）促进人力资本和充分就业的领域；（3）重要基础设施，特别是新基础设施及网络化建设等领域；（4）改善生态环境及促进循环经济的领域；（5）惠及全体人民的生活质量提高、大健康等领域。投资资金来源结构的变化，主要是：（1）对于外资的利用将保持一定增长，但增长幅度将较为有限，外资对于经济增长的作用将逐渐减弱，内资将更充分地发挥推动经济的作用。（2）政府投资仍将占较大比例，同时民间投资的总量与比例也将上升，并超出政府投资比重。

与此同时，进入新发展阶段，伴随着经济发展和居民收入水平大幅度提高，将趋向于更大的消费支出和更高的消费水平。此外，在社会保障体系进一步完善，收入分配差距调整（加大向低收入居民的倾斜力度），以及居民持有个人资产，特别是不动产保持不"缩水"并有小幅"升水"（以房地产市场价格稳步上升为前提）的情况下，良好的未来预期也将促进居民消费支出水平的较大增长。因此，最终消费在 GDP 中的比例将趋于不断提升。而且，在最终消费中，居民消费的比重趋于大幅提高。国际经验表明，居民消费在最终消费中的比例将达到80％以上，而政府消费在最终消费中的比例将减至 20％以下。在此基础上，居民消费倾向从日常消费向汽车、房屋等耐用品消费和教育卫生、信息与科技等发展型与享受型消费演进，出现整体的消费结构升级。

据专家核算，居民消费增长率每提高 1 个百分点，相当于投资率提高 1.5 个百分点。同时，消费需求的扩大，也有助于提高投资效率。因此，消费将在经济发展中发挥更为重要的推动作用,并实现居民收入提升与经济发展的良性循环,即居民收入水平提高—消费支出增长—促进经济发展—创造更多的就业岗位—进一步提高城乡居民收入水平。

因此,在新发展阶段,随着投资在经济发展中的作用相对降低,消费在经济发展中的作用逐渐加大,将呈现投资与消费"双推动"的基本格局。这一趋势性变化将给上海经济带来更加稳定与持续的增长。投资与消费"双推动",一方面可较好避免投资过度依赖所带来的不利影响,特别是可以较好规避因外部形势变化大规模投资一旦难以为继而出现的经济波动,使经济增长有一个较稳定的基础;另一方面也弥补了消费不足的负面效应,增强了消费需求拉动就业增长、促进收入增长,从而提高消费水平与消费结构升级的内生力量和良性循环,使经济增长保持一个良好的势头。

当然,投资与消费"双推动"只是一个趋势性变化,还不是现实中已经发生的变化。从大规模投资驱动转向投资与消费"双推动"也有一个过程,可能还是一个时间不短的过程。这将取决于基于体制机制改革的经济增长方式转变。如果加快体制机制改革深化,以及相应政策的调整,这一过程时间将缩短;反之则反是。

与此同时,在这一过程转变中,经济增长速度也将随之变化。在转变初期,由于投资驱动的路径依赖等因素的作用,上海仍将保持较大规模的投资增长,从而促进经济快速增长。这种相对较快的经济增长态势可能延续到 2010 年之前。然后,随着投资增长减缓和投资规模相对缩小,消费增长加快和消费比重提升,而消费拉动经济增长的动能尚未足够强大,2010 年后经济增长速度将适度放缓,甚至较明显下滑。只有到了消费拉动经济增长的动能足够强大,并形成投资与消费"双推动"良性循环的情况下,经济才会进入持续平稳的增长。从世界经济发展史来看,经济起飞到一定阶段后,也将进入增长速度相对较缓的平稳时期。当然,这只是趋势性的一般情景。如果在此期间遇到强大的外部冲击,情况就另当别论了。

1.3.2 产业结构高度化及产业融合发展

国际经验表明,进入这一新发展阶段,产业结构升级换代趋于加快,金融、商贸、中介服务等第三产业加速发展,并在经济中居主导地位;制造业能级大力提升,从劳动密集型产业到资金密集型产业,继而转向技术密集型产业,特别是普遍实现产业的技术升级。例如,韩国在 1988 年人均 GDP 超过 4000 美元。在这以后,韩国服务业占 GDP 的比重从 1988 年的 56.3％提高到 1991 年的 64％,三年间增加了 7.7 个百分点;电子、汽车等技术和资金密集型产业迅速发展,成为支柱产业和最重要的出口产业。随着"新经济"时代的到来,这一趋势性变化及特点比 10 年、20 年前更为突出。

上海进入新发展阶段后,产业结构高度化趋势将进一步增强。第三产业的比重将进一步提高,并远远超过第二产业而居主导地位。当然,在初期一段时间里,尽管第三产业比重已超过第二产业,但二、三产业比重关系仍会处于胶着状态。根据相关计量模型的预测,至 2010 年,上海三次产业的比重将分别为 0.80％、47.70％与 51.50％。其中,第三产业的比重在 2006 年以后将始终在 50％以上(见表 1.3)。在此之后,第三产业比重将持续较快上升,而第二产业比重持续下降,两者的比重关系将拉开距离。

表 1.3　未来一段时期上海的产业结构

年份	GDP (亿元)	第一产业 (亿元)	第二产业 (亿元)	第三产业 (亿元)	第一产业 比例(％)	第二产业 比例(％)	第三产业 比例(％)
2004	7199.91	95.00	3669.31	3435.60	1.32	50.96	47.72
2005	8289.39	100.29	4062.93	4126.17	1.21	49.01	49.78
2006	9443.49	104.18	4523.72	4815.59	1.10	47.90	51.00
2007	10668.65	106.81	5102.71	5459.13	1.00	47.83	51.17
2008	11740.55	108.47	5683.98	5948.10	0.92	48.42	50.66
2009	12732.60	109.46	6148.69	6474.45	0.86	48.29	50.85
2010	13707.34	110.11	6538.02	7059.21	0.80	47.70	51.50

资料来源:作者编制。

更主要的是,在这一新发展阶段,产业结构变化将转向内含高度化。尽管改革开放以来,上海产业结构一直持续朝着高度化方向变化,但主要还是停留在表层高度化上。不管是第二产业还是第三产业,仍表现出以传统产业部门为主、以低附加值产业部门为主,其内含的技术程度、智力程度并不很高。与此相适应,产业组织基本上仍保持着传统等级制的组织结构,以及传统的以产业分立为基础的市场结构。这种产业结构表层高度化导致其比重关系的不稳定性,如近年来上海第三产业比重出现下滑,二、三产业的结构关系发生逆转现象。进入新发展阶段后,由于受城市用地的限制以及土地级差的支配,地均产出的要求已越来越强烈,并成为城市产业的市场选择的一个重要指标。同时,商务成本的迅速提高,也将重新调整产业进入门槛,强行驱逐低收益的产业部门。此外,再加上国内外及周边地区强有力的竞争挤压,迫使上海一些缺乏竞争优势的产业部门逐步消亡或往外转移。这将促使上海产业部门实行更新换代,或者更替换新。不管是第二产业还是第三产业,都有这种产业部门更新或更替的重大调整的迫切要求。具体表现为:(1)大量新兴产业部门将替代传统产业部门;(2)高端或高附加值产业部门替代低端或低附加值产业部门;(3)高技术、高智力含量的产业部门替代低技术、低智力含量的产业部门。也就是,从传统制造业转向先进制造业,使高新技术产业、高端装备产业与科技含量高的组装加工产业获得更大发展。同时,大力发展现代服务业,普遍提升服务业的服务能级。而且,两者之间将形成良性互动与促进。先进制造业发展将对生产者服务产生较大引致需求,加之随着企业组织方式转变,原有企业内部的服务外包化和产业价值链的延伸与发展,将促进现代服务业的发展。现代服务业发展又将为先进制造业提供更多、更有效率的法务、账务管理、中介咨询、人力资源管理、融资等服务,有助于提升先进制造业的核心竞争力。

与以往不同,在新的技术经济条件下,还将呈现先进制造业与现代服务业融合发展的趋势。产业融合是在工业经济时代高度产业分工的基础上发展起来的,以产业部门日益细化、产业关联复杂化、部门间交易规模庞大且交易量大增为前提条件的,并对在此基础上形成的产业固定边界进行一定程度调整的结果。它是以知识经济为基础,借助于信息化手段,利用生产价值链开展合作,打破了传统产业边界,带来产业之间更多的相互渗透与融合,实现一体化发展的新型方式。因此,它不是原有产业的简单组合或归并,也不是对原有若干产业的简单替代,而是一种原有产业有机整合基础上的重新分工。这将使与买卖双方密切相关的市场区域的概念转变为市场空间的概念。与此同时,传统厂商观念中的"有明确范围的竞争"也将被一个纵横相交的更加广泛的概念所替代。这些相关活动的协调,既有竞争又有合作,既在传统市场之内又在传统市场之外。

当前,这种产业融合的趋势性变化越来越明显,且日益增强。上海进入新发展阶段后,这种产业融合的要求也将越来越迫切,特别是制造业服务化、服务业制造化。未来制造业生产的不仅仅是物质产品,更是服务产品,在其产品价值中将有七成至八成来自服务。同时,要促进产业融合中大量涌现出来的新兴产业、新兴业态、新兴商业模式的发展。

1.3.3　经济服务化、集约化与网络化发展

国际经验表明,进入这一新发展阶段后,特别对于城市而言,经济服务化、集约化、网络化和流量化发展将是一种趋势性变化。在当今经济网络体系中,城市作为其中的一个重要节点,越来越具有流动空间的属性,提高城市能级水平,不能仅靠大量物质资本的存积,而必须具有更大的流动性和集聚及辐射能力。因此,势必要求转向经济服务化,能够提供大量的现代服务活动。服务业,特别是现代服务业要迅速发展,其比重要不断上升;并且,制造业要向服务领域延伸,形成产品与服务一条龙的产业链。在此基础上,如果不能对这些集聚而来的资源要素进行集约化配置,则至多只是形成城市规模扩大或存量资本大量堆积,而难以形成对外强有力的辐射能力。因此,势必要求高能级要素规模趋于增大,在全部要素中的比重不断上升,逐步形成高能级要素的高地,通过经济集约化方式使本地价值链与全球价值链融合,在全球价值链中进行准确定位,并向价值链的中、高端方向移动,实现价值高端化。当前城市建设与发展是在经济全球化与信息化的背景下大规模地展开的,城市尤其是大城市日益融入全球的概念框架中,城市间各种要素的迅速流动使得全球各城市间联系更加紧密,使得多极与多层次的世界城市网络体系形成,而城市间的经济网络开始主宰全球经济命脉。因此,提升城市能级,势必要朝着经济网络化方向发展。

进入新发展阶段,上海将更大范围地参与世界经济进程,更深入地融入国际产业分工及世界城市体系之中,在城市能级上迈向新的台阶,更需要朝着经济服务化、集约化和网络化方向发展。

(1)经济服务化。上海在经济服务化的过程中,将发生两方面的重大变化。一方面,由于信息经济中的互联意味着顾客与产品生产者密切联系,产品只是一个待发生的服务;而服务则是实际上的产品。同时,许多实物产品的价值越来越多地体现在无形方面,诸如设计与营销。其有形产品也包含越来越多的知识价值。因此,越来越多的制造业正在变得无形,开始基于个人品位进行定制,其业务模式将从制造一种产品转向提供一种服务。另一方面,许多服务行业开始具备曾经一度只为制造业所具有的大规模生产的特点,并可以将规模经济与个性化服务结合起来。同时,越来越多的服务可以在远离最终市场的地方提供。例

如,金融服务、娱乐、教育、安全监控、秘书服务、会计及游戏程序都可以在远离最终用户的地方生产销售,特别是远程医疗服务等。

适应这种经济服务化的发展,要求把注意力从实物的制造转移到制造与服务的有机结合上来,在发展现代先进制造业与装备制造业的过程中尽可能选择其生产价值链的高端(研发、设计与营销),提升制造业的服务化水平,并大力加强服务产业的发展,大力发展经济服务化的产业组织载体。

(2)经济集约化。上海在经济集约化过程中,也将发生两方面重大变化。一方面,由于城市在超越其本身市域范围内实行的大规模的资源配置,主要是建立在城市功能基础上的,因此城市功能的集约化是一个非常重要的前提。这就要求将分散的功能相对集中起来,以促进产业集群,形成良好的产业经济生态圈。同时,要求深化与强化主要的城市功能,突出其特色,形成核心竞争力。另一方面,则是经济运行的集约化。这要求进一步提高资源要素的利用程度,降低资源要素的耗损,降低运作成本,提高资源配置效率,并促进资源要素的高效流动。

适应这种经济集约化的发展,要求对城市功能进行梳理、界定与科学划分,并在此基础上进行有机整合与分类指导,大力培育支撑其功能的产业及组织机构。同时,完善市场体系,规范市场规则,保证良好的市场秩序,加快企业改革与重组进程,促使企业组织结构的良性变动,提高经营管理水平。

(3)经济网络化与流量化。上海在经济网络化过程中,也将发生两方面的重大转变。一方面,经济网络的本质要求是互通、互联,特别是处于网络中的重要节点,更需要有广泛的外部联系性。这就要求上海作为一个大城市必须具有更大的开放性,从注重于自身内部发展转向注重于与外部建立广泛的联系。另一方面,上海作为经济网络中的一个重要节点,将更多地承担起各种资源要素在网络体系中流动的功能,越来越多的生产要素将以流量方式进行配置,在大进大出的流动"搅拌"中增添附加值,从而日益显示城市流量经济的发展模式。在此过程中,将有一大批功能性、中枢性机构的集聚,如跨国公司地区总部、国内大企业总部、各类研发中心、营销采购中心、设计创意中心,以及现代服务业的各类机构,其触角伸向国内外,成为经济网络的重要制造者。大量生产性企业在产业集聚中也日益进入组织网络之中。适应这种经济网络化的发展,要求拆除各种制度性的和非制度性的进出障碍,保持良好的资源要素流动的通达性,建立各种服务平台,构建与形成高级劳动力的国际流动机制,充分发挥熟练国际劳动力对促进经济网络化的重要作用。

1.3.4　原子式企业组织结构与柔性化生产组织方式

进入新发展阶段后,产业结构高度化将进一步导致产业分工细化与企业业务细分,特别是制造企业(也包括服务企业)非核心业务外包,不仅使企业自身轻型化,并促进了设计开发、检测和试验、信息咨询、管理咨询、市场调查、人力资源培训等服务机构的繁荣和发展,而且也使企业之间构建起更紧密的关联和依存关系。传统产业信息化改造和现代信息产业发展,也将使企业更加依赖于信息的流动及获取,依附于信息网络,并形成相互之间的网络关系。这些都构成企业组织结构的技术经济基础。与此同时,市场需求将趋于多元化、多层次且灵活多变,市场竞争趋于全方位且日益激烈。在此情况下,传统"大而全"、等级式的组织结构将逐渐演变为微型化与轻型化、原子式的组织结构,以适应日益变化的市场竞争的需要,充分利用产业分工的益处。

随着经济服务化、集约化和网络化发展,特别是产业融合发展,生产组织方式也将发生趋势性变化。在产业融合发展过程中,部门间业务交叉与市场交叉等新变化,使企业打破彼此分工的界限,相互介入。公司之间不再讲求垂直结合,而讲求不同功能公司之间的水平整合。企业之间不单纯是一种竞争关系,更是一种协同关系,与过去仅考虑其自身需求的方式截然不同。在产业融合条件下,企业不仅要考虑自身,把业务流程的各个功能串联起来,以实现商务的集成,如客户关系管理(CRM)、供应链管理(SCM)、价值管理(VBM)等,还要考虑与外部结合的一系列连接,完全借助于互联网来完成协同式的商务。因此,企业通常在产业自动化、智能化的基础上实行生产组织方式柔性化,以适应灵活多变的市场要求。

1.3.5　较充分就业与较快收入增长

进入新发展阶段后,在产业结构高度化过程中,虽然制造业比重趋于缩小且产业能级提升,会转移一大批劳动力,但服务业加快发展,服务业比重趋于上升,则会吸纳相当一部分劳动力。与制造业,特别是资本密集型产业相比,服务业吸纳就业人员的能力更大。如果不考虑其他因素影响,那么在这一新发展阶段,将呈现较充分就业的趋势性变化。但对于一个城市来说,特别是在国内率先进入新发展阶段的城市,在这一新发展阶段,通常会有大量外来人员进入,促使就业人员大幅增长。特别是在大规模城市化,农村剩余劳动力向城镇转移的背景下,率先进入新发展阶段的城市将面临更多外来人员进入的局面。无疑,这一外来劳动力的增量,将加大就业压力。然而,只要大力发展服务业,增强服务业吸纳就业的能力,积极构建就业岗位内生化机制,进一步完善劳动力市场并充分发挥劳动力市场配置劳动力资源的基础性作用,充分发挥社会保障体系促进就业的重要作用,大力提升人力资本水平,就还是有条件实现较充分就业的。

改革开放以来,上海总人口逐渐上升,但人口增长率从1993年开始一直为负增长。总人口已由1978年的1098.28万人增至2003年的1341.77万人,共增加243.49万人,年均增加9.37万人,年均增长0.80%。人口出生率已从1978年的11.3‰下降至2003年的4.3‰,同期人口死亡率由6.2‰增至7.6‰,自然增长率由5.1‰下降至−3.3‰。与此相适应,上海的从业人员增长速度较缓,由1978年的698.32万人增至2003年的813.05万人,增加了114.73万人,年均增加4.41万人,年均增长0.61%。从就业人员结构来说,第一产业从业人员趋于减少,第二产业从业人员有所增加,第三产业已成为吸纳从业人员的最主要的力量。进入新发展阶段后,随着经济快速发展,将有大量外来人员进入,人口总量将快速增长。从全人口(包括户籍人口和常住人口)的规模来看,上海的就业压力趋于加大,供需矛盾比较突出。因此在新发展阶段,通过完善产业结构,提高服务业在GDP中的比重,进而发挥服务业吸纳就业的重要作用,是经济发展的重要前提。据相关计量模型预测,至2010年,上海总就业人员将达到899.18万人,三次产业吸纳就业的比例分别为8.48%、37.80%与53.72%(表1.4),服务业吸纳就业比例远远高于第二产业吸纳就业比例,就业结构呈现出较好的发展势头。但从长远来看,服务业吸纳就业比例有必要尽快达至60%,以实现较充分就业的目标。

在此过程中,另一个比较突出的问题,是大量低素质劳动力与经济发展需要的高素质劳动力的矛盾较为严重,从而导致结构性失业。制造业吸纳就业比例虽然在下降,但先进制造业发展需要更多的研发人员、管理人员、设计师、工程师及高级技工。服务业吸纳就业比例虽然在上升,但现代服务业发展更需要高端专业人员。尽管现代服务业中也需要大量一般辅助人员,如保安、保洁、设施维护、前台服务、文秘等人员,但缺乏高端专业人员,有再多的一般辅助人员,现代

表 1.4　未来一段时期的就业状况及就业结构

年份	总就业人数（万人）	第一产业人数（万人）	第二产业人数（万人）	第三产业人数（万人）	第一产业比例（%）	第二产业比例（%）	第三产业比例（%）
2004	815.38	81.45	319.34	414.59	9.99	39.16	50.85
2005	828.23	80.29	321.34	426.60	9.69	38.80	51.51
2006	843.98	79.27	329.03	435.68	9.39	38.99	51.62
2007	859.57	78.37	334.38	446.82	9.12	38.90	51.98
2008	877.05	77.57	335.19	464.29	8.84	38.22	52.94
2009	888.17	76.86	337.38	473.93	8.65	37.99	53.36
2010	899.18	76.24	339.93	483.01	8.48	37.80	53.72

资料来源:作者编制。

服务业也发展不起来。据 2000 年第五次人口普查数据,上海人口每十万人中小学学历的为 18934 人,初中为 36803 人,高中为 23018 人,大专及以上仅 10940 人,仅占 10% 多一点,劳动者平均人力受教育程度仅为高中一年级的水平。显然,这与先进制造业和现代服务业发展不相适应,同时也将制约较充分就业。因此,通过教育、培训与干中学等多种积极方式,大力提升劳动力人力资本水平,是实现较充分就业的重要前提。

与此相关,进入新发展阶段,收入增长也将发生变化。城乡居民收入水平既是衡量居民获取经济增长收益的程度,也是考量消费推动经济增长状况的重要指标。在新发展阶段,在投资与消费的"双推动"下,随着产业结构高度化,特别是先进制造业和现代服务业发展(意味着高附加值),以及实现较充分就业等,收入增长将呈现较快提升的趋势性变化。

改革开放以来,上海市城乡居民人均可支配收入缓慢上升,2003 年城镇居民人均可支配收入为 14867 元,农村居民人均可支配收入为 6658 元(表 1.5)。但是居民人均可支配收入在 GDP 中的比例较为有限,2003 年城镇居民人均可支配收入占人均 GDP 的比重仅三分之一强,远远低于国际上通行的三分之二左右的水平。这既说明居民获取经济发展的收益不足,而且也说明了为何消费难以在经济发展中成为重要的力量。在新发展阶段,有必要努力促进居民收入提升,使居民充分获取经济发展的益处,并通过居民收入提升来提高消费水平与促进消费结构转型与升级,充分发挥消费在经济发展中的推动作用,以实现居民收入提升与经济发展的良性循环:使居民在更多获取经济发展益处的同时通过收入与消费的提高促进经济的健康发展,并促使经济发展创造更多的就业岗位,以使居民获取更多的收入。同时,采取切实有效措施缩小收入分配差距,努力消除收入分配不公,加大向低收入居民的倾斜力度。

表 1.5　上海市城乡居民人均可支配收入与支出情况　　　　　　(元)

年份	城市居民家庭人均可支配收入	城市居民家庭人均消费支出	人均 GDP	农村居民家庭人均可支配收入	农村居民家庭平均每人总支出
1992	3009	2509	8652	2226	2322
1993	4277	3530	11700	2727	2660
1994	5868	4669	15204	3437	3320
1995	7172	5868	18942	4246	4041
1996	8159	6763	22275	4846	4581
1997	8439	6820	25750	5277	4953
1998	8773	6866	28240	5407	4924
1999	10932	8248	30805	5481	4431
2000	11718	8868	34547	5565	5578
2001	12883	9336	37382	5850	6353
2002	13250	10464	40646	6212	6988
2003	14867	11040	46718	6658	6931

资料来源:历年《上海统计年鉴》。

1.3.6　社会发展提上重要议程

历史经验表明,大规模投资驱动的经济高速增长将带来诸多社会问题,特别是结构性失业、劳动者教育水平滞后、收入分配差距扩大、弱势群体的贫困化等。进入新发展阶段后,随着经济结构转换与提升,这些社会问题将更为突出,并直接影响和制约经济持续稳定增长。对于城市,特别是国际大都市来讲,随着产业体系重组与城市功能形态变化,社会体系也将同时发生深刻变革。其中,最为突出的变革包括在以下方面:(1)城市居民的收入和社会地位根据全球化的参与程度不同而逐渐发生分化;(2)总体就业规模扩大,但出现"两端增加、中间减少"的趋势;(3)社会权力向跨国组织转移,跨国资本的影响力日益扩大;(4)城市社区布局出现新的"两极",即与全球化相关的国际社区和与本地化相关的大众社区;(5)在文化上形成"全球主义"与"民族主义"的思潮对立,同时在国际化进程中业已出现的问题在城市化的过程中进一步放大。因此,在新发展阶段,越来越需要把社会发展问题提到重要议事日程上来,包括城市治理、社区建设、社会保障、就业、教育、文化等,而且要实行大量"补课",实现一个较大的社会发展,与经济发展相适应。例如,韩国在 1988 年人均 GDP 超过 4000 美元后,大学生入学率也从80 年代的不到 20%,猛增到 1996 年的 60%。新加坡、中国香港等许多国家或地区在这一发展阶段也出现了类似的情况。这也是新发展阶段的一种趋势性变化。

改革开放以来,随着上海大规模的城市建设和经济高速增长,人口规模迅速扩张,与此直接相关的就业、教育、居住生活、医疗保健等社会发展也取得长足进步。但相对而言,还难以适应经济快速发展的要求,需要有一个更全面、更大进步的社会发展。在未来一个阶段的社会发展中,上海所要解决的主要问题是教育发展及人力资本提升。教育发展既是提升劳动力人力资本水平的前提,也是实现人的全面发展和社会全面进步的充分条件。在新发展阶段,教育的大力发展,甚至是适度超前于经济的发展,是社会发展的一个主要的趋势性变化。这将要求上海在教育发展上有更大的目标追求,有更多的投入,确立先进教育理念,坚持"以学生为本"和"以育人为本"原则,促进学生全面而有个性地发展。构建完备的教育体系,建立以开放多样、高标准高质量为特点的现代国民体系和以学习型城市为标志的终身教育体系。充分利用社会力量与国内外相关资源,拓宽教育投入渠道,构建多元办学体系。构建合理的教育资源配置,学校布局与城市布局调整相适应,教育发展与城市化进程相协调,学校建设与学校功能定位相一致。努力优化教育结构,充分发挥教育效应,积极提升教育水平,加大教育经费投入与对低收入家庭接受教育者的资助,在确保教育公平的基础上积极提升教育效率。

1.3.7　空间布局重大调整

对于城市来说,进入新发展阶段,随着经济结构转换与升级,城市功能从集聚主导转向扩散主导,空间布局将发生重大调整。最为明显的是,在租金、劳动力成本提升的压力下,传统制造业往外转移,高附加值的现代服务业往中心城区集中;在市场竞争与市场拓展的压力下,高度集聚的能量形成强有力的对外扩散,内外部网络关系日益增强。国际经验表明,在这一新发展阶段,城市空间布局的重大调整是一个趋势性变化。纽约、伦敦、东京等城市在这一发展时点上都经历了空间布局的重大调整。

改革开放以来,上海经济布局发生了重大变化,经济重心从原先市中心300平方公里扩展到600平方公里,并进入城市的郊区化阶段,主要表现为制造企业向郊区转移,形成东南西北四大制造业基地以及众多工业园区,而服务企业高度内聚于市中心。其结果,是城市体量增大和规模扩大。但从另一种意义上讲,这意味着城市在更大范围内的集聚。在新发展阶段,为适应结构转换与升级、城市能级水平提升的需要,在空间布局上要有一个重大调整。

(1)空间布局结构。由于进入城市功能扩散阶段,在空间布局结构上要突破上海市域界限,放在一个更大区域范围来进行安排。考虑上海与周边地区的关系:不仅是上海中心城区与周边地区的关系,而且也包括上海郊区与周边地区的关系。今后,上海与周边地区(包括城市)的联结,不只是上海中心城区对外的直接单一联结,而是上海中心城区和郊区对外的双重联结,其中有相当部分是上海郊区对外的直接联结,进而与中心城区形成间接联结。因此,在空间布局结构上,将有三个层面:中心城区、郊区、周边地区。

(2)空间布局形态。与上述空间布局结构相适应,经济重心向6000平方公里拓展,就不是像城市郊区化阶段通常表现的那样向郊区蔓延扩散,在郊区形成大范围的平面式集聚,而是向郊区的若干节点扩散,在郊区形成有重点的立体式集聚(新城为载体)。因此,中心城区与郊区不是简单的"核心—外围"关系,而是"核心—次核心"关系,从而形成中心城区与郊区若干新城"点射状网络"的空间布局形态。也就是,以中心城区为核心,通过便捷的轨道交通和快速干线,与郊区若干次核心的新城区相联结,而这些新城区之间也相互联结。因此,郊区新城的选择及其建设,至关重要。它既是中心城区向郊区延伸的重要依托,在郊区发展中形成高度集聚点,又是与周边地区形成联结的重要节点,形成对外辐射扩散。

(3)产业空间布局。在"点射状"的空间布局形态下,由于新城在性质上完全不同于开发区或工业区,它不仅以制造业为重要依托,而且必须辅之以相应的服务业,所以产业空间布局就不是简单表现为服务业集中在中心城区,制造业散布于广大郊区,而是一种按照中心城区与郊区新城进行差异性布局的产业空间分布状态。除都市型工业外,大部分制造业将集中于若干新城区及其周边地区。消费者服务业,则按中心城区和新城区的不同人口规模进行分布。除了中心城区集中大量消费者服务业外,郊区新城也将大力发展不动产、商业、旅馆餐饮、娱乐旅游、生活服务等消费者服务业,以满足当地和外来消费者的需要。生产者服务业,则按其等级及功能在中心城区与郊区新城之间进行分布。综合性、高能级的生产者服务业,如金融、法律、咨询、软件、中介和国际物质流等,以及政府、非政府组织、国际组织、传媒、研发和大学等机构主要高度集中于中心城区。郊区新城主要集中了以其制造业及开发区或工业区为依托,并直接为其提供服务的专业性较强的生产者服务业,如工业园区中的研发、设计等生产者服务,为生产直接配套的物流服务等。另外,由于郊区新城直接与周边地区相联结,上海以航运中心为核心的现代物流服务将在很大程度上要借助于这一重要节点,所以在某些郊区新城还将有部分现代物流服务的产业分布。中心城区的生产者服务业与郊区新城的生产者服务业,在其功能分配上有较大的差异,即使是同类服务,也存在一个总部机构与其分机构的功能性区别。因此,总体上,上海产业空间分布将呈现:中心城区以比较单一的现代服务业为主,而郊区新城区则是制造业与服务业并存。

2 新发展逻辑:创新与转型*

上海进入人均 5000 美元的新发展阶段,意味着站在一个新起点上的进一步发展。这一新起点,要求提出和形成新的发展逻辑。新的发展逻辑内生于新发展阶段,是由新发展阶段一系列趋势性变化所要求和内在规定的。因此,与这一新发展阶段的要求相适应,"创新"与"转型"是新的发展逻辑。

2.1 新发展逻辑的提出

尽管转变增长方式在旧发展阶段就已提出来,但只有与新发展阶段结合在一起,才具有现实操作性,并可进一步明确为新阶段的"创新"与"转型"的新发展逻辑。

2.1.1 一种理论解释

在 20 世纪 90 年代,伴随着经济高速增长,"转变增长方式"就已被提出,相关政策也试图予以引导。但经过好多年,在实践中,转变增长方式似乎并没有明显起色。这是为什么呢? 对此,尽管可能有各种解释,但我认为,主要与经济发展阶段有关。

针对高速经济增长中出现的问题,提出"转变增长方式",无疑是正确的。但能不能实现增长方式转变,并不单纯依赖于人的主观意志和愿望。这里有它自

---

* 本章根据笔者 2005 年的学术报告改编。

身的发展规律。具体讲,转变增长方式要依赖于它的约束条件。只要这个约束条件没有发生变化,增长方式就难以转变。

那么,这个约束条件是什么呢? 从经济学分析来讲,就是在若干资源(生产)要素中,哪些要素相对充裕且价格便宜。因为在资源要素配置中,存在着价格偏好,而且各种要素之间存在一定的替代性。在生产过程当中,企业总是要使用和利用最容易获得,价格也最便宜的生产要素。作为企业,这是一个理性的、现实的选择。因此,当土地价格便宜且大量供应时,生产者一定大量使用土地资源;当劳动力价格便宜且大量供应时,生产者一定大量使用劳动力;当资金价格比较低且有大量供应时,企业家也一定也会大量利用资金。

然而,在经济发展过程中,这些资源要素的相对稀缺性和相对价格是动态变化的;在不同经济发展阶段,这些资源要素的相对稀缺性和相对价格是不同的。所以经济学家根据这个约束条件把人类经济发展划分为四个阶段。第一个阶段是要素推动的经济发展阶段。在这个阶段,大量使用的是土地资源、自然资源、劳动力。进入到第二个经济发展阶段即投资推动的经济发展阶段,大量使用的是资本。到了第三个阶段即创新推动阶段,主要靠创新来推动。第四个阶段是财富推动的阶段。

结合上海情况来讲,90 年代提出来的转变增长方式,只是一种导向,希望能从粗放型增长转向集约型增长。但现实约束条件尚未发生根本性变化,还存在着可以大量使用的便宜的劳动力、土地等,因此成本最低化与收益最大化的理性选择,导致现实中还是一种粗放型经济增长方式。大家知道,在 80 年代,上海经济增长低于全国平均水平 2 个百分点,但从 90 年代开始,随着浦东开发开放,上海经济保持十多年的连续两位数增速,且高于全国平均水平 2 个百分点。但我们要想一想,这种快速经济增长,包括城市面貌巨变,是靠什么来推动的? 看一下有关数据,就很清楚了,就是靠大量的投资推动。在"八五"期间(也就是 90 年代上半期),上海固定资产投资占全国总投资的比重达 11%,五年里面大概总计 3700 亿元。到了"九五"期间(90 年代下半期),上海固定资产投资占全国总投资的比重上升到 15%。到"十五"期间,这个比重进一步上升到 25%,即全国四分之一的投资在上海。2005 年,上海一年投资就达到 3500 亿元,规模是非常大的。当然,现在有特殊情况,因为 2010 年要举办世博会,还要有大量的基础设施、城市建设投资,包括四条轨道交通同时开工等等。因为有世博会的因素,"十一五"期间大规模投资可能还会持续。那世博会之后,还会不会有这么大量、持续的投资增长? 这种大规模投资还能不能持续? 我认为,可能性不大。

什么道理呢? 我们主要看,实行这种大规模投资,钱从哪里来? 一般来说,一个国家也好,一个地区也好,一个城市也好,其发展的主要财源通常都是自身的积累,即当地税收增加,然后再对城市进行投入,这样慢慢发展起来的。90 年代以来,在上海大规模投资中,当然有一部分也是自身的积累,但很明显,大部分是从外部来的。在外部来源中,首先可以排除中央给上海留更多钱或拨更多钱。因为实行分税制后,上缴给中央的税收多少,地方留多少,可支配多少,这都是体制上规定下来的,不是随便可以改动的。而中央财政的转移支付大部分用于支持西部开发、东北振兴等,不可能给上海更多的钱。那么,上海这么多钱怎么变出来的? 我归纳一下,大致有这么几个渠道:(1)土地批租。土地批租使上海获取了大量级差地租收益。而这种级差地租的收益不是现在创造的,更多的是在 20 世纪 30 年代就已经开始逐步积累起来的。现在,我们通过体制改革,把这个潜在的级差地租收益变成了现实的收益,而且把它收回来使用了。并且,利用土地批租也吸引了大量的外资与内资。(2)城市空间结构调整——居民旧区改造,通过土地置换,也腾出了很大一块空间,吸引了不少的资金。(3)证券市场。在上海建立了证券市场以后,虽然它是一个全国市场,但上海总有点"近水楼台先得月",通过大量上市公司向股民和法人募集了资金。

那么,现在再来看一下这些来自外部的钱能不能继续持续下去? 首先,中心城区——土地级差收益最高的地方的土地大都批租出去了。可批的土地大部分在外环线以外,土地级差收益明显下降。而且,那里很多还是农田,在对农田实行严加保护的情况下,不能随便转为建设用地。其次,旧区改造规模趋于逐年减少,且土地置换的成本越来越高,可腾空间的余地越来越小。最后,证券市场越来越规范,越来越透明,不是可以随便"圈钱"的,而要求给股民相应的回报。从这几个方面来看,至少可以看出大规模投资的来源在逐步减少。当然,上海自身积累这一块是在增长,每年的税收增长速度还是比较快的,地方可支配财力的规模也越来越大了。但是,单靠地方可支配财力的积累来维持这种大规模投资看来也是有问题的。因此,上海大规模投资驱动已难以为继,必须转换增长动能和增长路径。

实质上,这在于上海进入经济发展新阶段,约束条件开始发生根本性变化,从而要有新的发展逻辑。

2.1.2　现实经济运行状态的验证

2003—2004 年,上海经济运行仍保持着过去高速增长的惯性。但从 2005 年上半年的经济运行状态看,已显露出明显不同于以往年份的特点。从宏观层面看,2005 年头 4 个月,全国经济延续了 2004 年快速增长的良好势头,各项经济指标都比较理想。与此不同,上海主要经济指标均出现"双低"现象,即增长速度低于上年同期,同时又低于全国平均水平。具体表现如下:

(1) 上海经济依然保持两位数增速,但增幅回落较大。2005 年第一季度,上海经济增长速度为 10.8%,与上年同期相比,增幅回落 2.7 个百分点。而全国第一季度的经济增长速度仅比上年同期回落 0.3 个百分点,为 9.4%。这是上海自 1991 年以来,首次出现经济增长速度回落幅度高于全国 2 个百分点以上的现象。对此,必须高度重视。

(2) 工业增长速度大幅度回落。2005 年 1—4 月,上海工业增长速度为 10%,与上年同期相比,增幅大幅回落。与同期全国 16.2% 的工业增长速度相比,上海低 6 个百分点。上海工业企业的效益指标也出现了一些不好的苗头。2005 年 1—3 月全市工业企业亏损面上升,利润总额下降,产成品存货大幅上升。其中,汽车制造业利润总额大幅下降,降幅高达 74%,石油化工及精细化工制造业利润总额基本持平,增长了 3.4%。工业的滑坡值得高度重视。

(3) 消费品市场保持平稳增长,但增速低于全国。2005 年 1—4 月,社会消费品零售总额为 914.85 亿元,增长 10.6%,基本平稳。2005 年 1—4 月,全国社会消费品零售总额为 19775.5 亿元,比上年同期增长 13.3%。上海低于全国 2.7 个百分点。

(4) 固定资产投资增速回落,且增长速度低于全国。2005 年 1—4 月,上海全社会固定资产投资总额为 981.66 亿元,比上年同期增长 20%,增幅大幅度回落,创上年以来的最低点。2005 年 1—4 月,全国完成固定资产投资 14025 亿元,比上年同期增长 25.7%。上海固定资产投资的增速比全国低 5.7 个百分点。

(5) 外商投资增长基本持平,但低于全国。2005 年 1—4 月,外商直接投资实际到位金额为 25.92 亿美元,增长 2.0%;外商直接投资合同金额为 41.16 亿美元,下降 2.1%。2005 年 1—4 月全国实际使用外资金额为 174.73 亿美元,同比增长 2.24%,外商直接利用外资金额为 501.52 亿美元,增长速度为 8.03%。上海实际利用外资和合同利用外资的增长速度均低于全国。

(6) 外贸增长速度大幅度回落,且增速低于全国。2005 年 1—4 月上海外贸进出口增长了 16.4%,与上年同期相比,增长速度大幅回落。这个速度低于全国 6.9 个百分点。上海出口增长 28.4%,增长速度低于全国 5.6 个百分点。值得欣慰的是,2005 年 1—4 月,上海国际航运中心的建设继续向前推进,国际标准集装箱吞吐量达到 549.6 万箱,同比增长 27.9%;港口吞吐量达到 13270 万吨,同比增长 10.9%。

更重要的是,这并不是暂时性现象,而是一种经济增长乏力的持续性下降。2007 年,上海 GDP 增长 13.1%,其中有 2% 来自股市,1% 来自房市。如果减去这 3%,上海只增长 10.1%,已低于当时全国平均水平。随着世博投资效应递减,2008 年上海 GDP 增长率仅为 9.7%,为 17 年来首次跌入个位数。而 2009 年上半年,上海 GDP 增长更是全国排名倒数第二,税收则为全国倒数第四。究其原因,就是随着上海经济发展进入新阶段,商务成本、劳动力成本趋于攀升,大规模投资驱动难以为继,要求有新的发展逻辑。

2.2 创新与转型

创新与转型是转变增长方式在新发展阶段现实运用的明确表述,也是科学发展在上海现阶段的具体运用。创新与转型具有鲜明的发展阶段性,是贯穿于这一发展阶段的主线。推进创新与转型要把握其规律性特征,在动态过程中加以实施。

2.2.1 内涵及核心内容

创新与转型是一个整体,既包含经济动能转换,也包含经济转型升级。只有经济动能转换,才能促进经济转型升级;反过来,通过经济转型升级,才能巩固和壮大新经济动能。

1. 创新驱动

创新驱动,其核心是形成以创新主导的新动能。这一新动能形成是一个系统工程,涉及观念(理念)创新、发展模式创新、技术创新、管理创新、组织创新、制度创新等。在一般情况下,技术创新显得十分重要。因为技术作为经济增长的内生变量,其创新直接改变生产函数,促进经济发展。但在中国改革开放、建设社会主义市场体制的背景下,制度创新是更为核心的问题。因为一系列体制机制束缚,严重影响和制约了技术创新。首先要通过制度创新来解除影响和制约技术创新的束缚。

在制度创新中,当前存在的突出问题是:改革内在动力不足与外部"倒逼型"的改革开放压力增大的矛盾。不管是世界经济格局大调整及中国崛起要求上海加快"四个中心"和现代化国际大都市建设,建立和完善符合国际惯例的制度环境,还是国内各地积极探索综合配套改革试点取得重大进展,都对我们形成了加大改革开放力度的"倒逼"压力。但我们推进改革开放的内在动力相对不足,比较安于现状,缺乏紧迫感;有较大的畏难情绪,缺乏改革激情和冲劲;忙于日常事务,缺乏对改革深入系统的谋划;各行其是,各得其所,缺乏对改革的高度共识和强大合力。

制度创新,关键要在制度建设上下功夫。在中央精神的统领下,结合上海的实际,加强改革顶层设计,突出综合配套改革,既要强调改革的系统性,防止改革"碎片化"和"翻烧饼",又要安排好改革时序,重点突破,滚动推进。当前,要着力推进五个方面的制度创新。

(1)创新服务经济发展的制度环境。要积极利用国家开展增值税改革试点和服务业综合改革试点契机,推进深层次改革,重点突破制约服务经济发展的管制、税制、法制、信用制度等瓶颈。当前要积极准备实施国家服务业税制改革在上海的试点,大力推进各区县服务业配合配套试点改革,积极探索建立与服务经济和新兴产业发展相适应的统计体系,争取"十二五"时期在服务经济制度环境建设上率先取得重大突破。

(2)创新高新技术产业化的体制机制。要进一步实施科教兴市战略,加快推进科技体制改革创新,建立形成有利于自主创新和战略性新兴产业发展的体制机制,完善创新创业的制度环境,充分释放全社会创新动力和潜力。当前要聚焦张江国家自主创新示范区建设,着重在管理体制和政策上进行创新,充分发挥张江国家自主创新示范区在全市创新转型中的带动和引领作用。

(3)创新统筹城乡发展的体制机制。要以实现基本公共服务均等化为主线,建立和完善覆盖城乡的基本公共服务体系,引导社会资源加快向郊区布局,逐步建立促进城乡统筹发展的制度。当前重点要建立统筹推进新城开发的体制,创新新城发展机制,加快中心城区优质社会资源向新城辐射,带动城乡一体化发展。同时,要以进一步完善居住证制度为抓手,探索条件管理积分化的户籍政策,创新外来人口管理制度,建立人口管理、社会管理和公共服务供给"三位一体"的联动机制,实现公共服务分层、分类、有梯度的供给,破解城乡新旧二元结构。

(4)创新社会管理体制。要进一步强化政府社会管理职能,深入推进社会组织管理体制改革、社会事业管理体制改革、社区管理体制改革和文化体制改革,建立以块为主的基层社会管理和以条为主的社会政策管理有机结合的社会管理新体制,积极构建社会协商对话机制,稳步推进社会协同共治,创新社会管理方式。当前重点是推进社会事业单位分类改革,实现政事分开、事企分开、管办分开,促进公益事业发展,鼓励社会力量兴办社会事业,逐步形成多元参与、公平竞争的格局。

2. 转型发展

转型发展的核心,在于转变发展方式,塑造新的发展模式。在我们的工作中,要转变"重经济,轻社会""重生产,轻分配""重眼前,轻长远"的传统发展理念,确立"经济与社会、文化协调发展""兼顾效益与公平""可持续发展"的新理念;要转变"单纯追求物质财富增长和城市面貌改变"的传统发展目标,确立"以人为本""城市,让生活更美好"的目标愿景;要转变投资驱动、外延扩张、非均衡发展、急功近利的传统发展路径,确立创新引领、内涵提升、统筹协调、致力发展基础和环境改善的新路径;要转变政府行政主导、部门各自推进、过度倾斜化、烦琐低效的发展政策,确立政府引导、社会参与、综合推进、兼顾一般与重点、透明操作的发展政策框架。

转型发展是为了达到科学发展,所以必须以科学发展观为指导。上海转型发展要坚持城市功能综合化方向,在进一步继续增强承担国际流量枢纽功能的同时,兼具可持续发展能力、本地居民服务保障能力的复合性功能,促进服务功能、生产能力、创新能力的均衡发展,促进对外要素流动能力与对内保障服务能力的协调发展,致力于形成强大而多样的经济体系。要在提升产业能级的基础上,形成产业体系的均衡化发展,促进现代服务业与传统服务业以及先进制造业、文化创意产业等均衡发展,促进巨型企业与中小企业协调发展。要充分发挥特大城市所具有的经济体量和空间余度巨大,拥有金融、贸易、专业服务等部门配套支撑,以及高科技企业、高校与研发平台高度集聚的综合优势,大力培育新的增长点,促进战略性新兴产业和高新技术产业发展,促进经济与文化的融合发展,提升城市软实力,特别是向环保、低碳的城市经济转型。要大力推进社会建设和创新社会管理,调整收入分配,加强教育培训,强化住房保障,缓解新旧二元结构问题,逐步解决城市社会两极分化的难题,促进城市社会转型。

转型发展,要坚持以经济建设为中心,加快社会建设和文化大发展,促进经济建设与社会建设、文化繁荣的协调发展。当前,要加大聚焦力度,力争在重点领域和关键环节取得转型发展的重大突破:

(1)聚焦"四个中心"建设。建成"四个中心"是上海城市转型发展的核心目标,也是推进转型发展各项工作的着眼点。要紧紧围绕建设"四个中心"和社会主义现代化国际大都市这一战略目标推进转型发展,进一步加大结构调整力度,打造国际化的市场枢纽功能,建立有全球资源配置能力的市场体系,着力提升城市核心功能,尽快形成与"四个中心"和现代化国际大都市要求相适应的新型服务经济产业体系,提高经济运行质量,完善经济发展环境。

(2)聚焦自主创新。要抓住新一轮科技革命和建设张江国家自主创新示范区的机遇,进一步加快自主创新和科技成果产业化步伐,着力激发创新活力,力争在推进科技成果产业化和发展战略性新兴产业上取得重大突破,提升自主创新能力,形成经济发展新动力,增强发展活力。

(3)聚焦生态环境。"十二五"时期,上海节能减排的压力巨大,如果按照原来的减排措施和力度,国家下达的单位 GDP 能耗下降 18% 的指标不可能完成。因此,必须把节能减排放在更加突出的地位,围绕建设低碳城市的战略目标,加大推进节能减排的力度,力争实现碳排放强度和能耗强度明显下降,主要用能产业的能源利用效率接近或达到国际先进水平。着力推动城市发展模式从粗放高耗向绿色低碳转变,率先走出一条能源资源集约利用、生态环境优化的低碳发展发展道路,努力形成与现代化国际大都市相匹配的绿色生态环境。

(4)聚焦民生改善。改善民生既是加快经济社会发展的重要保障,也是经济社会发展的根本目的。特别是在当前经济社会发展进入新阶段后,进一步保障和改善民生具有极端重要性。要将保障和改善民生作为上海转型发展的根本出发点和立足点,大力推进和完善公共服务体系和社会保障体系,加大民生建设和财政投入力度,实现发展经济与改善民生互济,力争在统筹经济、社会发展上取得重大突破。

转型发展,以政府转型为首。转型发展的主要挑战不是经济社会本身,而是政府转型和政府自身建设。上海能否成功实现创新驱动、转型发展,很大程度上取决于公共服务型政府建设能否取得重大突破。要以转变政府职能为主线,以政府管理创新为重点,以建设服务型政府为核心,深化大部制改革,建立政府决策、执行、监督既相互制约又相互协调的行政权力运行机制。完善"二级政府、三级管理"体制,理顺各级行政组织的职能职责分工体系,进一步推进政企分开和政事分开,健全政务公开制度,强化行政问责制,完善政府财政预算管理制度。加快推进行政审批制度化、标准化、信息化,加大信息公开力度,建设"两高一少"政府,创新政府经济和社会管理方式,加大公众参与力度,依法行政,依法治理,依法办事,提高行政管理效能,加快建设服务政府、责任政府、法治政府和廉洁政府。

2.2.2　规律性特征:国际经验借鉴

通过借鉴国际经验,从一些经历了经济转型的城市,特别是伦敦、纽约、东京等大都市的典型案例中,寻找出某些带有规律性的表现特征,无疑是一条有效的认识捷径,有助于我们准确把握城市创新转型的特有规律,更好地开展创新转型的实践探索。

1. 转型过程及其特征

尽管伦敦、纽约、东京的历史沿革、基础条件、功能特征等有所不同,但都由于相类似的起因及动力,如经济发展水平趋于成熟、国际竞争加剧、城市发展空间狭小、土地价格昂贵、特定时期的汇率对制造业出口不利等因素,在 20 世纪60 年代至 80 年代期间,先后进入重化工阶段向后工业化阶段的经济转型。伦敦和东京的经济转型经历了 20 多年的时间,纽约经历了 10 余年时间。

在这一经济转型过程中,由于进入的时间、外部环境条件、自身内部结构等差异,其表现的过程形态有所不同。例如,相对于伦敦、纽约而言,东京经济转型总体比较平稳,尽管也一度出现财政危机,但总体就业水平没有像那两个城市出现绝对下降,而是保持相对稳定。此外,其制造业失业情况不像纽约和伦敦那么突出,服务业也不像那两个城市发展得如此之快。其中,还有一部分制造业企业是主动性向外调整及重组等。即便是伦敦与纽约,其转型的过程形态也有差别。纽约由于在整个工业化进程中,一直以轻工业为主,基本上没有发展过重工业,转型调整的力度相对较小,除了工厂的关闭和搬迁外,还伴随着郊区化或大都市区化引致的纽约各大公司总部的向外迁移。相对而言,伦敦的转型调整力度较大,除了制造业就业严重萎缩外,也较大影响到政府和公共事业服务部门的就业。然而,这三个大都市在经济转型中都呈现出一些共性的表现特征,也许是带有一定规律性的东西,值得我们关注和借鉴。

(1) 经济增速放慢,潜在经济增长率下降一个台阶。在转型发展阶段,一方面由于传统产业调整和转移速度较快,而新兴产业培育速度较慢,容易出现产业发展的真空状态,导致增长速度下滑;另一方面,在传统发展阶段,经济增长主要依靠制造业,产业投资规模大,不仅投资形成的新增产能能够创造 GDP 和提供更多的就业,而且其大量投资本身能够拉动经济增长。当产业增长的重点转向服务业时,投资规模明显缩小,对经济拉动作用减弱,同时受产业特征的影响,服务业增长速度通常低于制造业。因此,在经济转型过程中,往往伴随着较低的经济增长,突出表现在就业人数绝对量的下降。从 1978 年到 1985 年,伦敦的就业绝对量下降 4%。1985 年的失业人口为 60 年代中期的 10 倍,从 4 万人增加到40 万人,如果包括未注册的失业人口,这一数字会更大。除了制造业就业人数大幅下降外,公共服务业的就业人数也下降 10%,建筑业、公用事业、运输和通信业、配送贸易等的就业也在减少。纽约从 1970 年到 1980 年,其总就业水平绝对值也趋于下降,从 370 万人降到 300 万人。其中,制造业就业减少 35%,总部办公室职位减少 41%,办公室的就业总体下降 15%。与此同时,公共服务业的就业从 1976 年起开始减少。

(2) 结构调整的摩擦较大,经济运行呈现相对不稳定性,容易受到外部冲击的影响。在经济转型过程中,由于原有的经济稳态结构被打破,新的经济稳态结构尚未形成,经济系统处于非稳状态,因而对外部影响比较敏感,抗风险能力相对较弱。伦敦、纽约和东京在经济转型中,不仅产业结构发生重大变化,而且收入分配结构、人口结构、城市空间结构等也都随之变化,这使得经济运行呈现相对不稳定性的特征,社会问题日益显现。例如纽约,除失业增加外,制造业工资水平也明显下降。在 1970 年前后,纽约的平均工资达到相对最高水平,制造生产领域的平均小时工资是全美的 101.2%;但到了 1982 年,纽约的制造生产领域的平均工资降到全美平均工资的 87.6%。另外,与产业结构调整相联系,在 1945—1980 年间,约有 200 万中产阶层居民迁出纽约市,这种人口空间迅速为北上的非裔人和拉美裔人所添补,使纽约日益贫困。

(3) 由于转型的成本与收益不同步,均出现了"间歇性"财政危机。与传统发展阶段不同,转型阶段的投入主要用于打基础,因此不仅各种要素的投入量大,而且短期内产出效应不明显,转型效益往往呈现滞后性。纽约在经济转型中,由于经济的衰退、公司总部的大量外迁和人口的流失而陷入了进退维谷的境地。更为不幸的是,纽约市政府推行了"赤字财政"政策,到 1975 年 11 月终于引发了纽约历史上最为严重的财政危机。为此,纽约市制定并实施了多种战略,如工业园区战略、区域经济发展战略,以及振兴纽约外向型服务业等第三产业部门,包括积极发展旅游业,强化纽约的国际中心地位,全面改善该市的投资环境和生活质量,努力使人口、企业回流。经过重组,纽约市的经济于 1981 年初基本上回到了正常的发展轨道,比预期的 1982 年提前一年实现预算平衡,到 80 年代中期已略有盈余了。东京在经济转型中,也同样发生了财政危机,于 1975—1978 年间出现了 101 万亿日元的财政赤字。为此,东京成立了一个专门委员会来研究解决财政危机问题。重点措施是政府裁员、压缩工资,如裁员 9255 人,包括服务业裁员,征收消费税,减少或取消津贴等。1979 年财政赤字减少,1981 年已转为有 31 万亿日元的盈余。

(4) 城区间发展不平衡。伦敦、纽约和东京在经济转型中,总的趋势是制造业部门收缩与服务业部门扩展,这对中心城区与外缘城区的影响是不同的。尽管中心城区在经济转型初期也会受到较大的影响与冲击,不仅有工厂关闭和外迁,而且也会有制造业公司总部外迁及中产阶层人士移居郊区等,从而导致内城衰弱的情况。但随着经济转型的不断深化,大量服务业,特别是现代服务业重新集聚到中心城区,其中最为典型的是纽约的曼哈顿。生产服务业的聚集、交通通信手段的更新,强化了曼哈顿所固有的高度集聚性、高度枢纽性、高度便捷性和高度现代性等特征,使曼哈顿成为当之无愧的纽约市、纽约大都市区以及全美经济以至世界经济的核中之核。而另一方面,纽约市外缘的其他四个城区经历了真正的衰落,制造业的衰退与迁移对它们的影响是最大的。

2. 值得借鉴的经验教训

首先,要谨防"转型综合征"。伦敦、纽约、东京在经济转型过程中,都发生了与以往根本不同的重大变化,经济系统的稳态被打破,甚至出现较大经济波动。在这种情况下,很容易患上"转型综合征",具体表现为:(1)因经济增长速度减缓或明显下滑,经济地位下降,形成严重的失落感、焦虑感。(2)因经济转型中存在较大的不确定性,或转型最终结果的预期不确定,心里没底,从而令人对转型前景感到迷茫、对当前开展的工作感到不踏实。(3)因经济转型中成本投入与收益获取不同步,难以在短期内见效,容易让人对已采取的政策措施产生疑惑,从而在工作中摇摆不定。(4)因经济转型中出现许多新情况和新变化,而传统的思维惯性和工作方式难以适应,过去行之有效的办法难以有效应对,让人感到无从下手、束手无策,或者是急病乱投医,或者是无所作为。

在经济转型初期阶段,这种"转型综合征"可能在所难免,但必须及时加以调整和克服。否则,将影响创新转型的顺利开展。

其次,要守住三条底线,保持平稳转型。从伦敦、纽约、东京的经济转型过程看,经济波动是不可避免的,但要保持转型的相对稳定,避免出现经济严重恶化,其关键是守住三条底线:(1)保持社会总就业水平增长,每年都有净增就业岗位,特别是保证较高的大学毕业生就业率。(2)保持实际收入增长,且实际收入增长水平不低于全国平均水平。(3)保持财政收入增长,不出现严重的财政危机。只要守住了这三条底线,就能保持较平稳的转型发展。

再则,要谨防跌入三个"陷阱"。从伦敦、纽约、东京的经济转型过程看,要防止跌入的陷阱主要指三个方面:一是创新转型的方向和目标取向不明确,从而丧失了比较优势和竞争优势;二是对于创新转型操之过急,使产业陷入空洞化;三是创新转型徒有形式化,难以有实质性改变。一旦跌入这些陷阱,是很难转型成功的。

当然,创新转型是一个过程,每个阶段都有不同的主要内容和重点,在表现形式上也会因各地发展阶段、经济类型等不同,其内容及方式路径有所差异。但有一个共同的标准尺度,就是看这种创新转型有否实质性改变,有否拓展发展空间、促进经济较快平稳增长。

2.2.3　新的衡量标准

在创新与转型中,势必呈现出许多非常规、非线性、非典型的新变化,同时也将带来许多充满悬念、令人疑难的新问题,特别是对创新转型中的经济形势判断。从伦敦、纽约、东京的经济转型来看,给我们的一个重要启示是:不能拿以往经济系统处于稳态下的轨迹线路来比照今天转型发展的情况;也不能用传统(惯用)的经济指标来简单分析今天转型发展的新变化;更不能简单用基于常态发展的地区(省市)情况与转型发展作所谓的横向比较,并以此来判断经济形势的好坏。

一个城市的创新与转型是一种"脱胎换骨"的变革性调整,我们要用独特的理论分析框架,注重于这一特定阶段的特殊表现,采用特定的衡量标准来分析判断发展的态势。创新与转型是我们面临的一个新课题,目前尚未建立起一个成熟、完整的分析框架以及衡量标准,但我们可以参照伦敦、纽约、东京的经济转型经验,从四个重要维度,即城市功能、经济结构、运行质量、发展环境来观察与衡量创新转型的进展。这四方面的情况集中反映了转型发展的基本内涵及外延,是衡量与判断转型发展进展的主要标志。

第一,城市功能进一步高度化。(1)枢纽型大平台加快形成。其中,包括枢纽型大平台建设取得重大进展,如银行间市场贷款转让交易平台、股权交易托管中心、全国性信托受益权登记中心及转让市场、航运运价衍生品交易市场、物流资源交易中心、技术进出口贸易中心、服务外包交易中心、国别商品交易中心等一批枢纽型大平台建设速度明显加快,市场体系进一步健全,市场规模大幅提升。(2)资源要素流量进一步集聚和扩大。其中,包括货物吞吐量、乘客流量、商品贸易规模、物流中转量、资金融通规模、证券交易量、期货交易量等,集聚资源要素能力进一步增强。(3)功能性机构加快集聚。其中,包括外资投资性公司、跨国公司地区总部、研发中心、全球商务机构、国际组织等功能性机构入驻数量及业务规模。

第二,经济结构进一步合理化。(1)产业结构进一步优化。其中,包括服务经济发展,特别是现代服务业发展,经济对房地产依存度明显下降,经济效益进一步提高,高新技术产业化及其重点领域产值增速明显快于一般工业,新能源、民用航空、先进重大装备等战略性新兴产业快速发展,高耗能和加工组装型产业占比总体呈下降态势。(2)投资结构进一步优化。其中,包括民间投资增长加快,占固定资产投资比重上升;高新技术产业化投资快速增长,增幅大于工业投资增幅;民生投资力度明显加大;高耗能行业投资大幅下降。(3)外贸结构进一步优化。其中,包括进口增幅大于出口增幅,一般贸易出口增长快于加工贸易增长,服务贸易增长快于货物贸易增长,私营企业出口增长快于国有企业增长,新兴市场出口增长超过传统市场增长,外贸发展方式加快转变。(4)区域结构进一步优化。中心城区和郊区中相对落后地区的发展速度明显加快,区域发展更趋协调。

第三,经济质量进一步集约化。(1)财政收入结构呈现新变化。地方财政收入增速高于现价 GDP 增速。(2)居民收入与 GDP 实现同步增长。(3)能源消耗持续下降。单位工业增加值能耗趋于下降,高耗能行业能源消费量占比趋于下降,实现在经济增长基础上能耗强度持续下降。

第四,发展环境进一步优质化。(1)民生保障力度加大。其中,包括增加保障性住房,降低廉租房准入门槛,继续提高退休人员养老金、最低工资、最低生活保障、失业保险金等一批保障待遇标准,社会保障体系进一步完善。(2)就业形势总体平稳。其中,包括新增就业岗位、城镇登记失业人数等指标。(3)市场物价形势逐步好转。其中,包括居民消费价格指数、新建住宅价格等。

2.3　机遇与挑战

上海进入经济发展新阶段,机遇与挑战并存。

2.3.1　有利条件与先发优势

上海进入经济发展新阶段,推进创新与转型,具有一定的有利条件:

(1)一个城市在经济转型时,其国家发展处于一个什么状态以及在国际上的地位变化,对其是有较大影响的。在一国的国际地位不断上升,并具有相当话语权的背景下,实行城市转型有诸多有利条件,如国家更希望将这些城市发展列入国家战略予以支持,国家的日益高涨的声望也有助于这些城市更多地吸引世界资源集聚,从而会给城市转型发展注入强大的推动力。目前,中国经济经历持续的高增长,并且国际经济地位迅速上升,显然为上海创新与转型创造了十分有利的条件。

(2)与全国经济发展明显的阶段性落差,不仅使上海制造业向外转移有较大空间,而且国内工业化和城市化的强劲需求对上海制造业升级十分有利。同时,也有利于总部及功能性机构的集聚,以及全球网络大平台的构建和流量扩展。

(3) 上海处于长三角城市群之中,并作为该地区唯一的核心城市,只要都市圈内形成合理的产业结构和区域分工格局,就可以突出中心城市的资源优势,延长其产业链;可以通过周边城市工业的发展为中心城市生产者服务业发展提供市场空间;可以缓解中心城市发展中产生的"城市病",等等。

上海进入经济发展新阶段,将站在一个较高的新起点上,也具有充分的先发优势:

(1) 由于有较好的基础和能力,上海可以尽快融入经济全球化进程,充分利用国际市场与国外资源,并充当国际经济与国内经济的连接桥梁。

(2) 由于在工业化与城市化中处于领先地位,上海可以率先实现工业化,大力推进信息化,走出一条新型工业化的新路子,加快建设现代化,在全国起引领示范作用。

(3) 顺应新阶段趋势性变化,上海可以率先实行产业结构转换与能级提升,促进产业融合发展,充分发挥消费需求与知识和技术在促进经济发展中的积极作用,加大健全和完善劳动力市场的力度,积极促进就业,进一步提高城乡居民收入水平,实现经济的全面、协调、可持续发展。

2.3.2 不利因素

上海在推进创新与转型的过程中,也存在一些不利因素:

(1) 可能会受到较大的外部冲击。纵观纽约、伦敦、东京在 20 世纪 70—90 年代的经济转型,其面临的国际环境是比较好的。现代经济全球化蓬勃兴起,世界经济平稳发展,发达国家凭借先发优势进行全球扩张等,均有利于这些国际大都市转型发展。与此不同,在前文关于国际环境的分析中已经提到,世界经济繁荣发展与经济全球化进程不断深化的背后是一种"恐怖平衡",一旦"恐怖平衡"破裂,将造成世界性的金融危机和经济危机,并将持续相当长时间的调整与修复,世界经济将处于长期低迷状态,从而给上海创新与转型带来较大的外部冲击。

(2) 将受到严重的制度性障碍。对照国际经验,纽约、伦敦、东京在转型阶段已经建立了完善的市场经济体制,拥有比较完善的税收制度、管理制度、法律制度和信用制度,这些都为其创新转型提供了有力的保障。相比之下,中国尚处在改革开放之中,社会主义市场经济体制还不完善,这将使上海创新转型面临着更大的制度性障碍,也使创新转型变得更为复杂。这也意味着上海在创新转型中还要不断深化改革开放,担负着繁重的制度建设任务,短期内难以顺利实现创新转型的跨越式发展。

(3)将面临更为剧烈的竞争压力。纽约、伦敦、东京在转型阶段,城市首位度较高,国内能够与之竞争的城市不多,从而较容易集聚国内外资源,形成现代服务业发展的集聚效应。而中国受政府主导型体制的影响,区域行政分割,城市间竞争十分激烈,资源配置分散化,将使上海创新转型和城市功能提升的难度更大。

2.3.3   面临的挑战

上海进入新阶段,经济发展中蕴含的一些深层次矛盾与问题将日益显现,并形成严重的路径依赖,使创新与转型面临严峻的挑战。

(1)投资消费失衡,产业能级较低,科技自主创新能力不足,就业压力较重等问题日益凸显。而这些问题都是长期累积下来的,冰冻三尺,非一日之寒,要想解决这些问题十分困难。

(2)投资驱动的惯性较强。前一阶段,上海靠大规模的投资支撑 GDP 增长,由此也形成了较强的投资驱动惯性。而且,较长一段时间以来,上海对城市基础设施建设、大型工业项目及房地产开发等投资有较强的力度,投资规模也很大,对城市形态及功能的完善以及产业发展起到了积极作用,但对软件建设及人力资本的投资相对较弱。尽管大规模投资越来越受到土地等资源硬约束,但在基于创新的新增长点尚未形成之际,为保持经济稳定增长,投资驱动的路径依赖仍然较强。

(3)城市综合服务功能开发严重不足。长期以来,由于缺乏服务的竞争力,缺少广泛覆盖的服务网络,由外向内的集聚多,由内向外的辐射少。这在上海创新转型中是一个致命伤。因为上海创新转型的特定内涵之一是拓展发展空间,并且上海创新转型的主要路径是通过市场化机制和网络化渠道服务长三角、服务长江流域和服务全国来实现自身发展。

(4)城乡二元结构的特征还比较明显。现代都市农业发展规模还不够大,农业和农村基础设施投入力度还不够高,农业过剩劳动力转移步伐还不够快,失地农民的就业及社会保障还不够强,农民增收措施还不够有力,农村的公共服务还不够完善。相比于纽约、伦敦、东京等城市,这是上海创新转型的"先天不足",需要"补课"。

（5）中心城区与郊区的发展不平衡,城市空间结构不合理。中心城区人口高度集聚,服务业比重高达 70%—80%,并且仍然以"摊大饼"方式向外扩展,与一些近郊地区已连成一片。而郊区的新城、新镇发展缓慢,人口和产业集聚程度低,工业园区只具生产功能,缺乏居住生活及服务业配套,难以承接中心城区的产业(包括部分服务业)外移。

（6）都市文化发展相对滞后。上海的城市精神还没有在全社会和各项工作中得到充分体现,城市文化底蕴的积淀还不够深厚,都市文化的氛围还不够浓厚,文化事业发展不足,文化产业缺乏竞争力,文化人才集聚不够,尚未形成与国际大都市相匹配的国际文化交流中心。

（7）社会建设有待加强。公众参与度还不够高,社会组织发展规模还不够大,社会服务体系还不够健全,社区建设还有待进一步加强。

（8）经济发展与人口资源环境的矛盾突出。节能减排的任务很艰巨,外来人口的压力很大,城市安全(食品安全、社区安全等)问题日益突出,外来人口管理非常复杂,老龄化问题越来越凸显。

（9）生产关系调整跟不上生产力快速发展,上层建筑尚不适应经济基础的变动要求。例如,国有资本战略性调整和国有企业改革滞后,不能适应结构调整、资本市场发展、对外开放及"走出去"的要求。又如,在政府管理的透明度、依法行政、提供公共服务等方面,也存在不相适应的问题。上海实行两级政府三级管理的体制,虽然很好地调动了各方面的积极性,但在事权与财权的关系上尚存在某些不对称性,需要进一步梳理。

2.4　动态过程

创新与转型作为一个阶段性的新发展逻辑,不仅是一个较长的动态过程,而且在这一过程中存在着一系列的矛盾运动。

（1）创新与转型,首先要打破旧的均衡态。打破旧的均衡态,要么是在城市变化发展中新状态的随机引入或发生,要么是使用了来自外部的某种创造性行为。在此过程中,出现一些增长速度下降、收入增长减缓、就业压力增大等现象也许是不可避免的。这是旧的均衡态被打破的必然反应,也是走向新的更高层次均衡态的前提。从某种意义上讲,这是创新与转型必须支付的代价。问题在于,这种必须支付的代价不能无限扩大,而要尽可能将其压缩到最低限度。这样,才能比较顺利地度过结构调整的失衡期,实现结构调整的动态平衡。

(2)打破旧的均衡态,关键在于创造力。在打破旧的均衡态的过程中,不管是内部引入新状态的随机发生还是使用了来自外部的某种创造性行为,均是创造力在起作用。因为人们首先要认识世界,才能改造世界。而"认识世界"并不是简单的客观实在的影像,可能的知识状态受实在所干扰,不存在最优。也就是,由于存在一种有关人类知识的不可能性定理,必然会出现"偏差"或"谬见"。正是由于这种"偏差"或"谬见",才能够产生与现实的碰撞,最终通过选择和保留,产生新知识,或者重新安排现有的知识。正是这种知识状态的变化引致行为的变化(即创造力)。创造力就是依靠知识状态的奇特变化而不断涌现的。因此,在创新与转型过程中,必须打破传统思维方式,摆脱旧框框的束缚。

(3)这种创造力在创新与转型过程中的运用或发挥作用,是集体选择的结果。知识状态的奇特变化现象(作为一种机会现象的变异)一开始只是个体的特征,只有通过遗传和选择才会在一种个体群中得到扩展,并在实践中不断成为集体性选择。因此,创新与转型只有达到普遍的社会共识,并引致集体行为的变化,才能真正推动创新与转型过程。

(4)在创新与转型的过程中,新旧交织及替代是常态。一方面,推动创新与转型的创造力是动态演进的。当创造力打破了旧的均衡态,均衡态变化又反过来将引致知识状态变化并引起行为变化。另一方面,路径转换是建立在路径依赖基础上的,不存在一个明显的"断点"。因此在创新与转型的过程中,通常存在新旧交织状态,既有互补性也有替代性。例如,在相当长一段时间里,既存在以要素与投资推动的增长,又存在以创新驱动的增长。在某一时点的增长潜在空间既定情况下,旧的增长不仅有存在的现实基础,而且在某种程度上也为新的增长奠定基础和创造条件。当然,过度依赖旧的增长将抑制新的增长。只要把握好这一个"度",实际上就有利于推进新旧之间的替代,为新的增长形成及发展提供机会与条件。

(5)快变量和慢变量之间的矛盾,贯穿于整个创新与转型过程。创新与转型引发的一组变量的变化,并不是匀速的。其中,有些是快变量,有些是慢变量。这势必导致创新与转型的非均衡,造成相互牵制的局面,使其成效难以在短期内显现。例如,随着劳动力成本、土地、环境等约束条件趋紧,比较优势减弱,传统制造业被调整的速度会加快,成为一个快变量。但替代传统制造业的先进制造业、战略性新兴产业以及现代服务业的培育与发展,则是一个慢变量。在这种情况下,就会出现结构转换的"真空期",导致经济增长速度下滑,以及财政收入下降等。在一般情况下,慢变量通常制约快变量,从而减缓创新与转型的步伐。显然,这一矛盾的主要方面在于慢变量。因此,只有使快变量成为刺激慢变量变化的一种因素,促进慢变量加速变化,才能顺利推进创新与转型。

(6) 创新与转型的重点,在于不断拓展发展空间。创新与转型虽然涉及整个经济社会系统的改造,但在其动态过程中,更多表现为发展空间的不断拓展上。例如,通过培育战略性新兴产业,占领产业制高点来换取发展空间;通过发展以人为本的服务行业,如教育培训、医疗保健、文化娱乐、银发产业等,挖掘其经济潜力来拓展发展空间,但这些与改善收入分配结构等改革密切相关;通过政府深层次改革,有效整合行政资源、政策资源来改善发展约束条件,为有效释放潜能来拓展发展空间;通过改善产业生态环境和优化软环境,进而激发企业活力来拓展发展空间;通过空间结构调整,加快郊区新城建设等来拓展发展空间;通过加强区域合作,借助大都市圈同城效应,实现城市功能错位发展来拓展发展空间;通过"走出去"、海外投资等来拓展发展空间。

3 增长动力机制转换[*]

在创新与转型中,一个重要问题是增长动力机制转换。我们首先通过对经济增长动力机制有决定性影响的若干因素进行实证分析,比较全面地描述 20 世纪 90 年代以来上海经济增长动力机制的演进过程,在把握未来一段时间国内外经济变动趋势以及对上海自身条件变化及相关约束条件进行分析的基础上,提出上海经济增长的预测目标值。然后,从上海增长方式转变的内生性出发,根据城市转型及发展的规律性要求,揭示出上海经济增长的动力机制变化趋向,提出培育新的增长动力机制的对策思路及政策建议。

3.1 增长动力机制分析

3.1.1 增长的宏观效应分析

从宏观经济角度,我们分别从需求结构、收入结构、产业结构和区域结构等方面对上海 20 世纪 90 年代以来经济增长的动力机制做多维度、多视角的分析,力求对上海经济增长的主导因素作全面的把握。

1. 增长的需求结构分析

为了考察诸要素投入及其对经济增长的影响,可将 GDP 分解为消费、投资和净流出三部分,通过其贡献率比较来显示增长动力源。90 年代以来,消费对 GDP 的贡献率波动不大,基本上稳定在 41%—45% 的区间内,在 2002 年达到一

---

* 本章根据笔者主持的 2005 年上海市政府决策咨询重大课题的研究报告(第一作者)改编。

个峰值即 45.40％后,出现了一定程度的下降,2004 年降到 43.78％[①],仅比最低的 1998 年(41.38％)高出 2.4 个百分点。而投资的贡献率则经历了较大的起伏,从 1990 年的 42.55％,迅速攀升到 1996 年的 66.44％,然后几乎以同样的速度滑落到 2002 年的低点(44.55％)。2003 年和 2004 年又出现回升的势头,2004 年投资对经济增长的贡献率达到 48.42％。净流出对 GDP 的贡献率则呈现出与投资相反的走势,在 1996 年达到−9.60％的最低值,然后逐渐回升,但在2002 年达到一个高点即 10.05％后,又出现了一定程度的下滑,2004 年是 7.81％的水平,相比 1990 年的 15.57％,贡献率几乎下降了一半(见图 3.1)。

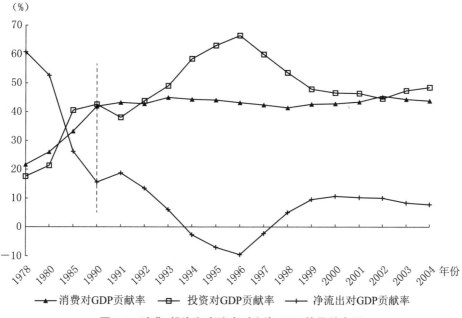

图 3.1 消费、投资和净流出对上海 GDP 的贡献水平

资料来源:作者编制。

从图 3.1 中我们可以分析出几点有价值的信息:(1)90 年代以来,投资成为推动经济增长的主要动力,但投资的贡献率波动较大,在 1996 年达到 66.44％的峰值,其后逐年下降,2003 年和 2004 年虽略有上升,但力度已明显减弱。(2)消

---

① 如无特殊说明,本章中所用数字均来自《上海统计年鉴》各相关年份,2004 年的数据来自上海市2004 年统计公告。

费的贡献率在 1991 年便已达到 43.19％的水平,其后的十余年基本保持不变,且严重低于全国平均水平(60％左右),表明上海消费能级受到很大程度的抑制。(3)净流出的贡献率大幅下降。与此相对比,1978 年上海净流出的贡献率高达 60.77％,表明上海对全国和海外经济的辐射力和影响力在大幅下滑。

2.收入结构分析

从收入法核算的 GDP 角度进行分析(如图 3.2 所示),可以发现,劳动者报酬占 GDP 的比重从 1993 年开始逐年下降,在 2004 年达到 32.84％的水平(作为比较,2003 年全国平均水平为 49.62％)。固定资产折旧和生产税净额占 GDP 的比重则稳步上升,分别从 1990 年的 12.29％和 19.74％上升到 2004 年的 14.61％和 26.64％。而作为反映企业利润指标的营业盈余则出现了连续 20 余年的持续下降,其比重从 1978 年的 56.69％下降到 1990 年的 35.71％,然后又下降到 2004 年的 25.91％。

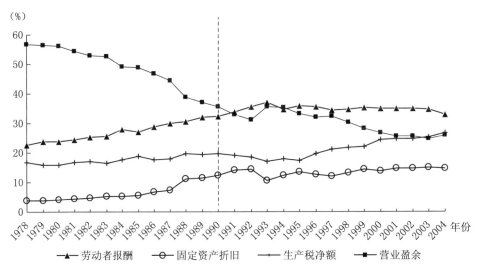

图 3.2　全国劳动者报酬、固定资产折旧、生产税净额和营业盈余占上海 GDP 比重
资料来源:作者编制。

结合图 3.1 的信息一起进行分析,可以勾勒出上海经济增长方式的一个基本轮廓:劳动者报酬的降低和生产税净额的增高,表明 GDP 中越来越大的一个部分被政府拿走,并以投资的形式回到社会再生产的循环过程中,而投资比重的增加直接导致固定资产折旧水平的提高,但上海已经步入投资边际收益递减的

阶段,从而在宏观上表现为投资对 GDP 的贡献率逐年下降,在微观上表现为企业利润的持续走低。

3. 产业结构分析

从产业结构角度来看,第二产业对经济增长的贡献率自 1978 年以来便持续下降,而第三产业则恰好走出一条相反的轨迹(如图 3.3 所示),并在 1999 年首次超过二产,该年二、三产业的贡献率分别为 49.59% 和 48.43%。但在达到 50% 的关口以后,原有的产业发展的动力似乎明显减弱,二产比重不再下降,三产比重也并未出现预期的持续上升,而是出现了一个调整盘桓期,从目前的发展态势来看,这一调整仍在继续,且短期内的突破方向并未明朗。

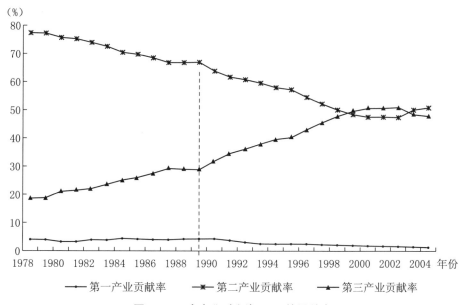

图 3.3 三次产业对上海 GDP 的贡献率

资料来源:作者编制。

4. 区域结构分析

为了考察增长的区域结构,我们把区域分为市区与郊县(8 区 1 县)两部分,主要分析郊县 GDP、财政、人口占全市的比重。表 3.1 的数据表明,上海郊县(8 区 1 县)的 GDP、财政收入、人口,以及二、三产业占全市的比重自 1994 年以来均出现了一定程度的提升,其中二产比重提升幅度最大,而人口比重提升的幅

度最小。从产业结构来看,郊县三次产业结构的比例由 1994 年的 11∶60∶
29 转变为 2002 年的 5∶58∶37,二产、三产占全市的比重分别从 1994 年的
19.15％和13.56％提高到 2002 年的 28.89％和17.15％。GDP 上升的幅度高于
三产而低于二产,表明二产在上海郊县的集聚程度有所上升,相应地,三产在上
海中心城区的集聚程度有了进一步的提升。

表 3.1　上海郊县 GDP、财政、人口和二三产业的变化情况(1994—2002 年)　　(％)

年份	GDP 占全市比重	财政占全市比重	人口占全市比重	二产占全市比重	三产占全市比重
1994	18.50	18.30	39.36	19.15	13.56
2002	25.30	21.61	40.22	28.89	17.15

　　资料来源:卓建伟、孙仲彝,《新一轮上海郊区经济增长分析》,《上海经济研究》2003 年第
11 期。

　　区域结构分析初步表明:(1)上海经济在中心城区的集聚程度自 90 年代以
来不断下降,经济增长的空间逐步向郊县转移,而郊县丰富的土地资源和较低的
资本、人口密度也预示着这一区域有可能成为上海经济增长的新空间。(2)上海
产业发展的区域性特征开始逐步明晰,中心城区发展第三产业、郊县发展第二产
业的格局已基本形成。

3.1.2　增长的体制变革效应分析

　　90 年代以来,随着浦东开发开放,上海进入了改革的快车道。资本、土地等
要素市场化、引进外资、产权改革、市与区县两级财政等体制变革,极大地释放了
潜在经济能量,形成了对上海经济增长的强大推动力。

　　(1)增长的所有制结构分析。图 3.4 显示了不同所有制部门对 GDP 贡献率的
变化轨迹。90 年代以来,国有经济在 GDP 中所占的份额沿袭了 1978 年以来的发
展态势,持续走低,且下降幅度同 1978—1990 年相比又有了进一步的加大。到
2003 年,国有经济对 GDP 的贡献率下降到 48.0％的水平,2004 年有所上升,达到
50.5％。集体经济的贡献率从 1990 年开始一路下滑,到 2003 年下降到 15.5％的水
平,2004 年又进一步锐减到 10.6％的水平,比 1978 年的 12.8％低了 2 个百分点。
而非公经济的能量在 90 年代后却得到了空前的释放,其对 GDP 的贡献率从
1990 年的 3.9％迅速跃升到 2004 年的 38.9％,增长了近 10 倍,其中私营和个体经

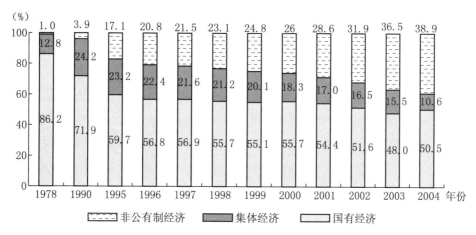

图 3.4 GDP 贡献的分解(按所有制结构)

资料来源:作者编制。

济的比重增长同样迅速,从 1990 年的 1.9% 增加到 2004 年的 13.5%。

(2) 投资的经济类型分析。从投资的经济类型的变化趋势,同样可以很明显地看出 90 年代以来上海经济增长的体制变革效应,图 3.5 反映了这一变化趋势。从有统计的 1993 年到 2003 年的十年间,外商和港澳台经济以及股份制经济的固定资产投资额有了巨大的增长,其比重分别从 1993 年的 10% 和 5% 增加到 2004 年的 32% 和 25%;而同期国有经济和集体经济的固定资产投资额则出现了大幅回落,其比重分别从 1993 年的 66% 和 19% 下降到 2004 年的 37% 和

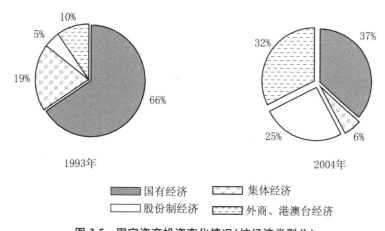

图 3.5 固定资产投资变化情况(按经济类型分)

资料来源:作者编制。

6%。很明显可以看出,非公有制经济已经成为投资的主要推动力量。

(3) 土地使用权出让。90 年代,基于土地使用权改革的土地批租改变了土地要素凝固化的状态,使潜在的城市土地级差地租得到充分释放。从 1995 年始,上海出让土地使用权的数量大幅飙升,仅 2004 年就达到 70 平方公里(见表 3.2),占到上海陆域面积的百分之一强。出让的土地主要用于商品房和厂房的建设,二者基本上占到 90%以上。从结构分析来看,住宅用地的比重在 2002 年以前一直保持在 50%以上的水平,但 2003 和 2004 两年出现大幅下降,这主要是受到国家宏观调控的影响;商办综合楼的土地面积在这十年间出现了巨幅波动,2000 年比重降到 1.26%,但随后的回升速度惊人,在 2004 年已经达到 13.34%;厂房的土地面积也出现相当程度的增加,从 1995 年的 31.58%增长到 2004 年的 44.44%。由此不仅引入了大量资金,为经济增长和城市发展奠定了雄厚的基础,而且也大大提升了城市的空间价值,改善了产业的空间布局。

表 3.2 主要年份土地使用权出让情况

	1995	2000	2002	2003	2004
出让面积(万平方米)	1245.42	2183.22	6729.94	6985.85	7135.60
可建面积(万平方米)	1343.99	3502.73	5977.73	6991.36	8052.05
住宅的比例(%)	53.61	53.33	56.76	45.04	35.87
商办综合楼的比例(%)	12.43	1.26	8.32	10.75	13.34
厂房的比例(%)	31.58	40.47	28.72	36.64	44.44

注:住宅楼宇和厂房的比例是住宅楼宇和厂房的面积同当年可建面积的比值。
资料来源:作者编制。

(4) 金融与房地产市场发展的催化作用。90 年代以来,随着要素市场化和市场体系的发育,上海的金融与房地产市场得以迅速发展,并带来了金融业和房地产业的快速发展,对经济增长起到了重大的推动作用。

1990 年,金融保险业对经济增长的贡献率为 9.40%,1992 年以后迅速攀升,1997 年达到 13.68%,2000 年进一步上升至 15.05%。以后又逐年下降,目前已滑落到 1990 年的水平。与此同时,房地产业对整体经济的贡献率从 1990 年微不足道的 0.50%开始,出现了持续的上升。特别是 1995 年以后有较大幅度的攀升,2003 年达到 7.42%(表 3.3)。

表 3.3　金融和房地产业对总体经济的贡献率　　　　　　　　　　（%）

年份	金融保险业	房地产业
1990	9.40	0.50
1991	9.31	1.36
1992	8.88	1.84
1993	9.30	1.75
1994	10.89	1.98
1995	9.97	3.71
1996	11.99	4.28
1997	13.68	4.39
1998	13.89	5.03
1999	14.31	5.22
2000	15.05	5.53
2001	12.52	6.40
2002	10.81	6.91
2003	9.99	7.42

资料来源:作者编制。

（5）浦东开发开放效应。浦东开发开放对上海经济增长的推动作用十分明显（如图 3.6 所示）。浦东 GDP 从 1990 年的 60.24 亿元增长到 2004 年的 1789.79

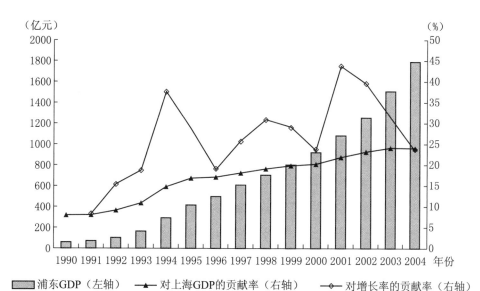

图 3.6　浦东开放对上海经济增长的影响

资料来源:作者编制。

亿元,短短的 13 年间翻了近 30 倍,年均增长率高达惊人的 27%。其对上海GDP 的贡献率由 1990 年的 8.0%,增长到 2004 年的 24%;其对 GDP 增长率的贡献率从 1991 年的 8.27%,增加到 2004 年的 23.44%,2001 年曾达到 43.73%的水平,几乎相当于整个非浦东地区的贡献率。同上海相类似,浦东经济增长也是投资推动型,从 90 年代以来,浦东固定资产投资基本上占到上海全部固定资产投资的 25%。

3.1.3 问题分析

综上所述,90 年代以来上海经济发展基于一种特定的环境条件,形成了一种以激活潜在经济能量为主导的增长动力机制,体制变革对经济增长的巨大推动主要是以体制外的推动带动体制内的能量释放,以增量推动带动存量盘活,最终形成内源与外源增长一体化推动。在此过程中,体制性增长的能量释放,表现为旧能量释放衰减与新能量释放替代的连续性,从而呈现出转型期的特殊增长周期,使经济总量保持连续十多年的两位数增速。在此过程中,上海经济增长主要依靠大规模的投资推动,并建立在二、三产业共同推进的基础上,形成了市和区县的双引擎推动的格局。但以投资驱动型为主的经济发展也存在一些问题,给后续的增长带来负面影响。

首先,投资结构不尽合理。在整个 90 年代的大规模投资推动中,全社会固定资产投资基本上投向基建和房地产,这两块占总投资的比重从 1992 年的39.82%迅速攀升至 2003 年的 74.57%(表 3.4)。其中房地产投资总额上升的幅度最大,其比重从 1990 年的 3.59%上升到 2004 年的 38.11%。

表 3.4 基本建设和房地产占全社会固定资产投资的比重　　　　　　(%)

	1990	1992	1994	1996	1998	2000	2002	2004
基本建设	27.8	36.26	45.52	33.37	42.97	37.63	35.86	—
房地产	3.59	3.56	10.45	33.69	29.37	30.28	34.24	38.11

资料来源:《上海统计年鉴》各相关年份。

其次,投资的边际递减效应明显。从 1990 年开始,每 1 元固定资产所对应的增加值出现全面下降,从图 3.7 可以看出,这一趋势在总体经济及三次产业中均有不同程度的表现。其中总体经济从 1990 年的 0.64 元,下降到 2004 年的

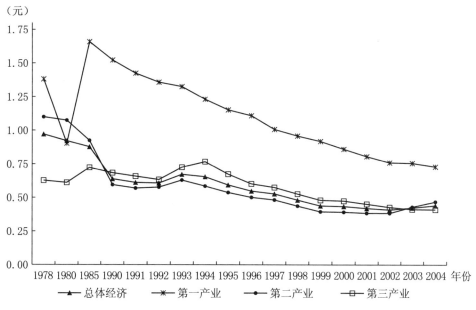

图 3.7 每 1 元固定资产对应的增加值

资料来源:作者编制。

0.44 元,下降了 31%;一、二、三次产业分别从 1990 年的 1.52 元、0.60 元和
0.68元下降到 2004 年的 0.73 元、0.47 元和 0.41 元,降幅分别是 52%、22%
和 40%。

  每 1 元固定资产对应的增加值可以看作衡量固定资产投资效率的指标。从
图 3.7 的数据可以看出,上海第一产业的投资效率是最高的,而第三产业的投资
效率最低。这清楚地表明上海制造业和服务业的发展程度同发达国家相比仍有
很大的差距,上海的产业发展水平和城市功能仍停留在一个较低的阶段,制造业
和服务业中的高附加值部分发育严重不足。特别是其中的服务产业,其投资效
率如此之低,更是表明主要承担城市服务功能的现代服务业的地位远没有达到
同世界城市相匹配的水平,上海服务业中仍然是传统服务业占主体,以投资为主
要推动力。

  第三,收入与消费的增长效应微弱。1999—2003 年的上海统计数据显示,
居民可支配收入的总平均水平一直在稳步提高,其增长速度基本上与 GDP 的增
速协调一致。但是如果对收入水平进行分组研究,情况并不乐观,中等收入水平
以下的居民的可支配收入增长远远落后于 GDP 增速,甚至从 2001 年开始,最低

收入户的可支配收入一直呈负增长状态。也就是说,相当一部分城市居民没有分享到上海经济高速增长带来的好处,而且这种现象还有扩大的趋势。另一方面,从居民的消费支出研究得出,上海城市居民并未因可支配收入的整体增加而增加其消费支出,也就是说虽然收入增加,但居民消费却更加谨慎了。消费的持续疲软一方面是由于国民收入分配更倾向于财政,另一方面是由于收入分配不公造成居民收入差距拉大。因此,在"居民收入提高—消费支出增长—促进经济发展—创造更多的就业岗位—进一步提高居民收入水平"的循环中存在较严重的薄弱环节和梗阻。

第四,若干重要产业增长动力趋缓。图3.8列出了上海五个重要产业的发展趋势。①可以看出,波动最大的是金融产业,其对上海 GDP 的贡献率走出了一条"倒 U"形曲线,在 2000 年达到顶峰后,目前又回到 90 年代初的水平。房地产业对整体经济的贡献率一直呈稳步增长的态势,从 1990 年的0.5%攀升到 2003 年的 7.42%,升幅巨大,但房地产业要受到土地供给的刚性约束,达到一定程度后高增长便难以保持。同时,国家宏观调控政策也对房地产业的增长形成强大的压力。显然,靠房地产业拉动经济增长是难以为继的。

工业领域的三大支柱产业的增长动力从目前来看也出现了增长乏力的问题。其中,石化产业和钢铁制造业对 GDP 的贡献率从 1995 年便开始下降,分别从 1995 年的 5.72%和 6.00%下降到 2003 年的 3.95%和 4.80%,降幅分别为31%和20%。汽车制造业对 GDP 的贡献率倒是一直处于增长的态势中,从1995 年的 3.38%增加到 2003 年的 7.06%。但在 2004 年,汽车产业增加值出现了大幅下滑,其对经济增长的贡献率跌落到 5.42%的水平。

从上海目前的六大支柱产业发展来看,信息产业和成套设备制造业(图3.8 中未标出)从 2000 年至今一直保持着稳步增长的态势,其中信息产业对GDP 的贡献率从 2000 年的 7.4%增加到 2004 年的 11.4%,成套设备制造业对GDP 的贡献率从 2000 年的 2.9%增加到 2004 年的 4.3%。这两个产业可能会

---

① 由于在 2000 年以后上海对工业领域的六大支柱产业进行了调整,为了增加可比性,本章选了未作调整的三个产业,其中钢铁制造业在 2000 年后统计的是精品钢材制造业的数据。

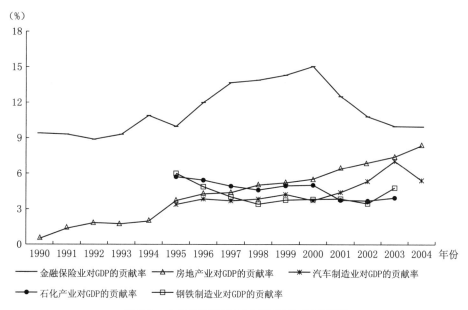

图 3.8　几个主要行业对上海 GDP 的贡献率

资料来源:作者编制。

成为上海未来几年内重要的经济增长点。但考察信息产业的结构可以发现,上海信息产业的主体仍然是信息产品制造业,其比重经过四年的发展不降反升,从2000 年的 57.9% 上升到 2004 年的 58.2%。上海信息产业仍未摆脱制造业的发展模式,这在很大程度上会制约上海城市服务功能的提升。

　　综上所述,上海经济增长是一种典型的增量型增长方式,通过新的土地要素和新的资本要素的结合所产生的新项目、新工厂、新楼宇来牵引上海经济的高速增长。这种增长方式具有启动快、增速高的特点,但也存在可持续性差、抗波动能力低的弱点,遇到宏观调控或者不利的国际环境,这种增长很容易就会"熄火",同时也很容易就受到边际收益递减规律的影响。从目前的国内国际环境来看,能源短缺、原材料价格上涨、人民币汇率升值、即将全面履行加入 WTO 的承诺等因素都将对上海传统的经济增长方式产生巨大的压力,转变增长方式迫在眉睫。

3.2 增长态势及前景

3.2.1 影响经济增长的因素分析

1. 国内影响因素

第一,有利的影响因素。从中国经济发展所处的历史阶段来看,中国经济已经进入持续快速发展阶段,有利于上海经济的增长。

(1)中国的消费结构将处于快速升级之中,除汽车、住房、信息产品等商品正加速进入居民家庭外,教育、旅游等服务消费也趋于升温。消费结构的升级带动了相关产业的高速发展,形成了一批高增长产业群,如汽车产业、房地产产业、信息产业、教育业、旅游业等。预计这些行业可以高速增长 10—15 年。(2)国内居民高储蓄率有力支撑了经济发展。2005 年 8 月底,本外币并表的居民户存款余额为 14.25 万亿元,居民储蓄存款已经超过 2004 年的国民生产总值。如此高的居民储蓄率,世所罕见,这将有力地支撑中国经济的发展。(3)中国城市化进入加速推进阶段。根据诺瑟姆(Northam)城市化三阶段理论,当城市化水平处于 30%—70%之间时,人口向城市集聚的速度最快。据研究,世界上低收入国家城市化率的平均水平由 33%提高到 57%,用了 27 年时间,每年提高 0.9 个百分点左右。2004 年中国城市化率达到 41.8%,正处于 30%—70%之间。由此可推论,中国城市化率将以每年 1 个百分点左右的速度提高,也即每年增加 1300 万城市人口,这将带来巨大的城市基础设施需求、住房需求及其他消费需求。(4)人才数量的急剧增加、人才质量的提高直接带来人力资本的增加。中国每万人口中的在校大学生数量在过去 26 年中增加了 11 倍。2004 年中国在校大学生及研究生有 1400 多万人,这意味着 4—5 年以后,将有 1400 万的大学生和研究生进入社会。这将促使劳动生产率提高,促进中国经济增长。与此同时,中国劳动力成本低廉的比较优势仍将存在一段时间,对外资有较大的吸引力。

第二,不乐观的影响因素。在此发展过程中,也存在一些不乐观的因素,对上海的经济增长有较大的负面影响。

(1)经济增长方式过于粗放,面临资源、环境的严重约束。到 2020 年,要再实现 GDP 翻两番,即便按能源再翻一番考虑,要保障能源供给,中国也有很大难度。(2)收入分配差距过大。在未来的 15 年中,中国目前存在的城乡收入差距过大及地区收入差距过大、存量财富差距过大的现象如果不能得到相当程度的缓解,有可能引发巨大的社会问题,导致社会不稳定,从而使经济增长受到影响。(3)金融体系存在较大风险。尤其是 WTO 过渡期结束后,中国金融业将全面向国外开放,在开放过程中,潜在的金融风险将会显性化。

第三,不确定的影响因素。还有一些不确定的因素,对上海的经济增长会有影响。

(1)在未来 15 年中,汇率是一个十分不确定的因素。从目前的态势来看,中国的汇率形成机制肯定将在未来 15 年中改变,汇率将更多地由市场决定。由于中国的外贸依存度很高,人民币汇率无论是升值还是贬值,都将对中国经济产生巨大影响。(2)台海局势是另一个不确定因素。但这是一个非经济因素,故不对其作深入分析。但台海会不会出现战争,以及如果出现战争,战争以后出现的不同结局,都将对中国经济产生巨大而深远的影响。

2. 上海自身因素

第一,有利因素:(1)上海人口的数量和质量的增长。中国城市化的进程,使得上海未来的人口仍将保持增长。每万人大学生数量在未来的 15 年中也将保持持续增长,人均受教育年限也将增长。人力资本的增长将推动上海经济的增长。(2)产业基础雄厚。上海通过加快产业结构的战略性调整,已培育了一批具有高成长性的支柱产业,基本建立起新型的现代化产业体系,产业互补性强。到 2010 年,六大产业将形成重量级制造中心,其中前四个产业的产值有望冲击 1000 亿元。同时,实施 OEM、ODM 生产方式的企业越来越多,其产值庞大、增长迅速,将有力地促进工业生产的增长。金融、商贸、旅游会展、物流、咨询等现代服务业迅速发展,将使上海服务业的对外辐射能力大大提高,成为上海经济快速增长的稳定动力。(3)市场经济体制已有很大进展。民间投资全面激活,活力全面迸发。大部分人都感到有竞争压力。据 2003 年的一项调查,在全国大城市中,上海已经成为最难找工作的城市。这说明市场机制正在全面发挥作用,迫使每个人努力工作。(4)人均资本存量高,人均财富高。(5)现代服务业具有比较优势。

第二,不利因素。未来 15 年上海经济的发展也有不少不利因素,主要有:

(1)老龄化问题。最新统计显示,目前上海人口老龄化程度已经达到发达国家平均水平。全市户籍人口中 60 岁及以上老年人口已达 254.67 万,占户籍总人口的 18.98%。到 2020 年,这两个数字将分别达到 496.59 万和 34.5%。独生子女的父母也在这个时期开始步入老年。日益加剧的少子老龄化,将对未来经济社会可持续发展产生深刻影响。

(2) 消费需求已很难高速增长。截至 2005 年 4 月底,上海个人消费信贷余额为 2902.6 亿元。若贷款期平均以 15 年计,贷款利率平均以 5.5% 计,则平均每年需还本金 193.5 亿元,须支付利息 159.64 亿元,两项合计 353.14 亿元。这个数字相当于上海 2004 年社会消费品零售总额 2454.61 亿元的 14.47%。消费信贷在实施之初有力地拉动了上海经济的增长,但实施一段时间以后,消费信贷达到一定规模以后,其对消费需求的高速增长已形成强有力的约束。因此,在未来的 15 年中,上海的消费需求已很难高速增长。

(3) 房地产对上海经济增长的推动力削弱。房地产对上海的影响不只是短期因素,也是中长期因素。如果在未来的 15 年中,人民币汇率升值 50% 的话,那么上海房地产价格的上升空间将大为降低,房地产对上海经济增长的推动作用将减弱。

(4) 上海能源消费面临严峻挑战。目前原材料、燃料及动力购进价格总水平上涨了很多,我们判断未来可能会有所回落,但难以大幅下跌,这对本身缺乏原材料、能源、燃料的上海来讲,无疑大大增加了城市发展的成本。在运力方面,能源运输占上海运输总量的 1/5 左右,如果能源消费结构不改善,在能源消费总量剧增的情况下,煤炭、石油的运输将对运输业构成巨大压力。在环境污染方面,如果不能有效地降低能源消耗造成的环境污染,那么大量增加的能源消耗将大大增加环境污染,这将反过来限制上海的能源使用。

(5) 固定资产投资难以继续高速增长。由于受到能源原材料的约束且投资基数越来越大,我们估计上海固定资产投资高速增长的时代行将结束,难以持续保持,最多再维持 1—2 年。未来 15 年上海固定资产投资年均增长速度必将低于前 26 年的平均水平。

(6) 上海对外的后发优势及对内的先发优势效应递减。由于经济的发展、人才数量的增加、外资的不断涌入,在普通制造业领域中,外省市的技术已不再落后于上海,上海在普通制造业中的先发优势基本丧失。相反,由于外省市的商务成本优势(后发优势)明显,外省市的普通制造业更具有竞争性。上海股票市场和房地产市场的领先发展,解决了经济发展所需的巨额资金问题,极大地推动了上海金融业的发展,但是由于制度上的一些缺陷,发展到一定程度后,其规模难以突破,其后的优势效应递减。外汇交易市场、期货市场、人才市场、黄金市场、钻石市场、国债市场也存在类似的情况。尽管上海的消费信贷领先于全国,但消费信贷已在全国推开,其优势也不再明显。而且随着消费信贷的快速增长,它对未来消费需求的快速增长还有一定的负面影响。同时,上海在世界经济中的后发优势也发生了很大变化。在模仿和学习阶段成功以后,上海制造业很可能进入技术停滞时期,经济增长将受到影响。商务成本的急剧上升,使得上海的成本优势不再十分明显。

(7) 国家区域发展战略的调整,尽管对上海经济的长远发展来讲是有利的,但对上海经济的中期发展有一定的不利影响,它减少了上海在全国资源分配中得到的比例,尤其是在政策资源、战略资源分配中得到的比例。这加大了上海经济增长速度快于全国的难度。

3.2.2　经济增长趋势分析

(1) 经济增长速度预测。如果上海能够正确应对发展过程中出现的一系列问题,真正转变经济增长方式,大幅度提高人力资本,促进技术进步和技术创新,尤其是加大自主创新的力度,同时加大改革的力度,提高资源配置的效率,那么,在未来的 15 年中,上海或可保持过去 26 年的平均增长速度。这是一个乐观的预期。我们预测未来 15 年上海经济年均增长速度为 9%。其中,2006—2010 年,年均增长速度为 10%;2011—1015 年,年均增长速度为 9%;2015—2020 年,年均增长速度为 8%。这是一个正常的预期。如果上海的各项工作不到位的话,那么未来 15 年年均增长速度低于 9% 也是可能的。如果在此期间遇到强大的外部冲击,那将另当别论。

与全国经济来比,上海的人均生产总值已经较高,按户籍人口计算,预计 2005 年上海人均 GDP 将达到 7300 美元,增长 10% 是 730 美元;而全国人均 GDP 是 1450 美元,增长 10% 仅为 145 美元。因此,上海经济增长速度继续大幅超过全国的难度也越来越大。

(2) 经济总量预测。按不乐观(8%)、中性(9%)、乐观(10%)三种可能来预测,2020 年上海 GDP 的预测值(2005 年不变价)分别为:25300 亿元、29100 亿元、33400 亿元。假定 2020 年人民币升值 50%,那么按中性方案的预测结果来看,2020 年上海 GDP 达到 5460 亿美元,人均 GDP 达到 26000 美元,基本达到发达国家的水平。

(3)经济结构预测。在未来的 15 年中,上海的产业结构将有根本性的变化。第三产业在政府和经济内生力量的推动下将加快发展。预计 2006 年上海将扭转第三产业比重连续三年下降的局面,转为上升,并自此持续上升。2010 年达到 55%,2015 年达到 60%,2020 年达到 65%,年均增长 1 个百分点左右。相应地,就业结构也将发生较大的变化,大部分的人将在第三产业中就业。

3.3　完善与创新增长动力机制

3.3.1　基本思路

目前上海经济增长的态势表明,原有的增长动力机制正趋于衰弱,而新的增长动力机制尚在孕育之中,即处于一个新旧增长动力机制交替转换过程。适应这一变化的要求,同时保持经济的稳步增长,其基本思路是:进一步挖掘原有增长潜能,培育新的增长动能,实现平稳交替与有序衔接,延伸增长循环的上升期。

第一,挖掘原有增长潜能。从上海经济发展阶段及空间特征来看,较大规模的投资、二产与三产的共同发展、中心城区与郊区的双引擎推动等仍有其存在的基础和条件,但受到体制性约束及传统发展方式路径依赖的影响,增长动力提前衰退,因此要通过深化体制改革与结构调整,进一步挖掘原有增长潜能。

(1)投资增长潜能。加大国有资本的市场化运作力度,进一步盘活资产存量,形成新的投资,并带动社会民间投资。放松管制,降低进入门槛,开拓新的投资渠道,调动社会民间投资的积极性。创造良好的投资环境,吸引并引导外商直接投资,特别是现代服务业集聚区的开发投资。

(2)制造业发展潜能。凭借上海的比较优势,错位发展先进装备工业,大力发展具有核心竞争力的优势产业。发挥上海综合性强的优势,在制造产品的系统集成上形成强大的专业化生产能力。增强自主创新能力,向制造业生产链的高端拓展,培育制造业生产链的控制与管理功能。

（3）金融与房地产增长潜能。借助央银第二总部进驻上海的"利好"，在市场操作上加快金融工具创新，迅速扩大金融市场规模。有效整合金融资源，促进市场收购兼并，大力发展金融控股集团等现代金融组织。促进多样化的金融服务发展，提高金融服务的综合能力，扩大金融服务的范围。适应城市功能转型的要求，加大商务楼宇的开发建设。按照功能分区的要求，对商务楼宇实行成片集约开发，并为之提供良好的配套条件。

（4）浦东开发开放潜能。积极实施浦东综合配套改革试点工作，率先在改革瓶颈上有实质性的突破，充分发挥改革先行效应。在形态与功能开发的基础上，进一步探索新型发展模式，起到示范与引领的作用。

第二，培育新的增长动能。从上海经济增长的潜在空间来看，城市将更多地承担起各种资源要素在网络体系中流动的功能，从而其越来越具有高密度经济流量的基本特征。在此基础上，将形成对投资、消费的新的需求。同时，在基于高密度流量的服务经济中，最有可能形成和出现新的增长点。因此，要通过增长方式转变和城市创新，培育新的增长动能。

（1）基于消费推动的增长动能。合理调整国民收入分配格局，扩大消费所占的比重，提高居民可支配收入水平。调整收入政策与消费政策，完善各项社会保障制度，采取积极的社会政策，使居民形成较稳定的收入与支出预期，增加即期消费支出，促进消费结构升级。引导科学的消费模式和消费行为，培育消费热点，促进消费需求。严格整顿与维护市场秩序，切实保护消费者权益。

（2）基于服务经济的增长动能。强化城市开放性和对外连通性，增强城市服务功能，汇集国内外的资源要素流和商品贸易流，促进高密度、高频率的流量经济。扩大服务部门的规模，促进服务部门结构升级，大力发展主导性的服务部门，如信息服务、金融服务、现代物流服务等，培育有较大发展潜力的新兴服务部门，如专业性商务服务、医疗保健服务、科研与技术服务等。开辟服务新领域和新业务，填补服务种类的空白点，增加服务品种的多样性，强化服务方式的配套性，增强服务供给的综合性。

（3）产业融合的增长动能。运用现代信息技术改造传统产业，促进产业的技术融合，在广泛利用电子信息网络平台的基础上，打破传统产业边界及各自发展的模式，实行业务交叉和产品融合，拓展新型业务，发展新的产业部门。以知识经济为基础，借助于信息化手段，利用生产价值链进行有机整合，形成"一条龙"的生产服务模式,实现先进制造业与现代服务业的一体化发展。改造传统的产业组织结构,发展网络组织结构,形成以知识共享为基础、纵横相交的既有竞争又有合作的产业活动协调机制。

(4)基于空间价值集约的增长动能。调整城市空间结构,重点发展与中心城区有着便捷交通和联系的新城区,成为连接中心城区与郊区的重要节点,形成新的城市空间价值集聚点。规划与确定合理的功能分区,促进功能性集群效应的发挥,中心城区主要高度集中综合性、高能级的生产者服务业,以及政府、非政府组织、国际组织、传媒、研发和大学等机构,郊区新城区主要集中以其制造业及开发区或工业区为依托,并直接为其提供服务的专业性较强的生产者服务业,如工业园区中的研发、设计等生产者服务,为生产直接配套的物流服务等。合理发展城市用地,实行城市空间集约化开发,提高土地利用效率和土地级差地租效应。

第三,实现平稳交替与有序衔接。从现实情况来看,上海经济增长正处于重大的调整过程中,呈现两种发展格局并存、新旧增长点交替、区位功能双重性等特征。在此过程中,有可能出现一些增长速度下降、收入增长减缓、就业压力增大等现象。这是旧的均衡被打破的必然反应,也是走向新的更高层次均衡的前提。问题在于,我们要把这种必须支付的代价尽可能压缩到最低限度,缩短调整的失衡期,实现动态的平稳过渡与和谐发展。

(1)两种发展格局的交替。上海目前实际上是两种发展格局并存,一是以土地、资金要素推动的增长,二是以创新推动的增长。在某一时点的增长潜在空间既定的情况下,这两种增长方式之间,既有互补性也有替代性。以土地、资金要素推动的增长会在一定程度上为创新推动提供相应的基础条件,但在资源既定条件下也会抑制创新推动的成长。从长远来看,转变经济增长方式,走创新推动的增长之路,是势在必行的。从短期操作来看,则要充分利用两种增长方式之间的互补性,使土地、资金要素推动的增长尽可能为创新推动的增长提供一些基础条件,同时充分利用这些要素推动力的衰退实际上给创新推动的增长所创造的机会,引导资源要素寻找新的去向并实现转移,以促进新的经济增长的形成与发展。

(2)新旧增长点的交替。对增长减缓部门作科学分析,区分受短期因素影响的暂时性增长减缓与受长期因素影响的趋势性增长减缓,采取不同的对策措施。针对前者主要是设法克服短期因素的负面影响,支撑其度过困难期,尽快恢复常态增长;针对后者主要是帮助其有序收缩,实行产业转移与调整。按照产业发展一般趋势和上海产业发展环境的特殊性,大力培育新的增长点,及时替代趋于衰弱的旧增长点。根据新增长点的形成具有不确定性和随机性的特点,主要是营造有利于新增长点形成与发展的环境条件,对已经显露雏形且有较大发展潜力的新增长点予以重点扶持,使其迅速壮大。

(3)区位功能的交替。上海目前的区位功能具有双重性,一方面具有与腹地内部联系的区位功能,另一方面又具有与世界经济外部联系的区位功能。从建设现代化国际大都市的战略目标来讲,后者的区位功能将不断增强,并取得主导地位,但从现阶段来看,前者的区位功能作用也显得十分重要。因此,要在继续增强对长三角、长江流域和全国的服务,扩大对腹地的辐射半径和范围的同时,加快发展与国外城市的经济联系,进一步融入世界城市体系,拓展作为国际大都市的区位功能,成为对内扩散和对外连接的良好界面。

第四,延伸增长循环的上升期。从上海现阶段面临的国内外环境条件、自身发展基础以及区位等因素来看,增长的潜在空间是比较大的。其主要表现在:可发展的机会较多,资源集聚规模较大,经济流动性较强,配置效率较高。在这样一种增长潜在空间的状态下,可能发展起来的增长点自然就会比较多。关键在于,要有强大的经济活力和城市创新力,才能充分利用增长潜在空间的可选择性,以延伸增长循环的上升期。

(1)激发经济活力。调整和完善所有制结构,促进民营经济和外资经济的发展,吸引跨国公司地区总部和国内大公司总部进驻上海,不断壮大新的增长动力源。接轨国际通行惯例,健全产权制度,完善市场运作机制,强化市场激励与驱动,促进企业寻求新的发展方向和开展新的业务活动。

(2)增强城市创新力。最大化地动员创新资源的集聚,促进创新资源的合理流动与配置,构建城市创新网络体系。强化创新过程的系统性整合与协同,促使体制创新、组织创新、技术创新、政策创新等相互作用,形成创新合力。提高创新的灵活性,迅速响应技术和市场状况的不可预测的变化之需要,并将各种技术可能性与发展中的应用环境迅速综合起来,使创新成果能够迅速产业化和形成新的增长点。保持创新的后续性,使创新之后产生大规模的创新扩散以及创新后改进等,使创新对经济增长推动的效用最大化。

3.3.2　对策措施

第一,采取协调政策。通过协调政策来突破发展瓶颈制约,构筑流量经济的网络平台,促进物流、人流、资金流、信息流、技术流等高密度、高频率流动及有效配置,培育新的增长点。

(1)消费与投资的协调政策。调整收入政策与消费政策,形成较稳定的收入与支出预期,引导科学的消费模式和消费行为,培育消费热点,促进消费需求,更大地发挥消费在经济发展中的推动作用。与此同时,调整投资的方向与结构,使投资更多地转向服务业领域,特别是现代服务领域,促进就业的劳动密集型领域,以及改善生态环境及促进循环经济的领域。(2)经济与社会发展的协调政策。实现居民收入提升与经济发展的良性循环,即居民收入水平提高—消费支出增长—促进经济发展—创造更多的就业岗位—进一步提高城乡居民收入水平。(3)自身发展与对外服务的协调政策。在"三服务"中寻找和培育自身新的增长点,通过构建服务网络,打造服务平台,创新服务产品,形成服务价值链等,扩大服务半径,增强服务辐射能力。

第二,促进双向流动。加大"走出去"的步伐,只有"走出去",才能有更多的"走进来";只有"走出去"与"走进来"双向流动,才能有更大规模的经济流量。实施"走出去"战略,要在不同层面上加以协调推进。

(1)在产业层面上:一是将不适宜在上海继续发展的产业整体向外转移;二是通过收购兼并在外地设立生产基地,将附加值较低的生产加工业务转移出去;三是通过外包形式将一部分业务外置转移。这不仅有助于促进上海产业逐步走向生产链的高端,而且能置换出宝贵的空间价值。(2)在组织机构层面上:一是在外设立独立分支机构;二是在外寻找合作伙伴,将其作为外围机构;三是与外机构结成战略联盟。这有助于形成以上海为核心的外部网络,提高上海与外部地区之间的资源要素流动性。(3)在人员层面上:一是管理人员、技术人员等定期外派与流动;二是各种创业人员外出创业;三是经营者、技术人员、学生等外出较长时间的学习考察;四是创业人员、退休养老等外出居住(包括临时的和长期的)。这有助于与外部建立广泛的人际联系,促进信息流动,特别是隐性知识的流动。

第三,提高人力资本水平。加大集聚高端人才和国际化人才的力度,普遍提高社会人力资本水平。高端人才和国际化人才是上海今后发展中最为关键的要素,而社会人力资本水平的普遍提高则是上海今后产业整体升级的基础。在这方面要有新的突破和实质性的举措。

(1)以跨国公司(地区)总部、大型国际公司和大型国内公司总部,以及各种类型的外向型企业,包括投资机构、中介机构等为依托,构建与形成高级劳动力的国际流动机制,充分发挥熟练国际劳动力对促进经济网络化的重要作用。(2)实施领军人才工程,提供相应的物质条件,如实验室、工作室及相关经费等,配备专职助手,构建交流平台,实行定期外出交流制度,提供领军人才跨单位、跨部门、跨地区开展工作的便利条件。(3)在教育发展上有更大的目标追求,有更多的投入,建设以开放多样、高标准、高质量为特点的现代国民教育体系和以学习型城市为标志的终身教育体系,努力提高教育水平,优化教育结构。

第四,培育充分竞争的环境条件。进一步打破行政性垄断与保护,拆除各种制度性的和非制度性的进出障碍,调整管制框架及政策,培育充分竞争的环境条件,保持良好的资源要素流动的通达性。

(1)进一步清理市场准入等有关政策规定,改革市场准入的行政审批制度,加快制定和完善现代服务业和服务贸易法规规章及配套政策,明确界定市场准入的领域、条件、程序及监管办法。(2)进一步推进综合执法改革,建立执法责任制和监督机制。(3)推进行业协会等非政府组织的建设和市场化运作,发挥其在市场保护、行业自律、沟通企业与政府等方面的作用。(4)完善市场体系,规范市场规则,保证良好的市场秩序,加快企业改革与重组进程,促使企业组织结构的良性变动,提高经营管理水平。

4 城市转型与创新城市 *

4.1 现代城市发展趋势

21世纪被称为城市世纪。在此期间,城市发展将呈现许多新的变化。上海的城市转型及建设现代化国际大都市,必须顺应这一新的变化趋势,抓住变化中的实质性内容,结合自身的实际情况,选择有效的发展模式。

4.1.1 背景分析

1. 基于世界城市化的现代城市发展

尽管城市的形成与发展历时已久,但世界人口的高度集中和城市的迅速发展,则是在最近50年即20世纪下半叶。1950年,居住于城市的世界人口约为7.5亿,到2000年已经上升到近30亿。50年中增加了3倍,使得世界的平均城市化率将近50%。进入21世纪,这一发展趋势并没有出现减弱的迹象,反而呈现较大的强劲态势。现在,城市负担着大约一半的世界人口。100万人口左右的大都市有372个,超过500万人口的有45个。预测到2010年,100万人口的城市将有475个左右,包括大约55个500万人口的城市。世界银行认为,进入21世纪,城市发展将处于第一线。世界人口的发展主要将在城市。发展中国家的城市人口也将翻番,增加到20亿居民。据预测,到2015年全球城市化水平,发达国家将达到84%,发展中国家为57%。到2020年,中国城市化率也将达到

---

* 本章根据笔者写于2000年、2002年、2003年的三篇学术报告整理而成。

54.5%。在此过程中,现代城市发展的战略特征将是,逐渐实现城市形态从工业化向后工业化的转型,同时在社会与文化方面对世界起着越来越重要的作用。

2. 全球化与信息化背景下的现代城市发展

21世纪的世界城市化是在经济全球化与信息化背景下大规模展开的。经济全球化与信息化两大主流趋势不断趋于相互交织与融合,不断增强全球与地方的经济、文化和政治的联系,使城市日益融入全球的概念框架之中。世界城市与跨国资本共同充当全球化经济的组织者,以跨国公司和跨国银行为核心,以电信和国际航线为干道,以世界城市为节点,构成全球化经济与社会网络。跨国公司在生产过程中发挥组织作用,世界城市在空间上发挥组织作用,是全球化经济在空间上的代表。而且,城市间各种要素流动的迅速增加使得全球各城市的联系更加紧密,引致了多级、多层次的世界城市网络体系的形成,并开始主宰全球经济命脉。在此背景下,各种经济资源的全球流动的增长,打破了国家的界限,使城市中全球势力的作用也越来越突出。城市在全球网络中越来越具有举足轻重的战略地位,在经济、社会与文化等方面发挥积极作用。特别是国际大都市,在空间权力上超越国家范围,成为全球网络化的重要节点,在全球经济中发挥指挥和控制的重大作用。

在经济全球化与信息化背景下,现代城市发展的方向,大致具有如下特征:(1)以金融与服务业为主的产业特征。金融、会计、保险、法律、咨询、国际贸易、海陆空运输、教育、文化及其他创造性产业(包括高新技术领域)在经济中的比重逐渐提高。以这些产业组合为基础,建立起一个完整的金融和服务体系,以服务于国际机构、跨国公司、政府和非政府组织等客户。(2)城市在全球市场逐渐发挥影响力,其突出表现在,拥有一个全球资本流和信息流的集散港,以此为跨国公司、国际组织和非政府组织提供更多的生活空间。(3)社会生活的多样性,充分体现为人口的多样性,外来人士在城市精英队伍中比重的提升,以及更为重要的文化生活的多元化,包括工作语言的多语种化、对非本土文化的一视同仁及不同背景的居民对市政的参与度。

4.1.2　现代城市发展的动力机制

按照传统观点,城市发展与城市竞争力是联系在一起的,城市竞争力的提高是促进城市发展的内在动力,强调走"城市积累"之路。也就是,通过利用这个城市所拥有的本土化资源,将其重新创造为一个知识丰富并拥有不同文化流向的新型城市。然而,全球化通过越来越广泛的联系,拓展了城市空间流量的范围;信息化则通过加快各种要素流动的速度与效率,增大(扩大)了城市空间流量的容量,从而城市发展日益与提高国际化程度联系在一起,强调走"城市流动"之路。

一个城市只有在世界范围的流动中才能找到自己的位置。也就是,如果一个城市想融入世界城市网络,它必须在时空上进行拓展,与世界城市建立联系和控制流动。特别是国际大都市的产生与再发展是通过其流量(例如信息、知识、货币和文化等流动),而不是它们的存量凝结(例如城市形态和功能)来实现的。在世界城市网络体系中,其联系性的强弱程度决定了不同城市的地位与职能。联系性较弱的城市,会在其所在地区形成区域性的地位与职能;联系性较强的城市,会超出其所在地区形成全球性的地位与职能。

这种"城市流动"的支撑要素是现代服务业发展及服务性公司的高度集聚。服务性公司的位置选择决策现状表明,在全球化的背景下,似乎一种新的集中趋势正在出现。现代服务性公司正利用其全球网络,向其任何可能的客户提供服务。尽管这类服务性公司的位置(区位)选择具有集中化倾向,但为了能够在全球范围内提供服务,其仍然在全球遍设子公司、分部,从而形成全球性的网络。其下各种子公司、分部构成的"公司塔",正是网络中的节点。与城市相关的信息、知识、思想、人员、指令,正是通过这些节点流动的。因此,大城市继续积累其财富和权利的过程,是与先进服务、生产中心、全球网络市场相联系的。也就是,这个过程是通过生产和消费高级、先进的服务并促进该城市发展在全球网络中发生联系的。

4.1.3　基于集群式产业体系的现代城市发展

一般而言,现代城市发展过程就是城市经济产业体系重组过程,即主要表现为从传统的三次产业组合的产业体系向主要根据要素运用强度来组合的产业体系的转变。转变后的产业体系呈集群式的组合,这些产业集群的绝对规模、相对重要性、专业化程度和各个集群的成长速度等,是城市发展阶段的重要衡量指标。

向集群式产业体系的发展是现代城市产业体系发展的方向,并由产业体系的演变构成城市发展的空间形态。集群模式的构成包括核心集群、衍生集群、支持集群、外围集群和边缘集群。衍生集群由高端商务部门如金融、法律、咨询、软件、中介和国际物质流等,以及非营利的影响部门如政府、非政府、国际组织、传媒、研发和大学等两大部分组成。支持集群由中端商务部门如不动产、旅馆餐饮、娱乐旅游、高级零售商业等组成,支持集群将来占城市的就业比重最大。外围集群主要是制造业,其空间部门在城市的外围与周边地区,但是随着高科技研发的渗透和结合,其中一部分正进入核心集群。边缘集群主要由低端服务与制造业等衰落产业,以及半失业人群构成。

世界城市发展的产业体系的集群式和城市形态的圈层式是紧密相关的,核心集群和衍生集群同城市的中央商务区结合,支持集群在中间商业区分布,外围集群在城市的郊区形成产业群,边缘集群在城市的郊区形成产业群,而且边缘集群向周边以及更远的地区不断扩散。在交通、通信设施改善与共享的条件下,核心集群和衍生集群也会出现向周边外移的趋势,从而使城市向大都市圈扩展。

随着产业体系重组与城市形态变化,城市的社会体系也同时发生深刻变革。其中最为突出的变革包括:城市居民的收入和社会地位根据全球化的参与程度不同而发生分化;总体就业规模扩大,但是出现"两端增加、中间减少"的趋势;社会权力向跨国组织转移,跨国资本的影响力扩大;城市布局出现新的"两极",亦即与全球化相关的国际社区、与本地化相关的大众社区;在文化上形成"全球主义"与"民族主义"的思潮对立,同时在国际化进程中已经出现的问题在城市化的进程中进一步放大。

4.2 城市转型

4.2.1 必然的选择

1. 自身发展的客观要求

21 世纪初叶,是上海城市发展的一个重要转折时期。到 2005 年,预期指标是人均 GDP 达到 8000 美元左右。上海正进入以工业化向后工业化转变的过渡阶段。目前,上海的城市基础设施与环境、人力资本水平、研发能力、科教水平、国际资本吸纳、居民收入水平与消费结构等,相比于 90 年代,已达到一个新的水平,并将有一个更大的发展。同时,经济全球化与信息化将作为外部动力促进上海城市发展,在国际分工的进程中逐渐向中高端发展。居民消费倾向从日常消费向汽车、房屋等耐用品消费和教育卫生、信息、科技等发展型与享受型消费转移。中等阶层比重稳步上升,居民收入的投资比重不断增大,民间投资能力越来越强。

然而,上海社会经济结构也显示出相当明显的两重结构特征。一方面,上海表现出工业化后期的成熟特征,如在传统制造业领域已具备主动实现产业结构升级的能力,接受国际制造业转移的能力也相当充分,具有先进技术引领的制造业实际上已经迈入后工业化或新型工业化阶段。另一方面,上海经济也呈现后工业化的某些特征,如信息产业成为增长最快的部门,并对其他部门产生巨大的"溢出效应";服务业尤其是金融业在经济结构中的核心地位初步确立;居民消费中的发展型与享受型消费迅速上升;上海作为特大型城市的辐射和集聚功能明显增强,市场配置已成为生产要素的基础配置方式等。这些表明上海的社会经济结构已具有后工业化发展的部分特征。上海工业化与后工业化两种结构特征兼有的复合性与过渡性,或者说上海正处于工业化向后工业化演进的特殊阶段,决定了上海在未来发展中必须强化后工业化的结构因素,同时还应继续完成工业化后期的发展任务。在此过程中,上海经济社会结构将发生的最突出变化是形成新的消费类型与投资结构,或者说将出现"后工业化时代"的投资—消费结构。但是,目前上海居民最终消费率过低,导致经济发展的内在动力不足。而且上海城乡居民并没有更加充分地获得经济发展的益处,收入水平有待进一步提高。同时,在这一过渡阶段,各种社会问题也开始显现,如社会分化、情感恐惧、对有形环境不满和地方归属感消失等。

因此,我们已不能用传统的思维方式来看待现代城市和解决城市问题,而是需要从一个全新的整体角度来考虑城市发展——城市转型。事实上,所有从工业化向后工业化过渡的城市,包括 20 世纪 70—80 年代的纽约、伦敦、东京等城市,都经历了城市转型。这是城市发展到一定阶段的客观要求。若不能成功地转型,曾经繁荣兴旺的城市将会日益衰退。

2. 服务国家战略的基本要求

"十一五"期间,中国正处于从人均 GDP 由 1000 美元向 3000 美元过渡的全面建设小康社会阶段,是大规模工业化与城市化互动发展阶段,呈现东、中、西部全面开发和加快发展的态势。在此过程中,中国根据加入 WTO 的承诺将全面开放服务贸易领域和金融市场,逐步放开资本项目下人民币自由兑换;国际制造业继续大规模向中国转移,国际服务业逐步向中国转移;国内外资源要素大规模流动并在更大空间范围内配置,特别是农业劳动力大规模向城市流动;加之国内区域经济的互动与合作及在空间布局中的调整,以及产业集聚等,都将使中国经济发展呈现高水平的对外依存,全方位的对外开放,较快的城市化等特征。

在这种背景下,上海除了加快自身发展外,还应该在推动全国经济发展中发挥重要作用。一方面,上海要在全国经济发展中起带头作用。进入 21 世纪,"新经济"的迅猛发展,必将对我们未来 5—10 年的经济和社会发展产生前所未有的重大影响。经济发展将从主要依靠自然资源优势、依靠资本投入,转到主要依靠知识和技术、依靠知识化的劳动者和信息化的劳动工具上来。上海作为中国的经济中心城市,在这种环境条件下必须更多地体现先进生产力发展的要求,加快经济社会信息化进程,用信息技术改造、提升和发展上海的产业,努力实现上海社会的知识化,提高国民素质,增强创新能力,推进知识创新、技术创新和体制创新,发挥引领与示范作用。

另一方面,无论从经济上还是从区位上讲,上海都是中国的对外门户,要为全球与国内之间的经济、文化和组织机制上的交流与合作提供一个友好界面。这就要求上海具有较强的城市综合服务功能,通过现代服务活动把国家和地区内的资源引入全球经济中,同时把世界资源引到国内。因此,构建内外连接的桥梁,增强城市综合服务功能,服务长三角,服务长江流域,服务全国,将被提上重要议事日程。然而,这种枢纽性服务功能的建设,不是通过局部调整,或加强某些方面服务工作所能解决的,它涉及与城市功能有关的发展模式、产业体系、组织机构等诸多方面的系统调整和改造。上海只有进行城市转型,才能承担起服务长三角,服务长江流域,服务全国的重任。

3. 参与国际竞争的迫切需要

当前,城市(特别是国际大都市)在全球网络中越来越具有举足轻重的战略地位。各种经济资源的全球流动的增长,打破了国家的界限,使城市中的全球势力作用也越来越突出,从而使国家间竞争演化为城市竞争,即城市代表国家参与国际竞争。然而,在全球网络化的背景下,城市间竞争已不再取决于传统的城市规模、经济实力、财富集聚与沉淀等,而是日益取决于城市与外部联系的能力及网络连通性,城市竞争力日益取决于城市能级水平所决定的在世界城市网络中的节点地位。例如,处于世界城市体系最高端的全球城市(纽约、伦敦、东京等),具有最强的城市竞争力。因此,目前世界各大城市普遍都经历着一场深刻的转型,以提升城市能级水平和增强城市的连通性。

在日益对外开放的环境下,特别是中国加入 WTO 后,上海作为中国的一个特大型城市,也是对外开放的前沿,势必越来越广泛与深入地融入经济全球化进程,加入世界城市体系之中。因此,作为中国面对激烈国际竞争的前沿,上海在城市国际竞争力上将首先经受考验。如果眼光放得更长远一点,那么上海要成为全球化网络中的一个重要节点,唯有通过提升城市能级水平和全面增强城市竞争能力来扩展对外联系及网络连通性。显然,上海传统城市发展模式与此是不相适应的,必须进行城市转型。

总之,上海在人均 GDP 由 5000 美元向 8000 美元过渡的关键阶段,不应谋求一般常规性发展,也不应继续走扩大经济规模和增强经济实力的传统城市发展道路,而应全面启动城市转型、创新发展。能否成功实现城市转型,能否顺利跨过这道"坎",不仅意味着城市的兴衰,更意味着城市未来的功能定位及在全球网络中的地位。实际上,在前面有关城市转型必要性与迫切性的条件分析中,也已折射出一些上海城市转型的有利条件,例如现代城市发展的新变化、"新经济"兴起等,这些将为上海创造超越性城市转型的可能性与机会。并且,中国加入WTO 后,经济国际化、市场化进程将加快,并给金融、商贸和中介服务等第三产业带来更大的发展空间,也将给上海进行城市转型创造十分有利的时机。在这当中,关键是能否抓住机遇,在复杂的环境条件下具备兴利除弊的能力。

4.2.2 战略目标

上海城市转型,到底要成为一个什么样的城市?是成为一般的大城市或超大城市,还是成为一个现代化国际大都市?从方向目标上讲,中央对上海的定位已经很明确,就是从国际经济中心转向建设"四个中心"与现代化国际大都市。这是顺应现代城市发展规律的,也符合当今全球化与信息化的潮流,更是中国发展的国家战略要求。

在 20 世纪 90 年代的十年间,越来越多的城市意识到,有必要不断融入全球经济的浪潮中去。一些城市在全球化中提出了更高定位:目标是成为国际大都市。同样,中国的城市化也将具有更大的开放性,迫切要求融入世界城市网络体系之中。在此过程中,也特别需要有若干国际大都市在全球网络中占据一定位置。

国际大都市建设是中国城市化进程中城市自身发展的客观要求。因为信息化和全球化的发展速度是非线性的。凡是已经进入信息化和全球化潮流的城市,它们的发展速度将越来越快,呈加速度方式发展,最终确立所处的枢纽和主干信息节点的地位,更有利于发展成为国际性和全球性城市。凡是没有能跟上信息化和全球化潮流的城市,则一步落后,将步步落后、永远落后,不可避免地出现停滞或衰落,最后成为"被遗忘的城市"。

更为重要的是,世界城市化的高度发展,使城市在一国经济、政治中越来越处于绝对主导地位。由此,城市实力也往往代表着国家实力,国家间竞争也在很大程度上被具体化为以城市为核心的区域间竞争。在此过程中,国际大都市不仅变得更加重要,而且在国际竞争中充当着重要角色。建设这样一个国际大都市对中国来讲也非常重要,它实际上已经成为一个国家战略。因为我们都知道,自 1978 年改革开放以来,中国大门越来越打开。特别是 WTO 承诺期满以后,这个门会开得更大。不仅我们大量地"走出去",外面的也将大量地"走进来"。在这样一个内外交流过程中,需要一个交接点,需要一个桥梁。从中国的情况来看,上海是最有条件成为这个交接点与桥梁的。因此,不管是从全球战略角度出发,还是从国家发展战略来讲,上海建设现代化国际大都市都是十分重要的。

上海作为中国的一个特大型城市,肩负着建设"一龙头,四中心"的重任,要向现代化国际大都市的目标迈进。90 年代以来,经济全球化进程加快和中国对外开放不断扩大,为上海建设国际大都市提供了良好契机。但问题在于,在新形势下,我们要进一步明确建设现代化国际大都市的基本内涵及行动策略。

现代国际大都市是什么样的?城市规模大、地域大、高楼多、马路宽、商店多是不是就是国际大都市?传统国际大都市概念确实往往是指一些人口规模、经济体量、地域面积等超级庞大的城市,注重城市的空间存量,强调自身地域的财富积累与规模扩大。但在全球化与信息化的背景下,国际大都市的内涵发生了变化。因为国际大都市产生的动力机制及进程是全球性的。国际大都市作为全球经济中的一个节点,不仅是其所在区域的物资、能源、资金、人才以及市场的高度集中点,更是各种信息产生、交流、释放和传递的高度聚合点,其在全球经济中的战略重要性是由它的网络连通性来体现的。在信息流带动下,物流、人流、技术流和资金流的聚集和扩散强度加大,速度加快,城市的综合功能进一步明显加强,加速了向全球性城市方向的发展,并形成了劳动分工跨出国境和制造业区位分离的结果。同时,传统的工业时代留下的城市功能也相应地发生深刻的变迁,并通过城市的土地利用方式或空间格局的变化发生作用,使城市的发展向适应信息社会的生产方式和生活方式的方向转变。因此,信息化程度和水平已经成为衡量一个城市经济社会发展综合实力和文明程度的主要标志。国际大都市是一国经济力量在空间形式上的集中体现,它起着主导经济发展、连接国内外市场的重要作用,并代表国家参与国际分工与国际竞争。

从当前国际大都市的情况来看,不管是纽约、伦敦还是东京,国际大都市最主要是看它的功能,而不是看它的规模。有些国际大都市的人口规模并不大,市域面积也不大,但它在全球经济中的地位非常重要。这个重要性表现在它与外界有广泛的联系,有广泛的网络,它起到一个控制中心、管理中心、枢纽中心、流动中心的功能作用。因此,上海要建设成为连接世界经济与国内经济的现代化国际大都市,不是做大规模的问题,不在于有多大的 GDP 总量,有多大的产业规模,而在于具备全球资源配置、门户枢纽等功能,具有更大城市综合服务能力以及集聚与辐射能力。这意味着上海建设现代化国际大都市,首先是参与国际分工与国际竞争,关键在于融入各类世界网络体系的程度,并在国际分工与国际竞争中占领制高点。其次是具有全球资源配置的功能,成为全球经济循环网络中的重要节点。其本质是全球化与网络化,更多地体现现代城市发展路径,反映顺应全球化与信息化要求的新型世界城市发展模式。

当然,对于后起发展城市来讲,增大城市积累和实力也是十分重要的。这是迈向现代化国际大都市的基础条件。因此,上海建设现代化国际大都市,可能要"两条腿"走路。首先要有"城市积累",通过利用所拥有的本土化资源,创造一个富有综合竞争力的新型城市,以奠定必要的物质基础和实力条件。但同时,要重点考虑城市相互间的联系及流动,在世界范围的流动中找到自己的位置,通过"城市流动"以及与全球建立广泛联系在时空上进行拓展,充分发挥后发优势,走出一条新型的现代化国际大都市发展道路。

　　这就决定了上海建设现代化国际大都市,要形成独特的城市结构与功能。一方面,其是庞杂的世界范围内的各种要素流动的交换与计算中心;另一方面,其本身又是一个物质的、动态的、庞杂的集合体。只有在这种国际大都市独特的结构形态下,我们才能培育和发展起国际大都市所必须具备的特殊的集聚效应、规模效应、组织效应和辐射效应的能力。

　　有了全球化中的城市定位之后,关键就要看如何去实现这一目标。对于上海来讲,虽然不可能很快实现这种目标,但必须有一个逐步趋近于目标的有效的竞争策略。国际经验表明,在培育与建设国际大都市的过程中,一个非常重要的内容就是要有意识地构建和形成高级劳动力国际流动模式。国际熟练劳动力在跨国公司(TNCs)办公网络中的集中与流动,对发挥国际大都市的首要功能,特别是先进服务行业功能有着积极的促进作用。在目前情况下,国际熟练劳动力的移入,不仅是世界城市形成的重要原因,而且也是重构世界城市原有劳动力市场并使其全球化的重要因素。为了吸纳国际熟练劳动力,必须构建国际金融体系的空间组织并大力发展与此相配套的现代服务业。

　　上海朝着建设国际金融中心、经济中心、贸易中心和航运中心的目标努力,其主要措施就是对外开放,提高国际化程度,包括吸纳国际熟练劳动力及移民。90年代以来外商直接投资对上海经济发展,特别是对产业结构和产业布局的影响,是十分重大的。特别是近年来,跨国公司R&D机构大举进入上海,将大大增强上海的创新投入,优化创新资源的配置,提升城市产业和功能,并将带动地方创新组织融入全球创新网络。为此,上海应抓住机遇,积极改善投资环境,大力吸引跨国公司的直接投资(包括跨国公司的R&D投资),接受现代服务业的国际转移,积极创建国际产业研发基地,以提升城市创新能力,使上海成为具有创新竞争力的国际大都市。

　　另外,上海建设国际大都市,要放到一个区域范围来考虑,融入长三角经济发展之中,通过周边地区和城市群的发展来提升自身的地位。因为世界城市发展中的等级化趋势与区域化趋势是相互影响的:全球化过程体现出不平衡的特点,在此过程中形成了少数几个核心性质的全球化区域。目前东亚地区的经济增长势头正猛,中国经济正在崛起,特别是长三角正大量接受世界制造业的转移,区域的全球化程度明显提高。上海处在这样一种环境条件下,要充分利用区位优势,特别是发挥航运中心的作用,建立与外部的广泛联系,促进流动空间的扩展。

4.3　创新城市

创新城市是积极推进城市转型的有效途径。只有通过创新城市的发展,从根本上提高城市综合竞争力,才能顺利实现城市转型。

4.3.1　重大意义

国际经验表明,在城市转型过程中,通常有两种不同的应对方式。一种是被动适应城市转型的客观规律;另一种是积极主动推进城市转型。显然,其效果是截然不同的。积极主动推进城市转型,须采取创新城市的发展。

首先,创新城市充分体现了"三特"。在现阶段,创新城市的提出,集中体现时代特征、中国特色和上海特点,这将赋予这一特定时期的上海经济社会发展以"灵魂"。

(1)"经营城市"理念的进一步升华。20世纪80年代,国际上普遍流行经营城市的思潮,将其作为一种城市竞争的手段,主要通过塑造或改善城市形象,突出城市自身优势,增强城市吸引力,提升城市竞争力,改善居民福利。但在经营城市的过程中,往往会出现改善城市形象投入增加与公共福利支出减少的矛盾尖锐化,城市形象与真实的二元化,城市弱势得不到关注而被排斥在城市前进步伐之外,精心包装的城市"神话"使城市失去自我等问题。经营城市在中国甚至蜕变为"经营土地"和"圈地"的代名词。更为主要的是,实践证明,经营城市并不能直接解决城市转型与城市复兴的根本问题。为此,越来越多的城市摒弃了"经营城市"的理念,纷纷转向创新城市的发展。上海在现阶段提出创新城市的发展,不仅体现了现代城市发展及治理的先进理念,比经营城市更高一筹,而且是真正解决城市转型及城市可持续发展问题的有效途径。

(2)科学发展观在现代城市建设与发展中的具体落实与运用。科学发展观是中国现阶段经济社会发展的重要指导思想,也是现阶段实际工作中要加以贯彻落实的主要精神。在城市发展中,同样存在一个科学发展问题。创新城市就是要改变传统城市发展道路与模式,尽可能避免结构失衡、社会矛盾加剧、城市环境恶化等"大城市病",促进城市全面、协调和可持续发展,走新型城市化道路。

因此，创新城市充分体现了科学发展观在上海的具体贯彻落实，是科学发展观在现代城市建设与发展中的具体运用。

（3）全面实施科教兴市主战略的基本落脚点。现阶段上海提出科教兴市主战略，其核心是创新，关键在于"兴市"。因此，创新城市是全面实施科教兴市主战略的基本落脚点。创新城市作为科教兴市主战略的具体化推进和实施，在经济、科技、社会、文化等方面提出更明显的导向性目标及要求。

其次，创新城市是实现各项目标的重要举措。站在上海目前的历史方位，长远目标是率先实现社会主义现代化。对于上海来讲，这不是传统意义上的现代化，而是二次现代化问题，是建设现代化国际大都市的宏伟目标。这一目标要充分体现以人为本，经济社会全面发展，其主要指标包括经济总量、产业构成、技术进步贡献率、就业、收入水平、教育程度、生活质量、社会安全、预期寿命等。因此，实现这一长远目标，要通过一系列重大的城市变革，走创新城市之路，造就现代化城市经济、现代化城市文明、现代化城市生活的基本格局。

上海在"十一五"期间所要完成的近期目标，是初步形成"四个中心"的基本框架。这一"四个中心"的基本框架不仅仅是形态框架，更是功能框架，要以市场化、国际化、法治化、信息化的程度来加以衡量。而且，此期间正值中国履行加入WTO的有关承诺，全面对外开放与交流，外来影响与冲击较大。因此，实现这一近期目标，要求在体制改革、机制完善、市场功能培育、相关产业发展、组织机构及人员配备等方面进行根本性的创新。创新城市是决定上海能否成功初步形成"四个中心"基本框架的决定性因素。

与以往的五年计划期有所不同，"十一五"期间正值上海筹办中国 2010 年世博会。这是上海"十一五"期间所要完成的一个特殊目标，即把 2010 年世博会办得"最成功、最精彩、最难忘"。这不仅仅涉及世博会场馆等方面的建设，更主要的是整个城市发展水平的提升和城市面貌的全面改观，涉及产业发展、城市规划、基础设施、生态环境、社会服务、市民素质等诸多方面的改善。因此，创新城市也是我们实现这一特殊目标的重要途径和手段。而且，创新城市这一主线紧扣了这届世博会"城市，让生活更美好"的主题，即唯有创新城市，才能实现"城市，让生活更美好"。总之，创新城市是上海实现长远目标和近期目标的有效途径和重要方式，是完成"十一五"规划的战略性手段和行动措施。

再则，以创新城市统领经济社会发展。创新城市具有较大的包容性和整合性,覆盖了经济、社会各方面的发展,从而可以贯穿于各项工作中,统领上海经济社会发展。

(1)创新城市发展模式,包括经济增长方式转变,经济社会协调发展,人的全面发展,城市可持续发展等。(2)创新城市基本功能,包括发挥资源要素流动的枢纽性功能,成为资源高效配置及增值的重要节点,增强城市综合服务功能,服务全国,联结全球等。(3)创新城市产业体系,包括走新型工业化道路,促进产业融合,构建新型产业体系,优先发展现代服务业,优先发展先进制造业等。(4)创新城市空间结构,包括 600 平方公里和 6000 平方公里的功能空间结构,城市形态空间结构布局,城市基础设施空间结构布局,城市人口空间结构布局,上海外部空间结构调整(与长三角、长江"黄金水道"等的关系)等。(5)创新城市组织构架,包括产业组织重构,政府职能转变及组织机构调整,社会中介组织发展,社区管理及组织机构培育等。(6)创新城市社会机体,包括社会人口管理,社会资源管理,公共事业及公共福利发展,市民参与城市治理,社会保障,社会安定等。(7)创新城市环境氛围,包括良好的产业发展环境,公平有序的市场环境,权益保护的法律环境,适宜生活的居住环境,治安良好的社会环境,有利于人才集聚和才能发挥的工作环境等。(8)创新城市文明生活,包括建立学习型城市,提高教育和医疗保健水平,促进先进文化发展,发展健康的大众娱乐和体育事业,促进全民健身等。

总之,以创新城市统领上海经济社会各方面发展的全局,可以使各区县、各条线在实际工作中找到自身发展的位置。

4.3.2 主要内容

按照现代城市发展规律,创新城市主要是不断提高城市国际化、信息化、市场化、法治化水平,迅速提升城市能级水平。

第一,提高城市国际化水平。这主要是把握中国加入 WTO 的新机遇,积极参与经济全球化,更有效地利用国际分工体系。据我们判断,国际产业分工格局将发生重大变化,发达国家向发展中国家的产业转移出现新特点。过去发达国家主要是把轻型化劳动密集型产业向发展中国家转移;在新一轮国际投资与产业转移中,资本密集型产业、高科技产业中劳动密集型工序,以及高新技术产业中非核心技术产品的生产加工会加快向发展中国家转移。上海在接受这些产业转移的过程中是具有相对优势的。因此,上海将继续推进浦东开发开放,从以"进"为主转向"进""出"并举,全方位地扩大对外开放,以提高城市的国际化程度。

第二,提高城市信息化水平。这主要是实施信息化领先发展战略,促进信息基础设施、信息产业、信息技术和信息应用的综合发展。目前上海信息港宽带主干(ATM)网络是世界最大的 ATM 宽带网络之一,以光纤传输为主体的上海国家公众信息通信网已达到世界先进水平,上海电信在规模容量、技术层次方面已经跻身世界先进城市行列。此外,敷设城域光缆 2 万公里,光纤进大楼和小区的覆盖率约达 90%,家庭电脑和上网用户均超过 100 万台(户),ICP(互联网内容提供者)开设网站逾 400 家。1999 年,按国际流行标准测算,上海信息化综合指数提升近 51%,不仅领先国内,而且高于国际平均水平。2000 年,上海这一指数又有新的提升。在此基础上,2000—2002 年是上海信息化大发展阶段,达到国内一流水平;2003—2005 年是提升阶段,争取达到国际发达城市的中等水平。

今后,上海将通过实现高带宽(国际出口的高带宽、城域主干网的高带宽和各种接入网的高带宽),实现城域内各类宽带信息网络的互联互通,实现话音、数据、视频业务在宽带网上的融合来建成世界一流城市信息基础设施。通过政府信息化、企业信息化和社区信息化来推动信息技术的广泛应用和资源的有效共享。通过建立网络经济带、网络产业链和培育网络企业群来形成网络经济创新发展格局。

第三,提高城市市场化水平。这主要是着眼于中国当前体制改革深层次攻坚的背景,加快整体配套的体制创新,率先建立市场经济运行机制,体制改革实现从以增强企业活力为主向增强企业活力与城市活力并举的转变。

具体内容主要是:(1)率先建立现代企业制度,从战略上全方位调整国有经济布局和改组国有企业,形成多种所有制优化组合、优胜劣汰的微观基础,增强企业核心竞争力。(2)重点发展各类要素市场,加强金融、信息、技术、商贸和人才的对外辐射,进一步健全金融市场、技术市场、劳动力市场、房地产市场体系,大力发展市场中介组织和服务机构。(3)按照市场经济要求和政企、政事、政资分开的原则,改革政府管理体制,完善分级管理,推进社会保障机制创新,加快政府职能转变,提高城市综合管理水平。

第四,提高城市法治化水平。这主要是强化地方立法工作,完善、规范立法程序和立法机制,健全司法制度和法律监督,完善综合执法,强化法制管理,增强全社会的法律意识和法制观念,创造良好的法制环境。为此,要对地方性的法规规章进行一次大规模的梳理、调整和完善,以创造公平、公正、合理竞争的市场环境为目标,加强法制建设,强化依法行政。

4.4　现阶段主要措施

4.4.1　推进产业结构优化升级

在推进产业结构优化升级的过程中,强调科技进步和信息化对结构调整的推动作用,实现三次产业在融合渗透中的共同发展,着眼于整体上提高产业的国际竞争力。为此,将大力发展支柱产业,优化发展基础产业,重点培育新兴产业,积极发展都市型产业。

上海原有的六大支柱产业是钢铁、石油化工、电站设备、汽车、通信设备、家用电器。到 90 年代末,这六大支柱产业的增长已呈现疲软态势。1997 年,尽管六大支柱产业占全市工业总产值的 52.3%,但增长率只有 13.45%,比 1994、1995、1996 年分别下降了 6.19、5.04 和 5.15 个百分点,甚至从以前高于全市工业平均增幅转变为低于全市工业平均增幅 1.3 个百分点,其利润总额下降了 5.07 个百分点。今后上海的六大支柱产业将调整为信息、金融、商贸、汽车制造、成套设备、房地产。目前这新的六大支柱产业的增加值占全市 GDP 的比重接近一半,到 2005 年预计提高到 60% 左右,每个产业的增加值占全市 GDP 的比重都将超过 5%。这新的六大支柱产业也是上海具有相对较强竞争力的产业。其中,金融、商贸、房地产业是上海城市综合服务功能的重要依托,也是中国加入WTO 后发展潜力较大的产业;信息、汽车制造、成套设备业是上海产业配套基础相对较好、综合优势相对突出、科技含量相对较高的产业,也是未来市场需求增长较快的产业。尤其是信息产业,在 1996—2000 年间年均增幅近 30%,预计2004 年总产值可达 1300 亿元人民币,取代汽车业成为上海新的第一支柱产业。信息产业作为覆盖信息设备、软件和信息服务三大领域的二、三产业融合渗透的优势产业群,将是现阶段上海发展最快的支柱产业。

目前,中国工业化进入中期结构升级阶段,发达国家资本密集型工业也将向发展中国家大规模转移。上海的石化、钢铁两大基础产业在国内仍处于领先水平,具有较强的市场竞争力,依然是支撑上海经济增长的重要基础产业。因此,这两大基础产业还将优化发展,主要是优化产品结构,提高技术含量,增加产品的附加值,扩大"进口替代"。

面对 21 世纪高新技术,特别是生物、新材料等技术的创新突破,以及适应可持续发展的要求和发挥上海国际国内交通枢纽的优势,上海将在产业结构调整中把生物医药、新材料、环保、现代物流业培育成最具潜力的"四大新兴产业"。

随着上海产业结构的不断优化升级,劳动力就业压力将进一步加大,尤其是新增劳动力受教育年限不断提高,高学历劳动者就业压力也在增大。因此,上海将加快培育教育、医疗、文化等知识劳动密集型和旅游、社会服务等一般劳动密集型的都市型服务产业,同时积极发展都市型工业和都市型农业,创造更多的就业岗位。

4.4.2 优化城市综合发展环境

为进一步优化城市综合发展环境,将从调整城镇布局结构、构筑枢纽型基础设施体系、加强生态环境建设和提高城市现代化管理四个方面展开。

根据长江三角洲一体化发展和推进"大都市圈"建设的需要,上海将进一步优化城市空间布局结构,大幅度提高中心城区现代化和郊区城市化的水平。中心城区现代化发展,主要是调整行政区划,优化城市功能分区,整体推进市级中心、副中心和多层次公共活动中心建设,加快中心城区综合改造,着力提高中心城区的环境质量。郊区城市化发展,重点是推进新城和中心集镇建设,形成一个功能完善、设施先进的中等规模的现代化新城,发展九个有产业依托的各具特色、布局合理、环境优雅的中心镇。

随着上海国际国内交通枢纽地位的凸现,城市交通通信建设的重点将实现由内向外的转变,构筑快速、便捷、立体的现代综合交通通信体系。上海将重点建设和完善深水港、航空港、信息港和城乡一体、协调发展的轨道交通网、高速公路网,进一步完善中心城区道路网和内河航道网。

适应市民不断提高的对城市生态环境的质量要求,上海将加快环保绿化建设。以中心城区大型公共绿地建造为重点,以郊区大片森林、自然保护区和沿海防护林带建设为依托,形成都市绿化系统。

为推动城市发展,上海将进一步加强城市基础设施投融资体系改革,推进城市环境维护的市场化、社会化运营,完善城市管理信息系统,强化城市管理的综合执法,提高依法管理城市的水平,提高城市整体运营效率。

4.4.3　加快推进社会综合发展

上海将主要通过重组整合社会资源,加快推进社会综合发展。在此过程中,主要从进一步改进人口综合调控,促进劳动就业和完善社会保障体系,全面推进文化、教育、卫生、体育事业发展,强化社区建设与管理四个方面展开。

在此期间,上海的人口流动将继续加快,并出现人口老龄化趋势。这就要求加强人口综合管理,合理控制人口增长,加大优秀青年人才引进力度,促进人口整体素质提高,并大力发展养老保障事业,健全老龄人口服务网络。

为创造大都市和谐稳定的社会环境,针对就业压力增大的特点,完善就业服务网络,推进多种形式的灵活就业,持续创造就业岗位。同时,加快社会保障体系和救助网络的建设,完善分配制度,保障低收入者和特殊群体的基本利益。

随着居民收入水平不断提高,消费需求结构发生重大变化,上海居民的恩格尔系数将快速下降,估计在 2005 年降至 30% 以下,而娱乐、教育、文化支出将与收入水平同步增长。为满足市民日益增长的服务需求,上海将大力发展文化、教育、卫生、体育事业,把上海建成国际文化交流中心之一,建成亚洲一流的医疗、体育中心城市,并致力建设学习型城市。

在传统体制下,居民具有“单位人”的性质,几乎所有的一切都要依靠其就职的“单位”来解决,即使退休后也主要依附于原单位。随着体制改革,“单位人”已逐步转变为“社会人”。因此,社区建设与发展越来越重要。为适应市民对安居乐业的新要求,不断增强城市社区的凝聚力,上海将继续探索和完善具有大都市特色的社区发展新路,培育各类自我管理的社区服务组织,吸引多元投资建设和维护社区各种配套设施,促进社区福利和公益事业的发展。

5 市场化进程与经济发展 [*]

中国市场化取向的经济体制改革极大解放和促进了社会生产力发展。世界银行曾对影响中国经济增长的主要因素进行排序,发现市场化对中国经济增长的贡献率最大。根据专家测算,中国市场化对经济增长的贡献率达到30%以上,并成为影响经济发展方向、速度和效率的主要原因。上海自20世纪90年代起在推进市场化改革中走到了全国前列,并释放出巨大能量,促进了经济连续保持两位数增速的高增长。在今后完善社会主义市场经济体制的过程中,上海将进一步提高市场化水平,大大加快现代化国际大都市建设的步伐。

5.1 上海市场化进程的特点及经验

5.1.1 渐进式市场化:制度变革背景

市场化就是指资源由计划配置向市场配置的转化过程。学界对此界定的表述,则有所不同。有的认为,市场化是指资源配置方式由政府行政配置向市场调节配置的转化,具体说,就是"取消或放松国家对商品生产要素供应数量及价格的管制"(国家计委市场与价格研究所课题组,1996)。有的认为,市场化进程是市场机制对资源配置的作用持续增大,对市场机制依赖程度的不断加深和增强的演变过程(陈宗胜,1999)。有的认为,市场化是指资源由有计划配置为"体"向市场配置为"体"的根本性转变,以及由此引起的企业行为、政府职能等一系列经

※ 本章根据笔者 2005 年在上海市委中心组学习会上的发言稿改编。

济关系与上述转变相适应的过程（常修泽,1998;高明华,1997）。

这些表述大都把注意力集中在市场化的显性表现上,例如范围扩大、作用增大、经济关系改变等。如果就其本质属性及基本内容来讲,市场化是个人经济自由权利（既包括财产的个人所有权,也包括劳动力的个人所有权）逐步得到确立、有效实施和切实保障的过程;是消除一切特权和歧视,确立平等契约、平等参与、平等竞争的市场规则的过程;是交易规模日益扩大、合作范围不断扩展的过程。对市场化基本含义的正确理解与把握,将有助于我们对市场化进程的准确判断以及推进市场化的全面认识。

中国的市场化（即从资源计划配置向市场配置的转化）是一个渐进式过程。其特点主要表现为:(1)由传统体制边缘滋生的增量市场化,带动传统体制内的存量市场化;(2)以力求解决经济发展中瓶颈制约的局部市场化,促进整个经济系统的市场化;(3)以诱致性制度变革的市场化为主导,辅之以强制性制度变革的市场化。

因此,从表现形态上讲,中国市场化是从最终产品的市场化起步,即产品商品化,向生产过程中的要素市场化推进,明显分为两个阶段:一是 80 年代的产品市场化,其标志是商品市场兴起;二是 90 年代以后的要素市场化,其标志是要素市场兴起。当然,两者之间有内在关联,也会产生一定的交集,不可能截然分开。因为商品生产过程是各种要素的组合,如果没有要素市场化,就难以生产出商品。80 年代的产品市场化实际上是部分要素非市场化组合与部分要素市场化组合混杂在一起的,但以要素非市场化组合为主,最明显的就是价格"双轨制"。但产品市场化的推进,势必要求要素市场化,建立和健全要素市场,在商品生产过程中实现全要素市场化组合。因此,90 年代以后要素市场化的鲜明标志就是各种要素市场的建立和发展（图 5.1）。

产品市场化相对来说是传统体制边缘滋生的增量市场化,一种浅层的局部市场化,并且部分要素非市场化组合与部分要素市场化组合的混杂是大量通过企业组织而实现的,其市场化更多取决于来自基层的自发性改革。与此不同,要素市场化在更大程度上带动了传统体制内的存量市场化,促进了整个经济系统的市场化,并且要素市场的形成与发展需要更多有组织的制度变革。

这一中国市场化进程及其特点,构成了上海市场化进程的基本制度背景,并从根本上规定了上海市场化进程的主要演化方式。

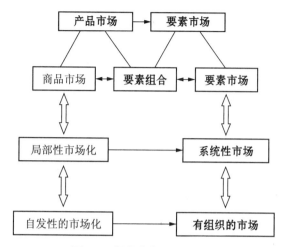

图 5.1　渐进式市场化逻辑图

资料来源:作者编制。

5.1.2　上海市场化轨迹及其特点

在国家渐进式市场化推进的战略安排下,上海由于自身所具的特性,如传统计划经济下的高度集中性、国有经济规模庞大、在全国经济中的重要地位等,在市场化进程的演化轨迹上表现出一些个性色彩。

(1) 在 80 年代产品市场化进程中,由于传统体制遗留下来的大量凝固化实物存量不仅没有机会"变现",反而成为上海推进产品市场化的沉重负担,再加上在此期间上海充当改革"后卫"的角色,因而产品市场化相对滞后,难以解决城市发展急需大量资金、进行基础设施建设"补课"、经济结构调整等问题。在此期间,广东、浙江、江苏(苏南地区)却在传统体制边缘滋生出一大块新的体制增量,并带动了经济快速发展。

(2) 在 90 年代以后的要素市场化进程中,上海则后来居上,处于领先地位,主要是在资金、土地等要素的市场化方面成效显著(如证券市场、土地批租、引进外资等)。并借助于各类要素市场的形成与发展,使大量传统体制遗留下来的凝固化实物存量得以"变现",进行资本运作,成为可用于城市建设的现金流量。

(3) 来自基层的自发性市场化推进相对较弱,而有组织的要素市场化推进方面则相对较强,并为存量市场化提供了有利的舞台。

(4) 在有针对性地解决制约发展的瓶颈要素的局部市场化方面具有非凡的

创造性,发挥出很大的作用,例如为解决上海发展面临资金不足而推进的投融资市场化等。但对系统性的要素市场化促进则相对有限,例如各类要素市场发展不均衡、功能不齐全等。

按照市场化的一般发展顺序,其活动能量、内在活力、协同力总是形成在先,构成市场化发展的一般基础。当然,这是在市场无序(混沌)状态下自发产生的,是在简单市场形态下发展起来的。在此基础上,逐步形成比较完善的市场化框架,形成比较规范的市场规则,发展与精细化市场运作的机制。事实上,除了国外发达国家的市场化,就连中国其他地区(特别是浙江、广东、山东等地)的市场化过程也遵循了这一发展顺序。与此不同,上海围绕要素市场建设并借此实现存量变现的市场化演进的独特轨迹,具有跨越发展的特点。其起点比较高,直接进入市场化的较高层面,反过来对其基础进行"补课",最终塑造了上海市场化的特定模式与格局。归纳起来,大致有以下几方面内容。

(1)市场化框架性建构优于其内容充实,从而通常是在一个基本框架下"填充"与充实其内容,并进一步完善其基本框架。通过这种特定的方式,其市场化的目标框架比较清晰,发展思路比较明确,阶段性的内容及重点比较清楚,操作步骤与顺序比较可预期。但这种特定方式具有市场化的内容准备不足、自身发展的能量积聚有限等缺陷,有时会出现有"场"无"市",或有"市"无"行"的现象。

(2)市场化规则制定优于其组织机构再造。通过这种特定的方式,市场化的操作比较有章可循,实际运作过程比较有序,市场交易成本相对较小,交易关系比较容易建立与巩固。但由于其组织机构再造相对滞后,市场化的微观基础不够扎实,市场运作的内在活力比较欠缺。

(3)市场化机制塑造优于其体制安排。在改革中,较多的是针对某些具体对象而引发市场化运作机制的塑造。这使得这些领域或行业,甚至某些项目的市场化操作,比较有效率。但这种单项性的市场化机制塑造,由于缺乏配套性,往往互相牵制,出现市场化协同不足的现象。

总之,上海市场化总体上融入中国渐进式的进程之中,但在渐进之中,又有跨越发展的个性,特别是在要素市场化进程中。这是上海立足于要素市场建设而展开其市场化进程的必然选择。因为这些现代要素市场的建设,必然要求是有组织的市场化推进,并首先有市场框架性的构建、市场规则的制定以及市场运作机制的塑造。

5.2　市场化水平基本评估

5.2.1　市场化测量的向度

研究转型经济,自然会关心市场化程度的变动。最近国际上对中国市场经济地位的不同看法,更是引起人们对市场化程度的关注。国内学者一般认为,中国 1978 年改革开放之前,经济市场化程度不会高于 10%,大致在 5%;并一致认为,目前中国还没有完成转轨任务。但对市场化程度的估算很不一致,较低的估计是中国经济市场化程度为 55%,较高的估计是中国市场化程度已达 69%(表5.1);并认为,世界上没有绝对彻底的 100% 市场化国家,发达市场经济国家的市场化程度大致在 85% 至 95%。

表 5.1　对中国市场化进程的各种测度指数

研究者	1992	1995	1996	1997	1999	2001
卢中原、胡鞍钢	62%					
江晓薇、宋红旭		37%				
国家计委课题组		65%				
顾海兵			40%		50%	
陈宗胜				60%		
北师大课题组						69%
徐明华	8 大类共 31 项指标,对 9 个省份市场化进行排序					
樊纲、王小鲁	5 个方面共 15 个指标,对各省市市场化排序					

资料来源:根据有关资料汇编。

市场化测度是一个由质到量的过程,包括测度对象的因素分类、代表性测度指标选择及指数计算等三个主要阶段。对市场化内容的不同理解,往往会导致对中国经济市场化程度作出不同的判断结论。因此,市场化测度分类是进行国际对比和计算市场化指数的前提条件。

在全球贸易领域,对“市场经济国家”和“非市场经济国家”的界定,主要是WTO 和欧美等国家对市场经济地位的法律规定。从现实的“市场经济地位”的法律认定看,WTO 和各国的标准是有差异的。但这些规定反映了国际上对市场经济的基本评价标准,我们从中可归纳出市场经济的边界和逻辑结构,并据此

作为测度分类的标志:

(1)《关税与贸易总协定》第六条及《关于实施〈关贸总协定 1994〉第六条的协定》(又称《反倾销条例》)所指的"非市场经济国家",是指实行公有制和计划经济,企业的生产、销售和产品价格由政府决定,货币不能自由兑换的国家。(2)美国商务部市场经济法定标准是从一国的市场经济地位考虑的,其主要内容包括:货币的可兑换程度、企业劳资双方进行工资谈判自由度、设立合资企业或外资企业自由度、政府对资源的拥有和控制及分配程度、企业生产和定价程度等。(3)欧盟的市场经济地位标准是针对企业和行业,主要内容包括:企业生产和经营的自主性、企业成本的真实性、汇率形成机制的市场化及企业法律法规的健全性等方面。

从上述的分析中,我们可以较为清晰地看到市场经济分析的三维逻辑结构:一是政府行为的规范化,要求政府规范和干预程度合理。二是企业主体的独立性,要求企业在事实和法律上独立于政府。三是市场机制的健全性,反映市场交易的效率和秩序,包括运行机制和法律机制的健全性。市场运行机制主要涉及产品价格形成与生产要素、产品、金融等交易是否符合市场原则;而市场法律机制的健全性主要是一国立法和司法对市场公平贸易秩序和企业产权的保护。如果我们把市场运行机制健全性进一步细分为"生产要素交易自由度""产品贸易自由度"和"金融参数合理化",那么市场化测量的向度有六个方面:

(1)政府行为的规范化(政府的财政负担、政府对经济的干预),包括政府消费与 GDP 的比率、企业所得税(含费)平均税率、政府投资与 GDP 的比率等指标。(2)企业主体独立性(非国有经济的贡献、企业运营),包括非国有经济固定资产投资占全社会固定资产投资的比重、城镇非国有单位从业人员占城镇从业人员的比重、非国有经济创造的增加值占 GDP 的比重等指标。(3)生产要素交易自由度(劳动与工资、资本与土地),包括分地区常住人口数与户籍人口数之差占户籍人口的比重、行业间职工人数变动率、工资由雇主和雇员自愿谈判决定的企业比例等指标。(4)产品贸易自由度(贸易产品定价自由度、对外贸易自由度),包括社会消费品零售总额中市场定价的比重、农副产品收购总额中市场定价的比重、生产资料销售总额中市场定价的比重等指标。(5)金融参数合理化(银行与货币、利率和汇率),包括非国有银行资产占全部银行资产的比重、非国有金融机构存款占全部金融机构存款的比重、三资乡镇个体私营企业短期贷款占金融机构全部短期贷款的比重等指标。(6)法律对公平贸易和企业产权的保护(法律对公平贸易的保护、对产权的保护),包括反垄断、市场监管、市场秩序、社会信用等指标。

这六个方面是市场经济地位关注的基本方面。每个因素既具有相对的独立性,又具有内在的逻辑关系,构成了市场化测度的基本内涵。从这六个向度来衡量,中国市场化的表现是极其不平衡的。

在一般商品价格方面,除了部分关系到国计民生的重要商品、少数具有资源垄断性的产品和一部分服务的价格仍由国家决定外,已基本放开。在1999年中国社会商品零售总额中,由市场调节和实行国家指导价的比重已达到95%左右;在农产品收购总额中,市场调节和国家指导价的比重约占90%;在生产资料的销售总额中,市场调节和国家指导价部分则约占85%。到2001年底,由中央政府控制的价格(包括服务价格)只剩下约15种。①

在生产要素交易方面,中国资本市场化的程度约为40%,劳动力的市场化程度约为65%,房地产的市场化程度约为40%,技术市场化的程度约为70%,要素市场化总体上约为50%。

在企业主体独立性方面,中国企业生产市场化的比重约为55%;企业经营者总体上由组织任命的约占56%,在市场上双向选择的仅占3%左右。"经理市场"基本上没有建立起来。

在金融参数合理化方面,国有商业银行仍居很大比重,国有部门信贷也占较大比重,利率市场化程度不高,汇率机制较为刚性,尚有较大的差距。

在市场法制环境方面,垄断(包括行政性垄断)仍较严重,社会信用基础薄弱,市场秩序混乱、对产权保护不力等现象时有发生。

在政府行为规范化方面,行政力量对市场的分割与封锁依然存在,政府投资(包括以政府信用为背景的各类投资)所占比重较大,政府动用社会资源的冲动及能力较强。

由于市场经济运行是一个系统,市场功能及其绩效取决于整个系统的协同性,因此如果进一步考虑到中国市场经济系统的非平衡性及瓶颈制约,那么综合的市场化程度则会更低。因此,中共十六大提出的中国初步建立了社会主义市

---

① 数据来自中国社会科学院美国所:《美国贸易政策评估报告》。

场经济体制的基本框架这一判断是正确的。

5.2.2 上海市场化进展分析与评估

国内一些学者在研究和比较各地市场化程度的过程中,由于所确定的测量向度不完整以及采用指标的缺陷,往往对上海市场化程度是低估的,而对浙江、广东等地市场化程度是高估的。这里主要分析两点造成其对上海市场化程度低估的原因。

第一,他们更多偏重于所有制结构中非国有部门比重等权数,而忽视市场运行中诸如市场规则、市场秩序等方面的内容。有市场活力,但无序混乱,并不表明市场化程度高;有市场竞争,但处于过度或不正当方式,也不能表明市场化程度高。事实上,市场秩序是市场经济健康运行和发展的必要条件,是市场经济长期发展的结果,同时也是衡量市场化水平高低的重要标志。市场规则作为一种公共产品,体现了市场交易主体在互动关系中形成的行为准则和价值标准。有效的市场规则结构不仅能够为市场主体提供利益激励和自由选择空间,而且能够建立比较有效的利益约束机制,实现和满足整个社会的利益需要。市场规则的稳定性增强了市场主体行为的确定性,减少了交易费用,提高了信息对称性和经济绩效。因此我们认为,市场规则、市场秩序及市场功效等是衡量市场经济发育与成熟度的指标,在衡量市场化程度时应放大其权重。

第二,他们较多强调政府的强弱及其干预程度,而忽视社会需求对政府干预提出的不同要求。现在一种比较流行的观点是,把政府的强弱与市场化程度高低两者之间的关系视为反比关系。事实上,政府行为的规范化不是可以简单地用"强政府"或"弱政府"来显示的。"弱政府"并不等同于政府行为规范,"强政府"也并不等同于政府行为的不规范。政府力量的强与弱,要根据社会需求来衡量。当市场化推进需要政府来组织和实施,以及当市场出现失灵需要政府出面来解决的时候,一个强有力的政府是有效率的,只要其依法办事即可。正如浙江市场化的特殊路径及"温州模式"要求政府有较少参与一样,而上海市场化的特殊路径及模式则要求政府有较多的参与和组织实施,这都并不直接构成对市场化程度的影响。问题在于,政府是否"管了不该管的",或"该管的不管"。

如果按照上面市场化测量的六个向度综合来看,上海市场化程度在国内是较高的,特别在市场规则、市场秩序以及市场功效等方面明显处于领先地位。世界银行在 2003 年 12 月 16 日正式发布的《改善投资环境,提高城市竞争力:中国 23 个城市排名》的研究报告中认为,上海是生产最有效率的城市,也是高附加值活动的中心。从拥有外国合作伙伴的企业比例来衡量,上海的国际一体化程度是很高的。而且,上海相对而言具有最便捷的金融服务。

当然,上海市场化程度也尚未达到相对成熟市场经济的水平,并且在某些方面还落后于兄弟省市。这主要表现在以下几个方面:

(1) 市场化覆盖范围越来越大,但仍有一定的空白和空隙,且国内私人资本参与度较低。这主要是在公共品或准公共品领域,民间部门参与并提供市场供给还不够。一般认为,公共品或准公共品具有非排他性、外部性等属性,要由政府来提供这方面的供给。但现实中的大部分公共品都具有私人品的某些属性,并在一定经济、技术环境下可转化为私人品,因此只要有一些比较好的制度与规则的设计,完全有可能让民间部门参与对公共品或准公共品的市场供给。但上海在这些公共品或准公共品领域中仍存在较多的政府管制和进入障碍,主要依靠国有部门提供这方面产品与服务,其市场化程度较低,发展比较缓慢。据上海统计局对产业关联的统计研究结果,上海文化体育、娱乐业、科学研究事业、教育事业均处在影响力系数和感应度系数"双低"的第四象限,表明其对上海经济增长的影响作用以及带动其他产业发展的能力都较弱。

与此问题相关,是国内私人资本参与度较低,远远落后于其他城市。在上述世界银行的报告中,温州国内私人资本所占产权比例最高,达到 82%,上海在 23 个城市中最低,只有 9%。尽管上海利用外资比例较高,但该报告明确指出,国内私人资本的参与远比外国资本重要,并且意义深远。考察组认为,这是上海存在的严重问题之一,上海在国内私人资本参与这方面应该、并且能够做得更好。报告测算得出,提高私人资本参与度对上海投资环境的影响率达到 28%。

这一问题在企业层面上也得到反映,即上海非公有制企业的发展相对较弱。在中国企业评价协会、国家发改委、国家统计局、国家工商总局和全国工商联联合开展评价的 2933 家成长型非公有制中小企业中,上海只有 109 家,占 3.7%,而浙江(914 家)、江苏(543 家)、广东(213 家)、山东(207 家)、河南(176 家)、四川(125 家)、河北(117 家)均列上海之前。

(2) 市场作用程度不断加深,但存在较严重的非均衡状态。这主要表现为商品、要素交易的市场化程度较高,而服务交易的市场化程度较低;实体经济交易的市场化程度较高,虚拟经济交易的市场化程度较低;原生交易的市场化程度较高,衍生交易的市场化程度低。

由于市场化是一种将"需求约束"看得很充分,把解决这一约束的"发动机"和"控制器"安放在需求者的"机房里"的制度安排,因而从本质上决定了它有消除"短缺"的强大优势,当然也有无限制地向着"过剩"而行的强大惯性。因此在某种程度上,市场作用程度可用市场交易品种的多样性和丰裕度来衡量。传统体制下,几乎所有的产品与服务均为短缺。现在,产品供给越来越丰裕(其品种相对国外还较少),甚至出现局部性过剩。相比之下,服务供给仍嫌不足。这在一定程度上表明,服务市场化程度相较产品市场化程度要低。

(3) 市场结构形态已经建立,各种要件基本具备,形成一定的配套性,但要件之间的联系与协同并不紧密。市场主体结构中的政府、非政府部门、企业、居民等主体都已确立,并有各自的功能定位,但从现实经济生活中可以看到,无论是企业还是个人的行为都还不尽合理,还没有成为规范的市场经济主体。从企业的经济行为来看,无论是公有产权还是私有产权,都存在着不清晰或不甚清晰的问题,还没有按市场经济的要求建立起规范的现代企业制度,生产经营行为短期化、产品缺乏竞争力、资源配置和使用效益不高等现象十分突出。就个人经济行为而言,劳动力难以完全按照市场经济原则公平自由流动;消费者尚未完全以货币所有者身份进入市场;投资者尚不具备独立的资格自由从事多种生产经营活动。因此,政府对非政府部门的关系乃至与企业的关系、非政府部门与企业的关系、企业与居民的关系、政府与居民的关系等并没有真正理顺,主体间的协同性较差。

另外,在市场组织结构中,龙头企业与配套企业的关系,大企业与中、小企业的关系,以及大企业之间的关系也尚未理顺。在市场体系结构中,各类市场之间的协同性也较差,如技术市场、产权交易市场缺少资金市场的支持,有形市场与无形市场之间的关系断裂等等。

(4) 市场对资源的基础性配置作用越来越大,但尚有功能不足或功能欠缺的现象。这主要表现为市场灵活性不够,竞争力度不足。据世界银行的考察结果,上海劳动力市场的灵活性仅得 B- 的等级。该报告认为,劳动力市场的灵活性对投资环境有重大影响,尤其是对生产力,非正式工(或临时工)的百分比与企业效益呈正相关。报告测算出劳动力市场的灵活性对上海投资环境的影响率达到 44％。如果进一步降低市场进出壁垒,其对改善上海投资环境质量的贡献率可达 14％。[①]

5.2.3 结论:进一步提高市场化水平

首先,完善社会主义市场经济体制的题中之义。党的十六届三中全会提出完善社会主义市场经济体制,是审时度势、非常及时的。尽管前 20 年改革开放带来了中国经济的高速增长,但总体上是一种低效率的高增长。而目前能够维持低效率的高增长主要依赖三个条件,即高储蓄率、国有银行的垄断地位、资本项目下的外汇管制。可以预见,这些条件在未来 5—10 年内必然发生变化。因此,完善社会主义市场经济体制是一项十分紧迫的任务。上海经济的持续高增长,虽然相比之下有一定的质量,但也同样存在这方面的问题。而且,目前高增长所依赖的条件变化可能对上海经济产生的影响更大。因此,上海在完善社会主义市场体制过程中仍然要保持领先地位,大力提升市场化水平,为上海经济持续、稳定、健康的发展提供制度保证。

其次,迈向现代化国际大都市目标的必然要求。21 世纪是城市发展和竞争的世纪。城市,特别是国际性城市,在全球化过程中扮演着极其重要的角色,成为控制全球经济、文化、政治的中心,世界经济的消长盛衰也与城市发展密切相关。上海建设现代化国际大都市,其核心就是要培育城市的国际竞争力。这固然要求有高度的开放性,建立广泛的外部性联系,推进国际化程度,但其首要前提是必须具备高度的市场化水平。学者中对此也有争议,有的认为,上海应该把国际化放在首位。如果这仅仅从通过对外开放来带动和促进上海市场化发展的特定角度来理解,是有一定道理的。但从一般意义上讲,市场化是首位的。没有高度的市场化,上海不可能成为国际性城市。另外,国际竞争力的核心,还是市场竞争力。没有高度的市场化,也不可能具备国际竞争力。因此,上海迈向现代化国际大都市目标,应该比其他地区更快、更好地提高市场化水平化。

再则,实现增长方式转变的基本前提。实践科学发展观,实现增长方式转变,是我们目前要加以贯彻落实的重要工作。这要求我们既注重经济的高速增长——经济 GDP,更注重社会的可持续发展——绿色 GDP,以及人的自身健康

[①] 数据来自《上海综合经济》2004 年第 4 期。

和全面发展——人文 GDP,实现三个 GDP 的协调增长。绿色 GDP 的概念,即扣除经济增长导致的灾害、环境污染和资源浪费之后的净产值。人文 GDP 就是为了保障人的全面发展而投入财富的增长指标,包括教育、文化、医疗卫生等方面。西方发达国家把这三者结合起来,已经设计出一种新的衡量社会进步的发展标准,就是 MDP(Measure of Domestic Progress),即国内发展指数。这种新的综合衡量尺度将环境和社会代价计入经济增长,从而可以全面考察人类经济活动带来的正反两方面的影响。

目前有一种观点,把片面追求经济高增长归因于市场化。其实不然。这恰恰是市场化程度还不够高、市场发展尚处在低级阶段的结果。国际经验表明,高度市场化带来的是有效率的高增长,成熟的市场经济更注重环境与社会。例如,除了技术标准、质量标准、安全标准、环境保护标准等外,现在还推出了社会责任标准(MS8000)。因此,进一步推进市场化,提高市场化程度,使市场机制在社会资源的基础性配置中更有效率,是我们实践科学发展观、转变增长方式的基本前提条件。

最后,全面实施科教兴市战略的运作基础。上海实施科教兴市战略是非常具有远见的正确选择。目前已出台了行动纲要,开始全面启动。在此过程中,政府全局性指导与推动,通过大讨论在更大范围内形成共识、政策引导、舆论导向等,都是十分必要的。但其实际运作,不论是科技创新、科技成果转化、人力资本提升、各种类型的创业,还是各种服务平台的构建与运行、产业的支撑、管理调控及环境条件的配合等,都主要是通过市场机制的作用来实现的。如果缺乏有效的市场化运作基础,科教难以振兴,更难以"兴市"。因此,要大力提高市场化水平,为全面实施科教兴市战略提供有效的运作基础。

5.3   提高市场化水平的对策思考

5.3.1   要处理好的问题

第一,市场化的路径依赖:防止"锁定"与避免严重"脱轨"。所谓路径依赖是指制度变迁一旦在自我增强机制下选择了一条路径,它就会沿该路径走下去。上海市场化的路径依赖就是有组织地通过现代要素市场建设的局部性改革,使实物存量变现为发展资金的流量;有了流量的基础,则更容易进一步推进有组织的市场化。目前我们正处于体制转轨、制度变迁的过程中,市场经济体制的框架才初步建立,如何在进一步推进市场化中选择正确的变迁路径,还存在着多种不确定性。在这种情况下,如果选择路径出现差错,同样会在自我增强机制的作用下进入恶性循环。

在进一步推进市场化进程中,如果完全脱离原先的轨迹,简单去照搬浙江模式、广东模式乃至苏南模式,暂且不说根本无法模仿,要学也学不像,即使如此,也会带来市场化进程的中断,造成混乱和较大的摩擦,甚至出现倒退。尽管这种可能性是存在的,值得注意和防止,但更大的问题可能是要防止被"锁定"在原有路径中。因为路径依赖中的自我增强机制的作用,往往会使我们习惯于原有的做法,更难以摆脱在此过程中所获取的既得利益及新的利益格局的束缚。一旦被"锁定"在原有路径中,市场化进程就会停滞不前,甚至进入恶性循环。因此,在进一步推进市场化进程中,要根据经济社会发展的要求,从解放和促进生产力发展的角度出发,适当调整市场化路径。当然,从原先路径的自我增强机制作用中摆脱出来,调整其路径,是要支付相应改革成本的。但为了市场化的健康发展,这是必须支付的成本。上海在国有资产管理体制改革中,对原先由主管局改制而建的控股公司进行新的调整和改革,就是一种市场化路径改善的很好的案例。其他方面的改革,也应如此。

第二,市场化的组织方式:处理好"发散"与"收敛"的关系。进一步推进市场化,意味着打破原有的均衡。因此,要让其有一定的发散性,鼓励各种新的尝试,探索不同的变革模式,并在不断的"试错"中进行调整,直至寻找到一种具有较强适应性的制度安排和组织形式。过去上海在市场化进程中,预先设定的框框较多,限制了活动的可能性空间,从而其发散性不够,导致制度变革的自组织能力较弱。在进一步的市场化推进过程中,要给出较大的活动可能性空间,使其具有较大的发散性。

但如果这种发散性无限制地延续下去,其无序状态将导致混乱,后果是十分严重的。因此,要加以适当的引导,使其趋于收敛。政府可以通过经济、法律、行政等手段,并辅之创造相应的环境条件来加以引导,使市场化的原始状态向嬗变状态发展,从低级形态向高级形态进化。

第三,市场化推进力度:防止不力与过度。尽管中国市场化是一种渐进方式,但这并非意味着凡事慢慢来,而是小步快走。这种小步快走也不是匀速的。该快不快,就是推进不力;该慢不慢,就是推进过度。目前出现的市场化推进不力,已经不再是由于对市场经济的认识水平低下或市场经济意识不强所致,而主要是来自对改革中形成的既得利益予以触动或自我革命方面的障碍。这种推进不力,不仅直接关系对社会主义市场经济体制的进一步完善,延误改革的进程,更主要的是不利于促进社会生产力发展,影响当地经济发展。但更值得注意的是市场化推进过度的倾向。实践证明,推进过度可能导致市场化的逆转。世界上不乏"逆"市场化的例子。如80年代初的智利、90年代末的泰国等,由于开放过度,市场化水平超出了经济发展水平和社会承受能力,造成经济、社会剧烈震荡,给投机带来了机会,导致全国性的经济危机,迫使政府不得不加强管制,市场化出现逆转。

因此,在实践中要把握好市场化推进力度,既要重视市场化的适时推进,也要考察市场化的逆转,把握逆市场化的原因和条件。同时,注意比较不同市场条件、不同发展阶段、不同制度背景下发生逆市场化的情况,有效控制市场化的次序和途径,以及在发生市场化危机的情况下,如何走出困境,避免和防止逆市场化的发生。

第四,市场化增长效应:潜在能量充分释放与形成新的能量积聚能力。市场化作为一种制度变革,是为了解放和促进生产力发展。因此,必须发挥市场化的增长效应,即提高配置效率和生产效率。过去中国的市场化主要是提高配置效率(也就是资源从边际生产率较低的地方转移到较高的地方),使潜在能量得以充分释放,从而促进了经济增长。上海也是如此。例如,通过现代要素市场使实物存量变现与流动起来,产业结构以及城市功能的调整,利用外部资源在全世界的分工体系中配置技术、资本以及市场等。在今后一段时间里,这种配置效率的潜力仍然存在。因此,要通过市场化的制度改进来充分利用这种潜力。

但如果我们只追求市场化提高配置效率的效应,而忽视其提高生产效率的效应,不能有效地形成新的能量积聚能力,其市场化是有缺陷的,并将会导致上海今后难以形成竞争优势,而比较优势则逐步丧失。因此,目前也要注重发挥市场化促进生产效率提高的效应,即在一定的资源配置下,使资源创造出更多的价值。单纯的增加投资是无益于生产效率提高的,因为投资越多,边际收益将越低。因此,要通过市场化塑造出来的激励机制,来促进技术进步与研发,刺激投资教育和投资科技。当然,配置效率和生产效率有时是存在矛盾的,需要注意权衡两者的关系。

第五,市场化的负面影响:正确对待与有效弥补。市场化在促进效率提高的同时,也带来一定的负面效应。进一步市场化必将导致未来分化继续加速,并由此导致社会价值观由一元化走向多元化。在推进市场化进程中,既不能因为其存在负面效应而停滞不前,也不能因为其提高了效率而忽视负面影响。对于经济分化的负面效应,要通过经济杠杆予以调节;对于社会分化的负面效应,要靠举行社会对话和建立社会伙伴关系来解决。

5.3.2 阶段性重点及主要措施

依照国际化的要求来提高上海的市场化水平,重点在于完善市场规则、优化市场环境、构造国际性大市场、拓展与全球经济的市场联系等。针对大都市功能的特点来提高上海的市场化水平,重点在于推进服务领域市场化、事业单位改制、大力破除服务贸易的制度性障碍、强化市场流量等。结合科教兴市战略的实施来提高上海的市场化水平,重点在于激活企业、科研机构等主体的市场活力,完善创新与创业的市场运作平台与环境、构造科教成果市场转化机制,强化对技术要素与人力资本的激励等。根据增长方式转变的内容来提高上海的市场化水平,重点在于调整政府选择、转变政府职能、优化市场选择机制等。

提高上海市场化水平的主要措施,包括以下几方面:

第一,培育与发展各类市场主体,理顺各主体之间的关系,发挥其协同作用。上海国有经济的战略性调整,国有资产管理体制建设,以及国有企业改革,仍然是改革的重点。与此同时,大力发展民营经济(包括本地和外来的),为其打开更多进入领域的大门,打破阻碍其进入的形形色色的"玻璃门",保护和激励其创业的积极性。此外,还要大力培育和发展非政府部门,使其独立于政府真正成为市场中介组织,与政府部门形成相互作用的联系,并行使对企业活动的指导和行业自律的职责。还有,要促进个人经济行为市场化。使劳动力可以按照市场经济原则公平自由流动,消费者完全以货币所有者身份进入市场,投资者具备独立的资格自由从事多种生产经营活动。上海市民作为个人投资者,大多数是兼职投资者,从事非实业性投资,但有较大的规模,其发展潜力也很大。如何适应这一特点,充分利用上海特有的文化底蕴,发挥上海人善于交易的聪明才智,为其提供便利的投资领域及项目,创造各种市场交易方式与工具,引导其投资,是推进市场化中一个重要的问题。

第二,扩展公共品或准公共品领域的市场化。要转变对社会事业投入的固有观念,根据公共物品的属性、范畴和涉及产业的情况进行分类,将资源分配从按计划分配转化为在政府指导下通过市场机制实行分配,从无偿或不计成本供给转化为部分按成本或准成本回收补偿,从完全依赖财政投入、政府包办转化为运用市场机制谋求发展。除了卫生事业中的基本医疗服务、教育事业的义务教育等必须由政府承担责任外,其他都可以探索作为具有广阔市场前景的产业来发展。与此相适应,有关社会事业的行政管理部门必须转变职能,从"办事业"转向"管事业",综合运用经济、法律、行政等手段对经营机构、市场实行全行业管理。选择市场化、产业化发展程度较高,以及市场盈利前景看好的竞争性社会事业行业(项目)开展先行试点,可包括教育领域中的高职教育、成人继续教育、高等教育等,医疗领域中的特需医疗、社区卫生保健、特色门诊等,文化领域中的出版、广播电视等,体育领域中竞技体育场馆及设施运营、赛事运作等。积极探索社会事业投资多元化的多种实现模式,如:国家所有,委托私人经营并承担财务风险;作为非营利机构,私人所有,私人经营;作为营利机构,私人所有,私人经营;国家和私人共同所有。在产权问题上要有所突破。目前对社会事业的投资回报及产权问题都没有明确的法定结论。以办校为例,(1)政府投入的,产权归政府;(2)社会投入属于公益性捐赠性质的,产权归学校,但学校解散时,这部分产权可由教育行政部门用于发展社会公益事业;(3)举办者投入形成的校产,产权属举办者,举办者收回本金的方式根据双方合同而定;(4)增值部分所形成的校产、其中国家允许举办者取得的合理回报部分所形成的校产,其产权归举办者,其余增值部分应归社会所有,用于发展教育事业。

第三,营造良好的市场环境,完善市场功能。就目前改善市场环境而言,关键是制度环境的建设。要逐渐地以法律解决市场争端而不是以政府干预的手段,并使其成为市场的主要潮流。另外,提高市场透明度,实行信息公开,尽量降低信息不对称的程度,为市场选择提供良好的条件。

第四,进一步加大内外开放,引入外部市场化力量。经验表明,上海市场化本质上不是内源主导型的,更大程度上属于外源主导型的。在今后的市场化进程中,仍然如此。因此,要继续加大内外开放,引入外部市场化力量来提高上海市场化水平。上海应该成为一个大市场舞台,吸纳各种生产要素以及组织机构到这一舞台上来"唱戏"。在此过程中,必将带动和促进本地市场化力量,进而深化市场关系,完善市场规则,优化市场功能。

第五,改进经济发展中的政府选择,转变政府职能。同一件事情,是由企业办、民间组织办,还是由政府办,完全是由投入产出规律和经济社会效益最大化规律决定的。如果政府垄断了不应当垄断的大量资源和经济活动,事无巨细的审批就是难以避免的;如果政府力图通过投资和经营直接以利润的形式取得财政收入,政府本身就会成为一个特殊的市场主体,进而成为排斥市场机制的力量。

政府"变身"——转变职能。首先,要承担起实现充分就业、调节收入分配、发展教育保健、保护弱势群体和健全社会保障的责任;其次,要为建立统一开放和竞争有序的现代市场体系提供法律依据,并严格执法,实现保护产权、经济自由、等价交换和公平竞争;再次,根据经济运行的态势,制定和实施必要的、符合客观规律的经济政策,实现经济适度增长、充分就业、经济稳定、收支平衡等目标。

政府"瘦身"——硬化政府权力约束,降低政府对资源分配的控制程度,缩减政府部门规模。

政府"强身"——提高办事效率,具有强大的应急能力,为社会提供强有力的保护。"既要允许优者胜,又要保障劣者存;既要鼓励强者,也要扶持弱者;既要锦上添花,也要雪中送炭",从而使得各个主体都能各得其所,共同发展。

6 收入分配与消费政策[*]

在世界性生产能力过剩和国内生产能力相对过剩的大背景下,扩大内需,特别是刺激消费需求,将成为中国今后相当长一个时期的基本国策。本研究将从分析当前消费需求不足的症结入手,预测"十五"时期上海消费需求及收入分配的变化趋势及特征,着眼于长期性的消费政策与收入分配政策的调整,提出相应的对策思路及政策建议。

6.1 消费需求实证分析

在当前经济相对过剩的情况下,消费需求不足已成为影响中国国民经济运行一个重要变量。上海经济运行也不例外,严重受制于消费需求不足的困扰。从宏观总量来看,消费需求不足是相对于实际供给能力过剩而言的。改革开放以来,随着体制能量的释放,潜在供给能力大大增强,从而也提高了实际供给水平。如果仅仅是由于实际供给水平提高打破了原有供求均衡从而导致消费需求不足,那只是经济周期性问题。然而,从中国的实际情况来看,事情并非如此简单。下面对上海消费需求所作的实证分析将表明,这种消费需求不足是长期以来"低消费、高储蓄、高投资、高增长"发展路径的必然结果,也是经济发展阶段转变和体制转型的特殊产物。

———————————

　* 本章为笔者主持的 2002 年上海市决策咨询重点课题"'十五'时期上海消费政策和收入分配政策研究"的报告。

6.1.1　特征事实

1. 最终消费所占比重及其变化

长期以来,在"高投资、高增长"发展战略主导下,中国最终消费始终处于低水平状态。统计资料表明,50年代中国最终消费占GDP的比重平均为73%,60年代为74%,70年代下降为65%。改革开放以来,在供给能力迅速增大的同时,消费率不仅没有提高,反而趋于下降。1980年中国的消费率为65.9%,到1996年只有58.6%,下降了7.3个百分点。在整个80年代,消费率平均为65%,而1991—1997年间却下降为59.5%。这在国际比较中显得十分低下。且不说美国从1869年至1959年最终消费比重稳定在80%以上,英国从1860年至1958年最终消费比重稳定在80%—90%之间,以及同一时期西方发达国家最终消费比重几乎都在80%以上,中等收入国家的最终消费比重平均达到73%(1995年),即使是低收入国家的最终消费比重平均也达到71%。

上海最终消费占GDP的比重,甚至比全国平均水平还要低。1953—1978年,上海总消费占本市使用的GDP的比重平均为63.7%,低于全国平均水平6个百分点左右。1980年这一比重只有55%(见表6.1),比同期全国平均水平低10.9个百分点。改革开放以来,上海消费率的下降幅度更加厉害。1996年消费率只有39.4%,与1980年相比下降了15.6个百分点,比全国同期下降幅度(7.3个百分点)还多8.3个百分点。

表6.1　上海GDP使用额及其构成

年　份	本市使用的GDP(亿元)		本市使用的GDP构成(%)	
	总消费	总投资	总消费	总投资
1978	59.06	47.96	55.2	44.8
1979	71.34	43.61	62.1	37.9
1980	81.24	66.52	55.0	45.0
1981—1985	556.22	529.57	51.2	48.8
1986—1990	1253.32	1478.27	45.9	54.1
1991—1995	3501.20	4270.94	45.0	55.0
1996	1252.33	1928.35	39.4	60.6
1997	1423.63	2012.76	41.4	58.6

资料来源:《上海统计年鉴》(1998)。

　　另外,通过分析上海使用的 GDP 构成可以发现,"六五"时期上海总消费比重(51.2%)大于总投资比重(48.8%),但在"七五"和"八五"时期,总投资比重分别达到 54.1% 和 55.0%,均大于同期的总消费比重 45.9% 和 45.0%(见表 6.1)。这就说明,上海最终消费格局变化不仅使最终消费占 GDP 的比重大大低于全国平均水平,而且在"七五""八五"甚至"九五"时期消费率已远低于投资率。

　　2. 居民消费占 GDP 比重变化及其特征

　　最终消费(总消费)通常是由居民消费与政府消费(我们称为社会消费)两部分构成的。如果我们进一步考察居民消费占 GDP 的比重,就可以发现上海居民消费比重是极其低下的。1997 年全国居民消费占 GDP 的比重为 47.5%,同期上海居民消费占本市使用的 GDP 的比重只有 33%,低于全国水平 14.5 个百分点。即使从一个较长时期来看,在 1978—1997 年的 20 年间,居民消费占本市使用 GDP 的比重平均为 39.5%,最高年份(1983 年)也只达到 47%,最低年份(1996 年)只有 32%(见表 6.2)。

　　通过国际比较,可以更明显地看到上海居民消费占 GDP 的比重是极其低下

表 6.2　上海居民消费占本市使用 GDP 的比重

年份	本市使用 GDP(亿元)	居民消费(亿元)	居民消费占本市使用 GDP 比重(%)	年份	本市使用 GDP(亿元)	居民消费(亿元)	居民消费占本市使用 GDP 比重(%)
1978	107.02	48.25	45	1988	590.98	211.04	36
1979	114.95	58.80	51	1989	650.30	244.60	38
1980	147.76	66.31	45	1990	638.69	257.16	40
1981	166.41	73.69	44	1991	726.09	311.09	43
1982	183.57	75.02	41	1992	964.20	366.09	38
1983	173.05	81.64	47	1993	1419.82	537.71	38
1984	218.88	94.56	43	1994	2025.50	693.04	34
1985	344.28	124.78	36	1995	2636.53	872.67	33
1986	409.86	145.73	36	1996	3180.68	1008.72	32
1987	441.76	161.09	37	1997	3436.39	1135.24	33

资料来源:《上海统计年鉴》(1998)。

的。1997 年,日本的最终消费在 GDP 中所占比重为 69.6％,其中居民消费需求比重为 59.8％,政府净支出所占比重为 9.8％;美国的最终消费在 GDP 中所占比重为 86.6％,其中居民消费需求所占比重为 68％,政府净支出所占比重为 18.6％。90 年代以来,西欧各国私人消费占 GDP 的比例一般都在 50％以上。例如 1997 年德国私人消费占 GDP 的比重为 59％,法国为 62％,意大利为 63％,英国为 65％,奥地利为 55％,荷兰为 62％,其他国家也在 52％—63％之间。即使在低收入国家,1995 年居民消费占 GDP 的比重平均也达到 59％。

从动态变化角度来分析,上海居民消费占本市使用 GDP 的比重是呈现阶段性连续下降的态势。1978—1985 年间,居民消费占本市使用 GDP 的比重平均为 44％;1986—1990 年间平均为 37.4％;1991—1997 年间平均只有 35.86％。这表明,上海居民消费在宏观层面上是不断趋于萎缩的。

6.1.2 影响变量

1. 居民收入与消费及经济增长的关系

在决定消费的诸多因素中,收入是一个重要变量。根据 1980—1997 年的统计数据,利用对数回归模型分析的结果表明,上海城乡居民人均收入与其人均消费之间存在着较强的因果关联性,总体相关系数分别高达 0.99 以上(见表 6.3)。从人均收入变动与消费结构的关系看,食品、穿着、文化与生活服务,以及城市的

表 6.3 上海城乡居民人均收入与人均消费的相关关系

上海农村居民收入变动与消费支出及其结构之间的关系						
	消费总支出	食品	穿着	生活用品及其他	燃料	住房	文化、生活服务
相关系数 R	0.9948	0.9950	0.9864	0.9809	0.8395	0.9206	0.9932

上海城市居民收入变动与消费支出及其结构之间的关系								
	消费总支出	食品	穿着	家庭用品及服务	医疗保健	交通通信	娱乐、教育文化服务	居住	其他
相关系数 R	0.9994	0.9991	0.9857	0.9292	0.9355	0.9711	0.9806	0.9925	0.9950

资料来源:根据《上海统计年鉴》(1998)有关数据测算。

居住和农村的生活用品及其他的相关系数都在 0.98 以上。另据 1980—1997 年数据测算,上海城市居民人均可支配收入每增加 100 元,消费支出就相应增加 83.32 元(即边际消费倾向为 0.8332),农村居民人均纯收入每增加 100 元,消费支出就相应增加 80.54 元(即边际消费倾向为 0.8054)。这充分表明了居民收入对其消费的重要决定作用。

在消费与收入高度相关的情况下,收入增长缓慢及收入水平低下直接决定了居民消费的规模及水平。从全国来看,改革开放以来,居民收入的增长赶不上生产能力的扩张。1978—1997 年中国人均 GDP 年均实际增长 8.4%,而同期农村居民家庭人均纯收入年均实际增长 8.1%,城镇居民家庭人均可支配收入年均实际增长 6.2%。从更长的时期段来看,还有一个收入增长长期慢于经济增长的累计效应。改革开放以来中国城乡居民收入的增长是在过去 28 年收入缓慢增长或几乎零增长的基础上实现的。1953—1978 年中国人均 GDP 年均实际增长 4.1%,而同期农民人均纯收入年均实际增长 3.3%,城镇家庭人均可支配收入年均实际增长 1.1%。

与全国相比,改革开放以来上海居民的收入增长是相当快的,人均收入水平也较高。但同样也有一个基础问题,即在改革开放之前的相当长时期内居民收入增长极其缓慢,因此从更长时期来看,仍有一个收入增长慢于经济增长的累计效应。更何况,90 年代以来,居民收入增长幅度也出现趋缓态势。上海城市居民家庭年人均可支配收入名义增长幅度 1993 年达到 42.76%,以后逐年下降,1994 年为 37.18%,1995 年为 22.57%,1996 年为 13.18%,1997 年为 9.29%。

2. 居民财富积累与消费的关系

根据生命周期理论,一生消费等于一生收入。为此,影响其消费支出的因素,除了可支配收入及其边际消费倾向外,还有一个实际财富及其边际消费倾向问题。与收入这一流量变量不同,财富则是一个存量变量。然而,传统体制并没有给广大居民个人留下实质性的财富积累。在改革开放之初的 1978 年,上海城乡居民储蓄存款只有 18.18 亿元,人均储蓄存款仅 166 元。而在当时历史条件下,储蓄存款是居民个人财富积累唯一的形式。改革开放后,随着收入的增加,个人财富才开始有所积累。但在整个 80 年代,个人财富积累的存量还是较小的,到 1989 年底上海城乡居民人均储蓄存款也只有 1516 元。90 年代以后,个人财富积累才有较大增加。当然,这一财富积累过程是不平衡的,有些人可能已基本完成财富的"原始积累"。但从总体上看,其积累时间还过于短暂,不足以形成一个较大的存量变量。因此,居民实际财富的边际消费倾向是较低的。

如果从结构上分析,更可以看到体制转轨过程中从财富中产生的边际消费倾向的结构性"空缺"。按照一生消费等于一生收入的观点,一个人年富力强时正忙于财富积累因而从财富中所产生的边际消费倾向比较低,而当一个人越接近寿终,从财富中产生的边际消费倾向就越高。从整个社会来讲,总有一部分人从财富中所产生的边际消费倾向较低(正处于以财富积累为主的过程中),而另一部分人从财富中所产生的边际消费倾向较高(已处于财富消耗之中),所以其动态过程是处于均衡的。然而,在我们体制转轨的特殊阶段,这种从财富中所产生的边际消费倾向处于一种结构性失衡状态。

对于已退休或即将退休人员来讲,由于其就业期正处在平均主义低收入的传统体制下或 80 年代个人财富积累刚起步阶段,目前基本上没有什么个人财富积累,所以不可能有较高的从财富中所产生的边际消费倾向。对于目前在职的40—50 岁这部分人员来讲,虽有一些个人财富积累,但数量不大,今后能挣工资的年数已不多(如果加上提前退休、下岗等因素),而随着平均寿命的延长,这些收入今后花费的年数却不短。我们知道,一个人的劳动收入的消费边际倾向跟他今后能挣得的工资的年数以及这些收入用于今后花费的年数有关,所以这部分人员的劳动收入的消费边际倾向也不会高。对于 20—40 岁这部分人员来讲,相比而言,其收入较高,特别是白领阶层,个人财富积累速度较快,但由于其在生命周期中所处的位置靠前,需要以更大的积蓄为以后退休后消费之用,所以其边际消费倾向也不会太高。

这样从整个宏观面来讲,进入的储蓄将比取出的储蓄为多,从而在经济中出现净储蓄的特殊现象。数据分析表明,1997 年上海居民人均消费性支出为6819.94 元,比 1981 年的 584.58 元增长 10.7 倍,年均递增 16.6%。若扣除同期的物价上涨因素,居民实际消费水平比 1981 年增长 1.4 倍,平均每年实际递增5.6%,比同期的年均实际收入增幅低 0.9%。这一定程度上可以作为一个佐证。

3. 居民收入与消费、储蓄的关系

人们的消费是根据较长时期内的收入作出计划的,持久性收入是个人的一生中的平均收入。在体制变革时期,虽然居民收入有较大增长,但其收入来源不是很规范的。例如目前工资外收入在个人收入中所占的比重较大。职工工资外

收入主要由两部分组成:一是职工从本单位获得的工资外收入,主要有劳保福利
(降温费、休假费、生日费、过节费、污染费、保健费等)、各种奖金(月奖金、季度奖
金、年终奖、节日奖等)、开办第三产业的利润提成、外单位的赞助费、挂靠单位的
管理费、合作单位的各种业务费和手续费提成、本单位的"小金库"(各种五花八
门的灰色收入)等;二是职工从本单位以外获得的工资外收入,主要有从事第二
职业的收入、被赠予的股份、炒股所得、股息收益、存款利息、集资利息、房屋租
金、办事的回扣和提成等。据统计,1990 年上海城市居民非劳动所得的收入中,
人均转移性收入只有 544.08 元,而到了 1995 年则迅速上升至 2028.36 元,
1996 年为 2141.71 元,1997 年为 2268.56 元。当然,工资外收入并不完全等同于
暂时性收入,其中有一部分也是持久性收入,但从总体上讲,工资外收入是相对
不稳定的,具有暂时性。

　　如果我们以三年移动平均收入作为持久收入,将其与当年收入的差额作为
暂时收入,那么从上海来看,经过三年移动平均修匀计算的持久收入,其增长幅
度比较平稳。1985—1988 年进入第一个高增长期;1989—1992 年持久收入增长
比上一个阶段约低 7 个百分点;1993—1995 年持久收入再度高增长。与此相
反,暂时收入的增长此起彼伏,极不稳定。1984 年暂时收入增长高达 224.8%,
1993 年也高达 123.9%,而 1987 年、1989 年和 1990 年则为深度负增长。而且,
暂时收入在总收入中所占比重也比较高,1983 年只占 5.1%,1985 年上升到
20.2%,以后虽有所下降,但到 1993 年又回升到 23.3%,1995 年为 21.7%。

　　改革开放以来,上海城乡居民的持久收入变动比较稳定,且与现期消费支出
的关系也比较密切。统计分析表明,上海城市居民持久收入平均每增长 1 个百
分点引起消费支出平均增长 0.8022 个百分点;其暂时收入平均每增长 1 个百分
点引起消费支出平均增长只有 0.1505 个百分点。上海农村居民的持久收入对
消费的决定作用,还要强于城市。上海居民现期消费的持久收入弹性和持久收
入的边际消费倾向分别明显高于现期消费的暂时收入弹性和暂时收入的边际消
费倾向。而且,利用 1980—1997 年的统计资料进行回归分析的结果表明,上海
城乡居民的持久收入与持久消费(指经常性的、计划中的消费,相对稳定的消
费)之间有高度相关性(两者的相关系数都超过了 0.995)。城市和农村持久消费
的持久收入弹性分别为 0.9573% 和 0.9787%,持久消费边际倾向分别为
0.8051和0.7676。因此,上海居民即期消费支出主要取决于现期收入中的持久

收入部分,而与其现期收入中的暂时收入部分关系不大。

根据持久收入理论假设,短期边际消费倾向总是小于长期平均边际消费倾向。其原因是,当前收入增加时,个人对它能否保持一段较长时期是没有把握的,不可据此来制定消费计划,把消费开支调整到较高水平。只有当收入增加是永久时,才可能去适当调整消费计划,把消费开支调整到较高水平。因此,这部分暂时性收入将更多用于储蓄,而不是用于消费。

实证分析也表明,这部分暂时收入正是居民储蓄的主要来源之一,收入的意外增加或减少导致储蓄的增加或减少。从总体上看,净储蓄额(即名义收入减去实际支出,或等于期末期初手存现金差额加上储蓄借贷支收差额)平均占暂时收入的 40%。而且,净储蓄额占暂时收入比重的变动与暂时收入变动有一定的相关性。

可见,任何一年收入变化都不会给予消费计划一个大的加权值,由于加权值相对较小,所以使当前收入的边际消费倾向也相对较小。如果一个人的收入过去非常稳定,对当前收入变化会给予较大的加权值,因而根据当前收入的边际消费倾向将相对较大。因此,上海居民收入中暂时收入部分较大,且变动极不稳定,使收入水平与需求结构变动的函数关系发生变异,居民偏重于储蓄增加,影响消费需求的提升。

4. 收入预期与消费倾向关系

人们的消费需求受制于两个因素,一是购买能力,由真实的经济状况决定;二是购买意愿,较大程度地受到对未来经济状况预期的影响。预期是影响消费的独立的因素。消费者关于各种变动的预期——经济的、社会的、政治的——都对任何时期的实际消费支出有影响。统计分析表明,1995 年之前,上海城乡居民的持久收入曲线与现期消费曲线处于交织状态;但 1995 年以来,上海城乡居民的持久收入曲线一直在其现期消费曲线之上,并且有两者差距逐渐加大的趋势。这说明消费的内在动力机制已发生变化,其中一个重要因素就是未来经济状况预期不佳影响了当期购买意愿。

与传统计划经济相比,个人未来收入在市场经济中的不确定程度大大加深。这不仅表现在个人身体健康状况、雇主满意度和企业经营情况等诸多影响个人未来收入的因素都是不确定的,而且经济波动以及利率、汇率、失业率和通货膨胀率的变化等经济系统中的风险也会增大对个人未来收入的影响。根据预防性储蓄的假设,劳动收入的变化与未来劳动收入的风险正相关,所以当期劳动收入的变化意味着未来风险的增加,未来的风险越大,预期未来消费的边际效用越大,因此越能吸引消费者进行更多的预防性储蓄,把更多的财富转移到未来进行消费,从而导致即期消费的"过度平滑性"。

未来收入的不确定,是居民进行预防性储蓄的主要原因。1990年上海城乡居民储蓄存款净增额是457万元,1996年达6187万元,当年城乡居民储蓄余额达1868.58亿元。1997年与1981年相比,居民人均储蓄存款年均递增18.1%,人均储蓄性保险支出年均递增69%,人均购买有价证券年均递增38.4%,三者均超过同期居民支出的增幅。

5. 消费环境条件与消费需求的关系

消费者能否利用消费信贷进行负债消费被称为流动性约束,流动性约束可用消费信贷比例来衡量。当家庭的财富积累尚未达到相应程度,或家庭收入暂时下降时,如果要将其消费提升到一个新水平,或维持在一个稳定水平,那么就要实行提前消费。这个前提条件就是能够容易地借到钱。与不受流动性约束相比,流动性约束下的消费较低。因为面临流动性约束的消费者只能消费当期的财富。而且,消费者一旦预期到未来可能面临流动性约束,消费者就会增加储蓄,当期消费就会下降。

特别是进入以耐用消费品为主的消费阶段,流动性约束对当期消费的影响更大。因为耐用品与非耐用品之间有着极为重要的一种区别。耐用品的购买尽管是一种消费决策,却更多地具有投资决策的特点。购买耐用品的决策要受到构成任何投资决策一部分的那些因素的影响,如利率影响、未来收入的不确定性,其中也包括消费信贷获得的难易性。推迟购买耐用品的成本通常是相当低的,因为它不影响人们的基本生活,而其收益却可能相当显著。因此,当消费信贷获得较难时,居民往往是采取简单地推迟耐用品购买的策略。

一个合理的推论就是,当一个国家的消费者面临较强的流动性约束时,这个国家的储蓄率较高;反之亦然。也就是,储蓄率与消费信贷比例负相关。在中国虽然各类消费信贷开始起步,城镇居民面临的流动性约束得到了一定程度的放松,但仍然存在消费信贷范围小、品种少、金额有限、手段烦琐等问题。对于财富积累较少的居民来说,流动性约束依然影响他们的消费行为。

另外从分析的角度讲,时间越短,收入水平以外的因素在消费支出水平上的影响就越明显。在体制转换过程中,那种制度性消费障碍或消费陷阱还是比较严重的。对于消费者来讲,十万元级的耐用品购买,相当于投资决策。而在这一决策中却面临许多障碍:(1)信息不对称,不知道其价格的准确信息,特别是在价格较混乱的情况下,而搜寻信息花费的时间方面的成本较大。物价掺水,主要有两种情况:一是商品与劳务价格中包含过多水分,形成泡沫价格与商业暴利;二是许多商品与劳务价格中包含了许多不合理费用。还有就是价格"陷阱",如打折、有奖销售、优惠券等。(2)品质、质量,特别是住房消费,包括购买房屋的品质和装饰质量等常常有陷阱。(3)长期使用便利性等方面无法得到保障。这些都对消费者购买行为产生重大影响。

6.2　收入分配及消费需求变化趋势及特征

根据 90 年代以来上海的经济发展态势以及整个国家经济发展的形势,上海在"十五"时期的居民收入分配及消费需求都将发生重大变化,呈现出一系列变化特征和演变趋势。

6.2.1　收入提高与消费需求上新台阶

从上海人均 GDP 水平来看,1990 年超过 1000 美元,1997 年突破 3000 美元。如果保守地计算,GDP 年均增长率取 10%,那么,上海人均 GDP 水平,在"九五"时期将迈上 4000 美元的台阶,在"十五"时期将勇攀 6000 美元,达到6600 美元左右。在此背景下,居民收入将随之大幅度提高。

另外,在"十五"时期还有两股力量将有力地推动居民收入增长。一是随着农村城市化进程的推进,上海农民的收入将有大幅度提高。1990、1995、1996 和 1997 年,上海农村居民平均每人年总收入分别为 1989.73 元、4860.55元、5506.00 元和 5932.65 元。从 1990 年到 1997 年,人均年总收入提高到了2.98 倍,其收入增长速度几乎赶上了同期上海市居民的平均收入的增长速度。而到 21 世纪初,上海的农村城市化水平将接近世界中上水平,这将大大推动农村剩余劳动力的转移并扩大就业机会,从而使农村居民的收入水平继续攀升。二是上海第三产业将进一步得到大力发展,教育、体育、医疗等社会事业将实现产业化,从而将增加人们的就业机会,提高居民收入水平。

　　从 90 年代上海居民收入水平提高的速率来看,1997 年平均每人年实际收入水平是 1990 年的 3.86 倍,1997 年平均每人年可支配收入是 1990 年的 4.12倍。如果居民可支配收入年均增长率取 6%,那么到 2000 年,上海居民可支配收入将达到 10000 元,2005 年将接近 13500 元。上海居民消费性支出,2000 年将达到 7850 元,2005 年将达到 10300 元。

　　还有,随着居民个人收入的增加,以及各种投资渠道的拓展,居民的金融意识在增强,在将部分余钱存入银行的同时,购买股票、国库券、债券日益增多,个人投资行为开始强化。目前上海个人金融资产估计在 3000 亿元左右。个人金融资产已由主要集中在银行存款,转向证券、房地产、私营企业、邮币卡及其他收藏品等多种投资领域。由此,居民收入的结构由单一转为多层次,收入的来源呈现多元化、多渠道的格局,财产性收入的增加成为居民新的收入增长点。1997 年居民人均财产收入为 68.72 元,比 1988 年增长 4.6 倍,年均递增 21%,超过可支配收入增幅 1.7 个百分点。在“十五”时期,上海居民个人投资的规模还将继续扩大,并有一个新的发展与飞跃。因此,上海居民个人财富受资本收益的影响明显增大。而在“十五”时期,中国经济发展将逐步从低谷中走出来,可获利的投资项目日益增多,股票市场、房地产市场将从复苏走向繁荣。如果人们手中的股票或不动产升值,那么人们就会变得“富裕”,个人财富迅速积累,变得“富裕”的人们将会提高他们的消费水平。

6.2.2　收入分配趋于合理化与中上收入阶层壮大

　　在体制改革过程中,特别是 1990—1997 年,上海城市居民家庭人均收入的差距总体上是逐渐扩大的,并于 1995 年达到最大值。按实际收入计算,最高收入是最低收入的 3.95 倍;按可支配收入计算,最高收入是最低收入的 4.27 倍(见表 6.4)。

　　在“十五”时期,随着所有制结构调整,民营经济(特别是高科技民营企业)的大力发展,收入差距将会有更大程度的扩大,尤其是初次分配的收入差距将会大幅度上升,然后通过再次分配使收入差距相对缩小。这将有利于刺激人们的生产积极性、创造性,提高生产效率,从而使收入分配更加合理化。在国民收入初次分配中,市场经济国家常常收入差距很大。例如,美国的初次分配中,收入差

表 6.4 　上海城市居民家庭年人均全部收入和可支配收入　　　　　（元）

指　　　标	1990	1991	1992	1993	1994	1995	1996	1997
平均每人年实际收入	2198	2503	3027	4297	5890	7196	8191	8475
最低收入	1404	1536	1785	2334	2986	3507	4027	4097
最高收入	3468	4186	5044	7567	11630	13838	15725	16042
最高收入/最低收入	2.47	2.73	2.83	3.24	3.89	3.95	3.90	3.92
平均每人年可支配收入	2050	2334	2842	4057	5566	6822	7721	8439
最低收入户	1278	1389	1621	2158	2789	3080	3785	4080
最高收入户	3242	3910	4593	7140	11061	13162	14953	15916
最高收入户/最低收入户	2.54	2.81	2.83	3.31	3.97	4.27	3.95	3.90

资料来源:《上海统计年鉴》(1998)。

距高达 80 倍之多,而再分配后其收入差距则大大缩小。

另外,在"十五"时期,上海居民收入分布曲线将发生变化,中等偏上收入户所占比重将明显增大。据家计调查,目前上海绝大部分家庭已进入年收入 5000—10000 元以下的温饱型和 10000—30000 元以下的小康型行列,分别达 34％和 55％;年收入 30000—100000 元以下的户数占 6％;年收入 100000 元以上的占 1％。在"十五"时期,随着上海第三产业,特别是知识密集型服务业的发展,跨国公司和国内大企业集团的大量进入,以及民营高科技企业的发展,"白领"人员的规模将迅速扩大,中等偏上收入户的比重将增加,预计可达到 18％—20％。届时与此收入水平相适应的消费需求类型构成将呈现:第一类解决"生存问题"的消费需求(户数)所占比重大幅度下降,从目前的 38％下降到 27％左右;第二类小康型需求(户数)的占比从目前的 55％平稳下降至 50％左右;第三类富裕型需求(户数)从目前的 7％上升至 23％左右。

6.2.3　消费结构升级与恩格尔系数下降

最近几年,随着上海居民人均收入快速增长,居民消费需求结构也在变化和升级。1997 年与 1990 年相比,上海城市居民的消费结构表现出以下特征:食品在消费性支出中所占的比重(即恩格尔系数)稳中有降,从 56.5％下降至 51.5％;医疗保健、交通通信和居住所占比重都有较大幅度的提高,分别从 0.6％、2.6％和 4.6％提高到 2.9％、5.6％和 7.9％;娱乐、教育文化所占比重则比较稳定(见表 6.5)。这说明随着收入水平的提高,上海居民越来越注重生活质量的提高,在

表 6.5　上海城市居民人均收入及消费结构

年份	城市居民可支配收入（元）	城市居民消费性支出（元）	其　中							
			食品	衣着	家庭设备用品服务	医疗保健	交通通信	娱乐教育文化	居住	杂项
1990	2182	1936	1094 (56.5)	211 (10.9)	178 (9.2)	11 (0.6)	51 (2.6)	231 (11.9)	90 (4.6)	70 (3.5)
1995	7172	5868	3120 (53.2)	561 (9.6)	673 (11.5)	113 (1.9)	301 (5.1)	466 (7.9)	365 (6.2)	269 (4.6)
1996	8159	6763	3416 (50.5)	590 (8.7)	637 (9.4)	148 (2.2)	468 (6.9)	779 (11.5)	393 (5.8)	333 (4.9)
1997	8439	6820	3510 (51.5)	552 (8.1)	590 (8.7)	197 (2.9)	379 (5.6)	784 (11.5)	540 (7.9)	268 (3.9)

注：括号内数字为各项消费占总消费性支出的百分比。
资料来源：《上海统计年鉴》(1998)。

满足基本生理需求之后，人们又转而追求安全需要、社会需要、尊重需要等更高级层次的需求。

　　根据 90 年代上海居民消费需求结构变动趋势，以及今后居民收入大幅度提高和个人财富积累加剧的基本态势，在"十五"时期，上海居民消费需求结构将发生"革命性"的变化。

　　首先，恩格尔系数将出现快速下调势头。根据"恩格尔定律"：随着家庭收入的增加，收入中用于购买食物的支出比例将越来越小。世界上许多国家在人均 GDP 超过 3000 美元后，恩格尔系数都进入快速下调期。因此，可以预见在"十五"时期上海居民的恩格尔系数将快速下降，估计在 2005 年降至 30％以下。

　　其次，住宅消费支出将快速增加。尽管住宅消费属于低级的生理需求，但长期以来上海住宅一直比较紧张，到 1998 年人均居住面积才达到 9.7 平方米。因此，可以预计"十五"时期，上海住宅消费将急剧增加，住宅消费支出占总支出的比例，将从 1997 年的 7.9％提高到 2005 年的 25％。住宅市场的大力发展，将带动相关产业的发展，建材、装饰、装潢、家具等居住支出将大为增加。目前，上海居民的居住性市场已具有相当规模。随着人们收入水平的大幅度提高，预计"十五"时期人们的居住性支出将占相当的比例。

　　再则，交通通信、家用电器、家用电脑等消费支出将平稳上升。由于人均收入已达到中等发达国家水平,人们将更加追求生活质量的提高,追求高水平的生活标准,就需要现代化的通信设备和高档耐用消费品。

最后,娱乐、教育、文化支出将与收入水平同步增长。收入增加将使人们更有时间和条件享受和旅游,这将增加人们的娱乐支出。不同教育水平居民的收入差距,使人们认识到在教育、文化方面投资的重要性。

6.2.4　高层次消费潜力巨大与新型消费涌现

据 1980—1997 年上海城乡居民边际消费倾向及其构成的研究,可以推论出上海居民新的较高层次的消费需求潜力相当巨大。城市居民消费收入弹性大于 1 的消费支出有:医疗保健、交通与通信、娱乐、教育、文化服务、居住和其他。农村居民消费收入弹性大于 1 的消费支出有:生活用品及其他、文化、生活服务支出。因此在"十五"时期,上海居民的消费水平将持续稳步提高,消费层次的特点更加明显,消费方式将由单纯物质型转向增加服务消费比重,消费质量将由数量和质量并重转向以提高质量为主。

在"十五"时期,随着消费观念和消费心理的较大更新,新的消费内容和方式将被逐步接受,知识消费、生态消费、保健消费将成为上海居民消费需求的重要内容。(1)知识消费包括信息消费、学习消费(教育消费)、文化消费、科技消费。知识经济的出现,将提供大量知识产品满足人们的知识消费需求。(2)生态消费是指消费的内容和方式符合生态系统的要求,有利于环境保护,有助于消费者健康,能实现经济的可持续发展,其中包括:没有污染、对人体无害的生态食品,不会直接或间接造成污染的生态用品,成为生活质量的重要内涵的生态环境,以及从符合生态标准的服务和活动中得到的生态享受,如旅游、森林观园、观光农业等。(3)保健消费。随着收入增加和人口老龄化,保健消费将成时尚,其中包括心理保健、疾病防治和环境安全等内容。

6.2.5　消费个性化与公共化并举

随着居民收入水平提高,以及知识经济兴起和国民经济信息化趋势,"十五"时期以至更长时间,作为消费基本单位的家庭会出现许多新的变化。首先是家庭的功能会发生重大变化,主要是家庭的经济功能的变化。人们的各种经济行为将有回归家庭的趋势,如家庭办公、生产小型化等。随着这一过程的变化,家庭消费在社会经济中的作用也会更为强化。其次,家庭消费的文明水平会更高。家庭的目标不是利润最大化,而是幸福最大化,包括物质、精神等方面。最后,家庭消费结构在 21 世纪将出现重新改组。由于人力资本对经济增长的作用越来越大,未来的家庭必将以事业与享乐并重为主流。

家庭消费的新变化,除了带来明显的消费个性化外,同时也对消费公共化提出了更高的要求,如家庭劳务社会化、家庭服务社区化、家庭教育产业化等。因此,在"十五"时期,上海居民消费方式将是消费个性化与消费公共化并举。

6.3　若干政策建议

从上面的分析中可以看到,解决消费需求不足问题,不单纯是一个总量问题,也不是一个短期性的问题,而是伴随经济发展战略根本性调整和体制改革转型才能根本加以解决的。因此,在"十五"时期,要从根本上调整发展战略,由过去政府主导的投资推动转变为由政府引导的消费拉动与投资推动,把最终消费(特别是居民消费)作为经济增长的重要支撑,清除一切抑制消费需求的政策措施,提高最终消费在 GDP 中的比重。在这一前提下,制定和实施正确、合理的消费政策和收入分配政策。

消费政策是为实现经济社会发展战略目标,而制定和实施的社会消费的行为准则和具体方针。与此密切相关的收入分配政策,涉及收入初次分配和收入再分配两个过程,旨在对生产要素及其所得收入之间的关系进行调节,以及对收入在不同社会集团间的分配结果进行调节。虽然这两大政策手段都可以分别直接用以实施其政策目标,但我们这里是从消费需求角度来考虑这两大政策手段的,所以更强调两者的关联性和统一性,即刺激消费需求以带动上海经济增长的良性循环。根据对上海消费需求及收入分配现状的实证分析,以及对其在"十五"时期的发展趋势的初步预测,我们对"十五"时期上海消费政策和收入分配政策提出以下若干建议。

6.3.1　构筑收入新高地

在"十五"时期,上海要把提高居民收入水平当作一项战略措施来加以实施,构筑与产业新高地相配套的"收入高地"。上海形成"收入高地",不仅有利于吸引国内外各类人才来沪集聚,成为人才高地的有力支撑,而且也有助于推动知识创新和技术创新,成为知识技术高地的强大动力。因为当劳动成本较低时,人们将热衷于使用劳动,而不是热衷于使用技术。在劳动力无限供给的情况下,如果不对劳动力市场进行干预,劳动的成本将维持在很低的水平上,企业将非常愿意使用劳动而失去对使用技术的兴趣。

(1)"十五"时期,上海居民收入增长速度要高于同期经济增长速度,实际年均增长幅度保持在9%左右。(2)通过政策措施,抬高上海最低收入水平的台阶。增加用于救济下岗职工和困难职工的财政预算,提高低收入居民和困难职工的收入。在完善最低工资和城镇贫困线制度的基础上,逐步提高最低工资、城镇贫困线标准。(3)通过城市化及农业现代化,提高郊区农民的收入水平。(4)每年按一定比例提高退休职工收入。(5)鼓励民间投资,开拓各种投资渠道,增加居民资本收益。(6)建立职工平均工资、居民消费价格指数联动变化的机制。

6.3.2 提高居民持久性收入

总体而言,在不考虑劳动生产率的前提下,只有当总收入的增量主要是由持久收入部分增加所致时,才有引致消费需求扩张的可能;而当总收入的增量主要是由暂时收入部分的增加所致时,引致消费需求上升的可能性很小。由此可以推论,若从收入影响的角度来提高居民的消费水平,必须把提高收入的重点放在持久收入部分。同时,只要持久收入的平稳增长能得到一定保证,人们就可能或愿意超前消费(即信贷消费),从而形成消费者行为的前瞻效应。这样,也会刺激并推动供给结构的调整和改善。在实际操作中,提高居民持久收入必须与规范居民收入、实行货币化工资制度结合起来。

(1)从深化分配体制改革入手,重新设计和调整工资结构,住房等各种实物收入统一纳入货币化工资。在城镇住房制度改革中,要明确住房货币补贴性质,实行住房工资和住房支出明补明收、先予后取政策。通过住房工资分配货币化使实物分房时吃亏的居民得到货币补偿,提高他们住房消费信贷的还贷能力。(2)提高城镇居民工资性收入比重,减少工资外收入比重,尽可能把相对规范的工资外收入(如相对固定的各种补贴、津贴、奖金等)分配纳入工资收入中去,使其成为持久收入。(3)规范居民收入渠道,理顺按要素分配的收入,鼓励居民勤劳合法致富,使各种"灰色收入"在依法纳税的前提下公开化和明晰化。

6.3.3 完善收入分配结构

目前人们对通过收入分配政策来刺激消费需求往往有一种误解,即认为目前收入不平等程度的扩大,在一定程度上降低了整体的消费倾向,因而要通过收入分配政策来缩小收入不平等程度以提高消费水平。这种所谓收入差距扩大所造成的消费需求断层是不完全符合实际的。有关资料显示,1996—1997 年,中国最低收入户、低收入户、中等偏下户、中等偏上户、高收入户和最高收入户的消费支出增长率分别为 0.25%、2.83%、4.96%、6.50%、7.59%、9.71% 和12.76%。可以看到,随着收入阶梯的爬高,消费支出增长率呈递增态势,不仅消费支出的绝对数额会增加,消费支出的边际增长率也会增加。

这不仅因为目前中国总体收入水平尚比较低下,不像发达国家那样一旦收入差距拉大会在一定程度上降低整体的消费倾向。而且事实上,消费具有模仿式竞赛的性质。按照相对收入理论,一个家庭的收入用于消费的部分依赖于其相对于邻居的家庭或其他同等的家庭的收入水平。如果一个家庭的收入提高是与其他同等家庭的收入以相同的比率提高,而且它在收入等级上的相对地位保持不变,它的收入在消费和储蓄之间的划分也将保留不变。家庭的绝对收入提高,从而其绝对消费和绝对储蓄也增加,但边际消费倾向不变。如果一个家庭的收入保持不变而其他家庭的收入提高,这个家庭在相对地位上的变化将导致其收入用于消费的部分上升。因此,居民收入的增加若伴随着使收入趋于更为均等的重新分配,则所有的家庭消费边际倾向将趋于减小。因为收入等级的每一水平上的家庭所受"赶上别人"的压力,会因更为均等的重新分配而发生的收入差别的减少而减轻。其政策含义,就是不能使收入分配趋于均等,而要适当拉开差距。

特别对于上海来讲,收入分配政策除了相应提高最低收入线水平外,更要旨在促进一定规模的具有稳定性中高收入的群体的形成。这部分以较高人力资本投资为基础的智力密集型的群体,在知识资本化和产业化过程中形成的高收入,应该是加以鼓励的。长期以来中国智力投资的回报率过低,这限制了人们的工作积极性,降低了劳动生产率,不利于产业结构的高级化发展。从长远来看,这将直接影响整个国家的民族素质,削弱国民经济发展的后劲。如果没有这样一个高收入群体的出现,上海就无法成为中国知识经济发展的前沿。而且这一高收入群体的出现,也将有利于上海消费水平的提高和消费需求的扩大。因为他们的消费方式是对中低收入阶层的示范,从而拉动整个社会的边际消费倾向上升,保持国民经济具有持续、稳定的增长活力。

(1)建立企业家或经营者激励机制,根据其经营业绩等考核指标,通过奖金、红股、期权等方式给予应有的报酬,大幅度提高其收入水平。(2)提高公务员的工资收入和教师、科研人员的收入,使其在整个社会中保持较高的收入水准。(3)鼓励科技人员智力投资,以科研成果折股、入股获取资本收益,对重大突破性的科研成果进行重奖。(4)提高咨询、中介服务等高智劳务收入,提高课题劳务费和稿费收入,逐步使之与国际接轨。

6.3.4　完善社会保障制度

完善的社会保障制度可以提高居民发生意外时的收入,降低居民面临的收入风险,从而起到降低预防性储蓄、有效提高居民(特别是低收入居民)的消费水平的作用。

(1)通过财政的大力扶持(发行国债或增加税收)来筹建社会保障制度所需的资金,加快完成统一规范的社会保障制度。(2)通过个人账户与社会统筹相结合的社会保障资金管理办法使居民更好地解除住房、医疗、养老、失业救济等的后顾之忧。对目前因建立个人账户而略为增加的个人支出要尽快制度化。(3)把社会保障立法摆在法制建设的优先位置。要抓紧制定出台社会保险法,尽快形成以社会保险法为"龙头",包括社会保险基金征缴和管理,养老、医疗、失业、生育、工伤等法规和规章在内的社会保障法律框架。(4)开征社会保障税。这是世界各国的通行做法。一方面有利于解决目前保险覆盖面窄、保费过低、管理混乱等问题,为建立一个强有力、规范化的社会保障制度奠定物质基础;另一方面也能在经济发展中起到"安全阀"和"减震器"作用,从根本上解决企业办社会问题。(5)在保障金的使用上,除了发放失业救济医疗保险金外,可以利用这部分保险金额开展基础设施建设,扩大公共开支,实施以工代赈工程,创造新的就业岗位。

6.3.5 推动信用型消费

根据西方发达国家的经验,当居民消费进入结构升级阶段时,居民的"积累型消费"模式将逐渐转变为"信用型消费"模式。建立健全消费信贷制度可以放宽流动性约束,提高当期消费水平。因此,发展个人消费信贷是一项重要的消费政策。

(1)开展消费信贷的关键是尽快建立个人资信评估体系和担保抵押制度。为此,要建立健全有关法规,对信贷要有法律约束力;建立个人收入和储蓄账户,为发展消费信贷提供支持。公安、土地管理、公证等部门要根据担保法等有关法律规定,制定相应措施搞好住房、汽车等物品的抵押登记。(2)把消费信贷与社会保险业有机结合起来,即让银行与保险机构、厂商建立直接关系,而由保险机构面对居民个人。这样,既可以消除银行的顾虑,也可促进保险业的发展。金融机构要根据不同消费者的具体情况提供不同方式的消费信贷,也就是,在贷款数额、贷款期限、贷款利率、偿还本息、抵押与担保等方面有多种可供消费者选择的办法。保险公司要根据不同的消费群体,设计推行与消费信贷相适应的信用保险品种,保证消费信贷顺利开展。(3)增加品种。除了发展个人住房、汽车消费信贷外,还要进一步发展一些新品种的消费贷款,如车房组合贷款、住房装修贷款、改售房批发贷款、教育助学贷款、旅游贷款等。(4)服务简便周到。银行、商家、生产企业及保险公司相互协作,共同推出有利于消费者购买的、手续简洁的"一揽子"信贷消费措施。银行要向社会公布贷款详细办法,在接到消费者手续齐全的申请后,经过审查核实,按消费者时间要求将款项划转卖方,要求提现的,通知提款。审查核实中,还应向消费者提供卖方的情况及销售品的质量信息,以免消费者上当受骗,造成贷款收不回的后果。(5)制定配套激励措施。通过各种专业信贷机构,用降低利率和放宽信贷条件来鼓励消费者利用消费信贷。特别是放宽住宅信贷条件鼓励居民的住房消费,对使用消费信贷的居民给予适当的利率优惠或贴息,以及减免个人所得税等。(6)除了抵押贷款外,非抵押分期付款信贷、循环信贷和信用卡信贷也都可以成为今后消费信贷的发展方向。

6.3.6 发展新型消费

在"十五"时期,上海在发展新型消费,促进消费方式多元化方面有很大的发展空间,要采取切实措施在全国率先形成新型消费模式。

(1)通过调整产品结构和生产新产品来刺激人们对高档耐用消费品的消费。消费热点是永远存在的,只是未被大多数企业转化为现实的市场繁荣。据统计,目前美国市场消费的产品超过 40 万种,而中国只有 10 万种,产品创新的空间很大。因此,要推进企业产品创新,特别是提高高科技产品创新的意识和创新能力。(2)通过大力发展第三产业,拓展新的消费领域,刺激居民增加服务消费等。"十五"时期,上海要在发展休闲消费、文化消费、教育消费、生态消费、保健消费等新型服务消费方面迈出新步子,开创新型的消费模式,以扩大消费规模和提高消费品位与质量。(3)大力进口物美价廉的消费品刺激居民消费。进口消费品,特别是那些在国内尚欠缺的消费品,能给居民带来某种新的消费意识和购买动机,成为特定消费行为的先导。(4)扩大消费租赁业务,刺激居民消费。耐用消费品租赁市场亟待增加服务种类,完善服务功能,合理确定租金和租期条款。在优先发展方便生产、生活的实物性租赁,如住房、汽车、家电、生产设备及办公用品等的同时,积极探索融资性租赁。(5)大力发展"二手货"交易,形成规范的市场交易网络。"二手货"交易不仅具有调剂余缺和开发利用闲置商品资源的功能,而且有助于推动居民更新家电、家具等耐用消费品,从而能够创造新的消费需求。这一交易市场在上海有很大的发展潜力。

6.3.7　改善消费环境条件

消费不仅是一种活动,也是社会经济生活的一个领域。消费领域的活动很多,除了消费活动,还有大量的为实现消费活动创造条件和为消费活动服务的其他活动。消费力是人们取得和使用消费品的能力,由下列因素构成:一是货币资源(消费者的货币收入中用于生活消费支出的那一部分);二是消费资料,指可供直接用于消费的商品和劳务,并可随时从市场购买到用于生活消费;三是精神资源,指消费者脑力的运用;四是体力资源,指消费者在购买、消费时的体力消耗;五是时间资源,包括耗费在购买、准备消费品和享用消费品中的时间支出。因此,消费政策也包括改善消费环境条件,提供消费便利等内容。

(1)用税制改革来刺激居民消费,主要是减轻税收负担。减税的内容主要是退税、减免补助、提高起征点等。(2)用缩短劳动时间、增加闲暇时间的办法来推动居民消费。(3)通过健全法制、规范市场,以及加强各种新闻媒体的监督,切实加强消费者权益的保护。(4)推进消费的服务社会化,建立消费的配套服务体系。(5)以加快城镇化建设为契机,努力改善农村的消费环境,使潜在的农村市场变为现实的消费市场。

6.3.8 发挥政府消费示范效应

在扩大内需过程中,政府消费也是一个重要方面。它不仅是构成总消费的一个重要组成部分,而且还能起到巨大的示范效应。因此,在"十五"时期政府消费要有相应措施。

(1)增加政府对商品和劳务的采购,以增加社会总消费需求量。(2)增加政府对个人的转移支付。包括社会保险支付、医疗保险支付、退役金和服役补偿、失业补偿(以上属于社会保险计划),以及福利、食品券、住房和医疗补贴(以上属于低收入补助计划)。(3)根据上海老龄化的特点,可推行老年人保健福利工程,开辟家庭服务新领域;建立在家护理中心;开发和培养社会福利人才,如培训直接护理人员、生活指导员、家庭服务员等。日本1990年度着手"推进老年人保健福利十年战略"的做法值得借鉴。其具体目标是:第一,使家庭服务人数增至10万人;第二,在全国市町村普及在家护理中心,发展短期陪住(因家人不能照料生活不能自理的老人时,暂由福利部门帮助照料)事业等;第三,开发和培养社会福利人才,如东京都培训直接护理人员5万人、生活指导员1万人、家庭服务员约3万人,市内成立社会福利人才开发财团,并设置培训机构,从事讲座等活动。(4)在公共投资的分配上,扩大生活、文化设施的投资比率,增加政府对教育的投资。政府的公共投资要从"生产优先"型向"重视生活"型转换,大幅度提高生活、文化设施投资占投资总额的比率。日本现在公共投资中生活、文化设施投资所占比重已达60%。(5)增加政府用于环境保护方面的费用。

7 二、三产业融合发展 *

随着上海经济发展进入一个新阶段,产业发展也处于阶段转换的过渡期。在这一过程中,要对产业发展战略进行重新定位,并对产业发展方针进行相应调整,以增强产业综合竞争力。

7.1 产业发展阶段及背景条件

7.1.1 处于产业发展变动的关键时点

我们知道,人均 GDP 水平与产业结构变化有一定的相关性。在不同经济发展水平上,产业发展会表现出特定的变化。但值得注意的是,人均 GDP 水平提高与产业结构变化并不是在任何时候(阶段)都呈现出同步对称性。世界银行1990 年对 89 个样本国家的研究表明,服务业比重同人均 GDP 之间并没有呈现出一种简单的严格线性关系,收入水平高并不一定意味着服务业比重就高。人均 GDP 在 5000 美元左右以及超过 10000 美元时服务业的比重同人均 GDP 之间的关系不明确,如表 7.1 所示。

但研究表明,人均 GDP 1500 美元和 5000 美元是两个重要的节点,越过这两个节点后,产业结构和服务业比重将发生重要的变化。在工业化前期阶段,人

* 本章根据笔者署名文章《新产业分类:内容产业、位置产业与物质产业——兼论上海新型产业体系的构建》(原载《上海经济研究》2003 年第 4 期),以及笔者主持的 2004 年上海市发展与改革委员"十一五"规划前期研究重大课题《"十一五"期间上海深化"三、二、一"产业发展方针,加快发展现代服务业的对策研究》部分内容改编。

表 7.1　人均 GDP 与产业结构的关系

		第一组	第二组	第三组
人均 GDP 范围(美元)		210—1000	1000—3500	3500—10000
样本数		45	32	12
平均值	人均 GDP(美元)	454	2095	5748
	服务业(%)	43	51	49
	制造业(%)	12	19	21

资料来源:世界银行发展报告,1990。

均收入达到 1000—1500 美元时,服务业产值比重会迅速上升,达到 45%—50%;在工业化阶段,人均收入在 1500—5000 美元之间时,服务业比重基本保持不变,农业比重显著降低而工业比重显著上升;当进入工业化后期阶段或者说信息化阶段时,服务业比重又会出现迅速上升,比重达到 60%—70% 以上。事实上,上海目前出现二产与三产"两个轮子"一起转的现象,也正好验证了人均GDP 1500 美元至 5000 美元的发展阶段服务业增长相对减缓的统计结论。在"十一五"期间,上海正处在人均 GDP 5000 美元向 8000 美元过渡的重要节点上,产业结构及服务业比重将发生重要的变化。

7.1.2　衡量产业发展阶段的方法

对于产业发展阶段,有不同的划分方法。比较通用的划分方法,是以库兹涅茨和钱纳里为代表的"标准结构"方法,即从人均 GDP 水平提高而产生的产业形态变化来划分产业发展不同阶段。然而,采用这种划分方法来衡量和判断上海产业发展阶段并不十分适合。

首先,这一方法的基础是产业部门的划分(三次产业或工业内部各部门),这实际上隐含着一个基本前提,即人均 GDP 水平变化带来的产业形态变化是以一个相对独立的完整产业结构体系为背景的。如果一个国家(如小国)的产业在很大程度上参与国际产业分工,其国内并不形成一个比较完整的产业结构体系,这种划分方法就会产生较大的偏差。上海作为全国经济系统中的一个子系统,且作为一种城市经济型的特殊子系统,其产业发展是高度参与国内产业分工的,不应该构成一个比较完整的产业结构体系。因此,用人均 GDP 3000 美元来判断上海产业发展阶段是不科学的。

其次,用人均 GDP 水平来揭示产业发展阶段,实际上只是反映产业结构变化的各个演进阶段,即以哪一产业为主导的产业发展阶段,如农业经济阶段、工业化阶段、服务经济阶段等,或工业化中的轻工业阶段、基础工业阶段和重化工业阶段等。这种产业发展阶段的揭示,有助于我们把握产业结构演进趋势,但不是我们推进产业发展所要把握的实质,推进产业发展所要把握的实质是产业竞争力问题。更何况,上海作为城市经济型的特殊子系统,其产业结构演进有独特的轨迹,不是可以简单用人均 GDP 水平变化来推测的。

再则,用这一方法来判断上海产业发展阶段,须用别人曾处于同一 GDP 水平的产业结构状态作参照物。钱纳里"标准结构"是以国家为统计单位的。显然,把曾处于同一 GDP 水平的国家产业结构变动作为上海一个城市的参照物是不合适的。即使与国外某些大城市曾处于同一 GDP 水平的产业结构状态进行类比也不可取。因为同样作为大城市,其经济类型可能不同,在各自国家处所的经济地位不同,参与其国内产业分工的情况也可能不同,因此也具有不可类比性。

最后,如果采用经过统计回归分析的钱纳里"标准结构"作为参照系,还有一个时代发展内容变化的问题。库兹涅茨、钱纳里等人通过许多国家原始资料进行统计分析得出的"标准结构",即在人均 GDP 某一基准水平上的产业发展结构,基本上是以古典工业化为背景的。然而,现代经济的发展,特别是知识经济的发展,已改变了原有经济发展格局和路径,并赋予工业化以崭新的内容。在这种情况下,再用人均 GDP 3000 美元时的"标准结构"来判断上海产业发展阶段,也是不合适的。

因此,我们要采用新的衡量方法,从产业竞争优势来源视角来观察上海产业发展变化,并对其发展阶段作出基本判断。这样,也许更有助于我们对推进产业发展做到"心中有数",并有的放矢地采取措施。

美国经济学家迈克尔·波特把产业竞争优势的来源类分为四种基本因素:一是生产因素,如自然资源禀赋、劳动、资本等;二是需求因素;三是企业的策略、结构与同业竞争;四是相关支援体系。另外,还有两个外生因素:一是政府;二是机会(机遇)。这些因素形成了所谓的钻石模型,模型中各因素之间是相互影响牵动的,并可形成一个相互增强的系统,驱动产业力加强。在此基础上,波特把经济发展划分为四个阶段:(1)生产要素推动发展阶段;(2)投资推动发展阶段;

(3)创新推动发展阶段;(4)财富推动发展阶段。在生产要素推动发展阶段,几乎在国际上具有竞争优势的产业都是依赖基本的生产要素,如廉价的劳动力、自然资源等,也就是钻石模型分析中生产因素面的影响分子扮演着驱动经济发展的主要动力。在投资推动发展阶段,产业竞争优势主要建立在企业与国家积极的投资意愿与能力上。产业的竞争优势已不再单靠基本的生产要素来支撑,而是通过取得国外技术来提升本国的产业技术水平与产业竞争力。在创新推动发展阶段,具有竞争优势的产业是建立在较高层次、较复杂的生产要素(如创新能力、技术能力等)、有利的需求条件(如国民收入增加驱使消费者对高品质、个性化产品需求的增强)、坚强的相关支援产业,以及灵活的企业策略与企业结构等之上的。在财富推动发展阶段,驱动经济发展的力量主要是来自前三个阶段所积累下来的财富,而此将是衰退的开始。

我们认为,波特的四个阶段经济发展阶段,实际上也是产业发展的不同阶段,并可用来判断上海产业发展阶段。如果从产业竞争优势来源因素的角度对上海产业发展进行实证分析,那么可得出的基本判断是:上海产业发展大致处于投资推动向创新推动转变的过渡期。其主要依据为:

(1)大规模投资逐步转向投资与功能开发并存。在传统体制下,上海产业优势是建立在平均主义分配的低成本劳动力与国家集中投资相结合的基础之上的,形成了所谓的大工业。改革开放之后,特别是进入90年代,上海产业优势(特别是六大工业支柱产业)开始建立在大规模投资以及引进国外先进技术的基础上。尽管这一时期的投资有相当部分是城市基础设施建设投资,但这一投资也直接支撑了上海产业优势的形成。但到90年代后期乃至"十五"时期,这种大规模投资将逐渐减弱,城市功能开发和产业功能开发(集约化)被摆到重要议事日程上来,日益成为构筑上海产业竞争新优势的基础条件。

(2)追求提高生活质量的消费需求驱动。80年代,上海的消费需求拉动主要表现为以满足基本生活需要的日用生活品和部分耐用消费品的大批量生产上。在此过程中,上海凭借过去积累下来的大工业基地的雄厚生产能力,在产品质量、生产工艺等方面取得了部分产业竞争优势。到90年代,消费需求拉动开始转向以满足基本生活初步改善需要的新兴耐用消费品生产和住宅建设上。在此过程中,上海在高质量、多品种、特色化的品牌生产上逐步丧失产业竞争优势,但在关键零部件以及起支撑作用的重化工业方面仍有产业竞争优势。在"十五"

时期乃至更长时间,消费需求拉动将进一步表现为以满足追求提高生活质量需要的高品质、个性化产品生产和知识型服务提供上。在此过程中,上海产业竞争优势将越来越依赖于创新能力和技术能力。

（3）建立产业新高地的客观要求。根据国内外经济形势的变化,上海提出建立产业新高地,无疑是正确的战略决策。建立产业新高地,无非是要形成一种经济(产业)相对能势落差,增强经济的集聚效应以及对外辐射力或扩散能力。当然,这种经济(产业)的相对能势落差,有可能是由特殊政策等因素(如开放特区等)造成的,但这仅仅是一定历史时期的特殊产物。在国民待遇的平等环境条件下,这种经济(产业)相对能势落差,主要由知识差距所带来。上海建立产业新高地,实际上就是要与周边地区形成一种知识级差。如果没有这种知识级差,就难以形成要素集聚的能力,也不可能有辐射与扩散效应。同样,如果没有知识高地的支撑,产品高地、市场高地、机制高地和人才高地等都犹如建立在沙滩上。因此,建立产业新高地,客观上要求投资与创新共同推动。

（4）上海城市功能定位的必然选择。上海确定建设"一个龙头,四个中心"的国际大都市战略目标后,至今仍然基本上以城市形态建设为主,形成了一大批由基础设施组成的新城市空间布局,并随着"三港两路"（即上海深水港、航空港、信息港和高速公路、高速铁路）为标志的新一轮建设逐步完成,一个面向21世纪国际大都市的轮廓将初步呈现。然而,这些构筑国际大都市的硬件,必须配之以信息、技术等知识密集型服务的软件,才能真正推动"一个龙头,四个中心"的建设。因此,上海要在"一个龙头,四个中心"建设中取得实质性进展,必须以信息中心和技术中心的形成为基础。围绕这一城市功能建设的上海产业发展也就必定处于投资与创新并存的阶段。

7.1.3　产业发展的背景条件

在未来一段时间里,尽管国际和国内经济发展的变数较大,且对上海产业发展的影响具有较大的不确定性,但有三大背景条件是上海产业发展必须予以充分考虑和加以确立的。

其一,全球信息化浪潮进入相对成熟阶段,对产业经济发展将产生实质性的重大影响。20世纪90年代以来的信息产业化,不仅培育和发展了高速增长的信息产业,给国民经济注入了新的活力和动力,而且使信息技术日益成熟,真正成为具有强大渗透力和广泛覆盖面的核心技术,与其他各种技术形成更为广泛的有机结合。因此,当前信息化浪潮已经开始席卷对传统产业部门更深层次的改造。

在此过程中,一个突出的现象就是数字化技术的发展使越来越多的产品数字化,不仅信息成为数字产品,纯实物产品也可以部分数字化,装上数字界面就可以变成智能产品。同样重要的,一些代表价值的产品也可数字化,如数字货币、电子支票、电子股票和电子债券。实际上,各种商业服务和过程都可以加入电子商务的扩展核心,成为网上交换的数字产品。数字产品除了比特流以外,它们的生产和使用都没有物理界线。这就把生产与消费、产品与服务更加紧密地结合在一起。

这将对产业经济发展产生实质性的重大影响。因为越来越多的制造业正在变得无形,开始以个人品位而进行定制,越来越多的服务却开始远距离提供、大规模生产。这意味着业务模式将从制造一种产品转向提供一种服务。

其二,生产价值链日益成为主导性的生产组织方式,将给产业经济发展带来新的变化。在经济全球化与信息化浪潮推动下,以企业之间合作组成的生产价值链,日益成为发挥产业网络优越性的强大动力。生产价值链是生产经营活动中的各项行为从概念到产品的完整的实现过程,它包括产品研发设计、加工制造、生产和财务管理、品牌管理、市场营销和售后服务等。

这种生产价值链方式具有两层含义:一是如果把它们分解到不同企业,就意味着不同的企业分别从事同一条价值链中的不同行为;二是把企业核心业务的重点从物质产品的加工制造行为转向生产经营的服务性行业。由于服务作为无形资产的产品的流动性很强,促进了企业之间利用价值链开展合作,也推动了全球价值链的形成。

在新的发展时期,这种全球价值链将成为主导性的生产组织方式。原来由一个企业完成经营的所有功能,现在由多个企业来完成,一个产品的生产经营不再局限在一个企业之内,包揽生产经营活动全过程的垂直一体化企业的界限因此被打破。

其三,中国新型工业化道路内含的生产方式变革,对产业经济发展将提出新的要求。中央提出通过信息化带动工业化,以工业化促进信息化,走一条新型工业化的道路,为中国工业化发展提供了一个更大的可能性选择空间,更为重要的是,新型工业化道路不是传统工业化路径的延续或延伸,也不是在新的条件下对传统工业化路径的改善,而是被赋予崭新内容的重大路径转换。

从性质上讲,信息化与工业化一样,并非只是一种技术形态或技术范式,而更是一种经济、社会形态。如果说工业化是一种以分工分业、规模经济、批量生产、实体关联等为特征的迂回生产方式,那么信息化则是一种以产业融合、网络经济、柔性生产、虚拟关联等为特征的直接生产方式。因此,在工业化进程中引入信息化,意味着引入一种新的生产方式。

与传统工业化生产方式不同,按照信息化生产方式,生产和消费规模的扩张不一定非要由高物耗来支撑,完全可以建立在低成本基础之上。这种低成本社会化的价值模式得以形成与建立的基础,则在于信息传输与转换的改善所导致的经济效率的提高。因此,新型工业化的真正目标及用途是减少传统产业中间环节的物质耗费,包括减少中间环节、在替代原有环节时节省成本、通过改革业务流程来减少环节与环节之间的物理时空耗费和管理损耗,达到生产与消费直接而高效贴近的目的。

7.2　产业结构优化升级

在产业投资推动向产业创新推动转变的发展过渡期中,将遇到一系列新问题。其中,最主要的是,如何用新的方式促进产业结构优化升级? 如何处理好制造业发展与服务业发展之间的关系? 我们认为,要用创新方式促进产业结构优化升级,通过产业融合发展来处理制造业与服务业之间的关系。

7.2.1　内涵及意义

产业结构优化升级是一个具有更高产业收入弹性、生产率上升率和产品替换率的部门不断取代衰退部门的过程,是产业结构从低级形态向高级形态的发展。其实质内容包括:(1)结构规模扩展化和产业关联复杂化;(2)结构水平提高,即技术矩阵水平提高;(3)结构质量改善,即产业间的聚合程度提高,关联耦合更加紧密。因此,产业结构优化升级的基础是创新,是创新驱动型的经济发展。

长期以来,我们主要依靠大规模投资来拉动经济增长,且投资效率不高。这种投资驱动型的经济发展,虽然也带来了收入水平的较高增长率,从而为产业结构优化升级提供了相应的基础,但同时也给产业结构优化升级带来了各种障碍。在国民收入水平既定的情况下,大规模投资使投资率居高不下,而消费率严重偏低,结果导致消费需求不足。由于消费需求结构的变动在生产结构的转换中具有支配作用,因而这将在很大程度上制约产业结构优化升级。另外,在社会生产可能性空间既定的情况下,原有产业基础上的大规模投资,占用了大量的资源要素,从而挤占了新的增长点孕育与形成的发展空间。大规模投资中出现的重复投资、低效投资,更是加剧了这种挤占效应,而且由此形成的大量存量资本因其资产专用性而难以调整。

与此不同,创新驱动型的经济发展,不仅带来收入水平的高增长率,而且从各方面促进产业结构提升。因为创新与产业结构优化升级有着本质的联系。创新往往会创造新的需求和某些潜在的巨大需求,并且有可能通过连锁反应对需求产生更广泛的影响,从而为产业结构优化升级提供强大的拉动力。创新提供了新的生产工具和方法,提高了人力资源和物质资源的质量,从而使劳动生产率大幅度提高,降低了产业相对成本(反映与生产供给能力有关的资源要素耗费水平的指标),促进产业结构优化升级。

经验表明,只有在创新及创新扩散的前提下,才能在保持产业结构动态平衡的基础上促进产业结构优化升级。因为当创新带来的是新产品开发或原有产品改善时,由于这些产品的需求弹性较大,其产量的提高将可能取得较高收益,便会吸引生产要素向该部门流动,进而以增加本部门产出的形式来获得创新的收益,从而将趋向于使该部门的扩张。而当创新仅仅导致了原有产品的生产效率提高时,如果这些产品的需求弹性较小,其产量的大幅度提高将降低该产品的价格,使其收入下降,便会促使该部门的资源要素向外流出,从而通常更趋向于使该部门收缩。与此同时,创新会通过改变各种生产要素,尤其是劳动与资本的相对边际生产率,改变其收益率之间的平衡。例如,资本边际生产率的提高比劳动边际生产率提高更快;或者相反。在这种情况下,就会刺激生产要素之间的替代,如资本对劳动的替代,或劳动对资本的替代。

另外,创新会促进资源的有效利用和开发,从而为新兴部门发展提供良好条件。如果新兴产业部门所利用的资源没有超出原有结构的资源利用范围,必定与原有产业处于某种资源利用的"零和博弈"竞争关系中。因此,新兴产业部门只有通过创新,改进对资源的利用方式,更有效地利用现有资源,才能获取自身的生存空间;否则,就会受到资源抑制。另一种情况就是,新兴产业部门通过创新,开辟了新的资源利用途径,扩大了原有结构的资源利用范围,从而与原有产业部门在资源利用上不处于竞争关系。可见,通过创新实现对资源更大的开发与有效利用,将有助于促进结构优化升级。

在任何一个国家和地区的经济发展中,产业结构优化升级都是具有十分重大意义的。对于上海来讲,更是如此。

首先,产业结构优化升级是保持上海经济持续增长的重要支撑。产业结构优化升级过程,实际上是产业间优势地位的连续不断的更迭。如果以产业部门的增长率为标准来判断其在结构中所处的地位,那么在任何一个时点上,总是存在着四种类型的产业部门,即成长部门、成熟部门、发展部门、衰退部门。从动态来看,这四类部门是一个连续发展的过程。原来领先的部门增长减速,被新的高增长部门所取代;在递次的发展进程中,潜在的高增长部门又将跑到前面,代替原来的高增长部门。目前,随着经济发展水平的提高,市场条件的变化及宏观环境的变动,上海原有一些高增长部门,甚至是作为支柱产业的部门出现增长减速,而且是具有趋势性的增长减速。在这种情况下,如果没有新的高增长部门及时出现,那么总体增长速度便会下降。因此,产业结构优化升级的意义就在于,它不断推出具有超过平均增长率水平的新兴部门,在原有部门增长减速时,支持了总体增长速度。

其次,产业结构优化升级是增强和发挥上海城市综合服务功能的坚实基础。上海作为中国的一个特大型城市,特别是为全球和当地之间提供一个包括经济的、文化的和组织机制上的界面,其作用是把国家和地区内的资源引入全球经济中,同时把世界资源引到本国和本地区内。因此,上海不仅要融入世界经济,而且更要融入区域经济和国内经济之中,通过服务长三角、服务长江流域、服务全国来发展自身经济。而这种城市综合服务功能是与先进服务、生产中心、全球网络市场相联系的。增强和发挥上海城市综合服务功能,是通过生产和消费高级、先进的服务并促进该城市发展,从而在全国或全球网络中发生联系得以实现的。这就要求我们优先发展现代服务业和先进制造业,提高上海为公司或者市场的全国或全球运营提供服务、管理和融资的能力。例如,建立和形成全国或全球网络的辅助设施,集聚外国公司和国内大公司的总部,建立和发展全国性乃至全球化的市场,增加生产者服务出口等,从而增强和发挥城市综合服务功能。

再则,产业结构优化升级是上海建设现代化国际大都市,提升城市能级水平的基本条件。按照传统的观点,城市能级水平主要取决于城市规模与经济实力。传统的国际大都市概念,也往往是指一些人口规模、经济体量、地域面积庞大的超级大城市,以注重其城市的空间存量,强调自身地域的财富积累与规模扩大。在经济全球化与信息化的背景下,城市的空间逻辑发生了转化,即从地方空间转化为流动空间,网络化的连通性越来越成为其本质特性。特别是国际大都市的产生与再发展,是通过其流量(例如信息、知识、货币和文化等流动),而不是它们的存量凝结(例如城市形态和功能)来实现的。与外部的连通性和协同性程度,直接反映其城市的能级水平,从而决定其在全球城市网络体系中所处的位置。这种以连通性和协同性为衡量标准的城市能级水平的提升,要有相应的产业基础。其中,现代服务业发展是提升城市能级水平的重要产业支撑。因此,对于上海来讲,通过产业结构优化升级来促进城市能级水平提高,是建设现代化国际大都市的必由之路。

7.2.2　在发展中实现结构优化升级

尽管上海面临产业结构的战略性转换,但结构提升不是孤立进行的,更不是以牺牲经济发展为代价。恰恰相反,产业结构优化升级必须以经济发展为前提,在经济发展中得以实现。

产业结构优化升级要有相应的自我积累及经济实力的基础,与人均收入水平有高度的相关性。决定生产结构变动的重要因素之一是消费需求结构的变动,而需求结构变动则是以人均收入水平的提高为前提的。随着人均收入水平的变动,产业收入弹性(某一产业部门产品的人均消费需求额随人均国民收入在某一水平上所发生变化的反应)系数是变化的,其变化方向是双重的:一是随人均收入的递增而递减;二是随人均收入的递增而递增。产业收入弹性高的部门将在产业结构中占有更大的份额,弹性低的部门将在产业结构中占较小份额。因此,经济发展中的人均收入水平的提高,决定了产业结构优化升级的主要方向及内在规定性。例如,国际经验表明,在整个制造业中,除了印刷出版部门呈现随人均收入提高不断增长的弹性外,其他部门的收入弹性均随着人均收入的提高而递减,其中产业收入弹性递减最大的是钢铁、纺织、有色金融矿产品和皮革制品等部门。反过来讲,当经济发展水平较低及尚未达到相应的临界点,这些部门在产业结构中所占的份额就不可能缩小。否则,人为地实现产业结构优化升级,就会出现结构虚高度化。因此,产业结构优化升级的逻辑顺序是:总量高增长率引起需求结构高变化率,需求结构高变化率拉动生产结构的高转换率。

产业结构优化升级赖以生成的新增长点是在经济发展中逐步培育起来的。我们通常面临的困境是,原有高增长部门趋于减速,而新的高增长部门尚未形成。从这一意义上讲,新的增长点是结构提升赖以生成的基础。然而,这种新的增长点是在经济发展中逐步孕育和形成的,并不是人为"制造"的。因为这种新的增长点不是单一的产业部门,而是一组相关的增长部门。其中,包括能最迅速、有效地吸收创新成果、满足大幅度增长的需求而获得持续较高增长率,并对其他部门的增长有广泛的直接和间接影响的主导增长部门,以及能适应主导部门的发展,或作为主导部门发展条件的辅助增长部门,还有派生增长部门。因此,只有在经济发展中才能促进新增长点的形成,进而促进产业结构优化升级。

产业结构优化升级赖以推动的技术创新要依赖于经济发展的整体水平。我们知道,某个部门有了重要的技术创新突破以及技术创新的中心发生转移,将对生产结构产生直接影响。然而,一项有重大经济影响的技术创新是三个组成部分的综合:一是某项发明提供了一种骨架,使一系列次要的发明和改进能围绕它而建立起来;二是物质资本,特别是人力资本的供给;三是巨大的潜在需求。这三个组成部分是互为制约的,而同时又都与总量增长有密切关系。例如,在经济发展水平尚未达到一定阶段,其消费需求有限或低层次的情况下,某些高级需求层次的产品的进一步技术创新,不论在工程技术上如何具有革命性,总体上也不会引起产量增长的进一步加速。因此,即使是由技术创新引起的生产结构的变动,仍然与总量增长联系在一起。

在开放经济条件下,基于产品生产比较优势变动的对外贸易结构的变动和引进外商直接投资,也会促进生产结构的改变。然而,产品生产相对优势的变动,则反映其具有相对较高的增长率。因此,基于技术进步的人均收入水平的高增长率,就会有助于相对优势的迅速改变,从而也会促进结构提升。

产业结构优化升级中所伴随的摩擦,在经济发展的增量中能得到部分消化。由于技术进步是时间的函数,技术结构变动不管其幅度有多大,只表现为各部门技术进步速率的差别。因此,尽管技术进步导致社会各产业部门之间的投入要素产出效率系数的改变,从而使产业之间生产能力配置构成发生变化,但它却无法做到使某些部门生产能力绝对收缩。从这一意义上讲,产业结构优化升级中的摩擦是不可避免的。如果摩擦过大,会严重阻碍结构提升。而这种产业结构优化升级中的摩擦,在经济发展的增量中则可得到缓解。

7.2.3　产业结构优化升级的重点

上海"十一五"时期产业结构优化升级的重点是"两个优先"——"优先发展现代服务业,优先发展先进制造业"。

1. 优先发展现代服务业

"优先发展现代服务业"这个问题已经提出来很长一段时间了,但当时人们在思想认识上有一定分歧。现在这一思想认识已经逐步趋于统一,并且我们已认识到现代服务业中最重要的是生产者服务业。

服务业可以按照服务提供的对象进行划分。提供给消费者为主的服务,是消费者服务;提供给生产者为主的服务,是生产者服务;提供给政府的服务,是政府服务;有的再细分出一块,是社会事业服务。由于政府服务所占比重较小,可以忽略不计,通常讲消费者服务与生产者服务。一般来说,消费者服务被视为比较传统的服务业,其服务半径基本上局限在本市域,而生产者服务被视为现代服务业,其服务半径是跨地区、全国的,甚至是全球的。在生产者服务业中,又有不同行业分类,比如金融、保险、会计、律师、审计、评估、中介、咨询、广告、策划等等。

对上海来讲,这一生产者服务业发展,现在碰到的主要问题有如下几个。

(1) 市场化、专业化程度不高。其实,生产者服务业中有很多业务是从原有工业、农业企业里独立出来的。我们知道,所有企业内部都有许多管理服务活动,比如财务、人事、供销、运输、仓储,还有产品设计、开发等。这些企业内部的服务活动并不统计在服务业中,只有当这些服务活动独立出来,即外部化与市场化时,才作为服务业进行统计。这些企业内部的服务活动独立出来,意味着专业化程度提高。国际经验表明,生产者服务业增长很大程度上是专业化程度不断提高的产物。为什么专业化程度会不断提高?这是竞争所致,使企业感到只有保持自己的核心竞争力才能在市场上取胜。这个核心竞争力是别人不可模仿的。而企业为了保持和增强核心竞争力，就会把非核心业务分离出去或外包出去。其中，就有大量原先企业内部的服务活动。像日本的很多公司，不仅把一般的保安、保洁、仓储、运输、广告、策划、营销等服务活动外包，甚至把产品开发、财务管理等都外包给专业服务公司来做。正是在市场化、专业化高度发展的条件下，生产者服务业才得以发展和壮大。然而，我们现在很多企业还是什么事情都要自己做，这与传统体制有关系——"大而全""小而全"。这样，现代服务业发展就缺乏一个重要的来源。

（2）现代服务业发展，特别是作为国际大都市的现代服务业，缺少一个很好的基础。前面提到，生产者服务的服务半径是超越本市域的，而向外辐射要有相应基础，即外部网络。只有在这个基础上，生产者服务才能向周边、全球乃至全球伸出它的"触角"。尽管上海也进驻了很多跨国公司地区总部，这些机构的进入确实也带来了网络、人流、资金、技术，促进了上海现代服务业发展，但是这些网络是它们带进来的，并不是我们本土服务企业构建的网络，这就使其现代服务业扩散很难。也就是说，上海还成不了我们自己的管理控制中心。这与纽约、伦敦、东京的形成和发展完全不一样，这些城市成为国际大都市的一个很重要条件就是本国企业成为跨国公司，然后把生产向全球扩散，而把控制管理中心留在了这些城市里。例如东京，70％的跨国公司总部都是日本本土的，所以它是一个"以我为中心"的网络向全球扩散，其服务是辐射全球的。而在上海，因为没有很多本土企业能够发展成为跨国公司，没有能够"走出去"并形成自己的网络，所以服务就在小范围里周旋，甚至服务辐射力都达不到全国，更不用说全球了。

（3）现代服务业发展遇到体制和机制方面的障碍。我们知道，服务产品与实物产品不同。实物产品的质量、形状、功能、功效都是可以感觉到的，而服务质量有时候很难判定，很难有一个精确的标准。而且，很多服务都是面对面的服务，是即时的服务，也不能储存。在这种情况下，服务活动对体制、机制要求更高，不仅要更具灵活性，而且更具连通性与整合性。举一个简单例子，在国外，很多服务都是配套服务（一揽子服务）、终身服务。只要找到一家服务机构，它会把相关的不同服务都组合好，不需要你分别寻找不同的服务机构。这就需要服务行业之间能够顺利沟通与互通，没有地区壁垒。在这里做可以，到外地去做也可以，甚至有的是完全跨行业的合作。另外，现代服务业还有一个特点，就是越来越多样化、差异化、个性化。而现在我们这里，一般的服务、大众的服务是有的，但多样化、差异化、个性化的服务就比较稀缺。这背后实际上是因为我们的服务领域、服务行业的竞争不足,存在着垄断,存在着价格管制等。因为一旦垄断,就不需要改进服务产品的质量;一旦价格固定,就只能提供一般服务。另外,还有一个服务领域进入的门槛,在经营范围等方面都有较大的体制障碍。

目前,上海现代服务业的发展正在全方位地加以推进。其中重要的一个方面,是选择近期发展的重点。"十一五"期间的重点是发展金融、现代物流和相关的文化产业。这几个服务行业对上海来说确实是非常重要的,而且已经初步具备了条件。因为,今后上海就是资金市场运作的平台,这将会产生大量的资金流量。虽然现在资本项目还没有放开,但是一旦上海的证券市场、期货市场、黄金市场、钻石市场等金融市场都搞起来的话,就会产生大量的金融活动及金融服务。现代物流主要是国际航运,其借助于洋山深水港。现在,洋山深水港一期建成使用,已经产生非常重大的影响,至少已经使韩国釜山的集装箱吞吐量开始下降了。如果运作得好,这对今后确定上海在亚太地区的航运枢纽地位是很重要的。上海港集装箱吞吐量已是世界第三位,有国外有关机构预测,上海将登上第一位。当然,这里的"航运",还包括空运、水陆联运等等。现代物流在上海"十一五"期间会有比较大的发展,其中还有一个重要原因就是货源比较充足。这与新加坡、中国香港都不一样,它们以转口贸易为主,是中转站;而上海港集装箱中90%是国内箱源,所以潜力是比较大的。另外,在相关文化产业方面的发展,上海有一定的基础。特别是创意产业,原先苏州河两岸和泰康路等地的旧工厂厂房、仓库已被改造成创意工作室,形成创意园区,也会在"十一五"期间有比较大的发展。

另一方面,就是抓现代服务业的集聚区。现代服务业的不同行业间有比较大的关联性,较经济的办法就是让它相对集中。考察日本和其他一些地方,也可以发现,许多服务业的集聚都是以交通为核心,即在一些交通很便利的地方,特别是轨道交通的中转站,在它上方就是几栋商务楼,商务楼之间有连廊、地下通道相互连接,中低层配有各种商店、餐饮、娱乐、购物等,高层通常是商务办公,形成一定的氛围和公共空间。上海在"十一五"期间也将有十几个这样的现代服务业的集聚区。各个区都会有,目前先做一些试点。上海就是想通过这两个方面来促进现代服务业的发展。

2. 优先发展先进制造业

在产业结构升级优化中,还有一个重要方面就是"优先发展先进制造业"。

制造业在上海有较好的基础,特别在传统体制下,上海已形成较为齐全的工业体系,配套性也很强,当时在全国也有一定的技术领先的优势。当然,现在情况已经发生很大变化,但上海的工业基础优势在某些方面还是存在的。特别是在装备工业方面,例如航空航天等,上海还是有比较领先的基础的。

而且,从国家战略角度看,优先发展先进制造业,特别是装备工业,也是迫切需要的。自 1978 年改革开放以后,中国装备工业受到极大冲击。因为大家都引进生产线、引进设备技术、引进新工艺,而国内的生产装备显得落后了,没人要了,所以也不再生产、不再研发了,许多都停顿下来。所以,有些人还不承认中国现在是"世界工厂",因为工作母机都不是自己的,充其量只是加工生产,是一个生产车间。在工业化过程中,一个工业国家的工作母机不掌握在自己手里,这有很大的危险。也就是说,今后的生产,都是跟着别人走的。别人给什么样的工作母机,就生产什么样的东西;给什么样的生产线,就生产什么样的产品。因此,国家现在对装备工业越来越重视。

上海相对来说,在这方面具有比较好的条件,而且这样也不会与周边地区形成过度竞争。如果上海在生产加工方面发展,肯定与江苏、浙江,甚至山东、安徽、江西都会形成激烈竞争。竞争的结果是两败俱伤,而上海会伤得更重,因为上海的成本更高,利润更少。但是上海发展装备业,这正是浙江、江苏等地比较欠缺的,所以与它们反而会形成互补。上海在先进制造业方面,重点可能就是造船、飞机制造之类,还有一些先进的数控机床、成套的发电设备等等。这些上海本身就有一定的基础,能够把它搞起来。

7.3 促进产业融合发展

7.3.1 产业融合:一种新型产业发展形态

在当今信息技术革命并伴随着信息化进程的背景下,产业经济活动正发生三个根本性重大转换:一是产业经济中以物质流为主导向信息流为主导的转变;二是产业经济中以工业技术为核心向信息技术为核心的转变;三是产业经济中以物流运输平台为基础向以信息运行平台为基础的转变。这三方面转换实际上是生产力的根本转向,即从工业生产力向信息生产力的转变。在此转变过程中,数字化力量不断增强,并正起着《星际旅行》中"蠕虫洞"(指连接黑洞和白洞的假设通道)的引力的作用,拉着认可的行业通过蠕虫洞并把它们转变为难以想象的东西。[①]这就打破了传统的产业边界,导致产业之间更多的相互渗透与融合,并使与买卖双方密切相关的市场区域的概念转变为市场空间的概念。[②]传统厂商观念中的"有明确范围的竞争",也将被一个纵横相交的更加广泛的概念所替代。这些相关活动的协调,既有竞争,又有合作;既在传统市场之内,又在传统市场之外。在这样一种产业发展的新变化及趋势下,我们可以换一个角度来看待制造业与服务业之间的关系,即不是谁更重要、谁主导、谁优先发展的问题,也不是基于两者分立的所谓"双轮驱动"问题,而是产业融合发展。

产业融合是信息化进程中一种新型产业发展形态,相对于传统工业时代的产业分立而言。为了加深对产业融合的理解,有必要与传统工业时代大规模产业分立形态作一比较分析。

在传统工业时代,随着社会专业化分工水平的提高,产业部门日益细化,产业关联复杂化,部门间交易规模增大且交易量大幅度上升,产业边界越来越清晰,并由工业化特定的技术手段及生产方式而固定化,形成产业分立的基本形态。具体讲:

(1)在工业化时代,以机械化生产为主要标志与特征。机械化生产对技术装备的专用性及生产加工方式的特殊性提出了很高的要求,大大强化了产业对专用技术及各自不同的生产工艺流程的运用。而且,机械化生产的技术进步大都发生在各自产业内部,使其专用性程度不断提高,从而形成了明显的产业技术边界。(2)受其技术属性的影响,各产业提供的产品与服务都有其特定的用途及使用对象,并通过各自特定的方式与途径提供给消费者,业务活动在不断市场细分中形成各自固定化的范围与"领地",从而具有明显的业务边界。(3)大工业生产方式要求资产与资源在产业部门和产业组织内的集聚有一个最低的限度,尽管这一最低限度视不同产业部门的性质而不尽相同,但已确立起一个基本的规模经济要求,以及产业进入门槛。此外,大机器生产对生产场所的选择也提出了特定的要求,即固定的生产场地,且相对集中,以及运输条件等。这些都促使产业运作

---

① P.威廉·贝恩等:《远程通信、计算机与娱乐汇聚的世界》,载斯蒂芬·P.布雷德利、理查德·L.诺兰主编《感测与响应:网络营销战略革命》,新华出版社 2000 年版。
② 萨尔坦·科马里:《信息时代的经济学》,江苏人民出版社 2000 年版。

边界的强化与固定化。(4)工业化的生产方式要求建立相应的公司组织与形成不同的市场结构,并予以法律的确定性,以便形成众多的竞争和实施机制的基础——它构成了公司得以形成并与其所处的竞争环境相适应的背景。为此,它必须强调界定市场边界和有明确范围的竞争,从而强化了各自分割的市场边界。

因此,各产业部门通过其特定的技术运用、业务划分以及产品特性等因素,使产业边界的概念变得非常清晰。正是这种与工业化生产方式联系在一起,作为机械化生产及其技术发展产物的产业边界的明晰化与固定化,带来了大规模的产业分立。产业分立的基本表现特征,在于具有一种固定化的产业边界,形成各自独特的产品与服务以及分割的市场。

产业融合是在工业经济时代高度产业分工的基础上发展起来的,是以产业部门日益细化、产业关联复杂化、部门间交易规模庞大且交易量大增为前提条件的,并对在此基础上形成的产业固定化边界进行一定程度调整的结果。这种调整主要表现为产业边界的相互交叉与部分重叠,形成一种与以往完全不同的新型产业。这种新型产业不是原有产业的简单组合或归并,也不是对原有若干产业的简单替代,而是一种原有产业有机整合基础上的重新分工。因此,产业融合不仅仅是一个技术性问题,更是涉及服务以及商业模式乃至整个社会运作的一种新方式。

首先,产业融合意味着传统产业边界模糊化和经济服务化的趋势。在以物质资源投入和物质流为主导的工业经济中,通过斯密所说的传统产业分工(即产业分立),使生产与消费的界限越分越清,产品与服务的界限越分越清。而在信息化进程中,随着信息资源投入增大和信息流规模扩大,把生产与消费、产品与服务更加紧密地结合在一起。因为,信息经济中的互联意味着顾客与产品生产者密切联系,产品只是一个待发生的服务;而服务则是实际上的产品。在这种情况下,只有同时既是产品、又是服务的供应才能满足消费需求。据《财富》杂志1993年5月刊载,业务模式将从制造一种产品转向提供一种服务,是六大发展趋势之一。因此,信息流的进一步泛化,其黏合性将把原先的产业界限弄得不清晰,即模糊(blur)了。特别是制造业和服务业界限越来越模糊,经济活动由以制造为中心转向以服务为中心,体现在制造业部门的服务化上,具体表现为:(1)该制造业部门的产品是为了提供某种服务而生产的,例如,通信和家电产品等,更多作为某种服务的物质载体;(2)随产品一同售出的有知识和技术服务,而且其在产品价值创造中的比重越来高;(3)服务引导制造业部门的技术变革和产品创新。

其次,产业融合意味着产业间新型的竞争协同关系的建立。随着网络技术的高度发达和信息网络对全社会各主要产业和经济部门覆盖率的不断加大,各产业部门开始打破彼此分工的界限,相互介入。公司之间不再讲求垂直整合,而讲求不同功能公司之间的水平整合。因此,产业融合将形成一种新型的竞争协同关系,并在信息技术广泛运用形成各类产业自动化、智能化的基础上出现产业结构柔性化的趋势。

最后,产业融合意味着更大的复合经济效应。在以非信息运行平台为主导的工业经济时代,单一经济主体或者通过大批量的专业化生产,获得"规模经济性"效果,或者通过拓展产品经营范围,实行多角化经营获得"范围经济性"的效果。而在信息网络化社会中,分属于不同经营领域的复数市场主体通过信息网络异业联手、协同合作,开发新产品,可以更迅速地满足不断变动的多方面的消费需求,获得更大的经济效果。

7.3.2 产业融合发展的重大意义

因此,上海未来产业发展不是究竟优先发展制造业还是优先发展服务业问题,也不是究竟以制造业为主导还是以服务业为主导的问题,而是促进三次产业的融合发展。产业融合发展就是以知识经济为基础,借助于信息化手段,利用生产价值链开展合作,使各自分立的产业演化成一种交叉集合的产业融合,实现生产方式的根本转变。这一产业发展方针的提出,是对上海"两个长期坚持"的产业发展方针的进一步深化,顺应了新形势下产业发展的新趋势,有助于产业发展模式创新,更紧密地结合了上海城市能级水平提升及科教兴市战略的实施。

第一,包容了原先提出的"三、二、一产业发展方针"和"二产与三产并举、共同发展方针"的基本思想。三次产业融合发展,并不完全排斥产品制造,而是把产品制造与服务提供有机地结合起来,即产品只是一个待发生的服务;而服务则是实际上的产品。在顾客与产品生产者发生密切联系的情况下,只有同时既是产品、又是服务的供应才能满足消费需求。与此同时,产业融合发展要求有形产品中包含越来越多的知识与信息,使其产品的价值越来越多地体现在无形方面,诸如设计与营销等。例如,国外一些传统的冶金企业已逐步转化为服务性公司,其服务的价值已超过其产品价值。因此,产业融合发展方针本身就要求二产与三产并举、共同发展，也内含着现代服务业优先发展的基本思想。

第二，体现了提升上海城市能级水平，建设现代化国际大都市的本质要求。在经济网络体系中，城市作为其中的一个重要节点，越来越具有流动空间的属性。因此，提升上海城市能级水平，不能靠大量物质资本的存积，而要具有更大的流动性和集聚、辐射能力。这就要求转向"经济服务化"，能够提供大量的现代服务活动，特别是生产者服务。产业融合发展方针强调了产品寓于服务之中，以服务带动产品，完全符合"经济服务化"的要求，有助于促进上海城市能级水平的提高。大型的现代服务业，是一、二、三产业融合起来的大服务。这是特大型城市最先体会到的，也最先能够形成集聚力和辐射力。

第三，符合世界产业发展的新潮流，引领了产业发展的新理念及生产组织方式。产业融合发展带来的部门间业务交叉、市场交叉等新变化，打破了彼此分工的界限，使其得以相互介入。公司之间不再讲求垂直整合，而讲求不同功能公司之间的水平整合。企业之间不单纯是一种竞争关系，更是一种协同关系。与过去仅考虑其自身需求的方式截然不同。在产业融合条件下，企业不仅要考虑自身，把业务流程的各个功能串联起来，以实现商务的集成，如客户关系管理（CRM）、供应链管理（SCM）、价值管理（VBM）等，还要考虑与外部结合的一系列连接，完全借助于互联网来完成协同式的商务。因此，产业融合发展将形成一种新型的竞争协同关系，并在信息技术广泛运用形成各类产业自动化、智能化的基础上出现产业结构柔性化的趋势。

第四，凸显了基于科教兴市战略全面实施的产业创新的作用与功能。产业融合赋予信息竞争不单纯是一个掌握信息来满足市场需求的问题，更是一个运用信息与知识，并将两者融为一体参与竞争的问题。因为产业融合不仅要求把原先不同部门的信息加以交流与整合，而且还要求把这种交流和整合的信息与有关专业知识结合起来加以运用，以争取提供更大信息含量的服务。这实际上意味着信息流动的根本改变，即从权力和商品交易的流动变为知识的流动。为此，一个组织具有与众不同的竞争力的关键，就在于它把新的信息与现有的专业知识融合成一体的能力。在此过程中，知识创造和传播过程就成为其核心问题。因此，产业融合发展方针凸显了基于科教兴市战略全面实施的产业创新的作用与功能。作为一种生产方式根本变革的新产业模式，它不仅带来大量融合新产品与服务的涌现，而且其影响也深刻反映在对原有产品与服务的改善上。也就是,产业融合创造了新的发展空间,使原有业务有可能获得新生,从而促进原有产品与服务的新发展。

7.4　新型产业体系构建

新型产业体系的构建必须充分反映时代发展特征与上海城市特点。一方面,要与上海建设国际大都市的功能相匹配,体现国际大都市的产业特色;另一方面,要以信息化与全球化共同营造的网络时代社会为基础,充分反映数字融合基础上产业融合的新特点。

7.4.1　基于新产业分类的产业体系

产业分类是把产业活动及其联系按一定的原则给予分解和组合,以便人们分析研究产业比例关系。因此,产业分类主要是人们认识产业经济运行规律的重要工具,应有利于揭示产业演变的内在规律,有利于描述产业结构的发展史和未来发展趋势,当然也要有利于社会经济的统计分析。

传统的三次产业划分方法,以及产业结构重心沿着一、二、三产业的顺序向前演进的理论,是费希尔和克拉克在20世纪30—40年代提出的。它主要依据生产加工对象的属性,即是自然物还是非自然物(经过初步加工的资源),来划分第一产业与第二产业,并将剩余部分归为第三产业。这一产业划分主要揭示了以非自然物为生产劳动对象的工业发展。当时,经济最发达的美国、英国、法国、德国等还处在以工业化为主导的阶段。因此,费希尔—克拉克—库兹涅茨的三次产业分类方法对于揭示当时发生的产业结构演变是较适用的。

传统的产业分类普遍遵守所谓"同质性"原则,即一种产品由一个产业来生产,诸多产品与诸多产业处于一对一的对应关系中。这个原则的建立,有两个限制性的假定:一是没有替代技术,即一种产品只能由一个产业来生产,不允许有几个产业来生产;二是不存在联合性生产,即一种产品不允许由几个产业联合生产。由于在没有替代技术和不存在联合性生产的条件下,提供同一产品或服务所依赖的活动平台及配套条件是基本相同的。而且,同一产品或服务的竞争只是发生在同一产业内的不同生产者之间。因此,从上述两个限制性假定中还可以进一步引申出另外两个限制性假定：一是不存在相同的运作条件，即一种产品只能在一个特定的产业平台及环境中生产；二是不存在交叉的市场关系，即一种产品与另一种产品处于非竞争关系。

综合传统产业分类的上述四个假定性条件，实际上是一个产业边界的设定问题。第一个限制性假定实际上是一个技术边界问题，即每一个产业是用一种特定的技术手段及装备和与此相适应的工艺流程来生产某一种产品的。尽管在现实的生产过程中也可能需要运用某些通用技术，但其只是作为辅助性技术而存在，主导性技术是具有高度专用性和非替代性的。第二个限制性假定实际上是一个业务边界问题，即每一个产业通过不同的投入产出方式向消费者提供其产品或服务，并形成自身独特的价值链。第三个限制性假定实际上是一个运作边界问题，即每一个产业的活动有其特定的生产规模、技术标准、进入门槛，以及空间布局等要求及其条件。第四个限制性假定实际上是一个市场边界问题，即每一个产业的交易是在一个特定的市场（包括其规模、区域等）通过不同的环节与流转方式进行的。

然而，随着信息经济在整个经济系统中的地位与作用日益增强，产业融合发展的新形态出现，传统三次产业分类已经不符合时代的要求，难以揭示产业结构演变的特征，因而也就没有实际意义，不能作为分析经济现象的依据。为此，一些经济学家和一些国家的经济管理部门开始探讨新的产业分类。但目前情况来看，主要是做个别改良。

第一种做法是在原有产业分类中进行个别调整。例如，美国商务部的研究报告《浮现中的数字经济Ⅱ》最重要的一点，就是采用了北美最新的产业划分的统计标准：不再将计算机产业、网络设备制造业列入信息产业的统计范围，而是将其当作制造业；并据此重新界定了信息业的范围：软件业、网络接入服务业和网络信息服务业。

第二种做法是以三次产业划分为基础，结合信息化的新情况增设新的产业部类。有的学者把信息设备制造和信息服务从第二产业和第三产业中分离出来，形成独立的信息产业，称其为第四产业。也有一些学者认为，第三产业中所有的精神产品生产业，包括教育、科研、咨询等产业应从第三产业中独立出来，称为第四产业。还有的学者主张，在原有三次产业基础上，把知识产业从第一、第二、第三产业中分离出来，使其成为第四产业。

　　不管是在原有产业分类框架内进行个别调整，还是在原有产业分类基础上增设新的产业部类，其立足点还是工业经济时代的产业分立，没有充分考虑信息化进程中产业融合的发展趋势。当然，也有个别的学者和国家完全推翻了传统的三次产业分类，重新设定了新的产业分类。例如，日本现行经济统计中采用按生产方法进行产业分类，把所有的产业分为物质生产业（包括工业、农业、建筑业等生产物质产品的产业）、网络业（包括商品、货币流通产业和具有网络设施的产业，如商业、金融、供电供水等），以及知识、服务业（包括医疗、教育、娱乐等产业）。这种产业分类虽然更贴近现实的发展，但缺乏坚实的理论依据，带有一定的随意性。

　　笔者更倾向于从信息化进程中产业融合的发展趋势，根据生产对象、内容的形态来进行产业分类。从总体上讲，整个产业经济的要素是由两大部分组成的，一是物质（原子）；二是信息（比特）。尽管这两方面是交织在一起的，但随着信息技术及网络的发展，两者也有了相对的分离，并且"比特"世界越来越大，处于支配和主导"原子"世界的地位。因此，从生产劳动对象的角度用原子与比特来代替自然物与非自然物进行产业划分，更能体现当今时代的产业经济特征。

　　我们可以将整个产业体系极端地分为两部分：以原子为基础的产业与以比特为基础的产业。前者可统称为物质产业（以原子加工为主的产业部门），后者可统称为内容产业（以比特加工为主的产业部门）。介于这两端中间，是由信息流带动的物质流，如生产资料与产品运输、劳动力迁移、技术成果转让、资金转移等，可统称为位置产业（以比特和原子综合位移为主动权的产业部门）。

　　用这种全新的产业分类法来取代三次产业划分，就打破了农业、制造业与服务业的分立。因为只有当农业、制造业仅仅以提供物品产品为主的情况下，它们才是物质产业部门。但当农业、制造业提供的产品只是一个待发生的服务，而服务则是实际上的产品时，其业务模式就从制造一种产品转向提供一种服务，它们就不再是物质产业部门，而是内容产业部门或位置产业部门。同样，传统意义上的服务业中的某些部门，如果只是提供一种以原子为基础的服务形式，如服务设施等，也不能归属于内容产业部门；如果主要是提供一种位移的服务，那也只能归属于位置产业部门。

　　按这种全新的产业分类法，所有的产业部门都可以按其属性在产业体系中找到自身位置。原来农业、制造业、建筑业中以生产加工为主，提供物质产品的部门属于物质产业部门;原来农业、制造业、建筑业中的运输、仓储、批发与零售中的物流部分,则归属于位置产业部门;原来农业、制造业、建筑业中的规划设计、经营决策、营销策划、品牌商标塑造及注册、R&D、专利申请、技术推广与服务、财务管理与审计、法律文件起草及实施、企业理念及文化等都归属于内容产业部门。在今后信息化进程中,这些内容生产都有可能从原来部门中分离出来,形成专业化的内容产业部门,或者与现代服务业结合起来形成新的内容产业部门。原来第三产业中的交通运输与仓储业,再加上邮电通信业中的以信息基础设施为主的信息传递部分、批发和零售中的货物传送部分等,均归属于位置产业部门;原来第三产业中的金融保险业、房地产业、社会服务业、信息咨询业、卫生体育与社会福利事业、教育文化与传媒业、科学研究和综合技术服务业、国家政党机关与社会团体等,再加上邮电通信业中的信息内容部分、批发和零售中的商流部分,均属于内容产业部门(见表7.2)。

表 7.2 新型产业分类

	物质产业部门	位置产业部门	内容产业部门
农业	以生产加工农产品为主,提供物质产品的部分	运输、仓储以及销售中的物流部分	规划设计、经营决策、营销策划、品牌商标塑造及注册、R&D、专利申请、技术推广与服务、财务管理与审计、法律文件起草及实施、企业理念及文化等
制造业	以生产加工工业品为主,提供制造产品的部分	运输、仓储以及销售中的物流部分	同上
建筑业	以建造为主的部分	建筑材料运输、仓储	同上
第三产业	餐饮业中以制作食品为主的部分	交通运输与仓储业,以及邮电通信业中的以信息基础设施为主的信息传递部分、批发和零售中的货物传送部分等	金融保险业、房地产业、社会服务业、信息咨询业、卫生体育与社会福利事业、教育文化与传媒业、科学研究和综合技术服务业、国家政党机关与社会团体等,以及邮电通信业中的信息内容部分、批发和零售中的商流部分等

资料来源:作者编制。

7.4.2　新型产业体系的基本构架

按照上述新产业分类,以及上海构建新型产业体系的特点要求,新型产业体系构建所涉及的内容主要有:三类产业之间的关系、各自发展的目标及重点和支撑平台问题。

1. 新型产业体系的内部有机构成

从上海经济发展阶段性、原有产业发展基础,以及国际大都市产业发展趋势来看,新型产业体系的内部有机构成,或三类产业的关系,宜表述为:"以内容产业为龙头、以位置产业为支撑、以物质产业为基础"。

(1) 内容产业是新型产业体系的"灵魂"。尽管上海的城市发展历史比较悠久,其规模也较大,但要成为现代城市尚有距离。正如日本地理学家男井户指出的,由第二次产业所创造的城市并不是真正的城市,而仅仅是一些缺乏有机联系的工业群体,现代城市应该是适合于货物、服务和信息交换以及人们舒适居住的地域。因此,现代城市应该从属于内容产业。尽管各国际大都市有其发展及产业特色,但在信息技术革命影响下都无一例外地发展内容产业。这是信息化条件下国际大都市发展的新特点,也是具有趋势性的特点。例如,香港的内容产业发展很迅速,已带动了一个以资讯科技产业为特征和动力的经济体系的崛起。1999—2000 年香港已建立有 2000 家以上的科技公司,网络公司更是如雨后春笋般涌现。目前香港登记在册的互联网中文域名已达 3 万个,从事互联网应用软件开发的绝大多数为中小型科技公司,主要业务是为企业设计各类网站,编写各类提供网上服务的软件程式等,并提供财经、商贸、新闻、娱乐、拍卖、购物等各类资讯。上海只有以内容产业为国际大都市建设的产业基础,才能在世界城市网络体系中占有一席之地。

上海发展内容产业将有助于占领地区产业体系的制高点,并能更好地与世界经济一体化进程相融合。以信息技术及互联网为基础的内容产业,是高度知识密集型产业。例如,纽约是金融、新旧媒体、艺术和专业服务的聚合点,更是一个"思想王国"——一个汇集金融、法律、广告、出版、技术和通信的人才资源的国际都市,其城市信息化的结构特征很大程度上反映在基于互联网的新媒体及其产业发展上。纽约市有 4 家日报社,2000 多家周刊和月刊杂志,80 多家新闻有线服务机构。此外,还有 4 家国内电视网络和至少 25 家大型广播公司,其中包括 HBO、MTV、A&E、Nick-elodeon 和 Fox News。另外，还有数百家国家级杂志的总部设在纽约，如 *Time*、*Newsweek*、*Fortune*、*Forbes* 和 *Business Week*。上海如果能把内容产业发展起来，并形成一定的规模经济，在整个区域内就占领了产业制高点。这不仅对周边地区（城市）有很强的辐射力，与周边地区（城市）的物质产业形成互依、互动关系，而且也有助于发展服务贸易，更好地融入世界经济一体化进程，在国际产业分工体系对中国的延伸中扮演重要角色。

在信息社会里，信息流起着主导作用，引导和带动物质流的流向、流量与流速。内容产业主要是提供信息服务的，因此在新型产业体系中它就起着主导和带动其他产业发展的特殊作用。内容产业的发展，势必为位置产业和物质产业部门注入极大的活力，促进其健康发展。因此，把内容产业作为龙头，就赋予了新型产业体系以"灵魂"，体现了新型产业体系的"创新"本质，并大大拓展了上海产业发展新的空间。

上海发展内容产业有较好的基础，发展条件也具有独占性的比较优势，有很大的发展潜力和发展空间。从购买力平价汇率的人均 GDP 水平来看，上海已进入后工业化社会的发展阶段，以内容生产为主的第三产业发展也已有相当的积累，信息化水平（特别是信息基础设施）达到一定的高度，城市基础设施建设已初步完善，容纳百川、中西交融的海派文化和良好的社会环境都为内容产业发展奠定了坚实的基础。上海发展内容产业的条件是周边地区（城市）所不具有的，也是周边地区（城市）所不能替代的。事实上，上海在内容产业发展上还是比较薄弱的，如信息咨询、技术服务等，还有许多领域甚至都没有很好开发出来，如教育、文化、现代传媒业等，所以这方面的发展潜力相当大。

（2）位置产业是新型产业体系的"骨骼"。上海建设现代化国际大都市的功能定位，决定了它是一个资源集聚、配置、扩散的经济中心。它既是一台"搅拌器"，即各种类、各层次的要素集聚其中，经过"搅拌"，完成更高效率的重新组合；又是一台"放大器"，即重新组合之后的要素通过运作，其所能发挥的经济能量不是各要素效能的简单加总，而是倍增放大。在此过程中，伴随着大量物资流、资金流、人才流、技术流和信息流。因此，实现原子与比特位移的位置产业在大都市中的作用是巨大的，构成新型产业体系的"骨骼"。

上海发展位置产业有较好的基础。具备空港、深水港、高速公路、高速铁路、内河航道、市内轻轨等立体交通运输网络，城市基础设施（包括信息基础设施）也比较健全,可形成海运、空运、铁路运输、公路运输、内河航运等多式联运体系。由于独特的区位优势,上海发展位置产业也有很大的潜力。上海作为长江三角洲都市圈的核心城市和长江流域经济的龙头,具有非常开阔与纵深的经济腹地。而且,长江三角洲地区乃至东部沿海地区是中国经济较发达的区域,经济活动异常活跃,外向化程度高,经济联系密集,要素流动性大,对上海位置产业的发展有较大支持作用。

(3) 物质产业是新型产业体系的基础。除了少部分农产品、花苗木种植和水产品养殖外,上海的物质产业主要是工业品制造和建筑生产。物质产业的生产及其产品,为内容产业和位置产业提供了必要的物质基础,特别是基础设施建设和住宅楼宇建造,是内容产业和位置产业得以发展的基本条件。而且,正是物质产业的生产,才产生了对生产性服务的需求,成为内容产业和位置产业的主要生产内容。当然,内容产业和位置产业的生产对象并不局限于本地物质产业提出的需求,但本质上它们总是以物质产业的生产及其产品为基础的。

另外,一个特殊的原因是,上海的内容产业和位置产业正处在培育成长期阶段。在此阶段,内容产业和位置产业必须依附于相应的物质产业才能培育起来。其中,有不少还直接依附在物质产业部门之中,需要经过一段时间的培育与发展才能从中分离出来,形成独立的内容产业和位置产业部门。即使是已经分离出来形成独立的部门,由于尚未强大到足以向外扩散与辐射的程度,仍然要以当地物质产业部门的生产及其产品为其生产对象。只有当这些产业部门发展壮大起来,有了强大的经济实力和规模,积累起雄厚的无形资产,有较高知名度的情况下,才能突破地域物质产业的依附性,成为全国或全球性的产业部门,开展类似服务贸易的活动。如果没有当地物质产业发展的基础,内容产业和位置产业是培育发展不起来的。从这一意义上讲,物质产业必然成为新型产业体系的基础。

上海曾经是全国工业加工基地,有着良好的工业品制造的基础。至今,制造业增加值在 GDP 中的比重还较高,成为支撑上海经济持续高速增长的一个重要轮子。因此,借助于这一基础来培育发展内容产业和位置产业,是构筑上海新型产业体系的一个十分有利的条件。

2. 三类产业各自发展的目标及重点

在新型产业体系中重新划分的三类产业,除了产业属性有明显的区别外,其原有的基础及发展水平,以及发展的潜力与前景也都有所不同。因此,要结合上海现阶段的实际情况,具体分析它们各自的发展目标及重点。总的来讲,要优先做大内容产业,扶植做强位置产业,提升做好物质产业。

(1)上海内容产业发展的前景很广阔,但目前的发展水平较低,不成规模,影响不大,甚至还有不少领域没能很好地开发,例如现代传媒、文化、教育、医疗保健等方面远没有达到上海应有的规模和水平。因此,要创造条件,优先发展内容产业,使其朝着"齐全配套化、专业个性化、业务融合化、手段电子化"的方向发展。

内容产业提供的服务,涉及的领域与范围十分广泛,而人们对这种服务的需求也是多方面的、综合性的。因此,内容产业的门类齐全,成龙配套,就成为满足人们多方面、综合性服务需求的基本要求。另外,内容产业主要提供的是知识型服务,这就要求有较高的专业化水准,同时又能针对不同层次、不同群体的特殊需求提供个性化服务。在信息化条件下,由于内容产业是以"比特"为劳动对象,其技术手段及操作平台具有较大的相通性,因而有条件寻求跨行业的业务融合和高效率的市场融合。现代内容产业对信息的收集、处理、加工等,均充分利用计算机、因特网以及其他现代通信等技术手段,实现高度电子化。因此,在内容产业发展过程中,电子政务、电子商务和电子社区等都是其重要的载体。

(2)上海位置产业发展的潜力很大,但目前由于基础设施平台尚未健全(如洋山深水港等项目尚未完成),内部机制没有完全理顺,其发展受到相应制约。因此,要合理整合,重点扶植位置产业,使其朝着"综合协同化、规模大型化、高度开放化、运作网络化"的方向发展。

位置产业的发展不是单一的物流,而是所有要素和产品的综合流动。这里就有一个协同化的问题。当然,在不同的阶段可能有某一主导流,并融合与带动其他流。上海位置产业的发展要以规模效应取胜,不仅每一种要素的流动要达到相当大的规模,而且全部要素流动之间的协同也要达到相当大的规模。位置产业的发展从本质上讲,不是地方性的产业,而是跨地区的全国性产业,甚至是跨国界的全球性产业,因此必须有高度的开放性和多元性,主要面向周边地区、全国乃至全球范围。与此相适应,位置产业的发展在组织架构与运行方式上必须网络化,不仅要在当地形成网络,更要对外形成网络以充分延伸,否则就达不到规模化程度。

(3)上海物质产业发展的基础与条件很好,但目前的主要问题是选择性不明确,指向性差,技术层次不突出。因此,要加大调整力度,积极提升物质产业,使其朝着"生产清洁化、基地集聚化、工艺先进化、产品特色化"的方向发展。

上海物质产业的发展必须服从现代国际大都市的功能定位,以低能耗、无污染、可持续为基本要求,实现清洁生产。物质产业的生产基地宜相对集聚、合理分布,即使是都市型工业也要相对集中。物质产业的生产要提高技术含量,运用先进工艺。上海物质产业部门要尽可能减少大规模生产线的大宗标准产品生产,选择个性化的特色产品生产,都市型工业的产品生产要提高艺术性与文化性的含量,成为能体现个性和保值珍藏的工艺品。

3. 新型产业体系的支撑平台

新型产业体系的构建是一场深刻的产业革命,不仅其基本构架及内容是创新的,而且其运作更需要新的平台来支撑。结合上海的实际情况,与新型产业体系相适应的支撑平台主要有以下几方面。

(1) 新型产业体系的运作平台。产业活动是在一定的运作平台上进行的。新型产业体系势必要求有与此相适应的运作平台。除了产业运作平台的一般要求外,新型产业体系对以下几方面有着更高的要求:一是良好的基础设施平台,不仅要求设施齐全,而且要求便捷高效。其中,内容产业的发展要求具有广泛覆盖面、高容量、多功能的宽带互联网络和无线上网等信息基础设施平台;位置产业的发展要求具有便捷通达、多式联运的交通运输体系与大容量仓储等基础设施平台;物质产业的发展要求具有"八通一平"、环境优美的基础设施平台。二是完善的市场操作平台,不仅要求体系完整与内在有机、规则透明与规范,而且要求富有弹性、有进退机制,能不断优胜劣汰、新陈代谢。三是宽松的政府管制平台。内容产业和位置产业历来都是政府管制较严的领域,对其进入、定价、业务范围等都有不同程度的管制。在市场经济条件下,政府管制是必不可少的,但管制的范围、内容以及管制方式要适应经济发展的要求有所改变,特别要打破行政性的行业垄断,积极鼓励民间资本的进入,提高行业中各种所有制的竞争程度和市场机制的调节作用,构筑一个较为宽松的政府管制平台。

(2) 新型产业体系的组织载体。产业活动是通过相应的组织机构来进行的。新型产业体系势必要求有与此相适应的组织载体。除了一般的生产企业、流通企业等组织载体外,新型产业体系还特别要求有三类组织机构与之相配套:一是国内大公司或企业集团总部、金融机构总部或其他业务执行总部、国际金融机构和跨国公司的地区总部、国际投资集团等。二是专业化的中介服务机构。三是研究与开发机构、创意公司等。这类组织机构通常都是小规模的、专业化的、以人力资本为主的知识型组织,但又是数量巨大的、形成网络化的、个性化特色明显的组织群体。因此,这类组织载体的组成要素、资本构成、所有者权益、治理结构、运作方式、管理理念等,都与传统的企业组织有较大差异。

（3）新型产业体系的社会文化环境。产业活动总是在一定的社会文化环境中进行的,并受其影响。新型产业体系也要求有与之相适应的社会文化环境。其中,要特别强调以下几方面:一是体系完善的法律环境,以此形成对风险投资、知识产权、技术转让、品牌商标等强有力的保护。并在保持法律连续性的基础上,根据国内外形势变化,特别是技术经济发展的客观变化不断修改、增加新法律条款或删除已失效的法律条款。二是一流的高科技成果产出环境、技术转化环境、旺盛的高新技术产品需求环境。三是社会诚信环境,不仅要有完整的信用体系,而且要营造全社会诚信的氛围。四是高水平的居民受教育程度与文化素质,这不仅能为内容产业与位置产业提供高质量的人力资源,而且对其产业的产品形成旺盛的需求。五是高度开放的国际交流与合作环境。

8 全面推进信息化建设 *

1996 年上海信息港工程的正式启动,拉开了上海信息化建设的序幕。经过几年的努力,上海信息化建设已取得显著的成效。进入 21 世纪后,随着世界信息化进程的加速,以及上海建设现代化国际大都市步伐的加快,全面推进上海信息化建设具有更大的战略性意义和紧迫性。本章在分析上海信息化进程及存在的差距的基础上,对推进上海信息化建设的思路及对策提出若干意见。

8.1 创新与转型的重要抓手

随着科学技术迅猛发展,知识经济初显端倪,信息化进程正在世界范围内大规模展开。一个社会的信息化可以定义为"从有形的物质产品创造价值的社会向无形的信息创造价值的阶段转变"(Hayashi, 1967)。这是一种信息技术在社会领域(组织、部门、国民经济乃至整个社会)开始普及运用,并使信息的生产、分配、流通、消费成为其核心内容,从而带来行为方式、运作模式、经济结构、组织与制度构架等发生根本性变革,由信息动力逐步替代工业革命所带来的机械动力而成为社会价值持续来源的历史过程。美国政府在 1995 年 2 月的《全球信息基础结构:合作日程》文件中就指出:在 20 世纪即将结束的时候,信息是形成世界经济体系的至关重要的力量。在 21 世纪,信息产生的速度、信息的获取和信息

---

* 本章根据笔者主持的 2001 年上海市信息委重点课题"全面推进信息化建设的思路及其对策"的研究报告改编。

的无数用途,将会使各国经济发生更具有根本意义的变化。因此,我们必须从历史发展的高度和世界范围的视角来认识上海全面推进信息化建设的必要性和重要意义。

8.1.1 信息化建设与现代化国际大都市发展

经过连续十年二位数的经济高速增长,上海在综合实力不断增大、城市功能日益增强、发展形态逐步完善的基础上,正朝着建设现代化国际大都市的战略目标迈进,以形成具有重大影响和作用的国际经济、金融、贸易、航运中心。上海建设现代化国际大都市是在全球的概念框架之中的一种战略选择,提高其区域和国际竞争力将成为城市发展的新目标。而城市信息化将为全球化的实现和全球城市体系的构建,提供物质基础和社会保障,是其实现的前提。

在信息化背景下,国际大都市已日益成为全球信息网络的重要节点及信息高度集聚与扩散的中心点。工业时代的大都市,其要素流主要是人流与物流,而信息时代的大都市,其最重要的要素流则是信息流。信息资源生产、流动及分布的非均衡性规律,决定了信息流的源头集中在大都市。随着信息网络技术的迅猛发展和推广应用,信息技术将渗透到社会经济的每一个角落,国际大都市在信息集聚与扩散中的作用,具有以往任何时候都无法比拟的战略地位。而国际大都市本身发展及其作用的发挥,也内在地要求其率先实行高度信息化,确立地区和世界性的信息加工处理中心的功能地位。因此,全面推进信息化建设就成为当今国际大都市发展的一种必然的共同选择,而高度信息化势必成为国际大都市标志性的形象与特征。

为此,纽约在世纪之交提出了"更智能化城市(a Smarter City)"计划和设想,作为下一个十年计划的发展目标。"更加智能化的城市=互联网城市",这就是纽约人的演算公式。纽约法学院的马克·格林(Mark Green)在一个题为"设想一个更加智能化的城市:如何缔造纽约新的十年"报告中提出的:"我们必须在全球新知识经济的环境下建设一个更加智能化的城市……在上一个世纪之交,我们拥有的是一座在欧美大陆之间最大的天然港口。今天……在信息经济迅猛发展的时代,我们应该是世界的信息中心。"

新加坡在建设智慧岛过程中,将目标定位于:创建国际信息通信中心,争取到 2010 年,使新加坡将成为全球信息与通信技术的大都会。为实现新加坡的信息化中心的宏伟目标,政府采取一系列的行动和措施,例如新加坡一号计划(Singapore ONE)、电子商务产业发展计划(e-Business Industry Development Schemes,简称 eBIDS)、认证机构监管计划(Controller of Certification Authorization)、新加坡计算机应急反应协作计划(Singapore Computer Emergency Response Team)、新加坡信息网络中心(Singapore Network Information Centre)、无线通信计划(Wired Wireless)等。

香港提出要成为"数码世纪中的数码城市",已计划兴建数码港,其目的是为信息科技应用系统的发展、软件开发和多媒体内容的创作提供支援性设施,最终树立香港的国际信息科技和信息服务中心的形象。

可见,上海在建设现代化国际大都市过程中,必须把高度信息化融入其基本内涵之中。通过全面推进信息化建设,使上海在高度信息化基础上成为世界性的信息中心之一,并为建设国际经济、金融、贸易、航运中心奠定牢固的基础。

8.1.2　信息化建设与增强城市综合竞争力

增强城市综合竞争力是上海"十五"期间的发展主线。按照上海社会科学院经济研究所计算,反映城市综合竞争力的指标中,城市信息流量是一个重要因子,它对整个城市综合竞争力的权重达到 4.5%。信息化建设,是增强城市综合竞争力的一项重要内容。

全面推进信息化建设,在各领域广泛运用信息技术,势必能有效地改善城市各方面的功能,提高其运作效率,从而增强各单项的竞争能力。例如在新加坡,金融业信息化大大提高了交易的效率。1996 年推行的美元支票结算系统,使用户结算美元的时间从原来的 3 个星期减到了 3 天,同时也降低了用户的结算费用。金融电脑化也提供了无现金化的便捷交易。6 家本地银行集团和储蓄银行推出了电子转账网络,使客户在家里、办公室甚至在超级市场、汽油站、零售店,只要有电脑终端机,就能到网上查询账目、支付账款、转账等。此外,随着金融电脑化程度的提高,银行能开出的电汇货币从 6 种增加到 21 种,使客户各个账户之间的货币流通更方便。可见,借助于信息化,使新加坡金融业如虎添翼,大大提高了其竞争力。

然而,更为重要的是,综合性的竞争能力的提升,不仅取决于各单项竞争能力的大小,而且还取决于各单项竞争能力之间的协同程度。信息化的本质,就是系统集成,提高协同力。实践证明,信息化是实现城市功能系统集成的主要方式和重要手段。全面推进信息化建设,将大大提高各单项竞争力之间的协同程度,使城市各方面功能得到有机整合,形成全方位配套的城市服务能力,以强劲的集聚和辐射功能增强城市的综合竞争力。例如,纽约通过高度信息化使各种资源得到有机整合,不仅使其成为金融、贸易、新旧媒体、艺术和专业服务的聚合点,更是一个"思想王国"——一个汇集金融、法律、广告、出版、技术和通信的人才资源的国际大都市。

另外,城市综合竞争力是一个动态概念。与世界发展潮流相适应,增强城市综合竞争力必须建立在学习型城市的知识化基础之上,突出体现在经济服务化方面。上海增强城市综合竞争力,必须通过全面推进信息化建设,为形成学习型城市奠定坚实的基础,并极大地促进经济服务化和知识化。

8.1.3 信息化建设与产业结构高度化

由于历史与现实的原因,在今后相当一个时期内,上海仍将呈现"二、三产业共同发展、共同支撑经济增长"的基本格局。但随着世界性的制造业产品普遍过剩,产品贸易向服务贸易的根本性转变,以及国内大众化日用消费品市场竞争日益加剧和上海周边地区经济强劲发展带来的竞争压力,上海"二、三产业"的共同发展,已不能继续停留在原有水平基础上的产值规模增大,而是要在产业升级基础上实现更高的附加值。否则,就难以支撑上海经济持续高增长。全面推进信息化建设,将有力地促进上海产业结构的高度化,实现经济转型。

上海制造业的发展,除了进行结构调整外(如重点发展冶金、石化等基础产业,信息电子和汽车制造,以及都市型工业),更重要的是将传统制造业改造成为现代制造业。而目前现代制造业正呈现信息化趋势,正在发展成为某种意义上的信息产业。它加工、处理信息,将制造信息录制、物化在原材料和半成品中,提高其信息含量,使之转化为产品。现代制造业,尤其是高科技、深加工企业,其主要投入已经不再是材料或能源,而是知识或信息;其所创造的社会财富,实际上也是某种形式的信息,即产品信息和制造信息。在过去,制成品的生产成本主要来自原材料、厂房和劳动成本,通过生产线上高度标准化的劳动过程增加的价值很少。今天,在信息化进程中,这种状况已经被颠倒过来了,生产中的增值更加依赖职工知识和技能的无形投入,包括创造性与设计的熟练程度,与顾客的关系及商誉,创新性的营销手段和销售技巧等。例如在汽车制造业,这种依赖职工知识和技能的无形投入平均占汽车价值的 70%;而在微型芯片和 CDs 等高技术产品的价值中,则占到令人难以置信的 85%。[①]因此,全面推进信息化建设是上海实现传统制造业的根本改造,促进现代制造业发展的重要途径和手段。

上海朝着建设现代化国际大都市目标迈进,其产业结构变化势必将增大第三产业份额。但第三产业的发展,并不是传统服务业的规模扩大,而是现代服务业的新拓展。从世界范围来看,所有主要发达国家的经济活动正在发生根本的变化,即明显地从传统的制成品生产向依赖非常熟练的专业服务和技术公司服务的经济转变。今天,将近 85% 的美国人在服务业部门就业,其中的 65% 又处于有较高技能要求的现代服务部门。而现代服务业作为一种以知识为基础的无形产出经济,是由信息化来支撑的。纵观当今现代服务业的迅猛发展,是随着因特网的普及和电子商务的发展才大规模兴起的。因此全面推进信息化建设,对于培育和促进上海现代服务业或知识服务业的发展,具有十分重大的意义。

8.1.4　信息化建设与增强微观主体的活力

上海经济持续高速的增长,从根本上讲必须依赖于微观主体的活力。一般来讲,微观主体的活力主要来自市场化的制度安排。而在当今时代,市场化与信息化是互动的过程。因为信息化是一场革命,它不是简单地用计算机代替打字机、用电脑代替算盘。信息化水平的高低,也并非只看有多少商业网站和政府网站,关键是要看网络技术和信息技术融入传统经济的程度有多深。信息化要求我们在工作方式、思想观念等方面都必须进行深刻的变革。

特别是随着信息资源投入增大和信息流规模扩大,网络时代的高级联网与多媒体技术正把生产与消费、产品与服务更加紧密地结合在一起,从而使公司从受物理边界高度约束和面向制造与销售的狭隘经营战略转向更稳健的经营战略,后者不受物理边界约束,并且以消费者需求为导向。信息经济中的互联意味着顾客与产品生产者密切联系,产品只是一个待发生的服务,而服务则是实际上的产品。在这种情况下,只有同时既是产品、又是服务的供应,才能满足消费需求。因此,企业的业务模式将从制造一种产品转向提供一种服务。根据经济与

---

①　数据来自"世界经济调查",《经济学家》1996 年 9 月 28 日,第 43 页。

合作组织的调查,劳动力成本在 20 世纪 70 年代占到 25%,而到 1990 年只占 5%—10%。然而,知识和以信息为基础的服务在成本中的贡献急剧上升。例如美国一些制造业公司销售的商品中,知识和信息含量已占到商品成本的 50% 以上。因此,全面推进信息化建设,促进企业业务模式转变,使其更加适应市场需求的变化,将大大增强微观主体的活力。

总之,全面推进信息化建设,以信息化带动工业化,促进社会生产力跨越式发展,是上海未来发展的必然选择基本战略,城市信息化必将为 21 世纪上海的腾飞带来更大的空间和动力。

8.2 现状分析

8.2.1 信息化发展进程

上海信息化建设经过多年的探索和实践,在信息化基础设施、信息产业、信息技术的应用和信息化发展环境等四个方面都取得了阶段性的成果,为今后的城市信息化发展奠定了良好的基础。特别是以"信息港"为标志的城市信息基础设施建设取得重大进展,在 1996 年至 2000 年的五年时间里完成了由集约化信息管线、宽带网络工程和关键性应用等三种类型共七个子项目构成的信息港主体工程。以地理信息系统为平台,以城市规划、市政建设、交通运输、房地资源、生态环保、防灾抗灾、公共安全等领域的信息系统为应用主体的城市管理信息化,正在有计划、有步骤地全面推进。

在信息基础设施建设方面,上海与发达国家中心城市的差距不是很大,甚至在某些方面还处于优势地位。例如上海已建成由 100 多万用户构成的全球最大城域双向有线电视网,利用其 860 兆赫带宽的传输系统,可以轻松地完成互联网接入。覆盖全市 90% 区域的电信宽带网络拥有核心交换能力 320G、边缘交换能力 144G,同样成为世界上最大的 ATM 城域网。

另外,上海城市信息化的发展速度也比较快。1996 年至 2000 年的五年时间里,数字数据用户从 3178 户增加到 18849 户,国际互联网用户从 3347 户增加到 882400 户。目前,上海与互联网联网的学校比例也很高,基本上与一些发达国家中心城市相同。上海居民平均上网时间每月达 20 小时,也不低于纽约、伦敦等城市。

8.2.2   主要差距

从总体上看,近年来上海信息化建设主要是基础性的面上铺开,属于"布点""布局"的早期阶段,与发达国家中心城市信息化水平相比,尚有较大差距。主要表现在:

(1)在信息化基础设施方面,其差距主要表现在互联网国际线路带宽上。尽管 2000 年在上海登陆的国际通信光缆已增加到 6 条;上海的国际出口带宽比上年增长 5 倍,已超过 1500M,但在全球网络线路的城市排名中根本没有上海的位置。据美国电信地理公司调查,国际互联网国际线路带宽最大的城市依次为伦敦、纽约、阿姆斯特丹、法兰克福、巴黎、布鲁塞尔、日内瓦、斯德哥尔摩、华盛顿、洛杉矶、多伦多、芝加哥、西雅力、温哥华、东京。以上调查统计了各城市的国际互联网国际线路总容量,然后根据容量大小排列各城市的线路带宽。伦敦集中了横贯大西洋连通美国的线路以及连接欧洲大陆主要城市的线路,从而以每秒 18 Gb/S(每 Gb 为 10 亿位)的超大容量与全球连线。另外,上海虽然已形成城域"主干"网,但其"末梢神经"尚不发达,主要体现在公共场所的上网接口不普及,只是在五星级及以上宾馆全部拥有网络接口。而在美国纽约,星级宾馆、旅行饭店、娱乐设施以及机场的公用电话处都有上网接口,只要拥有电脑等就可随时接入上网。英国伦敦到 2003 年,将在酒吧、影院、邮局、汽车站、火车站、大型商店等 300 多个主要公共场合完成提供上网设施计划。

(2)在信息产业发展方面,不管是信息产品制造,还是信息软件开发,都存在一个产业核心技术开发能力薄弱的问题,生产及其产品的技术含量不高。在信息产业结构中,明显存在信息产品制造业比重居大,信息服务业发展严重滞后。

上海信息服务业的发展速度还是比较快的,2000 年经营总收入为 235 亿元,比上年增长 27%,其中网络服务业增幅达 52.3%,软件应用和系统集成服务的收入增长了 34.2%。但从全部信息产业增加值构成来看,信息服务业比重是趋于下降的,从 1997 年的 48.4% 下降至 1998 年的 46.4%、1999 年的 42.2%、2000 年的 37%。而在信息服务业产值构成中,主要还是电信服务业收入,占全部信息服务业收入的近七成,金融信息服务、软件与计算机维护、数据处理与检索服务、咨询和专业技术服务等增值信息服务明显滞后。

目前,大多数软件商提供的服务仍然停留在"以我为主"的理念,与客户的要求有较大差距,而相应的专业咨询服务又比较薄弱,缺乏大量实施信息化管理系统的专业咨询机构。这就使信息化系统实施过程中缺少可依赖和可靠的指导者、权益维护者和风险分担者,阻碍了信息系统的推广应用。

(3) 与信息基础设施"硬件"相比,信息资源开发严重不足,而网络和数据库又存在大量低水平的重复建设,且难以实现互联共享,等等。反过来,这也造成信息基础设施有效利用率低,信息化实际效果难以明显体现出来。例如,上海信息基础设施水平及信息终端机的拥有量并不低,但其实际有效利用程度并不高,家庭、企业和政府机构中的大多数电脑只是作为打字机使用;上网的主要功能是浏览信息与电子通信,网络功能远没有充分开发与利用。

这与国外一些大城市的信息资源大力开发以及社会文化经济信息共享有较大的差距。访问美国、加拿大和澳大利亚城市政府网站令人有一个突出的感觉,即每个城市政府网站不再是信息孤岛,其背后有一个巨大、雄厚的网络化信息资源体系与各个城市政府网站链接,并支撑着成百上千的政府网站运行。几乎每个政府网站都有专业清晰、信息丰富的社会人文、科教文卫的专业网站群与其建立链接,其中包括气象、体育、医疗、新闻、俱乐部、市场、企业、电视、广播、教育、音乐、旅游、娱乐和地理等各类专业信息资源网站。而每类专业网站背后,又有着少则十几个,多则成百上千的链接。这些专业网站在各自的信息领域激烈竞争、不断更新、不断增加、不断提高专业信息的质量和服务质量。因此,政府网站只要与其链接就可以不断地得到新鲜、专业和丰富的信息资源的服务和支撑。

(4) 信息技术应用程度不高,不仅应用范围有限,而且也缺乏应用深度,基本处于较低层次,难以上升到类似电子商务、电子政务的应用水平。虽然我们已初步形成了由电子证书、密匙管理、联合征信、网上支付等支撑的电子商务运行框架,并建立了"网上南京路"虚拟商厦,以及化工、医药等行业性网上交易平台,但实际的电子商务活动并没有开展起来,网上交易量很小。这与当前世界上电子商务发展的速度很不相适应。目前世界上电子商务交易额正以 10 多倍的速度增长,北美地区在线零售额则以每年翻三番的速度增长。日本企业间电子商务(B2B)的市场规模比两年前扩大了 1.5 倍。截至 2000 年底,交易额达到约 21.6 万亿日元(约合 1860 亿美元);企业与消费者间电子商务(B2C)的市场规模则在上年一年间扩大了 1.5 倍,交易额已增至 8240 亿日元(约合 70 亿美元)。

在电子政务方面,尽管上海市、区两级政府都建立了内部专用网,各政府机构全部拥有自己的主页,政务公开信息已经全部上网,部分单位也已开始在网上为市民和企业提供服务,但这些网络仅局限于介绍政府的职能、法规、政策、办事程序,公开的信息数量少,质量也不高,网上信息更新很不及时,网页与网页之间的连接渠道少,对于政府部门的信息未有动态的反映,也缺乏和用户的交流沟通手段,还做不到公众的交互以及直接的网上办公。与发达国家中心城市电子政务普及程度及其提供公共服务的规模相比存在较大的差距。例如,加拿大政府不仅实现了教育、就业、医疗、电子采购、社会保险、企业服务、税务等领域的政府电子服务,而且根据企业和公民的要求不断开发和集成政府入口网站,如建立加拿大政府入口网站、加拿大青年网站、加拿大出口资源网站等。作为世界头号信息技术大国,美国电子政务的发展也走在世界前列。纽约在 2000 年已有 50% 的政务实现电子化,2002 年将上升至 80%,其目标是在 2003 年底实现政府办公的无纸化作业,使居民和政府机构之间的互动关系实现电子化。根据美国 Council of Excellence in Government 2000 年 9 月的调查报告,93% 的被调查政府机构拥有网站,向用户(公民、企业、非营利机构)提供政府文件、选举信息、意见投诉、医疗保健、社会福利、执照申请等各类公共服务和网上办公信息。3/4 被调查个人访问过政府站点,大多数对政府网站的界面和内容感到满意。

(5) 在信息化支撑环境方面,还相当薄弱。目前有关信息化的法律、法规和政策尚不健全,统一的标准规范管理乃至防范手段和措施不完善,社会信用体系还不成熟,金融支付系统、物流配送系统等也不配套,再加上部门垄断和地区封锁以及各单位信息设施的局限,政府、企业、居民之间,以及制造商、供应商、经销商、银行、物流等部门之间尚未形成信息迅速流动的网络沟通平台,网站与部门、生产者、经营者、消费者之间大多采用传统方式沟通,无法实现信息沟通过程的全程电子化。这与发达经济体中心城市相比,存在着明显的差距。例如,日本国会通过了《电子签名和认证法案》,从而使电子签名具有同本人签字、盖章同等的法律效力。为了保障电子商务的顺利发展,中国香港在 2000 年 1 月制定了《电子交易条例》,构建了明确的法律架构。同时,还建立了由核证机关支持的公开密码匙基础设施,从技术上确保交易的安全性,让市民可以在更安全可靠的情况下通过公开网络进行电子交易。

另外,面对信息化的迅速发展,上海在信息化人才培养和教育方面远远滞后,信息化的社会宣传引导方面也略显不足。目前,信息人才已成为上海"12 类紧缺人才"之首,人才准备严重不足。调查中,有 60％的企业认为缺乏相关技术人才和人才流失是制约信息系统应用的关键因素。由于经验和人才的匮乏,尤其是缺少既懂信息技术、又懂经营管理的复合型人才,企业在信息化建设过程中的掌控能力不强,系统的作用和功能都无法实现个性化。整个社会的信息化教育,与国外相比也存在差距。例如,首尔在 2000 年开展"百万人信息化教育"的泛政府性活动,使 300 万人接受了信息化教育,极大地提高了互联网人口的比例。2001 年首尔信息化教育普及的重点是 40 岁以上的中老年人,而向这部分人群实施"信息化教育工程"的标准是月均受教育时间 20 个小时。政府向所有40 岁以上中老年人提供 5000 韩元/人的教材费,以便于他们学习电脑基础知识和互联网检索方法。如果个人愿意在电脑学院学习,只需花费 10 万韩元左右而已。另外,首尔各级政府还将筹措 40 亿左右韩元的费用投入信息化教育工程的补贴,而今后将被纳入固定的年度预算。

8.2.3 原因分析

上海信息化建设存在的差距,有各方面的原因。有些与经济发展阶段和城市功能转换有关,也有一些是属于条件不够成熟,但其中存在的制约因素,也是显而易见的。深入分析这些制约因素,对于我们全面推进信息化是十分重要的。

(1) 对信息化的内涵缺乏深刻认识和全面理解,从而在指导思想上发生偏差。尽管我们已经充分认识到信息化的重要性,并在思想上引起高度重视,在实际工作中加以贯彻落实,但对信息化的认识仍比较肤浅,对信息化的理解存在着较大的片面性。

一种倾向是认识简单化。面对着信息化扑面而来的滚滚浪潮,部分企业单位却把信息化的功能理解成狭隘的"上网",拥有几台可以上网的电脑,偶尔浏览一下新闻网页就以为已经完成了信息化的进程,没有认识到要在管理、生产、工作等方面全方位充分利用信息技术的便利来提高效率。这一本末倒置的做法使得这些企业失去了真正利用信息化来实现生产管理质的突破的契机,而这一现象目前十分普遍,不得不引起我们的重视。政府部门也有类似的情况,或者是把电子政务仅仅当作政府部门的计算机化,用计算机系统去模仿传统的手工政务处理模式,使计算机设备成为高级打字工具;或者是简单地把电子政务等同于政府上网,以为把政府一些政策、法规、条例搬上网络就万事大吉。这些都是只注重信息手段而忽视政府业务流程改进的结果,没有把传统的政务工具同网络服务有机地结合起来提供全方位的服务。

另一种倾向是盲目神化。有相当一部分人把信息化视为能够"包治百病"的万用灵丹,部分企业把这一不切实际的希望寄托在了信息化的一条道上,希望通过信息化这一贴"灵药",就能全面治愈企业的痼疾,迅速改变企业经营状况。当今社会,通过信息化来提升竞争力已经被证明是企业实现可持续发展目的的必备条件,但把"信息化"当作是企业经营发展的捷径这种将信息化盲目神化的想法是不切实际的。

还有一种倾向是片面形式化。在一些人的思想中,并没有真正理解信息化的实质内容,从而产生了为信息化而信息化的行为偏差,把关注的焦点放在了信息化的外在形式上。比如添置了多少电子设备,铺设了多少通信光缆,建设了多少信息平台,增加了多少网民等,而不是关心如何能够使信息化真正为我所用,让它转化为生产力。这种为了制造出"信息化"现象的指导思想,难以因地制宜地推进信息化建设,使其符合国情和企业的实际情况,真正以信息化推动国民经济发展。

最后一种倾向是思维凝固化。由于长期以来我们都在从事工业化建设,至今此任务尚未完成,受工业化思维方式的深刻影响,有相当一部分人停留在传统工业化的思维框架内来认识信息化,没有充分认识到信息化与工业化有着本质的区别。因此在信息化建设的方式上,沿袭抓工业建设项目的基本思路,将其分割着一个个独立的项目工程来开发。在信息化建设投入中,则存在"重建设轻维护更新""重硬件轻软件""重网络轻资源""重技术轻管理"等倾向和误区。

(2) 信息化建设的战略重点及其切入点不明确。信息化建设不是一个孤立系统,而是与城市经济、社会、文化等方面紧密结合在一起的,都将融入其历史基础、功能定位、区位特点、经济特色等因素。因此,信息化建设除了必须具备其共性的基本内容、结构框架、基础条件外,还要找到与现实经济社会的有效结合点,有其发展的战略重点。上海在信息化建设早期阶段,其战略重点还是比较明确的,即信息港主体工程建设,但以后的战略重点就不是很明确,特别在信息化应用方面,什么都抓一点,又什么都抓不深入。

　　与发达国家中心城市信息化发展路径的依赖性相比，上海在这方面的个性特征并不明显，似乎既不是以支柱产业为基础，也不是以核心竞争力为支撑，更不是以比较优势为导向。这种城市信息化发展路径的个性特征不明显，表面上是缺乏一种路径依赖，实质上反映了信息化建设尚未找到很好的结合点。毫不夸张地讲，这是现阶段上海信息化建设的一个致命弱点，将直接影响其今后的深入发展。

　　(3) 体制性的条块分割和各自为政造成严重的"数字壁垒"。一般来讲，当信息系统建设水平尚处于一般事务处理和简单信息管理的阶段，容易出现"信息孤岛"现象。上海信息化建设目前正处于这一阶段，这种"信息孤岛"现象也在所难免。但更主要的是，体制性的条块分割和各自为政，导致信息资源难以充分整合，资源不能共享。目前，有条件有实力的系统和单位，都不断加大数字化建设的投入，竞相搞计算机中心、信息中心和数据库。而国际经验则是发展公共数据库，由专业公司操作，实现资源共享。由于各个信息系统都是独立存在并运行，网络屏障多，信息不一致的现象非常普遍。甚至很多企业内部并存多套信息系统，或者是不断用新的系统替换掉旧系统，使系统之间的连接也成问题。这种信息系统的分割已经构成局部信息化分裂全局信息化的"数字壁垒"，使信息化建设综合优势发挥不出来。

　　(4) 传统模式的束缚。目前由于政府职能转变及管理体制改革尚未到位，企业改制和现代企业制度建设进程比较缓慢，因此较大程度上仍受到传统模式的制约，其落后的运作方式、组织结构、管理模式与信息化管理系统的先进管理理念发生严重冲突，与先进信息技术装备的要求不相适应，从而阻碍了信息技术应用的深化，使信息技术装备不能发挥应有的作用。

　　例如，在企业信息化过程中，ERP(企业资源计划)是管理公司业务流程和关键商务数据的中枢神经系统，已经发展成为实施电子商务的脊柱。目前 ERP 的发展越来越整合了企业内部和外部的所有资源，成为面向全程供应链的管理工具(包括供应商管理和客户管理)。但其中不变的，就是在 ERP 系统中，价值最高的是优秀的企业管理思想和方案。然而，这正是在传统模式制约下我们所缺乏的东西。没有这一"灵魂"，以及相应的企业业务流程重组、组织结构与经营方式的变革，企业信息化就只剩下一个形式上的躯体。

　　(5) 信息化的社会基础薄弱。信息技术的广泛应用，使社会各阶层人士都需要变革他们的思考、管理和行为的方式,要求进行复杂、持续的学习以改变其现有的能力。否则,就将阻碍信息化的发展。上海信息化运用程度较低,在一定程度上与市民素质、企业素质和政府素质有关,而后者又是信息化知识普及、教育培训、人才培育等"软性"推动不足的结果。

8.3　发展思路及战略重点

8.3.1　指导思想及原则

根据世界信息化发展趋势及其特点,以发达国家中心城市信息发展水平为目标参照系,从信息化建设的已有基础与现有条件出发,针对信息化中存在的差距与不足,在今后一个阶段里,推进上海信息化建设的总体思路是:紧紧围绕增强上海城市的综合竞争力和建设现代化国际大都市,以充分发挥城市服务功能为切入点,借助于市场与政府的合力,通过完善信息化内容的系统工程,实现跨越式发展。形象的说法,就是利用"杠杆原理"的跳跃发展。其中,信息化内容的系统工程(包括信息基础设施及平台建设、信息资源开发与利用、信息产业发展和信息发展环境)是一根杠杆,以城市服务功能为切入点是杠杆的支点,市场与政府的合力则是撬动杠杆的作用力。

首先,针对为信息化而信息化的盲目追求、偏好信息化形式的片面追求和迷信信息化的过度追求的倾向,必须从思想和行动上真正明确推进上海信息化建设的目的,即紧紧围绕全面提升城市综合竞争力和建设现代化国际大都市而展开,使信息化成为提升城市综合竞争力和建设现代化国际大都市的重要动力。为此,要做好"两个结合"的工作:

一是信息化建设与上海经济发展的有机结合。信息化建设不仅要有助于突破市场的地域限制和时间限制,大大加快市场信息流通与处理的速度,扩大市场总规模,优化价值链,从而扩大上海经济总量,而且要有利于带动企业组织整合与产业融合,推动产业结构高级化,积极主动地融入国际产业分工体系,争取产业制高点。

二是上海信息化建设与城市现代化发展的有机结合。信息化建设不仅要有助于为城市融入数字地球和全球城市体系、参与全球范围内竞争提供先进的信息平台,使上海有更多的利用国际信息网络、信息技术和信息产业国际投资的机会,拓展城市的经济活动的空间,而且也要有利于城市的可持续发展,彻底改变城市经济发展的支撑体系,使信息资源成为重要的战略资源,为知识经济的发展奠定坚实基础。

其次,针对信息化路径依赖特征不强的倾向,在推进上海信息化建设中,既要全面兼顾,也要有战略重点。这两方面是信息化推进中"杠杆"与"支点"的关系,都不可偏废。信息化是一个完整的系统工程,其各方面内容都是不可忽视的。其中任何一个方面的缺陷或滞后,都将直接影响这一"杠杆"本身的质量,决定其能承受的作用力大小。因此,我们必须兼顾信息基础设施建设、信息产业发展、信息技术的广泛应用、信息化支撑体系的完善等方面协调发展,相互促进。但要发挥上海的比较优势,最大限度地体现信息化的实际功能与作用,信息化建设必须以充分发挥城市的服务功能为切入点,把信息化工作融入经济和社会发展的全局中去,使信息化扎根于坚实的土壤之中,努力使信息化工作有新的进展。因此这个切入点,也就是推进上海信息化建设的战略重点。这将使上海信息化建设形成个性鲜明、独特的路径依赖,并能取得信息化的最大化成效。

还有,针对信息化进程中群体参与度不高、内在动力不足的倾向,必须在推进上海信息化建设中发挥市场机制的引导与驱动作用,使信息化融入企业日常经营活动和广大市民日常生活中去,与企业和居民的切身利益形成紧密联系,让其从中感受到信息化带来的便利和成效,促进其自觉、主动地学习和掌握信息化的运用,提高信息化建设的群体参与度,并形成一种源源不断的内在动力。

最后,针对信息化重硬轻软、政府干预不当的倾向,在推进上海信息化建设中必须强调政府的推动重点、方式、力度等要符合其发展的规律性和特点。在城市信息化初期,政府采取直接推动的方式,加大对信息基础设施建设的引导与投入,是必要的。但随着信息化进程的发展,政府的推动要逐步转向对信息化"软环境"和"软条件"的培育上来,塑造良好的信息化运作机制,营造一种广大企业与市民关心信息化、熟悉信息化、参与信息化的良好环境和氛围。

8.3.2 现阶段主要任务

根据上海信息化现状及发展方向,按照信息化建设全面兼顾的要求,现阶段主要任务是在信息化四大方面实现"巩固、完善、提高、突破"。

　　(1) 进一步完善信息基础设施,大力发展具有广泛覆盖面、高容量、多功能的宽带互联网络和无线上网。随着信息化应用的广泛与深入,各种多媒体应用的需求急剧上升,势必对信息基础设施提出更高的要求。作为一个国际性或地区性信息交换中心的城市来讲,对其信息基础设施的要求也就更加严格。为此,国外一些大都市都十分重视信息基础设施的完善与升级。纽约正在实施建立一个电子港(eBay)的庞大计划,加速建设和推广宽带网络,无线上网技术也在启动,目标是到 2003 年实现可以全天候上网。新加坡在建设具有高容量和良好转换性能的宽带基础设施,以实现家庭、企业和学校之间多媒体应用与服务的互动。国内一些大城市也正在打造高水平的信息基础设施。例如,广州计划建成一个能传递多媒体信息的综合数字通信网络;开发和完善一批数据库,建成数据库化的基础信息资源网络,即二大网络布局。深圳计划在 2010 年以前建成具有世界先进水平的信息基础设施,其中包括邮电通信、有线电视、无线双向数据、金桥卫星等四大网络,以及一个公共通信网络平台,以实现各种类信息的快速传递和充分利用。

　　上海的信息基础设施条件虽然较好,但也有一个进一步完善与提高的建设任务。首先,要进一步增大国际互联网国际线路带宽,以大容量与全球连线。其次,要把城市互联网络通过高性能的基础设施扩展至每一个角落。除了继续推进宽频网络普及所有商务大厦、社区和住宅外,还要在更多的公共场所(如星级宾馆、机场、火车站、娱乐场所、邮政局、公共图书馆等)提供网络接口,使人们方便地用笔记本电脑随时上网,或设立安装在特定工作站内,通过经设定的应用系统连接政府网站的公用电脑设施,供市民免费使用以取得政府部门的资料。

　　在此基础上,为加快家庭网络化步伐,要进一步为居民提供完整的家庭电子信息网络设施,即把家用电器、视听设备和信息网络连接起来,以提供各类城市型生活服务,包括录像需求、网络游戏指导、住家接入政府服务、在线购物、家用电器有效控制和家中健康及医疗服务。在具体实施中,可选择一些条件较成熟的社区或家庭进行“互联网住家”试点,形成示范效应后加以推广。

　　为了满足信息化应用日益深化的要求,还要瞄准国际先进信息技术及基础设施发展方向,及时更新和提高城市信息化基础设施的水平。从目前情况来看,代表未来发展趋势的移动通信、光通信将呈现快速发展的态势。为此,要做好充分准备,把建设以密集型波分复用(DWDM)技术、光分插复用(OADM)技术和光交叉连接(OXC)技术为基础的超大容量的宽带城域全光传输网和以 IP 技术为基础的骨干通信网,作为构筑城市信息基础设施的重要方向。

(2)促进信息技术及其产业的发展与升级,大力培育信息服务产业。信息产业在城市信息化建设中起着重要的作用,它是城市信息化得以实现的重要推动力。今后国际城市信息化竞争的制高点将集中在以数字技术为载体、以内容生产为核心的若干尖端领域,如数字广播、数字电视、卫星数字广播、互联网广播、数字化视频游戏等。在此每一个方面普及的背后,都将是一场激烈的市场竞争,预计这种竞争在 2010 年之前将进入高潮。为此,不少大城市都把信息产业作为其发展的新的增长点。例如,北京把信息产业列为首都经济最大的支柱产业,建立三个信息化示范小区,其中中关村将重点成为智力密集、人才密集、具备创新能力的示范区,争取有 2~3 个企业进入世界信息产业 100 强。广州力争到 2010 年把信息产业扶持发展成为其第一支柱产业,基本接近亚洲中等发达国家或地区的平均水平,其中优先发展面向家庭的电子信息服务业,使之成为信息产业中的主导行业。深圳也不甘落后,与清华大学、南京大学、北京大学等合作,建立了虚拟学校和产学研基地。

上海信息产业的发展,要把重点放在技术升级与内部结构优化上。在信息技术领域,上海要以开发基于新概念的 CPU、网络计算机(NC)和网络软件核心平台为突破口,力争在全国率先取得成效,为从根本上改变目前中国信息产业"空芯化"局面做出贡献。在产业发展上,突出软件产业的优先发展,争取尽快把上海建设成为全国软件产业的技术创业中心、软件开发中心、软件交易创汇中心和软件人才培训教育中心。同时,借助于发挥上海城市的服务功能的优势,大力发展信息技术服务业和内容产业。

在大力发展信息产业中,要充分考虑信息产业发展的综合性、内部关联性与协同性的特点,宜采取信息产业基地的形式,由技术创新区、院校区、文化产业(多媒体制作)区、硬件制造工业区、软件园、创业孵化园、虚拟制造中心、电子商务中心等功能区域组成。这些新兴的功能空间,有助于信息产业全面发展,并将成为城市信息化的先导和主要的战场。根据上海目前的情况,可构筑以张江为龙头的若干个信息产业基地的战略布局。

(3)扩大信息技术应用范围,提高信息化程度。信息技术应用是信息化建设的核心,是信息资源开发和利用的手段,也是信息产业发展的持续推动力,它集中体现了信息化建设的需求和效益。上海与发达国家中心城市信息化的主要差距,集中表现在信息化应用水平上。提高信息化应用水平,是上海进一步推动城市信息化的关键所在。信息化应用水平提高不上去,投入大量资金的先进信息基础设施无疑得不到有效利用,居民和企业拥有的信息终端设备的功能也无法充分发挥,并极大地影响电脑及网络在整个社会的普及程度。为此,我们要力求通过信息技术在全市各行各业各个领域的广泛应用,切实发挥对提升上海经济和社会发展水平的支撑作用。

一般而言,为了充分支持城市的现代化,大型和特大型城市在公用信息平台上所集成的信息化应用系统通常比较复杂庞大。由于受制于各方面条件的约束,大城市的信息技术应用通常采取重点突破、旋进式发展战略。如北京确定主要发展四项应用系统工程,即电子政务系统、首都电子商务工程、科技教育信息系统、劳动及社会保障和社区服务信息系统。广州确定三大重点工程:金字系列工程、交互式图文服务系统工程、交互式电视(影视卡拉 OK 点播)工程。相比于其他地方,上海各方面本身的发展水平较高,且发展比较平衡,实施信息技术应用的基础条件较好,因此有可能实施全面铺开、同步滚动的发展战略。这有利于信息技术应用的系统协同,克服个别突进带来的“信息孤岛”效应。当然在此过程中,信息资源开发利用和共享是关键。否则,还是避免不了“信息孤岛”的现象。

为此,既要做好信息技术应用的总体规划,处理好重点应用工程与一般应用工程之间的关系,注意各方面信息化之间的连接与互动,促进信息资源共享,又要充分调动各方面的积极性,在政府管理信息化、企业信息化、金融信息化、商贸信息化、教育信息化、医疗信息化、社区信息化、城市交通信息化、环境监测与管理信息化、防灾抗灾管理信息化等方面取得突破性进展,加大信息资源开发的力度,进行逐年滚动推进。

(4)改善信息化发展环境,构筑四大保障体系。实施信息化不是单纯的技术问题,而是组织、管理等方面的革命。特别是当信息技术应用进入深化阶段,信息化发展已不再主要是技术问题,或信息技术应用本身的问题,而是如何在各种应用信息技术的潜在途径中进行价值评价和选择,并使其组织形式、运作系统、管理方式、人员素质等方面与之相适应。因此,不仅要改变传统的思想观念,更新管理与服务的理念,而且更要进行组织业务过程再造、组织结构再造、体制与机制创新,充分调动人力资源的潜能,创造良好的竞争环境与法律环境。

根据目前信息技术应用的实际情况,我们特别要注重构筑四大保障体系,即网络应用系统和软件开发体系、网络传输编码和网络互连标准协调体系、信息技术人才培训体系、信息法律和知识产权保护体系。

8.3.3 信息化建设的重点选择

上海信息化建设以发挥城市服务功能为切入点,其战略重点宜选择电子政务和电子商务的发展。这两方面是最具有辐射力和覆盖面的城市服务功能的体现。通过电子政务提供更多网上的公共服务内容,以多样化的内容及便捷的服务方式吸引居民和企业参与信息化进程,推动"全体市民上网"的热潮。通过发展电子商务为信息化改造传统产业、整合各种资源存量提供有效的途径,促进产业融合渗透中的共同发展,带动现代物流业和现代金融业的发展。

(1) 加快电子政务的步伐,提供电子化的公共服务。电子政务起着引导和带动社会各利益团体的信息化行动的作用,目前已成为各国信息化建设中的一项重要内容。例如,新加坡政府提出要建成领先世界的电子政府(eGovernment),以提高为市民服务的水平,并制订了实现电子政府的六大计划(知识为基础的工作场所、电子服务传输、技术试验法、运转效率的提高、具有强大适应能力的先进的信息化基础设施、信息化教育)。东京于 2000 年 3 月正式启动了"电子政务工程",预计在 2003 年以前全面投入实际使用。届时,政府将在网上受理税金申报、有价证券报告递交、核电站建设审批、出口产品审批等政府各部门的 3000 多项业务,政府网上采购计划也将全面展开。韩国专门设立了"信息技术促进基金"(860 亿韩元),用于公共部门信息化,计划到 2003 年实现"电子政府"建设,以提高政务效率、质量、透明度。国内也有不少地方明确提出了建设电子政务的时间表,如北京市力争用两年时间,到 2002 年底初步实现政府面向企业和市民的审批、管理和服务业务在网上进行,政府内部初步实现电子化和网络化办公;在此基础上,再经过三年的时间,到 2005 年底建成体系完整、结构合理、高速宽带、互联互通的电子政务网络体系,最终建成北京市政务系统共建共享的信息资源库,全面开展网上交互式办公。因此,上海要在政府办公自动化、内部联网、"中国上海"政府网站等已有基础上加快电子政务的步伐,在国内率先实行电子政务。

为了实现政府的一切公共服务都能够从网上获取,首先要实现政府办公的无纸化作业,明确规定所有的公共服务项目必须能够适应电子传输或能够利用电子渠道。为此,要按照现行文件处理程序、格式制定相应文件处理程序、格式,制定统一标准,提出建立适合文件传递处理控制系统的要求,开发和建立电子文件系统。

在此基础上,要求各部门就其信息化需求进行信息系统策略研究,制定公共服务上网计划,整合政务信息资源,建设和改造政务数据库,并根据各自情况逐年推出网上公共服务项目,在限定的时间内予以全部实施。其中包括以下主要方面:①财政管理信息化系统,处理财政、预算管理、审计管理等事务。②政府采购信息化系统,提供电子招标和采购等电子商务服务。③电子税收系统,使缴纳人可以在任何地点直接通过计算机网络系统申报和缴纳所得税、增值税,以及办理退税和查询。④立法信息化系统(包括法律管理系统),方便人大代表和人大工作人员查询政府信息库的资料、人大对政府活动的调查资料、议案资料等。⑤司法信息化系统,实现各级法院、检察院、公安、司法等部门之间的互联。⑥区县、街道公共机关信息化系统。将区县政府、街道办事处管辖事务规范为若干项,如居民、土地、公共卫生和社会福利等,进行标准化,实行事务的信息化管理。

届时政府部门以联机方式全天候为市民提供电子化公共服务,市民可通过互联网或其他电子传讯方式获得公共服务。另外,可以由政府和公益部门共同出资兴办诸如教育、儿童、医疗、商务等专业网站,以创造一个以消费者为中心的集成电子服务系统,实现家庭、企业和学校之间多媒体应用与服务的互动,为居民提供各类实用信息与服务。

(2)稳步推进电子商务,提供高效、安全的电子交易平台。电子商务以一种最大化网络方式将顾客、销售商、供应商和企业内职工联系在一起,使供需双方在最适当的时机得到最适用的市场信息,因而极大地促进供需双方的经济活动,减少交易费用和经营成本,提高企业经济效益与参与世界竞争的能力。据预测,2002年电子商务每年可为商界节约12500亿美元。因此,国内外诸多城市都在大力发展电子商务。例如,新加坡大力推进"电子商务产业发展计划",并成立了由8个政府部门组成的"电子商务行动委员会",负责协调和推动其主要行业的电子商务活动。香港特区政府推行电子化网络化服务,以带动香港电子商贸的发展。北京的"首都电子商务工程"以建设首都电子商城为重点,进行以网上购物、网上交易和价值链优化管理为主要内容的电子商务的试点。这一电子商城是建立在因特网上进行上述商务活动的虚拟网络空间和保障商务顺利运营的管理环境,包括门户站点、智能化搜索引擎、网上购物和网上交易平台、虚拟谈判间、目录服务系统、比较销售系统、安全认证接口、安全协议配置、金融支付中介、配送中心、电子邮局、协同作业系统、公用设施、保税仓库、会员组织、法律环境等。目前与首都电子商城合作的中外商业银行已达十余家,入驻首都电子商城的企业或客商约 3000 家,为国内外所瞩目。上海高密集的经济活动和庞大的交易规模,对电子商务的发展有着迫切的需求,同时也为发展电子商务提供了良好的基础条件。稳步推进电子商务,将为上海最终成为国际经济、贸易、金融、航运中心奠定基础。

　　在发展电子商务的过程中,首先要建立由电子证书、密匙管理、联合征信、网上支付等支撑的电子商务运行框架以及网上交易平台。在这方面,我们还有许多工作要做,如建立社会信用体系、信息网络安全、专业网络的互连等。但更深层次的基础性建设,则是企业信息化。没有大规模的企业信息化,电子商务是发展不起来的。目前大部分企业的信息化投资很少,信息化装备水平很低,信息化应用的人才缺乏。而且,企业信息化也并不是单纯的添置一些信息技术装备,或购买安装诸如 REP 等应用软件,而是要结合企业业务流程重组、管理模式转换、经营战略调整等重大变革才能真正实现。在这方面,存在的差距更大。因此,要鼓励网络应用服务公司向客户提供一条龙技术支持和全天候服务,支持网络专家咨询公司将先进的管理思想、全新的商业运作模式与现代的信息技术手段相结合,为企业提供商业模式的研究与战略咨询服务及传统企业向互联网经济转型的咨询服务,促进企业信息化。同时,推动和加快公司在线服务以及电子商务交易和电子商务总值的增长,主要使那些已经有一定电子商务能力的公司提升其电子商务价值的创造力。

　　根据国外的经验,在推动电子商务的过程中,要特别注重促进中小企业信息化。政府可专门拨款用于中小企业的无现金化、无纸化电子商务的进程;资助应用服务提供商(ASP)对中小企业提供客户关系管理、电子资源规划和供应链管理等内容服务应用;扶持商业银行开展中小企业信息化建设贷款业务,经有关部门确认的信息化建设企业可以从银行获得专项贷款用于 ERP 和 ASP 建设,政府予以担保和适当贴息等;设立中小企业信息网站,即企业信息、创业信息和经营信息业务为主的综合网站,该网站主要菜单是信息化导向、信息化会谈、企业电子地图、企业创业指南、中小企业电台、业务频道、雇用与求职、企业信息、创意创新天地、业务表格格式等,为中小企业信息化提供服务。

为了在推进电子商务发展中有强有力的组织保证,可考虑成立相关配套组织机构。一是成立"城市电子商务行动委员会",由市主要领导牵头,市信息办、计委、经委等相关部门参与,负责协调和推动各自分管的主要行业的电子商务活动,以加强电子商务的应用和增大电子商贸在商业交易中的比重。二是成立电子商务协会,协助政府信息管理部门加强电子商务行业管理,在政府和企事业单位之间发挥纽带和桥梁作用,研究政策与法规,及时提供电子商务政策;做好信息咨询服务和政策、技术、产业、市场导向方面的工作,开展电子商务方面的交流,加强国际合作,组织国内外电子商务新产品、新技术方面的展览和论坛,为开拓国内外市场做好服务工作。三是建立"电子商务支持中心",帮助落实企业信息化,特别是中小企业信息化计划。

8.3.4　加强信息化建设的政策引导

在信息化进程中,充分发挥市场的资源配置作用,鼓励竞争中的创新与发展,是十分必要的。但信息化本身固有的协同性、互连互动性、融合性等不同于工业化的特征,使政府的政策引导显得比以往任何时候都更为重要。特别是上海信息化要实现跳跃式发展,更需要在信息化建设中加强政策引导,创造一个良好的条件和体制环境,为信息化建设健康发展提供重要保证。

第一,统一规划与加强协调。信息化是信息技术推广应用与信息资源开发利用以及这两者相互结合、共同推进的一个长期过程,同时也是信息技术对社会产生影响的一个过程,是一项很复杂的社会系统工程。因此,在战略制定和计划实施时要充分发挥政府的主导和协调作用,把信息化建设置于统一领导、统一规划与统一行动之下,从而有效地避免部门之间各自为政与重复建设,提高整个社会的资源利用效率。

(1) 编制城市信息化促进框架计划。在广泛听取各方面意见,全面准确把握信息化内涵实质及框架,掌握信息化最新发展及其趋势,大量借鉴国内外信息化建设经验的基础上,编制城市信息化促进框架计划,包括信息化战略地位、目标及指导原则,信息化促进内容、重点,信息化标准,信息保护,建立法律法规体系等重大内容。在框架计划指导下,根据不同发展阶段的要求,制订跨年度或年度的"信息化行动计划",其内容覆盖管理、教育、产业等诸多方面,并提出阶段性的实施重点及主要措施。

(2)领导组织机构的调整与完善。原市信息化领导小组及下设办公室的领导组织体制,已不能适应上海大规模、深层次的信息化建设的要求,主要是领导小组比较"虚",而信息办承担了所有的信息化建设的计划制定、组织协调、计划执行检查等职能,但又没有足够的力量来很好完成。因此,要从体制、功能、组织机构上作相应调整,具体设想为"两个层次、三大职能分离"的组织体系:第一层次是作为上海信息化建设最高决策机构、最高指挥机构和监督机构的市信息化领导小组。第二层次按三大职能分别设立三个委员会:①由市长亲自主持的"信息化促进委员会",具体指导信息化政策、信息化计划、监督计划的制定及执行,包括指导和协调各区县的信息化计划。可由市计委、信息办、科委、经委、商会、民政局等部门领导及其规划处室同志组成,下设规划办公室常设机构。②"促进信息化执行委员会",组织、协调各有关部门执行国家及上海信息化计划,可由原市信息办为主体,加以适当的力量扩充。③"促进信息化咨询委员会",负责检查计划执行情况,直接向市信息化领导小组反馈计划执行信息,并向其他两个委员会提供咨询意见。这与原来市信息化专家咨询委员会的功能不同,它不是一个单纯的"顾问"性质,而具有实质性的检查、监督职能;其成员不能都是兼职的专家,而要由专职与兼职专家共同组成。

第二,全社会共同参与。为了形成全社会共同参与信息化应用开发的局面,营造一个良好的信息化应用的投资环境和发展环境,为信息化应用创造更为广阔的商业机会和市场空间。

(1)采取措施打破各种非经济性垄断,降低进入门槛,建立和维护开放高效的行业环境,通过社会、市场系统的不断完善,营造良好的投资环境,在开业、融资、人才供给、信息获得、研究咨询等各个环节,更多地吸引人才、资金、管理等各类发展要素。

(2)制定信息工程建设、产品采购、信息服务业等方面的政府采购与招标政策。

(3)制定和实施刺激信息消费的有关政策,提高社会信息消费能力。目前,过高的资费门槛直接影响了网络及信息技术应用的普及。这与美国、欧洲和拉美等地出现的"免费上网"形成明显反差。在这些经济发达、生活富裕和消费水平很高的国家,尚且要采用免费和赠送的形式来扩大因特网的使用和培育有利于电子商务成长的环境,我们就更需要在清理各种过时的、不利于信息消费的政策措施基础上,根据城市信息化发展的要求,特别是信息化深入应用的要求,采取降低信息使用费用、为上网用户提供优惠价格服务、扩大免费信息服务的范围、提供丰富的信息资源和便捷的信息服务等鼓励信息消费的政策措施。

(4)完善信息化的相关制度,研究制定信息化工作评价标准,以及信息化相关技术发展的知识产权评价标准、规范和执行办法。制定考核评估体系和工程监理、审查制度,推进相关产品的评测和认证工作。制定相应管理办法,促进信息资源共享,加强信息资源开发利用的管理,规范信息产品定价、上网、产权保护等信息服务市场行为。

(5)研究和建立行业行为规范。成立由政府部门、专家、信息企业和用户代表组成的行业指导委员会,为规范行业行为、促进行业健康发展提供制度和组织保证。政府还可以通过行业指导委员会积极推进面向信息系统有效应用的咨询服务。

(6)实施政府的信誉证书计划。为了增强消费者信心,鼓励与可靠的商家开展更多的电子贸易活动,在制定相应标准的基础上,委托中介机构对在线公司进行评估,政府对那些符合高级商业安全标准、遵守商务行为规范的在线公司授予信誉证书,使其被明确加以标识。

第三,提高全社会信息化意识及素质。加强信息化宣传和教育培训,不断提高全体市民的信息化意识及素质。

(1)把信息化看作是一场改变思想观念、增强信息意识的社会革命,通过信息化教育改变和消除在人们头脑中普遍存在的狭隘落后的思想意识。当前必须就电子政务与传统的政府管理的差异、电子政务与办公自动化的区别、电子政务对信息产业的引导作用等加强宣传工作,破除各种错误认识,使各级领导树立正确观念。除了继续开设每年一度的信息化高层论坛外,每年举办信息化(或互联网)节,向各阶层人士普及信息化(互联网)知识。

(2)充分利用高等院校、科研院所的资源,实施"信息化人才工程"。除了继续加大培养和吸引信息人才的政策力度,充分利用各种途径和方式,建设全方位多层次的素质优良的信息化人才队伍外,还要特别利用高等院校、科研院所的资源培养CIO、高级信息技术开发与应用等专门人才。为此,要对大学的专业进行调整,要求所有的大学都增设计算机、软件、信息技术运用等有关专业。此外,政府还要支持新办一所"信息技术学院",专门培养不同层次的信息技术人才。

(3)实施"信息化教育工程",开展广泛的社会各阶层参与的信息化教育与培训工作。要把各企事业单位在职人员的电脑或信息化培训列入工作计划,将信息化培训作为职工继续教育的重要内容,其培训费用由政府、企业和个人共同承担。政府可适当资助中小企业的职工信息培训,向求职者免费提供电脑培训。政府还应出资支持一个以社区为基础、广泛参与的、成本低廉的信息化培训计划。随着青少年信息化教育程度普遍提高,信息化教育普及的重点逐步转向40岁以上的中老年人。为此,市、区两级政府应设法筹措相当数量资金投入信息化教育工程的补贴,并可考虑将其纳入固定的年度预算。

(4)建立并逐步完善支持先进管理系统应用的培训系统。为此,可以采用选拔、委托,授权中介机构或直接组织等形式,利用社会资源,并予以精心规划和设计。

(5)建立一套实施信息化人才工程的组织管理体系。充分发挥市场机制对人力资源配置的基础性作用,建立和优化人才培养、交流机制和激励、合作、竞争机制。建议在国有大型和骨干企业中建立信息主管制度,试行信息师职称制度。

第四,标准规范体系建设。加快信息化标准规范体系建设及立法进度,加强安全防范。

(1)根据整体协调性、系统性、先进性、有预见性、可扩充性的原则,制定公共部分标准、应用环境标准、网络环境标准和物理环境标准,完成信息化标准体系框架的构建。重点是抓好应用技术标准规范建设,包括国际经贸数据交换技术、信息交互网技术、信息资源开发技术、信息系统一致性测试技术、信息网络运行安全技术等标准。积极推进实施上海市重要信息产品标准,逐步完善标准评定程序,并争取将上海市有条件的信息化标准列入国家信息化标准序列。在制定技术标准的同时,重视信息化标准的管理、审查、实施、监督,确保信息化标准体系的规范运行。

(2)加快电子立法进度,建立以反垄断、维持信用、保护知识产权和信息公开为主要内容的新的信息化法制体系。其中,包括信息技术发展及信息产业化、信息资源和网络建设与管理、信息流通与获取、信息知识产权与信息隐私保护、信息安全与保密等方面内容。特别要尽快制定信息化促进法、电子交易条例、电子签名和认证法、消费者保护法、个人情报保护条例、信息基础设施保护法规等法律、法规。

（3）针对网络的特点，对计算机和网络犯罪采取有效的法律和技术防范手段。成立互联网预警急求中心，负责监测信息系统的安全状况，防范和打击网络犯罪。尽快采取和完善数据加密、知识产权等保护措施，在电子商务等运作中设置保安，以便消除所连带的金融风险。在线交易过程中实施第三者保管契约制，只有在货物和服务完美送达顾客的情况下，服务方才能够收取报酬。

（4）在全社会广泛开展信息安全和预防网络犯罪的基本教育，特别是对青少年的法制教育。

8.4 完善信息化投融资体制机制①

信息化发展需要相当大的资金投入，尤其是实现超常规发展，更要注入大量资金来启动信息化建设项目，这对其投融资体制机制提出了更高的要求。为适应上海信息化建设的要求，我们要从信息化建设的特殊性出发，结合上海信息化建设的实际，来探索其投融资体制机制的完善与创新，寻找新的投融资渠道和投融资方式。

8.4.1 总体思路

在城市信息化建设上，重点是打破传统体制，引入竞争机制，实行"投资、建设、运营、监管"四分开政策，实现投资主体由单一到多元，资金渠道由封闭到开放，投资管理由直接到间接，初步形成"政府引导、社会参与、市场运作"的崭新投资格局，建立与国际惯例和市场经济接轨、适合上海市信息化发展需要的投融资新体制机制。

1. 公益投资和市场补偿相结合

由于城市信息化建设关系到国民经济、社会发展和市民生活，既要体现经济

---

① 本节根据笔者主持的 2002 年上海市信息委重点课题"上海信息化建设的投融资体制机制研究"研究报告（周振华执笔）改编。

效益,更要注重社会效益,因此,信息化建设中的社会资金配置必须体现公益投资与市场补偿相结合的原则。一方面,要加大政府对信息化的投入,进一步完善政府信息化专项资金的使用机制,加强对公益性、基础性、战略性的重大信息化工程项目的资金支持。另一方面,通过政府的规划引导和政策支持,利用市场机制,动员社会资源参加到城市信息化建设上来。

这种公益投资与市场补偿相结合的投融资体制,在具体的信息化建设项目上就体现为,根据项目不同的性质,实行不同的社会资金配置方式(表 8.1)。

表 8.1　不同类型项目的融资方式及资金来源

项目类型	具体 IT 项目	融资方式	资金来源
非公益性项目	集成电路生产线等项目、软件开发、商业化应用服务、"大通关"项目等	招商引资、项目融资、上市、借壳、买壳等证券融资、存量资产融资等	信贷、外商投资、民间投资、盘活存量资产等
准公益性项目	CA 交换中心项目、网上支付平台项目、企业"一卡通"项目等	BOT、TOT、有限追索贷款、ABS、资金信托、组合项目融资等	信贷、债券、基金、外商投资、民间投资、财政种子资金等
公益性项目	个人信用数据库、电子政务项目、社会公众应用项目等	政府投资、国际金融组织贷款、利用国债项目、融资租赁、暂时"民营化"(TP)使用付款(UR)、价值捕捉(VC)等	财政拨款、信贷、债券、基金等

资料来源:作者编制。

(1)一些实行收费管理且收入稳定的信息基础设施项目和开发项目,应该设法使投融资与经营管理模式市场化。已经具备市场经营的条件,可以在政府统一规划和规范管理的前提下,通过市场机制配置社会资源,逐步形成投资、经营、回收的良性循环。

(2)一些能部分市场化运作的开发项目,应以政府投资为主导,同时吸引有实力的国内企业和外商参与投资,通过价格财政补偿等措施,保证这类建设项目的正常运转和健康发展,并能使投资者在经营期间有合理的收益。

(3)从根本上说是难以实行市场化运作的公益性项目,其建设资金来源主要是由政府征收各种税费,通过财政支出安排来解决。对无法通过收费得到补偿的项目,以及一些收费不足以补偿的项目,政府要设计出稳妥的财政办法给予补充,包括充实城市信息化建设基金等办法。

2. 多元化投融资模式

改变过去由政府作为单一投资主体的做法,推行项目法人制度和面向社会招商,促进投资主体多元化,千方百计吸引社会资金直接进入信息化建设投资领域,形成以社会资金为主、政府和社会共同投资的投融资模式。

在信息化建设中,政府必须充分利用各种资源、发挥财政的杠杆作用,在保持以政府资金为先导的前提下,引入社会私人资本参与信息化建设,实行利用间接投资和生产的模式,即政府采用合同订购、减免税收、低息贷款、财政贴息、价格补贴等多种方法,与政府拨款相结合,资助和扶助城市信息化建设。在信息化建设中,发展多元投资主体,广泛吸收民间资本介入,首先要打破行政性垄断,开放信息化建设投资领域,降低产业进入门槛。除了为民间资本介入信息化建设提供必要的"进入"条件外,还要利用市场机制的作用,通过有效的方式来广泛吸收民间资本。不论是资本市场融资,还是通过政策性融资渠道,都必须解决建设项目本身的自我积累问题。也就是,界定建设项目的性质,区分营利性和非营利性,判断赢利的可能性、自我积累和自我发展的能力等。只有在这样的前提下,才能够实现市场化运作。因此,首先要对建设项目进行分类(见图8.1),区分非经营性项目和经营性项目,在经营性项目中进一步区分出竞争性项目与基础性项目。对于基础性项目再根据其在整个社会经济中的作用,划分为经营性基础设施项目与经营性一般设施项目两类。这样,在推出项目时就能有比较明确的投融资政策,经营性项目实行市场化运作,对非经营性项目实行某种方式的补偿,并可以进行适当调节,例如把非经营性的公益项目与经营性项目捆绑起来开发,让投资开发商利用经营性项目为其从事非经营性项目开发提供收入来源。

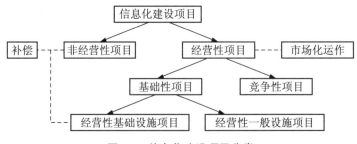

图8.1 信息化建设项目分类

资料来源:作者编制。

3. 全方位、多层次的投融资渠道

为满足信息化建设超常规的投资规模,要不断拓展全方位、多层次的投融资渠道。除了扩大预算内资金与专项资金、增发股票、加强自筹资金等外,在以下几方面还要进一步拓展。

(1) 在信贷资金方面,除了通过国内各类银行和非银行机构获取贷款外,还要积极开拓国际融资渠道,更大规模地利用外国政府贷款、国际金融机构(包括世界银行、亚洲开发银行、国际金融公司)贷款、国际银团贷款等。在全球信息革命下,信息化建设已形成热潮,国际金融组织对此方面项目的贷款正逐步增加,我们应积极主动争取获得这方面的项目贷款。

(2) 进一步拓宽地方债券融资的渠道。政府通过证券市场发行债券筹集城市信息化建设资金,是国际上通行的一种有效方式。中国目前不允许地方政府发行债券,这是针对在金融市场混乱时期滥发地方债券的控制性措施,将债务规模的控制权掌握在中央,可以视为一项临时性措施。随着金融市场秩序逐步规范,中央政府对金融风险控制与管理的能力加强,将会放宽对地方发行债券的控制,允许地方政府发行债券,以承担债务风险。根据省(自治区、直辖市)政府财政收支状况,改由地方省级人大根据经济发展需要和偿债能力,批准地方发债规模,并由国家认定有资格的评估公司评估地方政府的信用等级和债券规模。对以税收偿债的项目,设想设立专门的地方债券公司,将税收用于偿债的部分直接划入该公司用于偿债。以这种方法扩大债券融资来源,可以进一步拓宽城市建设资金筹融资渠道,国家则可以通过健全和完善债券发行法规,来实现对地方城市发行债券的管理和监督。对于那些依靠收费偿债的项目,也可以采取这种方式发行债券。

(3) 在改革中盘活资产存量、扩大公共投资的能力。在今后一段时期内,各种国有或国有控股的经济主体仍然将在上海城市信息化建设投资中占主导地位。通过调整国有资产的结构和“以存盘现、以小盘大、以优盘劣”等多种资产经营方式,使存量资金变为能够投入城市信息化建设的流量资金。通过改革信息化社会事业设施运营机制和投入补偿机制,扩大社会资金的来源。

(4) 加大利用外资的力度。除信息产业外,上海其他信息化建设中相比而言利用外资规模较小。在这方面有较大的潜力可挖掘。通过开放投资领域,完全可以吸引外商对信息化建设的直接投资。另外,在有条件的情况下,也可对具有较大偿债能力的建设项目组建项目公司,经过包装和评级,到其他国家的证券市场上市,以获取大量资金用于建设。

(5) 探索养老保险基金、医疗保险基金等进入信息化建设项目投资的途径。可采用类似资金信托的融资工具——委托贷款。养老保险基金、医疗保险基金等可作为委托人,由金融机构将其存款按约定的利率、期限等条件贷放给指定的信息化建设项目,其收益按约定的条件支付给委托人。这样,既可以保证养老保险基金、医疗保险基金等投资的收益,又可以充分利用其暂闲资金。

4. 不同类型投融资方式

目前,我们信息化建设中主要采用的还是常规融资方式。这不仅大大限制了融资的规模,而且难以满足信息化建设不同的个性内容。针对信息化建设涉及范围广、个性内容差异大的特点,要探索不同类型的投融资方式,特别是创新融资方式,以满足信息化建设不同项目的个性要求。

(1) 大力发展有限追索贷款项目融资方式。由于这是为某个特定项目安排的融资,对风险的追索仅限于项目本身所形成的资产和权益,所以外部资金投入者在最初安排贷款时,主要不是考虑项目投资人的资信,而是考虑项目建成后的现金流和项目本身资产能否形成充分的还款能力。与传统的以借款人的资信为保证的银行贷款不同,这种融资方式的特点是将项目的大部分有关风险在借款人、贷款人和第三方(一般包括项目产品或服务的未来购买者、对项目具体风险提供保险的保险公司、项目发起人的合作伙伴以及有关实体)之间进行分担。这对于项目发起人来讲,是一个很好的融资选择,不仅可以转移风险,还有利于项目资产报酬率最大化,在维持公司适宜负债比率的同时使公司和项目的偿债能力最大化,使项目或与项目有关的收入的征税最小化,使项目合约条款优化。而且,这种融资方式不需要国家政府机构或金融机构提供还款担保,不构成国家债务。因此,这种项目融资方式在信息化建设中大有用武之地。目前,这种有限追索贷款的主要供应者是北美、欧洲和远东地区的一些主要商业银行和投资银行,以及其他一些金融中介机构(如保险公司、投资公司等)。除了积极争取国外有限追索贷款融资外,更主要的是我们自己要培育这种项目融资方式,由有关的银行和金融中介机构来做这一业务。

(2) 借鉴和改造 BOT 融资方式。BOT 作为一种项目融资方式,是国际经济合作发展到一定阶段的产物。其签订合同的主体是东道国政府与国际项目公司(外商),适用于基础设施建设。但在信息化建设中,可以借鉴和改造 BOT 融资方式,将其主体扩延到国内私人部门,由地方政府与国内私人部门签订合同,由项目公司融资和建设信息化建设项目;项目建成后,项目公司在协议期内拥有、运营和维护这一设施,通过收取使用费或服务费用收回投资,并取得合理利润;协议期满后,这项设施的所有权无偿移交给地方政府或其他公共机构。除了信息基础设施建设外,信息公共应用服务和信息资源开发中一些未来可收费的建设项目也可运用这种经过改造的 BOT 融资方式。

(3) 实质性地推进 TOT 融资方式。在前几年大力推进信息化建设中,上海已建成了相当规模的信息基础设施,开发了一定数量的应用服务项目,建立了一系列的数据库。在这些开发项目中,有相当一部分具有一定的盈利能力或潜在盈利能力。因此,完全可以采取 TOT 融资方式,即移交(transfer)—经营(operate)—移交(transfer),对已建成项目的部分产权或经营权实行转让或拍卖。这种融资方式实质上是政府把现已投入运行的信息化建设项目在一定期限内移交给私人部门经营,参考项目在该期限内可能产生的现金流,确定上述经营权在一定时期内的转让标的,一次性地从承接项目经营权的私人部门获得一批资金,用于建设新的信息化项目;经营期满以后,该公司再把原来的项目移交给政府。通过这种方式引进了民间资金,使新的建设项目投资能够启动,而且新开发项目与间接提供资金的私人部门没有任何的联系。如果这类已建成项目的未来收益有较大的不确定性,政府以其自身信用,作出确保一定投资收益率的承诺来吸引企业购买经营权。由于这种融资方式不涉及所有权问题,加之这种融资方式的风险小,比较容易达成协议,政府也无需作过多的承诺。而且在 TOT 方式下,其他金融机构、基金组织和民间资本(包括私人资本)等都有机会参与投资。更为重要的是,由于这类项目提供的产品或服务具有非竞争的特点,尽管企业取得了经营权,但在产品或服务的定价方面没有决定权,因此驱使经营者通过提高经营效率、降低经营成本来取得利润,这会有利于引入先进的技术、管理手段,以及进行必要的维修,有助于提高其营运效率。

(4) 试行组合项目融资方式。这是把风险和收益率不同的两个或两个以上的项目结合成一个新的组合项目,然后利用以上的 BOT 方式或其他的证券化融资方式(ABS、ADR 等),到资本市场上为该新的组合项目筹措资金。尽管组合项目方案未能达到单项项目中最高的收益率,但仍高于较低单项项目的收益率,而且能将投资风险保持在原来单项项目的最低风险水平上。这种组合项目形式比较适合信息化建设中项目众多，且差异性较大的特点，应积极试行与推广。

（5）发展信托融资方式。通过信托机构发行信托受益凭证汇集社会上的分散资金，用于信息化建设项目，通过所投资项目的资本增值或形成现金流来实现投资回报，并使公众投资成为公共投资的补充。视不同投资项目的具体情况，决定是否要由政府对信托受益凭证的收益率作信用担保。只有对那些未来收益不确定的投资项目，政府才作出相应的承诺。一旦该项目无法实现预期的投资回报，由政府给予补贴。

（6）积极准备 ABS 融资方式。这是以项目所属的资产为基础，以该项目资产的未来收益为保证，通过国际资本市场发行高档债券来筹集资金的方式。它把缺乏流动性但能产生可预见现金流的资产，转换成在金融市场上可以出售和流通的证券，从而大大激活项目融资的潜能。ABS 方式隔断了项目原始权益人自身的风险和项目资产未来现金收入的风险，使其清偿债券本息的资金仅与项目资产的未来现金收入有关，加之在国际高档证券市场上发行债券由众多的投资者购买，从而分散了投资风险。而且，与 BOT 等项目融资方式相比，ABS 融资方式涉及的环节较少，融资成本也相对降低。尽管目前我们在此方面还不具备条件，但这种证券化融资代表着项目融资的未来发展方向，所以现在就要积极地做准备工作。

8.4.2　对策措施

1. 改革管理体制与促进社会投融资

信息化建设管理体制改革的总方向，是根据发展的实际情况，进一步开放信息化建设的投资领域，尽可能减少信息化建设的垄断性开发与经营，允许和促进社会的非公共部门投资各种类型信息化建设项目，促进社会投融资的发展。随着城市经济管理理论的创新和技术进步，过去被认为"自然垄断"的产业和产品，现在都可以在不同程度上引入竞争机制，甚至实行民营。因此，在管理体制上要有新的突破和创新，在信息化建设中更大程度地引入多元投资主体，并通过法律措施保证企业在这些领域的投资与经营活动。在此基础上，形成有效竞争，通过竞争来提高信息化建设中相当部分公共服务的供给效率。

在放宽投资领域和形成更大范围"进入"机制的同时，也要设计和形成有效的"退出"机制,特别是解决好政府有序退出问题。政府在信息化建设中不能有序地退出,在很大程度上也就限制了民间资本和私人部门的进入。根据国际经验,BOT、TOT 和 PPP 等模式都是解决政府有序退出问题的有效模式。因此,在信息化建设中要大力推行这些投融资方式,使政府以有限的财政能力支配和运作更多的社会资本,从而提供更多的公共服务。

在形成信息化建设"进入"与"退出"机制的过程中,特别要注重公共性项目中特许权的有效运用。政府通过特许投资与经营的方式委托企业开发与经营有关信息化的产品和服务,是信息化建设项目引入资本和竞争机制的重要手段。实行特许开发与经营权的目标,是在保护公共利益的同时,保证投资者能获得具有吸引力的财务收益。其中,有关合同谈判的一个主要内容是,投资者为获得开发或经营某项业务的权利而需要支付的费用,或政府可能提供的开发或营业补助。谈判的其他内容,还会涉及有关的服务收费标准、特许权的期限,以及合同期满后双方的权利和义务等等。在这些方面都要有规范化运作的程序和规则,形成特许权有效使用的机制。

此外,尽可能缩小政府管制的范围,并改变管制方法。凡是通过市场可以较好解决供求问题的领域,政府没有必要进行管制,可以由企业投资经营。应该区分不同的情况,根据各建设开发项目的性质,引进价格限制、进入限制和利润协议等不同的管制方法。在目前信息化建设投入严重不足的情况下,政府应主要采取利润协议方式。政府管制的改革内容主要涉及:(1)放松对定价权的管制,放宽或取消最高限价和最低限价;(2)有关市场准入(包括投资和经营)的规制,从许可制过渡到竞标制;(3)在保留主要涉及国家信息安全、信息环境保护等目的的社会性规制的情况下,取消有关的经济性规制条款。

2. 转变政府职能

在信息化建设管理体制改革中,转变政府职能和规范政府行为是关键环节之一。政府应由信息化建设的主导角色转变为与私人企业合作提供公共服务中的监督、指导以及合作者的角色,由直接组织和参与信息化项目开发与建设转变为通过特许权协议等手段吸引民间资本介入信息化项目开发与建设,并控制与监督企业的重要业务,间接控制企业的市场行为,引导企业的经营活动符合公共利益的目标。这一转换的基本原则,是兼顾规模经济和市场竞争,实行政企分开、政资分开,确定企业在信息化建设中占主导地位的体制和运行机制;政府应逐步从大量承担微观资源配置角色中解脱出来,按照已制定的项目政策和市场交易规则,有效承担起监督、管理和调控信息化建设的项目开发质量与效率的职能。一是改进计划调节形式,应采用滚动式的指导性中长期发展规划,而且应做好信息资源开发利用规划、信息应用服务行业规划及项目规划的衔接和联系。二是发挥政府种子投资的作用,带动社会投资。三是在运用价格限制和利润协议等方式进行调节管制时,应考虑信息化服务成本计算的特殊性,制定符合实际情况的项目政策。四是避免主要靠提价和财政补贴来刺激企业投资有关项目,而主要采用特许权协议、政府信用担保、贴息贷款、减免税收、捆绑式开发经营等方式来降低企业的开发和经营成本,刺激企业投资。

政府承担信息化建设的规划和管理职能,采用间接投资和生产的方式,并不意味着政府对信息化建设职责的削弱或解除,而是要求政府提高管理水平和技能,政府必须学习和掌握市场经济条件下对信息化建设的管理体制和管理手段,加强对私营企业的规制,包括城市信息化发展的规划、组织项目实施、实行招标承包、审批经营许可、限制或调整收费水平、确定补助与资助的范围和方式、制定政策法规保护投资、实行公平竞争等工作内容。

为了保证政府行为规范化,必须构建政府行为约束机制。一是实现政府决策和项目政策制定的科学化。通过立法建立严格的决策程序。建立专家咨询系统,充分发挥专家在政府决策中的作用。鼓励发展独立于政府的、完全自负盈亏的工程项目咨询公司。有关立法中应规定,政府投资项目必须经独立于政府的工程项目公司的论证,这些咨询公司必须对其论证意见负法律责任。政府在决策过程中,要通过相应的渠道广泛听取社会公众意见,以避免项目投资为少数政府官员的偏好所左右。二是建立权力约束机制,杜绝权钱交易,避免政府将特许开发经营权、市政工程以不适当的条件或价格给予少数个人、企业或外商而损害社会公众利益。为此,应以立法形式明确要求政府的这类活动必须具有透明度,在信息化建设投资的分配、投资项目的招标投标及在制定监管方案时接受公众监督。对于违反法规者,必须予以追究和制裁。

3. 积极引进项目公司的运作方式

信息化应用项目成败的关键,在于能否建立长效的运作机制。为此,要进一步探索信息化应用项目的运作机制。对于全市性跨领域的信息化应用项目,要积极引进项目公司的运作方式。充分发挥市信息投资公司的投资主体作用,支持和鼓励市信息投资公司参与有一定市场前景的重大应用项目建设。吸引一批主要从事信息化应用项目建设、有一定实力的公司,在项目发掘、项目预研、方案论证、系统建设等方面发挥专业公司的积极作用。如万达、华腾、交大慧谷、复旦光华、信投技术等。扶持成立重大项目公司或从事重要领域信息化的专业公司,如亿通国际、教育软件公司、联合账单信息处理公司、GIS平台公司、个人医疗信息数据中心公司等相关实体,做到推动一个项目,形成一个实体,建立一套机制,带动一块应用。

4. 充实和规范信息化建设基金

为了使上海信息化建设有稳定的资金来源,保证城市信息化建设的持续发展,应该扩大和完善城市信息化建设基金,并由专门的机构管理,最大限度地发挥这部分资金在城市信息化建设中的作用。

扩大和充实城市信息化建设基金的主要资金来源:一是以财政收入中城市建设维护税、土地使用税、公用事业附加费、市政建设配套费等城建税费中的一部分和其他稳定的财政性收入作为补充。由于城市信息化建设极大改善了城市投资环境,增强了城市综合竞争力和地方财政收入,因此可将增加的地方政府收入的一部分作为城市信息化建设的投资和债务偿还所需资金的一个稳定来源。建议将地方财政的一部分固定划拨城市信息化建设基金,并以地方财政收入增量的固定比例每年充实城市信息化建设基金。二是将目前已建成的信息基础设施和即将建成的一批项目作为基金项目,经过公正评估确定其收益,用基金的办法在境内或境外融资,一方面融资成本较低,而且稳定,另一方面可以降低各项目融资时每一个都必须聘请境外会计师事务所审计的费用。三是政府投资建成的信息化项目通过市场化资产运作实行拍卖、并购、股权转让,将其收入充实信息化建设基金。四是在国家政策允许的条件下,通过地方政府发行市政建设中长期债券,或适当扩大信息基础设施、信息应用服务和信息资源利用的收费范围和提高其收费标准来充实信息化建设基金。

信息化建设基金的资金运作应该是专款专用,即只能够用于信息化项目投资和专项负债的偿还上,在市人大或市人大指定的机构的监督和指导下按照一定规则管理和运行。政府可将该项基金授权委托专门从事信息化建设的投资公司进行经营管理,严格按照现代企业制度的要求运作,公司负责资金筹集、投资决策、经营运作、资产保值增值和监督资金使用。基金主要以参股方式投资信息化建设项目,发挥种子投资的作用,直接引导社会资金的合理配置,从而实现投资结构的调整优化,加快城市信息化建设的发展步伐。

5. 培育投融资中介服务体系

加强对信息化应用项目前期的研究论证和实施期间的监督管理,是确保应用项目顺利开展的重要一环。为此,要积极利用中介组织加强对应用项目的研究论证,主动发现、培育各种社会性(纯市场)优秀应用项目,经过评估确有示范、推广价值的,以推介会等形式向社会各界推荐,扩大应用面和影响面,并发挥中介组织对项目实施的监理作用。

充分发挥已有的行业协会作用,重点依靠互联网咨询中心、电子商务行业协会等已有组织,同时要积极组建行业信息化的专业咨询机构,如 GIS 行业协会、信用行业协会、软件行业协会教育软件专业委员会、电子商务行业协会物流专业委员会等,建立政府部门和企业沟通的桥梁和渠道,促进信息化建设的投融资活动。

6. 营造良好环境

信息化建设的投融资,要进一步解放思想,创新观念,大胆突破旧框框、旧习惯的束缚,放开进入范围,引入竞争机制,为社会资本进入信息化建设打开方便之门。加大信息化建设的宣传力度,普及信息化知识,提高企业和广大市民的信息化参与度,并通过信息化建设的利益导向,提高各社会主体的投资积极性。借鉴国外的先进理念和技术,高起点、高质量地做好信息化建设规划,整体上为发挥投资效益创造必要的前提条件,引导和鼓励民间资本大规模投入。加快金融体制改革,进一步完善资本市场体系,积极培育和发展风险投资,创新金融工具和促进金融交易的杠杆化,使融资越来越便利,融资额越来越大,流动性也大大增强。从财税政策、投资政策、分配政策等方面给予支持,增强政策的透明度和稳定性。按照"公开、公平、公正"的原则实施项目政策及其配套政策,促进公平竞争。加强政府各部门的协调,共同为城市信息化建设投融资提供良好的配套服务,同时加强对社会投资者的协调服务。

在信息化建设的投融资中,特别是社会资本大量参与的情况下,必须在资产保全、服务规范、价格收费、信息披露等方面,既维护投资者的利益,又强化对投资者的责任约束。因此,要把信息化建设的投融资活动纳入法制化的轨道,尽快制定有关法律,特别是投资法以及与信息化有关的法律。中国加入 WTO 后,还会有越来越多的国际企业和财团进来参与信息化建设。政府在与他们的谈判与合作中,所遵循的不仅有国内的法律和法规,同时也要遵循国际惯例。为此,在立法制度上要有所突破,迅速完善中国的投资法律法规,使其适应这一形势的发展。

同时,要加强信息化建设项目的监管。进一步完善项目建设招投标制和监理制,调整招标方、投标方和监理方的相互关系,确定监理方作为社会中介服务单位的地位,真正实现监理制的公正性,维护开发建设市场的有效发展。加强项目建设管理,防范债务风险。参与项目建设的企业,应有较高比例的自有资金,而不能过多依赖债权资金。对于投资规模大、建设期限长、投资回收慢的项目,由于参与开发的企业自身资金有限,一般不能满足单个投资项目对资金的需要,可通过股份制联合体的方式扩大自有资金规模。若有条件,也可以上市发行股份筹措资金。实行投资项目资本金制度,严格把关规定的项目资本金的合法来源,认真审核和验资,严格审计监督项目资本金到位情况。对于依靠建设期间盈利滚动投资建设的项目,要认真分析项目单位自我发展的能力,评估其资本金筹资方案实现的可行性。与国外单位合资方式建设或向外出售股权的项目,严格履行报批手续,由具有资质的资产评估机构对资产存量进行评估,核实财产,并经国有资产管理部门确认。

9 浦东新发展与郊区新建设 *

上海进入发展新阶段后,在空间增长极上,有两个重点区域值得关注。一个是发展强劲的区域,即浦东新区;另一个是发展薄弱的区域,即郊区。前者主要是经过十多年的开发开放,在新发展阶段更有大作为,实现能量系统整合的新发展。后者主要是通过郊区新建设,改变长期落后的局面,成为建设现代化国际大都市的有机组成部分。

9.1 浦东开发开放的新发展

浦东开发开放经过十多年的历程,其现代化的城市形态与格局已基本形成,新区独特的功能与作用正在逐步显现,并日益融入上海整体城市功能之中。在上海面临跨越人均 5000—10000 美元的关键时期,在全面实施科教兴市战略以及积极准备与迎接 2010 年世博会成功召开的大背景下,浦东新区发展也将进入一个新的阶段。

9.1.1 阶段性分析:从能量集聚转向能量整合

分析浦东新区今后一个时期发展的阶段性特征,首先要作对其所处的阶段作出基本判断。从现有可借鉴的阶段划分来看,大都是以一般经济发展为基础,

---

* 本章由笔者的两篇文章《新世纪浦东新区发展的阶段性特征》(2003 年)与《上海新郊区新农村建设的基本构架及其特点》(2006 年)汇编而成。

通过其过程变化呈现的不同特质来构建的。其中,最通用的是从产业结构转换的角度把经济发展过程划分为农业社会、工业化社会和后工业化社会等不同阶段。波特从经济驱动力的角度把经济发展过程划分为四个阶段,即要素(自然物、原材料与劳动)驱动阶段、投资驱动阶段、创新驱动阶段和财富驱动阶段。罗斯托则从经济发展的过程形态角度划分起飞准备阶段、起飞阶段、起飞加速阶段和匀速阶段。这些阶段划分都可以在不同程度上作为我们进行阶段性基本判断的参照系。但这些参照系主要是从国家层面或比较系统完整的地区层面来设置的。

对于一个新区开发来讲,其大都是与旧区连接在一起,并有其特殊的功能作用,因此其发展阶段的划分可能更要考虑如何能充分反映其发展与演化的固有特性。从新区开发的角度来寻求其发展过程的阶段性划分,更能反映新区发展特殊的驱动力、产业构成以及过程形态,从而也有助于我们比较准确地揭示其阶段性特征。

一个新区开发,从无到有,从形态到功能,从集聚到扩散的发展过程,实际上可以视为能量变换过程。其中,要经历几个不同的变换阶段:(1)能量大规模集聚阶段,主要是凭借区位、交通、自然条件、历史文化以及优惠政策等静态比较优势,吸引各种要素向其聚集,形成一定的规模及形态,成为一个经济相对快速的增长点。(2)能量系统整合阶段,主要是凭借干中学、知识积累、素质提高等动态比较优势,对日益积聚的能量进行系统集成,发挥其协同作用,不断提高其能级。(3)能量溢出扩散阶段,主要是通过培育竞争优势,促进由能量集聚形成的内核发生裂变,产生溢出效应,对外扩散其影响与作用。(4)能量向外辐射阶段,主要是通过发挥竞争优势,促进内外能量交换的有序化与固定化,实现经济流量化,扩大对外辐射的范围与半径。

自 20 世纪 90 年代初浦东开发开放以来,浦东新区借助于上海长期历史积淀形成的城市品牌,凭借浦东开发开放特殊政策的吸引力,形成了强大的向心力,导致内源与外源的能量不断向其集聚与沉淀,进入一个快速能量集聚过程。

在过去的十多年里,通过高强度的投资建设,浦东新区的经济总量迅速扩大,产业规模急剧扩张,基础设施日益健全,形态布局不断成熟。GDP 由1990 年的 60 亿元起步,到 2001 年已迈上千亿大关,达 1082 亿元。2002 年继续保持快速稳定增长,GDP 达 1251 亿元。1990—2002 年,浦东新区 GDP 保持了

19.6％的年均增长速度，占全市的比重由不足 1/10 跃升到 1/5 强。2003 年 1—8 月份，GDP 同比增长仍高达 16.8％。同时，浦东新区工业总产值从 1990 年的 177 亿元开始，到 2002 年跃上两千亿元新台阶，达 2180 亿元。2003 年 1—8 月份，工业总产值同比增长 23.3％。地方财政收入由 1993 年的 5.53 亿元增加到 2002 年的 95 亿元，占全市的 10％强；实际利用外资 2002 年达 16 亿美元，占全市 1/3 强；外贸出口由 1993 年的 12 亿美元增加到 2002 年的 136 亿美元。浦东新区经济的高速增长和综合经济实力的增强，为上海 20 世纪 90 年代以来国民经济保持两位数增速的发展提供了坚实的支撑，成为上海新的增长点，对推进上海加快建设国际经济、金融、贸易和航运中心发挥了重要作用。

但从总体上看，浦东新区的大规模快速能量集聚，主要是建立在静态比较优势基础之上的。例如，良好的区位优势、浦西强有力的后援、较高的土地级差、浦西有关机构（特别是金融机构）的迁移、可供开发的资产存量，以及浦东开发开放政策等。这种新区快速能量集聚的特征，主要表现在大规模投资驱动上，并且是一种布点式的能量集聚方式，主要集中在陆家嘴金融贸易区、金桥加工区、张江高科技园区和外高桥保税区。

从内生性来讲，这种新区大规模能量集聚有一个临界点，即达到一定程度，其集聚力开始减弱，集聚效用出现递减。从目前情况来看，浦东新区大规模的快速能量集聚已接近这一临界点，其过程开始趋于减速。其判断依据是：(1)大规模投资驱动已大大扩展了经济总量、城市容量、环境容量，进一步大规模投资驱动将出现边际效用递减。(2)能量集聚的静态比较优势已逐步减弱，如高级差地租的可批土地已十分有限，浦东政策效应趋于消失等。(3)学习模仿型的竞争力已难以吸引大量的能量集聚。(4)伴随能量集聚所形成的各种要素价格高地，使商务成本增大，从而对某些小规模、附加值较低的一般性投资及经营活动产生排斥效应，反过来抑制了要素集聚。

从外部环境条件来看，也有两方面重要因素促使浦东新区发展的阶段转换。一是上海周边地区的环杭州湾产业带开发和江苏沿江开发，会产生大量的能量集聚效应。而在静态比较优势方面，上海及浦东并不完全占优，反而在某些方面趋于劣势。因此，浦东新区发展若不实行阶段转换，势必与其在静态比较优势上进行过度竞争。二是国际制造业向长江三角洲地区的大规模转移，要求上海及浦东在此过程中充当经济中心的重要角色。浦东新区只有在能量系统整合的基础上才能提升其功能,发挥"龙头"的作用。

在这种情况下,除了挖掘新区吸引能量集聚的潜力,消除能量集聚的制度性障碍,以保持整体能量集聚规模外,必须实行阶段转换,促进新的提升,以继续保持浦东新区经济社会快速发展。

9.1.2 能量整合的重点内容

浦东新区发展转向能量系统整合的阶段,主要是通过增量带动对现有的经济格局进行调整,使各种要素与能量系统化和网络化,更好地发挥其协同效应。针对浦东新区的实际情况,主要有以下几方面的整合。

(1) 城乡一体化整合。经过几大开发区功能性开发,浦东新区已形成的城乡架构正在逐步缩小城乡间的差别。陆家嘴金融贸易区崛起,率先成为现代化程度最高的区域之一,并由西向东地推进,由"三环三射"高等级的公路把外高桥、金桥、张江、孙桥等开发"基点"的浦东大地连成一片。在此基础上,要加强城市一体化的整合,基本形成功能性、枢纽型、网络化的现代化城市基础设施格局,加快城市化步伐,基本消除城乡"二元结构",逐步实现郊区城镇化、农民市民化。

(2) 产业关联整合。浦东新区通过大量的内联外引,已形成众多有规模性的现代服务业、高科技产业、加工制造业以及现代农业等产业群。在此基础上,要加强产业之间的关联性,构建现代产业链,形成具有特色的产业体系。在产业空间布局上,培育核心产业和核心企业,带动配套产业发展,促进产业群集。

(3) 现代物流整合。浦东新区具有发展现代物流的良好条件,并已在某些方面有突出的表现。例如,2003 年 1—8 月外高桥港口吞吐量达 3569.6 万吨,同比增长 45.4%;外高桥集装箱吞吐量 419.3 万标箱,同比增长 46.1%。浦东国际机场开始铺设第二条跑道,等等。但目前现代物流的各相关要素之间尚未得到有效整合。因此,要加大各相关要素的整合力度,形成以贸易为中心,以现代服务业为依托,以信息化为平台,以海港、空港、公路、铁路、内河等多式联运为支撑的现代物流体系。

(4) 信息与知识平台整合。在浦东新区能量集聚中,信息与知识是其中重要内容之一,在其能量集聚中占有重要地位。但目前这一信息与知识的集聚是无序的,甚至处于分割状态。因此,要整合信息与知识的平台,使信息与知识网络化,促进信息与知识的交流,发挥其系统功能。

（5）开发区功能的整合。浦东新区的几大开发区已有一定的规模,并形成各自独特的功能。但其相互之间尚未形成功能配合,缺乏有机联系,互补性和协同性较弱。因此,要在完善各自功能的基础上,建立相互之间的有机联系,发挥协同功能。

（6）环境资源整合。在浦东新区快速能量集聚中,环境条件的改善及资源积累也是其中一个重要方面,特别在生态环境、创业环境方面已有较多的资源积累。但各方面的环境条件参差不齐,尚未形成一个和谐的环境条件。因此,要对市场环境、创业环境、社会环境、人文环境、生态环境等进行系统整合,使其协调发展、相互促进,使生态环境进一步优化,都市文化氛围更加浓郁,社会事业支撑体系和社区服务体系比较完备,民主法制建设不断完善,市民素质和城市文明程度显著提高,形成以人为本、人与自然和谐融合的可持续发展格局。

9.1.3 浦东新区发展的新要求

今后一个时期,浦东新区发展将处于一个能量系统整合阶段。但这并不意味着浦东新区不需要能量集聚,而是在能量系统整合中进一步实现新的能量集聚,即在能量系统整合中扩展能量集聚的空间;在能量系统整合中提升能量集聚的层次与质量;在能量系统整合中寻求能量集聚的新机会。因此在这一阶段中,其核心或基础是发挥动态比较优势。动态比较优势源于学习及知识积累,以及对现有条件的改善。这就对浦东新区发展提出了新的要求。

（1）经济服务化。浦东新区的能量系统整合,要朝着经济服务化方向发展。这要求浦东的服务业,特别是现代服务业有一个较快的发展,不断提升其在GDP中的比重。在浦东内环线以内形成高层次服务产业群,其中"一道三区"（世纪大道、陆家嘴金融区、竹园商贸区、花木生态文化区）以及南浦大桥、杨浦大桥两桥之间的滨江地区要重点发展金融保险、商贸流通、会展旅游、现代居住、中介服务等高层次服务业,重点集聚中外金融机构、中外大企业（集团）地区总部、销售总部、投资决策中心,成为上海面向国内外的现代服务中心的核心区域。此外,制造业也要向服务领域延伸,特别是制造业研发服务、技术服务、市场服务等,形成产品与服务一条龙的产业链。

（2）配置流量化。浦东新区的能量系统整合,不仅是做大、做强当地的产业与企业,更要为生产要素的空间流动提供平台,使越来越多的生产要素以流量方式在浦东进行配置,在大进大出的流动"搅拌"中增添附加值。为此,要大力构筑市场交易平台、信用保证平台、中介服务平台、信息发布平台、展览展示平台等,高度集聚进出口贸易、资金融通、产权交易、技术转让、人才流动等流量业务,力争成为人流、物流、资金流、信息流、技术流等"五流"集聚和辐射最强的城区之一。

(3) 要素高能化。浦东新区的能量系统整合,要以高能级要素为核心。在扩大高能级要素规模的基础上整合资源,不断提升高能级要素在全部要素中的比重,逐步形成高能级要素的高地。为此,要通过引进、开展合作、激励等方式促使要素高能化。例如在科技合作方面,通过与国家部委、国内外著名研究机构建立多层次的合作关系,引入世界级和国家级的研发机构,吸引高级人才。

(4) 价值高端化。浦东新区的能量系统整合,要促进本地价值链与全球价值链融合,在全球价值链中定位,向价值链的中、高端方向移动。为此,要加大R&D投入占新区GDP的比重,促进现代服务业发展,重点发展以信息技术、生物医药和新材料为核心的高新技术产业,提升轿车、船舶、精细化工、精品钢材、光机电一体化等制造业以及现代都市农业,进一步提高高新技术企业产业产值率、工业重点发展行业产值率和新产品产值率,使高附加值的产业成为浦东新区的支柱产业。目前从空间布局看,已形成了"一江三桥"高新技术产业带的雏形。从外高桥、金桥、张江到孙桥一带集中了新区近70%的高新技术企业。2002年新区高新技术企业产值为911.86亿元,占新区工业总产值的41%。今后要使这一高新技术产业带成为上海21世纪技术创新和产业高地建设的重要基地和标志。

(5) 组织网络化。浦东新区的能量系统整合,要体现在组织网络化的形成上,建立具有国际竞争力的科技创新体系和产业发展体系。这不仅要求大量云集中枢性机构,如跨国公司地区总部、国内大企业总部、各类研发中心、营销采购中心、设计创意中心及现代服务业的各类机构,其触角伸向国内外,成为组织网络中的重要节点,而且要求大量生产性企业在产业集聚中日益进入组织网络之中。

显然,浦东新区在新的发展阶段中,要形成与发挥动态比较优势,需要在技术、产业、组织、制度等方面的创新中有实质性的突破。唯有经过这一个洗礼,浦东新区发展才能有新的高度,取得新的成就。

9.2　郊区新建设

上海郊区新建设,是与现代化国际大都市的建设紧密联系在一起的。这就决定了上海现代化郊区新建设是为现代化国际大都市建设拓展空间,奠定基础。由此,也就形成了上海郊区新建设的基本构架及特点。

9.2.1　立足于现代化国际大都市谋划郊区新建设

上海作为一个超大型城市,具有明显的"大城市、小农业"的特点。在三次产业构成上,农业产值和就业份额很小。2005 年,农业产值比重仅为 0.9%,农业就业比重为 7.1%。同时,高度的城镇化使农村人数逐年减少。2000 年至 2005 年,户籍农业人口总量减少了 124.15 万人,其所占比重下降了 10 个百分点。至 2005 年末,户籍农业人口为 211.32 万人,占户籍人口比重为 15.5%。在这种情况下,郊区农村新建设对上海来说,是否意味着并不那么重要,或可以放在一个局部的位置上? 其答案,是否定的。

与国外大都市有所不同,上海行政所辖的郊区达 6000 平方公里,其中有相当的面积是农村地区,而中心城区面积才 600 平方公里。显然,上海作为一个现代化国际大都市,不能只体现在 600 平方公里中心城区的繁荣繁华上,而要把城市与周边区域统筹起来,形成相互依存、相互推动、共同发展的格局。但问题就在于,目前城乡发展不平衡,呈现较明显的二元结构。尽管据国家统计局测评,上海农村全面小康程度为 87.8%,居全国之首,但与中心城区相比,郊区农村在经济发展水平上有一定差距。2005 年城市居民家庭人均可支配收入为 18645 元,而农村居民家庭人均可支配收入为 8342 元,其绝对差距达到 1 万多元,相对差距为 2.24:1。在社会发展水平上,城乡差距更加明显。因此,上海建设现代化国际大都市,必须统筹城乡发展,消除城乡二元结构,建设现代化的新农村,提高农村人口的富裕水平,形成适宜人居的农村环境。另外,上海农业的产值比重虽然很低,但上海发展现代农业的示范意义非常大,农业在服务城市、服务全国方面肩负着重大的责任。

现阶段上海经济社会发展,客观上要求处理好市中心 600 平方公里与郊区

6000平方公里的关系,处理好城市与农村的发展。对上海来说,建设"四个中心"和现代化国际大都市,机遇和空间主要在郊区,难点和薄弱环节也主要在郊区。事实上,郊区新建设将为上海加快推进现代化国际大都市建设,率先实现城乡统筹发展提供了难得的机遇。因此,立足于现代国际大都市来考虑郊区新建设,为上海未来发展拓展空间,奠定基础。

9.2.2 规划布局基础上稳步推进郊区新建设

郊区新建设是一项长期的任务,既要有远景目标和蓝图,又要有阶段性发展要求。其中,首要的问题,是要有一个合理的规划布局。

历史的经验教训告诉我们,没有科学合理、稳定权威的规划,盲目搞建设、上项目,势必会造成重复建设、布局不合理、功能不齐全。其结果,就是许多农村基础设施和社会事业资源设施"建了拆、拆了建",产生严重的资源浪费现象,也使个人和集体财富得不到很好的积累。因此,上海在郊区新建设中,把"规划布局合理"放在首要位置。在规划清晰的前提下统筹所有的力量,把郊区新建设的各项工作稳步向前推进。

立足于现代化国际大都市的郊区新建设规划,显然不能仅限于郊区农村,更不能脱离上海城市总体规划的精神,必须在总体城乡规划的基本框架下制定和落实。上海"十一五"规划纲要已提出了覆盖全市范围的"1966"城乡规划体系(即1个中心城区,9个新城,60个新市镇,600个中心村),目前主要是进一步细化新市镇、中心村层面的规划,以确保郊区城镇建设及早有序地开展。同时,加强城乡规划体系和人口规划、土地利用规划、经济社会发展规划及行政区划的配套衔接,促进人口、产业、基础设施、资源、环境等要素的高效合理配置,促进财富积累,实现经济实力的不断增强和人居环境的稳步改善。

制定和落实郊区新建设规划,既立足于当前,更着眼长远,把握好具有方向性、战略性和操作性的重大问题,使规划能够真正经得起历史和实践的检验。其中,特别要妥善处理保护与发展、改造与新建的关系,防止盲目的大拆大建,保护具有传统文化特色和历史价值的自然村落和建筑。

9.2.3 聚焦都市现代农业发展

建设社会主义新农村,最根本的还是要发展农业生产、农村经济。上海的农业是城郊农业,土地资源十分有限。到 2004 年底,上海耕地面积只有 300 多万亩,不及江苏省辖的一个市。可见,本地农业发展的空间资源是严重不足的。而且,随着现代化国际大都市建设的发展,有限的耕地还将进一步被征用为房地产、道路和工业用地。因此,上海在新农村建设中,主要是大力发展以大都市为依托,融经济、生态、服务功能于一体的高度发达的现代化农业,即都市现代农业,提升郊区农业产业层次和整体水平,拓展上海农业的传统发展空间,发挥上海农业对全国的示范作用。

都市现代农业是基于现代机械和设施装备的高水平的科技农业。提升农业的科技含量是上海现代农业建设的根本方向。为此,要把加快农业科技进步纳入增强城市创新能力的整体规划,充分发挥上海农业科研方面的优势,瞄准世界农业科技发展的前沿,着力解决促进农业科技发展的重大问题,重点发展种源农业、装备农业、生态农业、数字农业。同时,加大农业设施建设力度,使设施粮田、设施蔬菜以及有机肥使用发挥作用。

上海都市现代农业发展的重要空间载体是现代农业园区。上海 12 个市级现代农业园区经过五年多的建设,进入了基础设施建设与功能开发并重的阶段,开始呈现出集聚效应。但与现代农业发展的要求相比,这些园区的规模普遍偏小,产业优势不明显,技术服务功能不显著。因此,要进一步加强现代农业园区建设,加快建成一批设施配套、环境优良、产业优势明显、科技应用领先、服务体系健全的现代农业先行区,使其成为农业龙头企业总部及研发中心、储运中心、加工中心集聚的空间场所。

另外,上海都市现代农业发展要突出服务型农业的特点,增强其贸易交易功能、航运物流功能、融资资本功能、技术研发功能、信息汇聚功能、人才培训功能等。为此,要构建会展物流、科技信息、质量认证等服务平台,加强建设以农业龙头企业为核心的网络,把各地的农产品生产与国际国内市场连接起来,把外国的先进农业技术引进消化吸收再扩散到全国各地,对外提供实用、简便、易学的农业新技术,提供增产潜力大、适应能力强、品质优良的良种,提供农产品批发交易、展示展销、加工配送等多方面服务。同时,以龙头企业为依托,大力推进农业标准化生产,培育出一批影响大、效益好、辐射带动力强的名牌农产品。

9.2.4　郊区新建设重点落实到人力资源开发

郊区新建设,最终要通过人的努力来完成。高素质的人力资源,是郊区新建设的重要保障。而目前郊区普遍存在人力资源素质不高,技能不足,能人缺乏等问题,成为郊区建设和农业发展的瓶颈制约。事实上,促进人的全面发展,提高人的综合素质,其本身也是郊区新建设的重要任务之一。因此,上海把郊区新建设重点落实到人力资源开发上,积极培育造就有文化、懂技术、会经营的新型农民。

郊区人力资源开发,必须与农民就业问题紧密结合起来,以提高农民的就业能力和工作水平。在此过程中,主要是加强对农民的职业培训,着力于提高农民就业技术,培养一代懂技术的新型农民。围绕这一工作重点,要进一步完善培训设施,充实培训内容,特别是在培训过程中实行分类指导,突出重点,即对现有劳动力突出技能培训,对后备劳动力加强职业培训,对农村能人强化创业培训。另外,根据发展都市现代农业的需要,要特别加强经营方面的培训,培养一批有经营意识的农民,使他们成为农村经济发展中会经营的领头人,并通过他们的骨干作用带动更多的农民自主创业。

与此同时,通过开展文化、科学普及工作,营造富有地方特色的文化氛围和改善居住的人文环境,以及推动群众性精神文明创建活动等,提高农民文化素质和文明素质。

9.2.5　形成以工促农、以城带乡的长效机制

上海郊区新农村建设,着力于破解城乡二元结构难题,争取在构建新型工农城乡关系方面取得突破性进展。这就要求我们必须着眼于制度化、规范化、长期化,重点抓好机制建设,加大工业反哺农业、城市支持农村的力度,形成以工促农、以城带乡的长效机制。

为了改变长期以来公共财政向中心城区的投入比较集中,对郊区农村的投入较少的局面,上海按照存量适度调整、增量重点倾斜的原则,进一步优化财政收支结构,扩大公共财政覆盖农村的范围,建立郊区农村公共财政投入稳定增长的机制。公共财政对郊区新农村建设的支持,重点用于现代农业建设、郊区农村基础设施建设、郊区农村社会公共事业建设。同时,充分发挥公共政策的导向、

杠杆作用,鼓励金融机构扩大对"三农"的信贷范围和规模,引导、带动信贷资金和其他社会资金的投入。

　　为了促进现代都市农业发展,要积极探索用工业化的理念指导农业发展,用先进的装备促进农业发展,用先进的组织形式加快农业发展的有效途径。运用市场机制,推动企业与对口镇村建立利益共同体,建立健全企业与郊区农村的对口扶持机制,并探索工业反哺农业的多样化模式,如基地带动型模式、经济顾问型模式、流通带动型模式和公益捐助型模式等。

　　针对目前郊区农村社会事业方面优质资源较为紧缺的情况,建立健全将城市优质资源导入和辐射郊区农村的机制,加大城市支持郊区农业社会事业发展的力度。例如,鼓励、支持科研院所到郊区农村建立产学研基地;鼓励中心城区的部分优秀学校到郊区办学,鼓励中心城区学校从郊区补充生源;推动市级医院帮助郊区农村对口医院提高医疗水平;中心城区文艺、体育院团与郊区镇村建立对口帮扶关系。

　　针对郊区农村人才资源明显不足的问题,制定相应的政策措施,建立健全人才集聚机制,加大城市人才和智力资源支持新郊区新农村建设的力度,如实行城市教师、医技人员下乡支教从医与职称评定、职务晋升等挂钩制度,实行新录用公务员到郊区农村锻炼制度,鼓励和推动大学毕业生开展"三支一扶"活动等。

10 上海世博会的区域外溢效应*

2010 年世界博览会将在中国上海举办。这是提升上海城市国际竞争力、带动长江三角洲地区经济发展的一个重大契机。如何利用这个千载难逢的机遇，顺势而上，寻求新的发展动能则是长三角经济园区在新一轮发展中必须把握好的重大问题。1970 年日本大阪世博会后日本关西经济带的成功经验表明，以世博会为抓手积极构筑区域合作与协调机制，能有效地推动区域经济的共同发展。为此，我们认为，在这样新的发展背景下，长三角各级政府部门和经济园区管理机构应审时度势，研究制定新一轮园区发展的战略和相关对策，积极引导经济园区进行第二次创业，在资源整合重组和产业结构调整中重塑新的辉煌。

10.1　长三角地区经济园区发展现状

改革开放以来，长江三角洲地区的经济园区如雨后春笋般迅速崛起，国家级的、省市级的、乡镇级甚至村级的可谓遍地开花。这些经济园区现已逐渐发展成为中国新的制造业基地、高科技发展基地，外商投资和跨国公司的集聚地以及区域经济发展的"核心区"，有效地发挥了经济集聚效应。但是，由于区位条件、政策环境及地区政府作用等情况的不同，江、浙、沪三地经济园区的发展状况和内部结构具有很多不同的特点。

---

　　* 本章根据笔者主持的 2003 年上海市重点课题"上海世博会与长江三角洲经济园区的新一轮发展"的研究报告改编。

10.1.1 长三角经济园区发展概况

长江三角洲是中国沿海规模最大的经济区,上海市,江苏沿江的南京、镇江、扬州、泰州、苏州、无锡、常州、南通等八市,浙江省的嘉兴、湖州、杭州、宁波、绍兴、舟山等六市,都属于长江三角洲经济区的范围,土地总面积为99687.5平方公里,占全国土地总面积的1%,人口占6%,拥有全国 GDP 的18%,出口占35%,引进外资占40%。目前,长三角地区是国内经济园区建设数量最多、分布最密集、类型最齐全、开发功能最为全面的地区,它拥有经济技术开发区、高新技术开发区、出口加工区、农业现代化园区、旅游度假区、保税区等性质、功能和规模各异的经济园区。

据统计,全国最早建立的14个国家级经济开发区有5个分布在长江三角洲。最早建立的27个高新技术开发区中,有3个位于长江三角洲。进入90年代以后,随着浦东开发开放的深入,长三角地区经济园区更是呈现迅猛的发展态势。到目前为止,除浦东开发区和通过国际合作建立的苏州工业园区外,长江三角洲地区有国家级经济技术开发区8个,占全国总量的1/4;国家级高新技术开发区6个,占全国总量的1/9,国家级保税区3个,约占全国总量的1/4;国家级旅游度假区4个,约占全国总量的1/3(见表10.1)。

表 10.1 长江三角洲国家级开发区名录

开发区类型	国家级开发区名称
经济技术开发区	杭州、萧山、宁波、虹桥、闵行、漕河泾、南通、昆山
高新技术开发区	杭州、上海、南京、常州、无锡、苏州
保税区	浦东外高桥、张家港、宁波
旅游度假区	上海佘山、无锡太湖、苏州太湖、杭州之江

资料来源:根据有关资料编制。

江、浙、沪各个省、市批准建立的省级开发区共有88个分布在长江三角洲地区,包括上海市建立的9个市级工业园区,江苏省建立的68个省级开发区中的50个,浙江省50个省级开发区中的29个。而省、市级以下的区县、乡镇级经济园区则更是不计其数,如目前经上海市工商局登记注册的经济小区就达280多家;江浙一带以专业化市场为基础发展起来的特色经济园区也有几百家。以工业园区为例(见表10.2),江、浙、沪三地经济园区的数目都比较多,其中浙江最多,江苏次之(表中市、区县级工业园区没有反映出来,实际上这类园区遍地开花),上海因区域面积小而相对较少(表中没有涵盖大量乡镇级工业园区)。从园区的构成和规模来看,三地经济园区中市、区县级和其他经济园区的比重最大,都占各地区园区数目的一半以上,形成了一种"塔"式结构。

表 10.2　江、浙、沪各级工业园区数目比较

省份	各类园区总数	国家级工业园区	省(市)级工业园区	市、区县级工业园区和其他工业园区
上海	119	3	10	106
江苏	—	29	79	—
浙江	917	28	167	722

资料来源:"世博会与长三角园区发展论坛"资料。

长江三角洲地区经济园区的建设规模起点高,基础设施投资强度大。据统计,长江三角洲六个国家级高新技术开发区,1999 年新开发土地面积 6.65 平方公里,当年基建投资总额达 104.82 亿元,基础设施投资总额达 18.69 亿元,每开发 1 平方公里土地花费的基建总投资和基础设施投资分别较全国 53 个高新技术开发区的平均水平高 14.1% 和 18.4%。长江三角洲大部分经济园区的投资环境达到了"七通一平""八通一平",甚至"九通一平"。表 10.3 显示了江、浙、沪(省级及省级以上)经济园区建设和发展情况。

表 10.3　2002 年江、浙、沪(省级及省级以上)经济园区的发展

	开发面积(km²)	投入基础设施资金(亿元)	批准进区项目(个)	协议利用外资(亿美元)	实际利用外资(亿美元)	进出口总额(亿元)	GDP(亿元)
上海	605	—	1596	68.48	—	940.33	3118.3
江苏	—	186.5	2207	138.3	69	384.33	2003.5
浙江	1521	315	—	98.9	42.2	—	1868.6

资料来源:"世博会与长三角园区发展论坛"资料;《浙江经济》杂志网站,www.zei.gov.cn。

经济园区是引进外资的平台,引进外资的数量反映了园区实力和地方经济活力。园区内世界级大企业数目也反映了园区的发展实力,大企业的入驻不仅带来了资金、先进技术,而且会引起产业集群,跨国大企业进入会引起上下游企业纷纷向园区集聚,在园区内形成产业链。表 10.4 比较了上海(九个市级工业园区)、江苏(苏州与昆山工业园区)和浙江(杭州经济技术开发区)利用外资的情况,反映三地经济园区发展的现状和后劲:上海在引进外资和利用外资上都处于三地之首,但是跨国公司的项目明显少于苏州,吸收的投资额也偏低。

表 10.4   上海市级开发区、苏州与昆山工业园区、杭州经济技术开发区利用外资(2001 年)

	合同外资 (亿美元)	实际利用外资 (亿美元)	世界 500 强 公司项目个数	世界 500 强公司 投资额(亿美元)
上海九个市级工业开发区	65	43.92	60	16
苏州、昆山工业区	53.31	21.56	188	59.3
杭州经济技术开发区	26.3	11.2	19	29

资料来源:"降低商务成本报告";杭州经济技术开发区网站,www.heda.gov.cn。

10.1.2   长三角经济园区各自特点

由于区位条件、资源优势、政策环境以及地方政府作用的不同,江、浙、沪三地的经济园区具有不同的发展路径和模式特点。浙江省民营经济发展发达、块状特色经济优势明显,这造就了浙江经济园区的产品专业化、企业本地化特点。而江苏省产业基础雄厚、土地供应和劳动力资源丰富,低廉的成本优势吸引了外资的大规模进入,由此造就了苏州、昆山等外资经济为主体的经济园区。上海独特的经济地位、改革开放优势和知识技术基础,使其经济园区发展总体水平、技术层级较高。

1. 江苏经济园区的模式特征

以苏州工业园区与昆山工业区为例,江苏经济园区发展模式的显著特点,就是依托城市发展规划,实施园区开发与城镇建设联动发展,把园区发展融入城市发展中。按照城市发展总体布局来规划苏州工业园区开发,土地规划与人口规划同时做,产业和社区建设联动发展,即 70 平方公里土地规划、60 万人口居住城市规划、36 万人口劳动力布局规划。由此,产业、生活、商贸区合理布局,各项设施配套完整,土地利用效率高。这不仅降低了企业配套服务成本,为园区吸引投资创造了良好环境,而且园区与城镇一体化规划的思路,为实现空间重整、产业重组、生活方式重构、观念重塑打下重要基础。昆山工业区开发模式也类似,按照城市功能来开发工业园区,在整体规划过程中,规划出商业用地和工业用地,将商业用地开发后进行拍卖,用商业用地的拍卖所得来弥补工业用地的高成本。

同时,利用品牌优势,提高管理服务效能,是江苏经济园区的又一个发展特点。以苏州工业园区为例,园区注重借鉴国内外先进经验,结合中国国情自主、有选择地借鉴新加坡的经验,包括公共行政管理、经济发展和管理、城市规划和管理等方面,融新加坡国际化理念和苏州文化底蕴于一体,在高起点上取得了快速发展。江苏经济园区还建立起一套特殊的管理服务体系,如苏州工业园区建立的亲商服务体系:为客户赢利提供一流服务。园区建立定期走访制度,及时了解客户的要求和反映,向客户宣传新政策和园区的新情况。

2. 浙江经济园区的模式特征

浙江相当多的经济园区是在专业化市场和块状生产基地的基础上发展起来的,因此浙江园区发展模式的主要特征是规模小、起步慢、专业化生产明显,以特色经济园区为主体。全省721个工业园区中,县级及其他园区有405个,占56.2%。以主导产业为龙头的"一园一品"或"一区一品"的产品专业型园区占33%。特色工业园区的兴起,依托的是浙江省300多个年产值超亿元的块状特色经济区域,而今它又成为推动产业优化升级、增强区域竞争力的平台。特色工业园区为龙头的各类工业园区基础设施累计投资已达550多亿元,全省约有1万家企业进驻。依托产业集群发展起来的经济园区很年轻,浙江工业园区"平均年龄"为5岁,将近有70%的经济园区是在2000年后成立的。

浙江经济园区发展以民间资本和传统产业为主导。从园区建设投入来看,大多依托民间资本,721家工业园区基础设施建设累计投入868.73亿元,企业投入3453.64亿元,其中购地投入654.77亿元,基建投入为1155.27亿元,生产性设备投入为1077.09亿元,基础设施绿化等其他投入为164.37亿元。经济园区内的企业主要集中在传统第二产业的领域内。

3. 上海经济园区的模式特征

上海经济园区的发展特色体现在以外资为主体的外向型经济园区占了相当的比例,这些经济园区大都是集生产、加工、研发等于一身的综合性园区。上海大部分外资都集中在"1+3+9"的工业园区内,这是因为园区创造了良好的投资环境。上海经济园区在投资硬件方面投入大量的资金,为入驻企业提供了良好的硬件设施。如园区内的设备都体现了科技化、智能化和现代化,网络、通信等设施都采用最先进的技术,还为企业进行电子商务提供了平台。在投资软设备方面,加强规范化管理与服务,特别注重品牌建设,如上海经济园区在项目审批、海关、商检等管理与服务上,坚持规范化的操作思路。比如浦东的张江高科区,它已经成为同类园区的领头羊。在完善自身建设的同时,树立了自身的形象,创立的自身的品牌。目前这些高端的经济园区已经成为国内资金、商品、技术、信息聚集和辐射功能最强,科技创新能力最大,信息化水平最高,生态环境最优,工作和生活最佳的园区。

10.1.3　存在的问题及其原因

长江三角洲地区经济园区以其优越的投资环境、优惠的入园政策以及完善的服务体系,积极吸引和利用资金、技术、管理和人才,成为地区经济对外交流的窗口,在区域经济中起着越来越重要的作用,并为全国其他地区经济园区建设提供了可供借鉴的经验。然而,随着长三角经济园区规模和范围的不断扩大,其内在的矛盾和问题也日益突出,尤其是在改革开放日益深化、市场竞争日益激烈的背景下,经济园区也面临着新的结构调整和再发展的问题。具体来说,长三角经济园区发展中存在的问题主要表现在如下五个方面:

1. 开发建设不规范,资源浪费严重

1990 年中央宣布开发开放浦东后,长江三角洲兴起了创办经济园区的热潮,人们把创办开发经济园区同开放发展画上等号。江、浙两省几乎每个市、县都办开发区,一些地方不顾自身的经济实力和周围的配套设施,大搞圈地运动,动辄几平方公里、几十平方公里,甚至有的开发区面积达到一个中型城市建设面积。这样,在人力资本、环境建设、招商引资政策等方面缺少足够基础条件,甚至没有政府有关部门批文的情况下,长江三角洲一些经济园区建设就仓促上马,进行粗放式开发,结果导致一些经济园区开而不发,大量资源闲置浪费。

上海经济园区也存在数目多、分布分散,缺乏规模效应和能级水平等问题。截至 2001 年底,上海统计在册的各级工业开发区总数达 300 多家,总面积为612.68 平方公里,已超过全市面积的 10%,而国际大都市工业用地比率一般为5%—8%,而区县以下 280 多家经济园区的工业产值只占全市总量的 8%。乡镇经济园区数目偏多,不仅导致资源分散,而且因园区内企业规模小,缺少污染处理设备,造成环境的污染。经济园区开发建设上的"遍地开花"实际上滋生出了数量众多的劣质园区,这些园区蚕食土地、项目与政策资源,浪费大量资源,直接影响了经济园区的规模效应。

2. 产业结构趋同化,重复引进大量存在

长三角地区经济园区没有依据不同区域的经济禀赋条件,构造必要的产业分工和产业梯度,大部分经济园区没有形成自己的产业特色,产业结构趋同化、低水平重复现象比较明显。如以汽车、信息产业等为主导产业的经济园区比比皆是,上海9个市级开发区就有6个将电子信息产业作为主导产业,有5个开发区的产业特色是汽车配件。产业结构的趋同化势必造成园区发展依赖于企业数量增长,而不是依赖质量提高,导致大量低水平的重复引进、盲目引进。从产业布局来看,产业结构趋同化引起劣质经济园区与优质经济园区资源的争夺,不利于形成有竞争力的产业集群和规模效应,战略性产业得不到足够支撑,特色型产业缺乏集聚而发展缓慢,从而无法形成有效的产业分工和产业梯度,经济合作也无法有效开展。

从根本上来说,目前长三角经济园区发展中产业结构趋同化问题与党的十六大提出的走一条"科技含量高、经济效益好、资源消耗低、环境污染少、人力资源优势得到充分发挥的新型工业化路子"是难以吻合的,而且与长江三角洲地区经济一体化发展也是背道而驰的。产业趋同化是经济园区发展中最为致命的问题,也是长三角区域合作发展的重要障碍。造成产业结构趋同发展的内在原因,则是长期地区行政壁垒下各地方政府产业政策导向的偏差。

3. 招商引资竞争无序,经营效率较低

由于缺乏总体的规划和合作协调机制,加上产业结构雷同,长三角地区经济园区在招商引资上存在严重的相互竞争关系,尤其是优惠政策的不规范运用导致过度乃至恶性竞争。现在各个园区内,除了提供国家法定的优惠政策外,还存在地方政府和各个园区有权调节,且能够实现和操作的政策。如一些园区为了引进项目,甚至以低于成本的价格出让土地(如零地租)。事实上,随着世界新一轮产业大转移,长三角地区具有吸引外资的独特优势,外资进入经济园区在一定程度上成为一种必然。但是为了争夺外资,各园区还是不惜一切代价,承诺各种优惠条件以利诱国外投资者。鹬蚌相争,渔翁得利,外资正好乘此机会加大要价筹码,结果往往造成土地资源、项目资源和政策资源的大量浪费。

招商引资上的这种恶性竞争,不仅降低了资本进入的效率,而且破坏了园区之间的合作,很大程度上降低了长三角经济园区的整体竞争力。由于过分注重招商引资的多少,经济园区在项目引进上既不筛选把关,也不督促资金到位,"鸠占鹊巢"的现象屡屡出现,这大大影响了经济园区的质量和经营效率。一般国际知名的工业园区土地产出率平均在每平方公里 100 亿元到 160 亿元(人民币),中国台湾新竹工业园和新加坡裕廊工业园甚至达到 700 亿元,天津经济技术开发区也能达到 100 亿元,但长江三角洲地区大部分经济园区则低于这个水平。据统计,2001 年上海工业园区用地平均产出率仅为 15 亿元,其中国家级和市级开发区的平均产出率为 36.8 亿元,而区县和乡镇级经济园区的产出率仅维持在 1—2 亿元的水平。这样的经营效率显然是没有竞争力的,导致园区进一步发展的后劲不足。

4. 配套环境不成熟,缺乏有效的创新机制

经济园区成功的开发模式是:依托城市发展规划,实施园区开发与城镇建设联动发展,把园区发展融入城市发展之中,苏州与昆山工业园区就是典型的例子。但是,上海工业园区的开发模式则大相径庭,由于园区规划相对独立,没有较好地与城市发展相融合,再加上自然条件的限制,上海工业园区发展总体上缺乏综合配套环境的支撑。如没有商业社会服务业的配套发展,这影响了园区对资金、技术和人才的吸引,阻碍了园区的后续发展。

同时,长江三角洲地区的经济园区在实现融资、发展风险投资、实现产权制度改革等方面仍然存在一定政策制度问题。经济园区的组织管理中政府与市场的作用没有协调好,存在政府行政管理色彩过浓,市场化中介服务组织不足等一系列问题。从宏观层面来看,缺乏一个能全面规划、协调处理园区发展的、权威性的组织机构,结果政出多门,审批手续繁多,许多政策落实不到位。这无疑增加了园区管理部门的工作环节,降低了办事效率,在一定程度上影响了经济园区的形象和声誉。从园区内部来看,组织管理体制仍呈现出政企难分的局面,相关配套的中介服务组织没有发展起来。例如,园区管委会的实权受到很多限制,园区建设资金难以通过市场化运作得到保证。所以经济园区的发展配套环境总体上是不成熟的。

另外,长三角有相当数量的经济园区,其内部企业的大部分产品以中低档为主,技术含量较低,出口产品主要是来料加工型,缺乏核心技术或有特色的产业。

经济园区内很多企业是依靠廉价的劳动力和原材料生产出口产品,不注重生产技术的本土化和创新,这实际上意味着这些经济园区是世界贸易市场的加工基地,而不是真正的制造基地,从长远看这不利于园区经济的持续稳定发展。但就目前来看,有效的创新机制还没有建立起来。

5. 比较优势下降,综合投资环境面临挑战

长三角地区大多数经济园区主要是依靠税收优惠、地价优惠等政策支持,以及廉价劳动力、地理位置优越等因素取得先发优势的。但这种比较优势正逐步下降,特别是随着一些具有后发优势的经济园区的迅速崛起,长三角地区一些老牌经济园区在综合投资环境上面临着日益严峻的挑战和压力。2002 年国家外经贸部对国家级经济技术开发区的综合投资环境进行评估,结果显示最好的是天津、大连和广州。零点调查公司 2002 年 8 月对投资人进行的民意调查显示,在投资环境上,大连、天津、深圳、北京名列前茅。目前这些经济园区,在品牌经营和推广、招商引资质量、土地产出效率、产业集群发展等方面都已赶上甚至超出长江三角洲地区的老牌经济园区。

长三角经济园区传统比较优势下降的一个重要方面就是,园区开发建设成本过高。如上海园区开发的动迁成本巨大,1995 年动迁一户的成本是 13—14 万元,现在则升至 30—40 万元。而且园区内员工对工资水平要求较高,园区为员工缴纳"四金"等社会保障费用较高。这些都无形中增加了园区的开发和建设负担,提高了企业进入的商务成本。因此,长三角各经济园区如不及时寻求新的竞争优势,就会缺乏发展后劲。这方面上海闵行经济园区就是一个反证,90 年代中期之前它一直是国内首屈一指的高科技经济园区,各项指标均位列国家级开发区之首,但目前的增长势头已明显落后于许多后起者。

长江三角洲经济园区发展中存在的这些问题,是在中国改革开放日益深化的背景下发生的,某种程度上也是难免的。毕竟经济园区的发展历程较短,运作经验不够丰富,而且根本上来说是由于体制改革还处于不断的探索进程中,许多政策措施难以落实到位。但是,这已意味着,长三角经济园区已跨越了初步兴起的初级发展阶段,开始进入深化提高的新发展阶段。在当前市场竞争日益激烈,中国经济结构急剧变动的条件下,经济园区应如何寻求新的发展动能和空间,是一个非常关键和迫切的现实问题。

10.2　上海世博会给长三角经济园区带来新发展契机

世博会是一个集中展示人类在政治、经济、文化、科技等方面取得的成就的大舞台，是鼓励人类发挥创造性和普遍参与性的讲坛，也是一个最能涌现新概念、新观点、新技术的场所。世博会对国际社会、对举办地社会经济都具有非常重要的影响。1970 年日本大阪世博会的成功举办，有力地推动了日本关西经济带的快速发展。中国获得 2010 年世博会举办权，举办地为上海，这对上海、长江三角洲和全中国都将是一个历史性的机遇。

中国 2010 年上海世博会的举办，将从总体上扩大投资规模，改善城市形象和投资环境，刺激国内消费需求增长，为发展高新技术产业、振兴现代制造业和全面提升现代服务业发展水平提供广阔的空间。所以，世博会不仅有利于提高上海国际城市综合竞争力，促进长江三角洲区域经济一体化发展，而且还将推动中国社会经济的可持续发展。从长三角地区经济园区的发展来看，上海世博会的作用效应主要体现在如下四个方面：

第一，世博会将为长三角地区经济园区发展营造更为完善的投资环境。2010 年上海举办世博会，将有近百个国家设立大型展览，估计有 7000 万名参观者，这就意味着上海及周边城市要提供全面的、现代化的金融、交通、旅游贸易、咨询、会展乃至饮食居住等基本设施和服务。所以随着世博会场馆、交通、城建等大型基础设施建设的大规模展开，上海及长江三角洲地区的城市面貌将根本变化，而且城市建设也将从"外貌"改变为主转向"内涵"提升为主的阶段，城市整体形象策划和展示将作为软件建设的一个系统工程，"城市精神"的塑造也将构成上海城市软环境的一个重要部分。

同时，世博会举办有利于上海文化产业大发展，形成旅游、文艺、体育、影视、服饰、设计、广告、休闲、娱乐、教育、文化等行业相互交叉、互为补充的大文化产业，这些产业与金融、法律、咨询、中介为主的高端第三产业一起构成有竞争力的服务产业，使上海形成更加完善的市场体系和通道，并转化为金融、商品、人才、技术等市场要素的集聚效应和辐射能力，使上海更好地服务全国，带动长江三角洲地区的发展。另外，投资拉动的乘数效应将充分发挥作用，市场有效需求也将被激发起来,这无疑提高了外资进入的吸引力。长江三角洲地区投资环境的进一步完善,从根本上有利于经济园区的发展,尤其在传统经济园区先发优势逐渐下降的条件下,由世博会举办带动的投资环境改善必将为园区发展营造新的竞争优势。

第二,世博会将为长三角地区经济园区发展带来大量的资源要素和商机。世博会的举办能活跃资金流、人流、物流、信息流,促进国际社会的经济交流,并能刺激相关行业的发展,从而为上海和长江三角洲地区的经济发展带来大量的商机。从这个意义上说,长三角地区经济园区将迎来一个大量资源要素和商机涌现、产业快速发展的历史性机遇。据测算,上海用于世博会园区建设的直接投资额将达到 30 亿美元,而由此带动的产业结构调整、交通、商业、旧区改造等延伸领域投资约是直接投资的 5—10 倍。而 2010 世博会之年,光临世博会场馆就有 7000 万人,其中海外人士将超过 1000 万人次,由此产生的门票、餐饮、旅游纪念品等的直接销售收入预计接近 90 亿元(门票收入将达 73.1 亿元人民币,餐饮收入为 7.8 亿元人民币,饮料收入为 3.9 亿元人民币;30%的参观者在会场内购买旅游纪念品的销售额达 3.9 亿元)。而且这些人流大部分会流向长三角其他城市旅游。

同时,伴随世界跨国企业大举进入长三角地区,世界级优秀的技术、管理人才也将源源不断地流入,一些留学海外的华夏子孙,也会借世博会的机遇重返故里来创业,长江三角洲地区将成为亚洲乃至世界人才的集聚地和技术创新中心。由此产生的市场需求将催生一大批中外合资的融资、商业、旅游、管理以及法律咨询等专业服务公司,海内外客商参与长三角地区市场的空间非常大,长三角地区将成为吸引国际资本的强力"磁场"。

第三,世博会将为长三角地区经济园区提供一个展示自己、提高层级的机会。2010 年上海世博会举办将使中国,尤其是长江三角洲地区成为全球关注的焦点。一方面世博会为中国企业宣传自己的产品品牌、企业形象提供了很好的机遇,有利于世界各国更了解中国产品,以促进中国产品出口的扩大。另一方面,世博会带来了开放的信息渠道,国内企业可以开阔眼界、更新思想观念,也可以通过世博会的产品展示和介绍,以及相关信息数据的整理和挖掘,了解国外技术、产品发展的最新动态,促进其产品改进和技术创新,并吸引多方来客与中国进行经济贸易合作。世博会的这些功能无疑会进一步突出上海国际航运中心的地位,增加其货物中转量和吞吐量,上海乃至整个长江三角洲的物流将成为国际供应链的真正环节,从而使长江三角洲的贸易、出口加工的发展将更加具备区位优势。

经济园区是长三角地区重要的制造业基地、高科技发展基地、外商投资和跨国公司的集聚地,以及块状特色经济发展的"核心区"。这些园区集聚了大量高技术企业、面向国际市场的出口型企业、专业化生产的中小企业集群,以及相关配套的中介服务组织机构。借助于世博会的机遇,这些企业不仅可以充分展示自己的实力,而且可以在交流和学习中提升自己的技术、管理层级。为此,以这些企业为依托发展起来的经济园区有充分的发展潜力,特别是以产业群为纽带发展起来的经济园区,还可通过参与世博会以园区品牌为载体进行推介活动。

第四,世博会将加速长三角地区经济园区的产业分工和结构整合。长江三角洲地区一体化发展就是要实现产业纽带、金融组合、设施共享、观念认同等方面的一体化,其内容包括:一是建立共享的基础设施和服务体系;二是形成统一的区域性市场;三是促进产业结构协调联动发展。其中核心和难点是产业结构的协同发展,当前长三角地区经济园区发展中的最大障碍就是产业的趋同化发展。所以,要使长三角地区形成产业垂直分工和水平分工结合、资本纽带和技术转移结合、基础设施与环境保护结合的区域经济一体化,关键要推动区域内资源整合和结构重组的步伐,落实到经济园区就是要逐步形成专业化分工明显、产业群集聚、能够进行错位竞争的特色经济园区。目前长三角地区的一些外向型经济园区如苏州、昆山、张江等由国际投资形成的产业集群已比较成熟,其发展绩效比较明显,但相当多的经济园区则仍处于低水平的重复引进阶段。

世博会的举办对长三角地区经济园区产业分工和结构整合的作用主要体现在:由世博会带动对外开放的发展,将进一步推动国际产业向上海及长三角地区转移,在跨国公司主导下的产业梯度转移将更多带有市场作用的色彩。而且由于世博会促使上海服务功能的强化,使其与长三角其他地区的分工日益明显,上海经济园区发展以现代服务产业、重化工业和高科技等为主,而江浙地区的经济园区则更多地要以其他工业为主形成有特色的产业集聚区。同时,世博会将进一步带动外资流入,而现阶段跨国公司更多是以产业链、社会关系链为纽带进行的系列投资,如北京星网国际工业园、苏州台湾园区等,这必然会自动地整合现有长三角地区经济园区的产业布局。

10.3 推动长三角经济园区新一轮发展

10.3.1 战略思路

在上海 2010 年世博会效应作用下,长江三角洲地区经济园区必将实现跨越式的发展。如何借世博会的契机,审时度势、研究制定出相关的发展战略和对策措施,引导经济园区进行第二次创业,力争在资源整合重组和产业结构调整中创造新的辉煌,则是当前各政府部门及园区管理机构必须关注和把握的重大问题。从前面的研究分析来看,长三角地区经济园区新一轮发展必须立足于创新园区发展模式,整合长三角优势以营造长三角一体化发展的综合竞争优势。其战略思路体现在如下三个方面:

一是整合资源,优化结构,促进长三角经济园区规范、有序、持续发展。随着世博会效应的逐渐显现,以上海为辐射源向周边地区辐射的"中心地发展模式"的作用也日益突出,长三角经济园区的空间布局和结构特点应按照体现产业梯度的发展要求而进行调整发展。为此,首先必须有相关的权威部门(区域园区发展政府主管部门或园区行业组织)结合地区特点,制定长远的总体发展规划和相应的调整发展方向,特别是要变行政区域的产业发展规划为经济区域的产业发展规划,并按照规划确立不同技术等级和产业类型的经济园区,使园区发展层次化、多样化,满足不同投资者的需要。

同时,要根据"分类指导、差别政策、突出重点、协调推进"的思路,重新整合园区资源,进一步优化结构,逐渐按照产业集聚程度、开发率、产出水平等指标,分阶段有步骤地实施园区资源的整合,或撤销,或缩小,或通过国家级、有品牌优势经济园区的收购,或将地域相近、产业相似的经济园区合并重组功能型特色园区等方式,来调整和促进长三角地区园区的发展,培育发展起一批具有区域特色、产业优势以及良性发展机制的有竞争力的经济园区。经济园区资源整合和结构优化是一个不断打破条块分割与行政壁垒的创新过程,会面临许多困难和障碍,需要进行制度创新。

二是搭建平台,加强协调,形成长三角经济园区合作发展的局面。由世博会带来的大量商机将长三角地区紧紧地团结在一起,共同配置资源、共享服务体系成为长三角地区各级政府和企业的一致目标。为此,通过利用已有的长三角15个市长联席会议制度举办各种内容形式的园区发展论坛,并可建立长三角经济地区园区发展协会等组织形式,构筑起一个经济园区之间交流沟通的信息平台和联系桥梁,从而促使各经济园区之间经常性的沟通、联系、协调和自律,以此建立起有效的合作与协调机制。

首先要由国家开发区管理部门、园区发展协会和长三角市长联席会议等组织形式统一协调园区建设的总体规划,阻止各种劣质经济园区滋生,以及经济园区产业发展中的同构化现象;其次要制定以区位、交通、要素资源等为主要评估依据的工业用地基准指导价格,实施以地价为核心的反过度竞争的协调机制,协调各经济园区的土地价格,遏止经济园区之间的无序竞争;税收等政策优惠要严格限定在一定的权力范围内,有统一的标准尺度。在财税分成和园区管理方面要进行改革,统管和分成要协调好。同时,要在发挥经济园区各自的区位优势和品牌效应的基础上加强合作发展,通过错位竞争,以增强各经济园区的核心竞争力,提高招商引资的实效。

三是打造品牌,建立联盟,拓展长三角经济园区的发展空间。世博会是一个新产品、新技术推介、宣传、展示的盛会,也是一个技术学习、贸易合作、投资发展的极好机会。为此,长三角地区应遵循行业集聚、区域集中、产业梯度及与城市化结合的原则,将资源优势向优质经济园区集中,加快发展有品牌优势的经济园区,使这些成熟经济园区的产业升级和郊区城市化发展结合起来,形成较强网络化覆盖能力和一定的土地级差梯度,并通过建立园区战略联盟形式,推动园区跨越行政区划进行调整和优化。这些有品牌优势的经济园区在到一定阶段后,就可以借鉴新加坡"无限新加坡战略"而实施"无限上海战略",形成一个发达的园区网络,在长三角地区、全国乃至全球范围内设立上海品牌的园区,从而使土地有限的上海变成土地资源无限化的上海。

目前,上海可依托张江高科技园区、漕河泾经济技术开发区、金桥出口加工区、闵行经济技术开发区等若干个产业条件、环境基础、服务管理良好、知名度较高的开发区,通过兼并、收购等形式,组建3—5个产业特色明显、管理水平高、综合竞争力强的品牌园区联盟,形成品牌园区的垄断竞争格局,从而向其他区域拓展发展空间。同时,上海九大市级工业区也可与苏州、昆山等发展成功的工业园区建立战略联盟,或通过错位竞争策略来提升长三角园区的整体竞争力。唯此才能提高园区的规模效应和经济能级,跻身于世界著名园区。

10.3.2　路径选择与应对措施

为了有效地实现长三角地区经济园区的战略目标和思路,政府部门、经济园区管理者、企业投资者应共同研究,积极采取对策。结合海内外著名经济园区的发展经验与教训,以及当前国内外经济园区的发展趋向和功能特点,我们认为,在上海"世博经济"发展背景下,长三角地区经济园区发展的路径选择和应对措施关键主要应落实在如下四个层面。

第一,率先设立负责协调长三角经济园区发展的统一机构和形成相应的协调机制。目的是淡化经济园区的行政区划,按照区域经济发展规律和特点确立长三角地区经济园区发展的总体方向。其中有三种层次的做法:一是组建长江三角洲经济园区管理局,归属国家发展与改革委员会,由该机构统一协调长三角地区经济园区的开发建设,力求打破行政分割,通过法律和经济手段强化宏观调控。这个机构具有权威性,能快速有效地调节园区发展之间的关系,但缺点是计划色彩过浓,而且增加政府管理层次,一定程度上会影响园区经营管理效率。二是设立长三角经济园区协会,通过民间(半官方)性机构促进经济园区的整合和市场规范,形成园区发展的行业规范,改善市场秩序。这个机构主要是制定园区竞争规则,提出衡量评估园区发展优劣的透明标准,向政府部门提供园区发展报告等。这个机构的最大优点是能规范园区发展规则,但协调组织成本比较高。三是在现有长三角15个城市市长联席会议制度的基础上,增加一个园区论坛的组织层次,通过城市政府之间的沟通协调来推进经济园区的重组和兼并,其中关键是要在世博经济的昭示下形成统一的利益机制。

第二,加快营造区域竞争优势,努力形成长三角地区经济园区的第二次创业高潮。如果说1990年浦东开发开放开创了长三角地区经济园区第一次创业的高潮,那么上海世博会的举办将会掀起长三角地区经济园区发展的第二次创业高潮。低廉的地价、劳动力,优惠的税收政策曾是吸引外资进驻经济园区的主要区域优势。但是,随着改革开放的深化,一些后起经济园区的迅速崛起,长三角地区原有的先发优势正在逐渐消失,单纯的优惠政策已经不能吸引外资的注意力。从国际资本区位选择的趋向来看,由于投入高端制造业和服务业比重日益增大,国际资本更倾向于流入具有产业集群优势、具有人力资本和技术创新优势的区域，以价值链为纽带联结起来的国际产业组织，使资本可以在全球范围内寻找资源要素和组织生产。这就意味着区域竞争优势更多将集结于产业集群，所以经济园区要营造出新的竞争优势就必须从政策优惠、低价资源要素向发展产业集群、提高产业链经济方面转变。近年来，长三角地区的经济园区正在形成产业集群，如苏州等地的台湾 IT 产业群，浙江台州等地的专业化小企业集群等，而外资向这些区域流动的倾向也非常明显。所以，要充分利用世博会举办前后大量资本流动的优势，大力发展产业集群以营造区域竞争优势，促进园区新一轮发展。

第三，逐渐淡化行政区域概念，建立市场化、高效率的经济园区组织管理模式。在经济园区建设上要突出开发区品牌概念，而淡化地方区域概念。从点上做起，可积极发展美商园区、德商园区、日商园区等以区域链、乡情链为纽带的园区，还可发展机械园区、食品园区等以产业链为纽带的园区，这可突出经济园区的国家或地区集聚和行业集聚的概念，对创新经济园区发展模式具有非常重要的意义。世博会近百个国家和地区要建设场馆进行展示，由此不仅可以吸引那些国家和地区集聚的园区参与世博会，而且还可进一步吸引相关的资本和产业进入这些园区，扩展园区的发展规模。在淡化行政区域概念的同时，必然要改变政府对园区管理的方式，应逐步变政府的直接管理为间接管理。其中有两种模式：一是充分授权，建立多功能、少环节、快节奏、高效率的运作机制。开发区管委会代表当地政府对开发区实行统一领导、统一规划、统一政策、统一管理，在对外经济贸易、项目审批、财政税收、劳动人事等方面享有较大的独立管理权。为了真正实现开发区管理工作"一个窗口、一支笔审批、一个图章生效、一揽子解决问题"的一条龙优质高效服务，政府应切实授权给开发区。只有权责相符，才能产生效率。二是政企分开，按照市场化规则和国际惯例，对园区企业实行间接管理。目前，许多开发区管委会除了对开发区进行规划和管理之外，还成立了开发区经贸总公司，直接或间接经营一系列贸易、建筑安装、房地产和服务公司等。这对积累资金、壮大实力、促进滚动开发是有利的，但是从体制的角度看则形成了新的"传统国有企业"，其结果是滋生出许多传统体制病，影响外来投资者的信心。为此，应尽早实现政企分开，将管委会的职能严格限制在规划、开发和管理方面。在这一过程中应培育发展社会中介组织。

第四，通过高质量园区的品牌化经营，提高长三角地区经济园区的国际竞争力。新加坡工业园发展成功的一个重要经验就是进行品牌化经营。新加坡有以裕廊园区为代表的 30 多个园区,随着进驻园区企业的增多和产业结构的变化,裕廊镇管理局开始品牌化经营,以不断扩大营业范围。它一方面协助园区内的公司将其低成本的制造中心迁移到新加坡领土之外的裕廊国际开发园区,另一方面通过实行"21 世纪的客户服务计划"在国内园区内集中发展高层次的企业集群,包括战略性公司、技术创新类公司、公司的重要部门(如生产技术部门)。这使新加坡园区不是一个低交易成本的生产中心,而是公司进行战略运作的长期基地,这无疑增强了新加坡园区的国际竞争力。裕廊镇管理局已发展成为亚洲数一数二的园区开发商,在印度尼西亚、马来西亚、菲律宾、泰国、越南和中国苏州等都成立了合资开发园区。长三角地区,尤其是上海的经济园区完全可以借鉴新加坡园区经验,利用品牌优势,发展战略联盟提高服务质量等形式方法,吸引和提升客户集群,以提高长三角地区园区的整体竞争力。当前,上海可率先进行开发区资源的整合重组,将园区数量减少一半,而且重点聚焦已形成品牌优势的开发区,实现以信息化带动工业化发展的新型工业化道路。同时,为了把握新一轮国际产业转移的历史机遇,提高对国外资金、技术、管理经验的吸纳力,使长三角地区成为外资发展的新平台和国际大项目的新集聚地,经济园区还必须建立完善的配套产业,变国内生产对外资的依赖为外资对国内产业链的依赖,全面提升利用外资水平和产业竞争力。

总之,2010 年上海世博会的举办,给长三角地区经济园区一个全新的发展机会。世博会举办将加大铁路、公路建设网,这些陆上通道日益成为联系经济园区的纽带,为经济园区的合作奠定基础,更为在长江三角洲地区形成产业带、城市群奠定基础。各经济园区可以依托资源整合重组优势,进一步壮大园区实力;也可以借助于园区的合作与协调机制,进行产业交叉发展,实现错位竞争;还可以通过品牌经营,扩展园区经济规模和能级。须发展或建立符合时代需要的经济园区,使之真正成为区域经济的增长极。

10.4   上海提升经济园区品质的政策建议

上海在长三角经济园区结构调整和再发展中,要注重提升经济园区品质,增强园区竞争力和对外商投资的吸引力。

第一,经济园区与新城、新镇建设融为一体。(1)新城、新镇建设要把经济园区纳入其中,经济园区开发要按新城、新镇建设模式来做,把园区开发与新城、新镇建设纳入同一规划,把新城或新镇用地指标与园区用地指标捆绑在一起,依托新城或新镇建设,建设一大批具有服务性、基础性、功能性、前瞻性的项目,为经济园区形成良好的工作环境与生活环境。(2)经济园区开发与新城、新镇建设实行互动,以新城、新镇建设中的房地产收益补助园区基础设施建设支出;以园区吸引更多外资及企业来增加新城、新镇人气以及提供新增税源。(3)与新城、新镇建设结合起来的这类经济园区,要进一步扩大面积与容量规模。一是在原园区基础上新增开发面积;二是合并与其连接较近的经济园区,扩大其规模;三是通过联合、托管、兼并等运作方式整合新城、新镇周围的经济园区,形成一区多园或园中园。(4)新城、新镇要打园区牌,诸如冠以汽车城、电子城、环保城等名称,以塑造园区的知名度,扩大园区的影响。

第二,经济园区形成研发、制造与现代物流配套成龙。(1)在园区内大力发展与制造相关的研发机构,通过研发与制造的有机结合提升园区经济品质。一是大力引进相关的研发机构;二是鼓励园区内企业建立研发中心。(2)在园区内大力发展现代物流,引进或建立第三方物流,为园区内企业提供统一配送、报关代理等。(3)重点抓核心企业的引进,给予特殊的优惠,以形成以核心企业为龙头的一系列二级、三级配套企业的集聚,以及相关生产性服务机构的聚合。(4)经济园区的管理者除了提供政府服务和公共服务外,还要提供增值服务,如基金申请、投资融资等,及时帮助企业解决在运营过程中产生的实际问题。这些服务并不仅要求是"一站式"的服务,而且要求是持续提供的,特别是增值服务。

第三,建立经济园区的知识网络。(1)园区知识网络的建设,一是建立园区的信息共享平台;二是建立园区企业家俱乐部、联谊会、恳谈会等企业交流平台;三是建立青年技术培训、技能学习、职业教育等教育服务平台;四是建立研发公共服务平台。(2)园区管理工作要围绕建立园区知识网络这一重点,增强服务意识与服务内容,在各种平台上做好服务工作。(3)由市区两级财政用减免税返还或转移支付财力,按一定比例设立专项资金,重点用于园区知识网络建设,改善园区的软环境。(4)在有关部门认定的园区内实行个人所得税返还,专用于其个人职业培训、终身教育、出国学习考察等人力资本投资。

　　第四,健全与规范经济园区管理。(1)园区管委会要转变职能,与营利性经营活动脱钩,将开发经营交由园区开发公司(中外合资、中外合作、多种所有制投资等)承担,严格实行政企分开。同时除九年制义务教育外,不设事业性直属单位,包括承担部分行政管理职能的机构,如人力资源公司、卫生防疫站、公积金管理中心等等,也全部企业化。(2)下放项目审批管理权限,除产业政策规定的不允许项目外,授权各区或认定园区审批投资项目,实行备案制。(3)在国家现行法律体系的框架下,因地制宜,制定规划建设、环境保护、外商投资、社会事业、劳动管理、公务员管理、房地产管理等管理办法。其中,要清理、减少各种行政性、准行政性收费,试行园区内零收费。

11 区域合作与发展的角色定位[*]

长江三角洲地区是中国人口最稠密、经济最发达、文化最昌盛、人民最富庶的经济地域,构成了中国"外通大洋,内联腹地"两个辐射扇面的战略枢纽点和中国第一、世界第六大城市带。21 世纪初,随着中国加入 WTO 以及在国际经济与国际事务中地位的提升,长江三角洲地区将成为中国经济增长和全方位对外开放的一个重要区域。上海在长三角进一步合作与发展中将扮演重要角色。

11.1 区域合作与发展的新背景

进入 21 世纪,国际国内环境条件都发生了重大变化。在今后一段时间,我们正处于重要战略机遇期。这一重要战略机遇期也构成了新一轮长江三角洲区域合作与发展的重大背景条件。我们必须在这一新的背景条件下来重新审视长江三角洲区域合作与发展,抓住机遇,因势利导,把长江三角洲区域合作与发展推向新的阶段。

11.1.1 世界性知识经济的兴起

知识经济是建立在工业经济高度发展基础之上,以世界经济一体化为背景,通过信息化、网络化的机制,以知识驱动为基本特征的一种经济形态。当前发达国家的知识经济形态的显现,已使世界经济转向知识密集度更高而资源密集

---

* 本章根据笔者 2002 年撰写的调研报告改编。

降低的产业发展模式。目前世界商品贸易的本质趋势是向知识密集型产品转移,这类商品贸易比总体商品贸易的增长要快得多。1980—1993年间,世界高技术出口增长11.4%,比中低和低技术产品出口增长之和5%的速率翻一番。与此同时,随着更多国家进入世界市场,传统基础工业的竞争加剧,其产品严重过剩,从而限制了这些工业产品价格的长期上涨。

另外,在世界贸易构成中,还出现了制造业产品向知识密集型服务产品转移的趋向。以网络经济为基础的全球化的服务活动已将生产的全球化进程带入了一个新阶段。在1985—1992年间,OECD的服务出口增长快于商品出口增长,前者年均增长率为13.6%,后者为11.1%。1992年服务出口合计达到7590亿美元,几乎占商品出口的30%。其中,特别是具有较大知识密集型成分的其他非公共服务业(其中包括商务、金融、研究、咨询和其他种类的服务)增长迅速,年均增长率为16.9%,是所有产品和服务贸易中增长最快的。服务贸易迅速增长无疑是未来国际经济环境的一个普遍性特征。

长江三角洲属于中国的经济发达地区,又是对外开放度最高地区之一,势必将较早受到世界性知识经济兴起的强有力影响和辐射,要求较早地转向知识密集度更高而资源密集度降低的产业发展模式,要求尽快发展知识密集型服务产品和提高服务活动的竞争力。从长江三角洲经济基础来看,重点发展知识经济的总体条件大致具备。1998年长江三角洲地区国内生产总值(GDP)为12723亿元人民币,占全国GDP比重为16%,区域内的人均GDP已超过2000美元,为全国平均水平的2.7倍。预计到2005年,其GDP将达到25000亿元人民币(3250亿美元),略多于中国台湾地区2000年时的水平;人均GDP将达到4000美元。2015年GDP将达到5万亿元人民币(6500亿美元),超过台湾地区同期水平,人均GDP将达到8000美元。从长江三角洲地区的比较优势来看,自然资源相对短缺,而劳动力素质较高,有着较高的科技、教育、文化水平,具有较强的服务功能。该地区教育经费的投入约占全国的1/6,科研机构的经费投入占全国的近1/5,高校科研经费投入占全国的近1/3,大中企业的科研经费占全国的1/4之多,这反映了该地区科研活动的活跃程度。与其人口数占全国的1/10相比,该地区科研开发机构的科技人才数约为全国的1/7,科学家、工程师人数接近全国的1/6,高、中级技术人员约为全国的1/5,反映出该地区科技人才密集度高,且高级人才的比重更大。该地区被SCI、ISIP、EI收录的论文,约为全国的 1/4,与其科技人才数约为全国的 1/7 相比,说明该地区科技人员具有较高的效率和水平。该地区技术市场成交额约为全国的 1/5,高新技术出口额约为全国的 1/5,反映其技术转移的密度较大,使用知识的比例较大。因此,长江三角洲地区在经济发展中向更大规模化的知识密集度转变是有利于其扬长避短、发挥优势的。

然而,这种知识密集度更高的产业发展模式依赖于知识的研究、开发、扩散与应用,以及获取和应用知识的效率,所以与资源密集程度较高的传统产业发展模式不同的一个特点,就是要广泛开展区域合作,提高知识共享程度,通过互补形成具有竞争力的系列成套服务产品。

11.1.2   世界经济格局调整

当前,以 WTO 推动的国际多边贸易体制和由跨国公司推进的全球贸易、投资和生产的国际化为标志的经济全球化,已经成为一种造就国际大分工的客观趋势。它加速了世界经济的发展和繁荣,并将继续影响 21 世纪世界经济和政治格局。经济全球化有利于发展中国家发挥自身"后发效应"优势,弥补资本形成的先天不足,获得更多的技术选择和市场选择的机会,借发达国家产业梯度转移之机,加速工业化、现代化的进程等。在近阶段,由于信息技术革命进入大规模制造与应用阶段,发达国家掌握领先技术研发的产业链前端的比较优势相对减弱,总体经济处于调整过程之中。美国经济状况很不稳定,再次陷入衰退的可能性极大。日本经济积重难返,状况依旧,要想走出衰退尚待时日。受美日经济衰退的拖累,欧元区经济也由前几年的摇摆不定转向疲软;作为世界第三大经济体的德国经济,其状况几乎陷入停顿。而对于那些处于新技术革命产业链中端的发展中国家来讲,只要具备相应的技术扩散吸收能力,其大规模制造的低成本优势将凸显,从而有力地支撑其经济增长。

这一世界经济格局调整及全球范围新一轮产业结构调整,对长江三角洲地区的崛起以及在世界经济分工体系中占据更重要的地位来说,是非常有利的时机。因为在此过程中,国际资本流动趋于活跃,并主要向具有增长潜力的国家和地区转移,这将为长江三角洲地区扩大吸收外资提供新的空间。长江三角洲地区稳定的经济高增长将为外商提供较好的投资机会,投资环境的日益完善对外资的吸引力不断增强。同时,国际资本流动的产业转移,也将为长江三角洲地区的产业升级提供良好的条件。长江三角洲地区目前尚处于工业化中期向后期阶段转化的阶段,完全有可能在承接发达国家转移出来的技术密集型产业的同时,将一部分劳动密集型和资本密集型产业向其他地区转移,以提高产业结构水平。同时,由于技术因素在经济发展中的作用日益增大,长江三角洲地区可利用技术学习的跳跃式特征,缩短与发达国家在高新技术领域的研发水平差异,从而使长江三角洲地区有可能在 21 世纪初期实现在国际经济分工体系中的位置由垂直型的下游位置向中游及水平型分工转变,以此改变长江三角洲地区在新一轮国际经济合作中的地位与竞争力。

11.1.3 跨国公司的全球化战略调整

为适应经济全球化和区域一体化的国际经济环境的变化,跨国公司的全球化战略出现了一系列新的调整。从地区经营向全球化经营扩张,对中国等发展中国家的投资比重不断扩大;从重点投资工矿业加速向服务业发展,把制造业向发展中国家转移;从传统产业向高科技领域的发展,使一大批传统产业及成熟技术由发达国家和地区向发展中国家迁移与扩散;从母国向"当地化"发展,推动其公司与当地经济社会之间的相互融合;从追求单个企业利润最大化向追求全球利润最大化转变;其组织类型从单一的大型化趋向于多元化,一大批中小企业开始进入跨国经营的行列。

这种跨国公司全球化战略调整给长江三角洲区域合作与发展提供了新的机会。例如,跨国公司在长江三角洲地区的功能部署趋势大致为,逐渐在上海设立地区性总部及研究开发中心(或分中心),在长江三角洲的其他大中小城市布局生产、加工中心或制造基地。这样一种布局,将有助于长江三角洲地区的合作与发展。与此同时,这也要求长江三角洲不同块状经济体相互融合,形成区域性的大企业集团,以应对世界经济一体化以及跨国公司进入的挑战。也就是,长江三角洲能否在世界经济一体化中受益,较好地进行产业结构调整,取决于经济区域化的合作水平不断提高,合作方式不断创新。

11.1.4 中国加入 WTO

中国加入 WTO 后,将进一步深化对外开放,在国际分工体系中寻找新的位置,以获得更多的发挥后发优势的机遇。这对中国对外贸易和对外经济往来并由此带来的经济发展与产业结构调整将产生重大影响,使其尽快融合国际分工体系之中。中国加入WTO一年来,对外贸易和引进外商直接投资取得了长足的进展,有力地支撑了国民经济增长速度和经济运行质量的提高。但对各产业部门和各地区来讲,此种影响涉及的范围及程度是不平衡的。由于发达地区已经具有迎接全球化挑战的初步能力和机制,所以更能够借助于中国加入WTO的新平台实现外向型经济的发展。从现有的基础来讲,整个长江三角洲地区有条件率先融入国际分工体系,与国际惯例接轨。例如,苏南地区70%以上的企业已经转向了外经外贸,参与了国际市场。因此中国加入WTO后,将为长江三角洲地区提供更加开放的有利条件,促进这一地区的经济发展。

11.1.5 中国经济发展格局变化

中国进入了全面建设小康社会的新的发展阶段,经济相对过剩的格局正逐步演变为经济运行的一种常态,扩大内需政策将持续推行。这将使国内的市场格局和竞争格局都发生重大变化。长江三角洲地区拥有的传统经济优势,在激烈的市场竞争中正逐步丧失,迫切需要培育新的经济优势。在这种情况下,为增强竞争优势,通过开展技术和人才协作,企业之间的资产合作等方式来开发科技含量较高的新产品,已成为当务之急。原有行政区划范围内的要素组合,由于活动空间小,互补性弱,具有很大的局限性,所以跨地区的区域合作以寻求更大范围内的要素优化组合,已成为应对新的市场竞争压力的重要手段。

在中国宏观经济的重要转折阶段,原有的常规性宏观经济总量调节政策已基本到位,可挖潜力不大。目前在继续开放的基础上,转向以内需为主,通过进一步开拓和细分国内市场,实行区域开放为主导的经济政策将成为新的政策取向。从经济发展程度及自然条件各方面看,中国已初步形成几大经济发展区,各有不同的优势特点。总量调控政策无法顾及不同区域的特点。因此扩大区域开放程度,调整区域发展格局,充分发挥现有各区域的不同的经济基础,发展地区经济,已成为中国宏观政策的必然选择。这也就为长江三角洲地区的区域合作与发展提供了宏观政策导向。

11.1.6 国内统一市场逐步形成

随着中国经济体制改革的不断深化,改革重点将逐步转向政府体制、金融体制及企业制度等深层次领域。尽管这些深层次改革是很艰难的,具有长期性,但随着政治体制和行政管理体制改革新的突破,金融体制的不断完善,国有经济战略性调整逐步到位,行政条块的障碍将趋于消除,促进市场力量的壮大,提升各地市场发育程度及均衡状态,形成全国统一市场。这将为长江三角洲地区区域合作与发展提供良好的制度环境和更为广阔的空间,促进区域经济向一体化方向协调发展。

顺应这一发展方向,目前长江三角洲地区在经济制度发生变迁的同时,正在发生着一场悄悄的革命。它主要体现在以个体和私营主为主体的商会的出现。目前,苏南地区的商会发展很快,几乎每个乡镇的同类行业都建立了自己的行业协会,这些行业协会的建立有两个特点:一是企业主自发组织起来的;二是政府官员或多或少参与了商会的建立和活动。企业主建立商会的目的有两个:第一,互相沟通信息和相互控制市场价格。完成企业改制以后,私营企业如雨后春笋,仅 2000 年初,吴江市投资 1000 万元以上的私营企业就有 82 个。这些企业规模小,相互竞争,为了避免两败俱伤,共同获利,建立信息机制和协调机制是必要和必需的。第二,联合起来与政府部门共同协商有关发展策略。因为在一些大的政策上与政府协商会更有利,且企业家之间的合作将增强共同抵御国际竞争的能力。目前出现的商会与那些以扶贫、环保、助残等为目的的第三部门不同的是,商会具有自己的经济来源,参加商会的人大都是企业主,资本实力雄厚,在经济上完全可以不依靠别人(目前人们所谓的第三部门大都苦于资金支持不足)。这种真正意义上的市场中介组织和行业自律组织的形成与发展,不仅有助于加强市场配置资源的作用,而且更能成为推动地区经济合作的一股重要力量。

11.1.7 西部开发及中部地区崛起

西部开发逐步取得成效,中部地区逐步崛起,将大大拓展与东部地区的经济联系,形成有机的互动过程。这将为长江三角洲地区的发展提供更为广阔的伸展空间。特别是随着长江流域基础设施现代化建设加快,延伸和拓展了沿海的对外开放并实现东西结合、优势互补,长江中下游在新的基础上构成一个优势互补的整体,构筑 21 世纪实力最为雄厚、后续力量最强、影响面最广的区域经济带。随着长江流域经济发展带的形成,长江三角洲就处于中国沿海地区和长江流域两条经济发展带的交汇点,届时可以通过这两大经济发展带发挥对全国的集聚与扩散效应,使长江三角洲的经济腹地扩展到全国更大范围,促使其成为全国资金流、商品流、技术流、人才流和信息流集聚和扩散的中心。同时,沿海和沿江两大经济发展带具有动态比较利益高和潜在市场容量大的优势,使长江三角洲能够与两大经济发展带共同实现资源禀赋、产业调整、资金融通、技术援助、信息服务等多方面的优势互补,从整体上提高本区的产业结构层次和经济综合实力。

11.2　区域合作与发展进入一个新阶段

改革开放以来,在市场化进程的推动下,长江三角洲的区域合作与发展揭开了新的历史篇章。经过 20 多年的共同努力,长江三角洲区域合作与发展经历了"自发""摸索"两个阶段后,开始步入一个新的"互动"阶段。

11.2.1　发展过程

从这一进程的实际推进来看,已经历的两个主要阶段:一是 80 年代以微观层面的民间经济交流为主的推动阶段;二是 90 年代以来地方政府与民间力量共同推动的阶段。

在 20 世纪 80 年代,为了打破传统计划经济体制的条块分割,培育和发展市场经济,中央政府提出了跨(行政)地区经济联合和形成经济区的大思路。1980 年国务院发布《关于推动经济联合的暂行规定》,提出了"扬长避短,发挥优势,保护竞争,促进联合"方针,旨在促进区域经济合作。1981 年的全国人大五届五次会议以及 1984 年的中共十二届三中全会,进一步提出要充分发挥城市的中心作用,逐步形成以城市特别是大中城市为依托的、不同规模的开放式、网络形的经济区。这些方针政策对推动长江三角洲地区的经济交流与合作起了很大的作用。这一时期主要是微观层面的民间经济交流与合作,并集中在跨地区的联营企业发展,以及上海技术设备、人才资源、营销渠道、管理与信息等要素与江浙地区乡镇企业、私营企业的优化组合上。至 80 年代中后期,上海有 50% 的国有企业与江、浙两省三角洲地区的乡镇企业建立了各种联营和合作关系。其中很多乡镇企业抓住了接受上海外贸企业订单、上海大工业产品外发加工以及技术输出等发展机会,而得到了迅速的发展壮大。江、浙乡镇企业的经营搞活、规模扩大后,又增强了上海企业的竞争压力和改革冲动,促进了上海企业加快变革的步伐。但由于受当时体制的制约,产权关系不清晰,联营企业的发展不甚理想,难以继续维持下去。上海一些要素与江浙乡镇企业和私营企业的结合,尽管有力推动了这些地区的乡镇企业和私营企业的发展,但也只是停留在非正式的局部范围,难以有较大的突破。

进入90年代后,随着中国市场化进程的深入及对外开放的深化,跨地区的区域经济发展已成为关系全局的一项重要任务。1992年中共十四大报告提出,充分发挥各地优势,加快地区经济发展,促进全国经济布局合理,是关系全局的一项主要任务。据此,《人民日报》在1992年11月5日发表社论《论区域经济》,指出区域经济的特色在联合,优势在整体。联合是它的核心,联合是它的精髓。在此精神指导下,长江三角洲地区区域合作与发展出现的一个明显的变化就是地方政府开始主动介入,以突破区域合作中的一些难点和开创更为广泛的合作领域。1992年由上海牵头成立了长江三角洲经协委(办)主任联席会议,以推动区域内城市之间协作,并发挥了一定的作用。由于经协委(办)主任联席会议的作用力度有限,难以解决一些对推动合作与发展的实质性问题,之后又成立了长江三角洲城市经济协调会,确定每两年召开一次会议,各市市长或分管市长、经协委(办)主任出席会议。1997年在扬州召开的第一次会议确定以商贸、旅游两个专题为抓手,广泛开展多层次、多渠道、多形式的合作。1999年在杭州召开了第二次会议,确定产权交易、高科技成果交易、信息交流、商贸和旅游等专题。与此同时,各地政府对三角洲区域合作与发展出台了一系列推动政策。1998年上海出台"进一步服务全国扩大对内开放若干政策意见"后,杭州、宁波、南京、苏州、扬州等城市也先后出台了对内开放政策意见。这些政策强化了区域内的配套服务,促进了微观层面的民间经济交流在更大范围和更深层次上的展开,为区域合作与发展注入了新的内容。但这一阶段,仍处在政府与民间共同摸索区域合作与发展的过程之中,尚未形成有效的运作机制。

11.2.2 基本特征

经过这两个阶段的发展,长江三角洲区域合作与发展已取得明显的成效,并为此后进一步的区域整合打下了良好的基础。目前,长江三角洲区域合作与发

展呈现以下基本特征:

(1) 在专业化生产基础上采取灵活多样的合作方式。长江三角洲地区的工业行业专业化生产程度较高。从全国十大经济区的产业分工来看,沪苏浙区的纺织业、化学纤维工业的专业化生产程度位居全国第一;机械工业、缝纫业、工艺美术品制造业、文体用品制造业、皮革毛皮及制品业、炼焦煤气煤制品业、化学工业、塑料制品业、金属制品业、电气工业、仪器仪表业的专业化生产程度位居全国第二;电信工业位居全国第三。尽管改革开放初上海就已经是全国工业加工基地,具有雄厚的工业基础,江、浙两地工业化水平相对较低,但在专业化生产基础上仍采取了灵活多样的合作方式。不管是早期的联营生产、民间技术要素流动(如星期日工程师等),还是以后苏南乡镇企业和浙东私营企业崛起的产品加工、配套生产,乃至现在的产业分工调整、江浙两地公司总部进驻上海等,都充分体现了长江三角洲地区的产业价值链。从合作主体看,既有工商企业之间的合作,也有企业与大专院校、科研院所之间的合作,还有苏浙企业聘用上海退休专家、教授、技术人员的合作;从合作方式看,有以资产为纽带的相互参股、控股以至兼并的合作,也有不改变产权关系的租赁、承包经营、委托经营合作,还有技术、管理、品牌等无形资产与有形资产的合作,以及销售与生产、商业企业间连锁营销、产权交易合作等。近年来,上海与苏州共同兴办的各类企业达 350 多家,投资金额 32 亿元;嘉兴市有 1300 多家企业与上海的工业和科研部门建立了多种形式的合作关系,协作项目达 900 多个,产值占该市工业总产值的 20%。

(2) 企业跨地区资产运作与经营发展较快。企业跨地区的兼并、收购、控股,以及跨地区的经营与发展已成为地区合作的重要方式。如上海汽车集团与江苏仪征汽车工业公司实行跨省市联合重组,成立上汽集团仪征汽车有限公司,开发适合中小城市和广大农村消费的轻型客车。上海英雄股份公司以品牌为依托进行资本扩张,在江浙两地组建分公司,运作资产 2.1 亿元。上海服装集团分别在江苏昆山、浙江绍兴、诸暨等地建立分公司,以品牌发展为龙头,以现有市外销售网络为依托,形成辐射全国市场的能力,使"销地产"产值占集团公司总产值的比重达到 15%。

与此同时,江浙两地的优势企业如江苏同创集团、春兰集团、宁波杉杉集团等均以不同方式进驻上海,或将企业的决策机构、营销中心、研发中心迁移上海,共享上海的发展机遇;或兼并、收购上海的企业,实现资产重组优化。江浙两地在沪工商企业超过 5000 余家,投资总额超过 40 多亿元。

(3) 合作领域不断拓宽,规模增大。目前长江三角洲地区合作已从一般产业协作向资本融合方向发展;从单一的生产合作向科研开发、加工制造、市场营销整体合作方向过渡;从以工业领域为主的合作向金融保险、商贸流通、旅游、房地产等领域全方位拓展。

如近年来上海对浙江的工业、农业、商业、旅游、交通等方面投资项目 700 多个,累计投资总额达 32.75 亿元,占上海对外省市投资总额的 30%。上海浦东发展银行在长江三角洲各城市设立的分行,为当地建设融通资金数百亿元。浙江来沪开办的各类工厂达 600 多家,投资总额 30 多亿元。浙江在沪的房地产开发企业 50 多家,投资开发房地产资金总额近 80 亿元。浙江在沪建筑企业 300 多个,人员 20 多万,每年承接业务总额约 100 亿元。

(4) 合作重点转移与不断深化。随着合作领域的不断拓宽,合作的重点也发生转移,特别是政府层面推动的合作重点在不断深化。1997—1998 年度长江三角洲地区区域合作的重点是推进旅游与商贸;1999 年度合作的重点转到"推进国有企业改革"上。通过建立规范的交易机制,实现国有企业跨地区、跨行业的资产重组。

据不完全统计,长江三角洲各城市间进行的企业产权出让购并已逾 300 例。在长江三角洲资产重组洽谈会暨湖州市首届产权交易会上,长江三角洲 15 个城市又签订了 138 项产权出让购并项目,涉及资产总额 35.7 亿元。与此同时,金融市场、技术交易市场的区域合作的力度正在加强,有力地支持了区内外企业的技术改造和产品升级。"十五"期间,长江三角洲地区合作的重点将进一步转到重大基础设施投资建设(城市交通、通信信息、江河整治、生态环境等)的协调上来。

(5) 区域商贸、旅游网络建设取得显著效果。推进以商贸、旅游为重点的区域合作,是长江三角洲地区前几年经济合作的重要内容。据统计,目前上海生产的商品 50% 左右销往江浙两省,江浙两地的大量商品也进入上海市场,上海已成为江浙两省经济发展的重要市场。上海市市外商业网点 600 个,在长江三角洲地区的 78 个县市中的覆盖率已达 75%。

与此同时,据不完全统计,浙江来沪开办的公司、批发市场、商店有 3800 多家,经商人数约 18 万人。另外,上海外贸在江苏的联营企业就有 200 多家,提供的出口货源达 12 亿元,占上海从外省收购总值的 1/2。在旅游方面,长江三角洲地区正在加强合作,联手推出旅游精品线路。

总之,长江三角洲区域合作与发展已积累和沉淀了相当多的内容与经验,为其进一步的发展打下了良好的基础。

11.2.3   新阶段的主要驱动力量

在重要战略机遇期的新形势下,长江三角洲区域合作与发展的利益趋同性日益生长和强化,成为其进入一个新的互动阶段的主要驱动力量。

1. 新型工业化的利益趋同性

改革开放以来,长江三角洲地区正处于工业化发展最快的中期阶段,直至 90 年代第二产业产值比重开始下降,第三产业产值比重趋于上升,但第二产业产值仍占较高的比重。目前,长江三角洲地区各县(市)的 GDP 构成中,非农产业所占比重超过 75%,劳动力构成中,非农劳动力所占比重超过 60% 的县(市)共有 40 个,占全部县(市)的 57%。从总体上讲,长江三角洲地区已进入工业化中后期阶段。通过"七五""八五"以及"九五"连续多年的调整和发展外向型经济,长江三角洲地区的科技进步在产业经济中发挥着越来越大的作用,产业素质普遍得到显著提高。长江三角洲地区约 70%—80% 的大中型企业的主要技术装备得到更新,企业的产品结构、技术结构、组织结构进一步优化。各行业的资源利用率、劳动生产率、投入产出率都有一定程度的提高。从总体上看,长江三角洲地区的生产经营方式中集约化程度增大,科技进步对经济发展的贡献份额稳步增长,初步估计对工业的贡献率约为 43%,对农业的贡献率约为 53%。由于地区经济差异性越小,区域经济合作的稳定性就越强,协同性较高。长江三角洲地区经济均质化程度的提高,为在更高层次上扩大区域合作提供了前提条件。

与此同时,长江三角洲地区的技术势能分布仍具有较明显的层次性。目前长江三角洲地区中,上海的技术势能为最高。上海的研发经费投入强度、高新技术企业的经济效益、高新技术产品出口额占总产值的比重等,均高于其他城市,表明上海技术实力强,占据了技术高地,是技术辐射的源泉和起点。这种技术势能的分布,为地区之间的技术扩散创造了良好的条件。此外,制造业的区域集中度也具有明显的层次性。上海处于第一层次,除纺织业分布比苏州略少一点外,其他各行业在上海的集中度都远远高于其他地区,尤其是交通运输设备业、黑色金属冶炼及压延业、金属制品业、电气机械及器材制造业、电子及通信设备制造业的地区集中度都在 35％以上。苏州、无锡、南京、杭州、宁波处于第二层次,十大主要行业中的多数行业在这五个地区也有较多分布。南通、泰州和常州处于第三层次,在 2—3 个主要行业中占有较高的比例。绍兴、嘉兴、扬州、镇江处于第四层次,仅在某一行业中具有一定的影响。湖州、舟山处于第五层次,属于整个长江三角洲地区的工业化边缘地带。还有,制造业内部结构也具有不同的类型。上海和南京的重化工业占有较大的比重,工业化中后期的结构特征表现较为明显。苏、锡、常、杭州、宁波仍以纺织、化学原料及制品、普通机械业为重要支柱行业,但资本技术密集度较高的家用电器、电子及通信设备制造等行业也已成长为重要的行业。南通、扬州、镇江、泰兴、绍兴、嘉兴和湖州以传统制造业部门为主导地位,制造业结构的传统特征较明显。舟山则处于工业化初期阶段。这种集中度分层结构和内部结构的不同类型显示出不同的工业化进程水平,使工业化的地区扩散具有很大的空间,并形成了较大的配套性与互补性。

由于工业经济的迂回生产方式决定其产业价值链以及规模经济的价值核心,所以工业化发展的空间集聚与专业化协作就显得十分重要。经过相当一个时期市场化驱动的选择,各地扬长避短,挖掘潜在发展优势,使其经济发展与产业发展的定位越来越明确,逐步形成具有各自特点的经济发展道路和具有比较优势的特色经济区和产业群。如上海市、苏锡常通区、宁镇扬泰区、杭嘉湖绍区和舟甬区。各个城市也已经形成了一批自己的优势行业,形成了自己的特色。如上海以金融、证券、信息为代表的高层次服务业,以汽车、电子、生物工程等为代表的新兴工业;南京的石化、电子业;杭州的轻纺、旅游业;宁波的石化、舟山的海水捕捞和养殖,都已经具有相当规模。在新型工业化过程中,这种经济特色化程度的提高增大了地区合作与发展的利益趋同性,使合作的各方都能得到明显的收益。

2. 城市化的利益趋同性

长江三角洲是中国城市化水平最高的地区之一。从城市数量来看,本区有大、中、小城市 54 个,1396 个建制镇,平均每 1800 平方公里就有一座城市,不足70 平方公里就有一座建制镇;特别是在总长不超过 660 公里的沪宁、沪杭、杭甬三条铁路线上,密布着 20 座城市,占区内城市总数的 37％,平均每 30 公里一座城市,许多城市的郊区事实上已经连成一片,形成都市连绵区。而且,长江三角洲的城市体系比较完备,目前已形成了由特大城市(3个)、大城市(5个)、中等城市(7个)、小城市(20多个)、县城、县属镇和乡集镇组成的七级城镇体系,城镇等级齐全,类型多样,各类城市的数量也呈现出"宝塔型"的特点,大中小型城市的数目之比分别为 4∶17∶30。

在城市化的推动下,这一地区的大中城市规模趋于不断扩大,主要以建设开发区和新区的形式大面积向外扩展。例如,与改革开放前的 1978 年相比,上海的市区面积仅浦东新区就增加了 522 平方公里;南京的城区面积已从原有的76.34 平方公里扩大到 186.73 平方公里;苏州新增加新区面积 37.6 平方公里,工业园的规划面积为 70 平方公里,苏州市及其所辖 6 个县的各种经济技术开发区的面积达 150 平方公里以上。

在这样一种大中小城市发育完善、级配完整的密集城市带的发展过程中,区域的合作与发展将使城镇之间的发展具有相当强的依赖性,成为相互促进发展的重要条件之一,而且也有利于形成不同等级规模的城市之间的合理分工,发挥城市带的整体优势,使不同类型的城市都能从中获益。

3. 基础设施一体化的利益趋同性

从传统区位关系上看,长江三角洲集黄金海岸与黄金水道于一身,有着便利的水路交通。至今其内河航运优势仍极为明显,沿江有许多港口,大小通航河流数千条,区内内河航运里程占长江沿线地区内河航道里程的 48%,占全国的34%,航道密度高达 36.8 公里/100 平方公里,每万人拥有的航道里程高达4.91公里。长江三角洲沿海港口也不少,以上海港为中心、宁波北仑港和江苏吕四港为两翼,乍浦、舟山等中小港口用支撑,并沿长江延伸到南通、张家港、江阴、镇江和南京。长江三角洲地区以占全国 28% 的泊位承担了目前全国 48% 的吞吐量。但随着经济现代化的发展,长江三角洲地区更需要包括航空、船运、铁路、公路、通信等在内的现代大交通网络,使整个区域的资源配置进一步优化和发挥整体优势。

自改革开放以来,特别是 90 年代后,基础设施建设的大量投入,使长江三角洲区域内的机场、港口、公路、水路、邮电、通信、电力等互联成网,城市之间的交通更加便捷,消除了多年来制约区域经济发展的瓶颈。目前,区域内有沪宁、沪杭高速公路及与之相配套的等级公路,沿海高速公路和高速铁路在建设之中。

长江、大运河形成水路运输体系。上海、南京、杭州的国际机场和南通、宁波、常州等城市机场组成了区域航空网。

然而,地区基础设施必须一体化和网络化,才能产生最大化的经济效应。不能相连的基础设施,不具有共享性和外部性,其作用是十分有限的。尽管最初受行政区划的限制,在基础设施建设方面存在"各搞各"的倾向,但基础设施一体化和网络化的客观要求,最终会使各地区走向合作与发展,并在"多赢"格局中受益。特别是像水利设施建设,在长江三角洲更具有一体化的利益趋同性。因为长江三角洲地处太湖碟型洼地底部,水利枢纽始终是其经济社会发展的保障。它的作用不仅仅是排洪抗涝,还有助于最大限度地发挥水体自净能力,缓解长江三角洲水体整体严重污染的状况。因此,合作进行流域整治和水体污染治理将使各地都能从中获益。目前,长江三角洲地区基础设施一体化与网络化的利益趋同性已十分明显。

4. 统一市场的利益趋同性

长江三角洲已初步建立了与国内市场接轨的金融、技术、商品等要素市场框架,形成了一批年成交额超过百亿元的商品市场。据统计,全国十大生产资料市场中长江三角洲拥有 6 个,其中包括华东不锈钢中心批发市场、上海宝山钢材交易市场、宁波开发区生产资料综合市场、绍兴中国轻纺城原料市场等。长江三角洲内生产要素交流十分活跃。其中,上海已基本建立包括商品、要素、批发、零售、现货、期货的多功能、高层次的市场体系。在市场流动性的客观要求下,必须打破地区封锁与分割的局面,因此不管是面向地区的市场还是面向全国的市场都要走向统一市场。在长江三角洲地区,这种统一市场的利益趋同性也很强烈。

5. 经济外向化的利益趋同性

长江三角洲的经济特征是"两头在外",其外向化程度较高。自改革开放以来,不管是沿海开放还是沿江开放,长江三角洲均处在"T"字形的结合点。在外贸出口和引进外资方面,长江三角洲地区各城市之间有着密不可分的联系。而在对内地辐射方面,也有着共同的利益指向。

总之,在新的形势下,长江三角洲区域合作与发展步入一个互动的新阶段,有着比较深厚的利益趋同性的基础。正是这种利益趋同性的驱动,才促进与保证了长江三角洲区域合作与发展的互动与整合。

11.3　区域合作与发展新阶段面临的挑战

11.3.1　存在的问题

长江三角洲区域合作与发展进入互动的新阶段,只是一个良好的开端,其面临的任务是十分艰巨的。能否抓住机遇,乘势而上,在很大程度上取决于应对挑战的能力。然而,从总体上看,与当前中国经济体制转型和经济发展的要求相比,长江三角洲区域合作与发展尚存在一些问题。如果这些问题不能很好地解决,将直接影响长江三角洲区域合作与发展的进展速度。

(1)中心城市的现代化功能及其辐射作用不强。最近十年来世界最发达地的地区是以大城市为核心的都市伸延区。这种模式不一定是超大都市概念,关键是要形成功能特点。近十年经济增长最快的地区是在东亚的香港和它邻近的地区,以首尔为中心的地区,以新加坡为中心的发展三角,以曼谷和雅加达为中心的地区。其经济发展共同的特点是极化发展作用,在本国或一个大的地区集中几个大的轴心去发展,向周围边远地带分散,核心城市变成外资与内资最大的集中地,成为管理策划与开发中心,通过它与全球联网(不仅是硬件还包括一些政府配套的政策),使得内资外资都认为这个地方很有优势。周边地区足够的空间能够满足其多元化的发展,通过利用周边一大片地区来促进它发展。上海作为长江三角洲都市经济圈的核心城市,在现代化功能的发挥方面与纽约、伦敦、东京等国际经济中心城市相比还存在较大差距。一是经济总量偏低。2001年上海实现GDP只有4950.84亿元人民币,折合成美元不足600亿美元,而国际经济中心城市的GDP大多在1000亿美元以上。二是产业结构尚未达到高度化。2001年上海的第三产业占GDP的比重只有51%,而纽约、东京、伦敦等国际经济中心城市均在75%—85%之间,香港、新加坡等城市也在65%—75%之间。

因此,上海目前只是对周边城市有较大的影响力和辐射力,其中与苏州的经济联系表现最强,其次是与无锡和嘉兴。南京对苏、锡、常和南通的经济引力(其数值分别为4.5、9.8、5.6、5.9)远远小于上海,而对镇江、泰州和扬州的经济引力(其数值分别为29.9、14.6、26.9)远远大于上海。同样,杭州对嘉兴和舟山的经济引力(其数值分别为 25.1、13.5)要弱于上海,但对绍兴、湖州和宁波的经济引力要强于上海(其数值分别为 93.5、33.9、13.5)。目前,长江三角洲地区的其他中心城市产业结构变化基本上处于第二产业为主的发展阶段,且普遍存在高新技术比重不高,技术创新和自主开发能力不强,物耗过大等问题,对周边的扩散作用也不是很强。在这种情况下,如果上海不能充分发挥核心城市的引领作用,长江三角洲区域合作与发展势必受到较大的影响。

(2) 地区开放度还不够。长江三角洲分属二省一市的 15 个城市,行政隶属关系非常复杂,地区之间的协调难度很大。再加上长期的条块分割管理,更加助长了各自为政、甚至以邻为壑的不良风气。这种不良风气不仅严重干扰了地方政府之间的合作,影响这一地区经济在更高层次、更大领域和空间范围的合作,导致一些区域性交通基础设施和环境治理工程因各地政府之间缺乏协调而进展缓慢,更为严重的是极大干扰了企业的正常运作。一些地方政府出于增加自己的财政收入和可支配经济资源的目的,总是倾向于加强对所属企业的控制,对于本地企业到外地投资建厂,往往不太支持;同时,对于非隶属企业在当地的经营活动,又往往抱有排斥心理,甚至动用行政手段加以限制,从而严重干扰了经济资源的跨地区流动和企业的跨地区发展。

甚至,即使同在一个城市,由于企业的上级主管部门不同,企业之间正常的经济联系也不得不时时受到行政势力的干扰。最典型的例子是南京地区方圆 30 公里范围内的四家石化企业之间本来存在着相互协作、相互提供原材料和中间产品的内在经济联系,但是由于分属中国石化总公司、纺织总会和江苏省,隶属关系复杂,因而经济协作十分困难,迫使各个企业都向"大而全"的方向发展,搞了大量的重复建设,已建成的项目却都开工不足,严重影响了企业的经济效益。

(3) 缺乏有效的协调和整体开发与发展的规划思路与政策。受行政分区影响,各自为政,协调和沟通渠道不畅,导致较大的矛盾与冲突。例如,近年来由于工业化和城市化迅猛发展,工业污水和生活污水的排放量急剧增加,恶化了本区的生态环境,使本区的可持续发展受到严重威胁。特别是在太湖地区,流域面积仅占全国的 0.38%,各种污水排放量却高达 32 亿吨/年,为全国的 10%,大大超过了环境的承载能力,严重污染了水环境,使得本来水资源十分丰富的太湖流域出现了普遍的"水质性缺水",严重威胁了人民生活和工农业生产。在长江三角洲这样水网纵横、行政隶属关系复杂的地区,某些地方和企业不负责任的排污行为很容易给其他地区造成严重损失,从而引起地区之间的纠纷。类似的问题不少,由于缺乏有效的协调机制,难以实行整体开发与发展来保持本地区良好的自然环境,也难以保证经济与社会的持续发展。

(4)产业结构布局不合理现象难以根本性改变。在长江三角洲工业化进程中,尽管存在制造业集中度的分层结构和不同的内部结构类型,但制造业结构的调整路线比较接近,特别在交通运输设备制造业、电气机械及器材制造业、电子及通信设备制造业、服装及其他纤维品制造业和金属制品等行业均有不同程度的体现。特别是90年代以来,长江三角洲各地区在制造业技术方面都开始转向从国外直接引进项目和相应技术,市场销售方面也都形成了自身的体系,从而使制造业结构调整的路线更加雷同化。例如,上海把交通运输设备制造业、电气机械及器材制造业和电子及通信设备制造业列为"八五""九五"期间重点开拓与支持的行业,其他地区也选择了同样的结构调整重点。又如,纺织业和食品制造业在各地区都成为收缩、停滞发展的主要对象。

这种制造业结构调整路线的接近,再加上长江三角洲地区内部自然禀赋比较相似,使本区的产业结构布局不合理现象比较严重。根据联合国工业发展组织国际工业研究中心提出的相似系数计算方法,上海与江苏的产业结构相似系数为0.82,上海与浙江的相似系数为0.76,而江苏与浙江的相似系数竟高达0.97。这表明三地的产业结构趋同现象十分严重,特别是江苏与浙江的产业结构更是高度趋同。长江三角洲地区城市之间的产业趋同的问题甚至更为严重。以苏锡常三市为例,三个城市的主导产业基本雷同,都是"机纺化冶食",各行业的比重也十分接近。在产品层次上,纺织业的纺、织、染能力大抵相当,纱、布、服品种和产量不相上下。

产业结构趋同使得各地区不能发挥自己的比较优势;同时也使得投资和生产分散,不能发挥规模经济效应,降低了国家的整体经济效益。更为严重的是,还会造成大量的重复建设,导致生产能力闲置和资源的浪费。

(5)地区基础设施现代化程度尚有待提高。尽管长江三角洲地区基础设施建设已取得很大成效,但与北美、西欧和日本各都市圈的水平相比尚有较大差距。如长江三角洲都市圈内,公路里程约为2.8万公里,公路网密度为28公里/百平方公里,不及美国全国平均密度(67公里/百平方公里)的一半,且高等级公路比例不高。铁路运营里程约 1200 公里,铁路网密度 1.2 公里/百平方公里,只有美国全国平均密度的 1/3、日本的 1/5、英国的 1/6。即使从国内来看,尽管长江三角洲地区公路网和铁路网的密度均比全国平均水平高出 1 倍多,但每万人拥有的公路里程仅为全国平均水平的 40.8%,每万人拥有的铁路里程只有全国水平的 1/3。相对于本地区经济发展现代化和城市化水平而言,基础设施建设仍是不足的。另外,内河资源虽有一定的优势,但大多数内河航道处于天然状态,通航能力很低。为适应集装箱运输的发展,港口的水深、泊位、堆场等设施条件需要进一步改善与扩展。通信设施建设,特别是区内信息高速公路网络建设,离传输网络数字化、宽带化、综合化、智能化发展方面要求还相差甚远。因此在今后一段时间里,长江三角洲地区基础设施建设,特别是使其网络化与一体化的任务仍较艰巨。

11.3.2 原因分析

以上存在的这些问题,有其复杂而深刻的原因,不是很容易解决的。归纳起来,大致有以下几方面:

(1) 中央与地方的分权化,使各级地方政府获得了对经济的较大的干预能力。这虽然推动了地方经济的发展,但在其区域合作方面有较大的负面效应,如片面追求地方产值、地方保护等。这就导致生产要素难以跨地区组合优化,重复建设与投资严重,产业同构导致恶性竞争,竞相招商引资导致土地资源"透支"等。地区间产业同构化不仅导致稀缺资源的大量浪费,而且还造成市场方面的地方割据与无序竞争问题。在重复建设与投资的情况下,为了保护本地区企业的生存与发展,地方政府一般都保护本地市场。市场的狭小导致企业规模过小,产品库存积压和生产能力的大量闲置。企业规模过小又限制了企业新产品、新技术的开发与应用。

(2) 发展战略存在较大差异,思想观念及文化冲突比较厉害。在长江三角洲区域合作与发展中,关于上海的定位和作用是重要的环节。中央是从全国的整体利益来考虑上海的,上海则是从本身城市功能转换的角度来设定发展战略的,而江浙两省则从自身的利益来考虑其发展战略,如浙江把发展重点放在宁波,江苏在人民银行大区设分行中则与安徽连接在一起。同时,在研究长江三角洲地区合作时,较少考虑与中、西部地区关系中应突出哪些内容,应当如何服从整体与大局的关系等。另外,尽管长江三角洲地区的地缘紧邻,但地方文化却很浓厚,有较大差异。地方文化是最深厚、最难以改变的东西。地方文化的碰撞将是合作中的一个重要问题。

(3)经济运行机制和经济实力的差异。上海经济运行机制带有较多计划经济痕迹,难以与江浙两地运行机制合拍。上海以国有经济为主体,而江浙的非国有经济比重较大,两部门由于体制差异难以展开经济合作。

(4)合作模式缺乏创新。80年代长江三角洲地区的经济合作所形成的制度创新在很大程度上是以民间的方式来推动的,是通过非正式的要素流动,以企业为导向的一种合作模式,其具有的潜在作用在80年代末已基本释放出来。这时应当有一个机制更新的过程,或者说需要寻找一种新的机制来替代,然而这个制度创新过程恰恰没有完成。另一方面,从产业转移的角度看,80年代以来出现上海的技术、管理、设备向江浙乡镇企业与私营企业的转移趋势,到90年代上海服务性功能没能向这些地区转移。这就造成产业转移对区域经济合作的推动力量明显不足。

(5)在对外开放不断深入的情况下,各地都是从本地封闭环境来发展经济,没有从区域分工协作关系上考虑如何有机耦合成一个整体参与国际经济接轨,参与国际经济大循环,而是在引进外资和产业布局上展开过度竞争。

这些深层次因素造成一系列障碍和困难,严重阻碍了长江三角洲区域合作与发展的进程,并使长江三角洲区域合作与发展至今尚未形成一种较成熟的发展模式,发挥其应有的经济功能。

与此相对照,珠江三角洲与香港连接的发展模式业已形成,并将发挥其强有力的经济功能。目前香港与珠江三角地区基本上已经具备了形成这种发展模式的形态和条件。例如,香港的金融、航运、贸易、资讯、商业服务等60%以上都是为珠江三角地区的加工工业服务的。作为世界金融流通、货物流通网络的一个重要的中心位置,香港可以吸引很多资金和商业机会,同时可利用珠江三角地的区空间和人力资源作为其经济发展的一个重要部分。显然,这将对长江三角洲地区经济发展形成强大的压力。长江三角洲地区若不能较好地解决上述这些问题,加快区域合作与发展,势必拉大与珠江三角洲经济的差距。从这一意义上讲,珠江三角洲等地区的区域合作与发展的蓬勃兴起,也构成长江三角洲区域合作与发展面临的挑战。

11.4　促进长三角合作与发展的战略构想

11.4.1　指导思想及目标设定

21世纪初长江三角洲地区区域合作与发展的基本框架及主要内容,首先取决于21世纪长江三角洲在中国经济发展中的战略定位。结合21世纪初世界经济发展趋势、国内经济发展格局及长江三角洲在中国及东亚地区的发展现状与条件,长江三角洲的战略定位应是:中国及国际(东亚经济区)的重要经济、金融、贸易区,中国的知识产业研发中心和高新技术产业基地。其产业结构总体呈现"二、三、一"格局,第二产业以技术、知识密集型产业为主导,第三产业以贸易、金融、咨询、信息服务、旅游及宾馆业为主导,第一产业以优质、高效的现代化农业为特征。

从这一战略定位的要求出发,21世纪初长江三角洲地区区域合作与发展的基本指导思想应该体现"高起点、高层次、多方位、新模式"的特点。

(1)高起点。新一轮长江三角洲区域合作与发展的方向,不仅是为了以整体优势面向国内市场,在国内经济中的地位更加凸显,而且更是为了参与国际经济循环,面向国际市场竞争。面对经济、科技全球化的趋势,长江三角洲区域合作要以更加积极的姿态走向世界,形成全方位、多层次、宽领域的对外开放格局。在中国地域分工体系发展过程中,使长江三角洲成为国内外经济循环的接轨区和融合区,充分发挥极化和扩散效应。

(2)高层次。新一轮长江三角洲区域合作与发展的着眼点,应该是增强区域经济综合竞争力。其关键在于增强知识生产、分配与使用的能力,提高科学技术水平,在国内率先成为创新和创新应用的中心,率先建立科技先导型经济。因此,区域合作的重点应放在促进人力资源开发和未来技术利用的高层次上,通过合作加快教育和科技的发展,提高研究与开发能力,从而带动区域的整体技术水平。

(3)多方位。新一轮长江三角洲区域合作与发展的范围,应该是在扩大地区间开放领域和开放程度基础上的多方位全面合作。使各成员经济体既能最大限度地获取发展区域内经济合作的好处,又有与区域外发展经济联系的充分空间。因此,除了已经开展的基础设施建设合作外,还要进一步开展以区域主导产业和支柱产业为核心的产业全面合作,以及电信、资讯方面和服务业领域的尝试性合作。

(4) 新模式。新一轮长江三角洲区域合作与发展的形式,应该是在形成利益互动的协调机制基础上,开创更为规范、更为紧密的长期合作局面。根据长江三角洲地区高密度城市群的特点,构建有某种特定内化结构系统、开放系统及系统结构巨大的城市群区域经济发展的新模式。

根据 21 世纪初长江三角洲地区区域合作与发展"高起点、高层次、多方位、新模式"的要求,其要实现的战略目标是:(1)进一步确立长江三角洲在长江经济带乃至全国的经济主导地位,未来十年内力争使该地区成为中国区域经济发展的重要增长极和亚太地区经济发达地区之一。(2)进一步发展成为具有较强国际竞争能力的外向型经济示范区。通过广泛参与国际分工和竞争,成为国内外市场的接轨点和国内与国际经济循环的战略支点,带动全国外向型经济的发展。(3)重点发展高新技术产业以及成为新技术改造传统支柱产业的基地,并且成为中国重要的产业改造和创新基地,在长江经济带及全国起产业示范作用。(4)培育和完善上海的城市综合功能,增强其集聚辐射能力,进一步巩固上海在长江三角洲及长江经济带的"龙头"作用,更好地为全国服务。

为此,长江三角洲要充分发挥自身的比较优势,加速经济社会和环境的协调发展,到 2010 年,成为经济实力最雄厚的,以市场导向为主的半紧密型区域经济联合体;到 2020 年,基本建成一个经济实力达到中等发达国家水平、区域内产业结构高度化、区域经济外向化、经济运行机制与国际市场接轨的长江三角洲经济共同体。

11.4.2　主要任务

为了实现长江三角洲地区区域合作与发展的总体目标,根据目前区域经济发展的实际情况,21 世纪初长江三角洲地区区域合作与发展所要完成的主要任务有以下几方面:

(1) 增强高密度城市群的聚合功能与一体化整合。在充分发挥整体优势的基础上,突出区域内特大型经济中心城市的综合功能,以形成上海为中心、南京与杭州为副中心的率先实现现代化的先导区域,成为该区域发展的要素配置中心、产业扩散中心、技术创新中心和信息流转中心。长江三角洲高密度的城市群,完全有条件形成都市圈。都市圈的实质是由集中化再走向一体化,谋求区域经济的协调和共同发展。目前,建大都市在长三角洲已形成共识。通过构建长江三角洲都市圈产业发展和布局的整体框架,统一协调圈域基础设施建设和环境保护,对重大资源开发和基础设施建设进行区域协调和配合,避免不必要的重复建设,使全区形成各具特色、协调发展的整体优势。与此相配合,可实行长江三角洲地区的区域统计。

(2) 推进区域产业结构调整和高度化的互动,促进跨地区的产业融合,培育区域性的主导产业和支柱产业,形成布局合理、协作关系紧密的生产体系。各地(城市)不宜强调在自身行政区划内培育和形成所谓的主导产业、支柱产业,以避免重复建设和产业结构同构现象,而是要充分发挥自身优势,在区域性的主导产业、支柱产业定位中寻找自己的位置,因地制宜地配合区域主导产业、支柱产业的形成与发展。与此同时,各地要着力于发展特色产品,提高某些重要的优势产业的竞争力。为充分发挥区位和经济优势,加快区域性产业结构的优化和调整,要以国际国内市场为导向,优化区域范围内的产业结构,即在长江三角洲形成区域性的主导产业、支柱产业,以及合理分工和梯度互补的产业体系。本区域产业布局可按"一个发展极(上海)、两个支撑点(南京、杭州)、五条发展轴(沪宁、沪杭、杭甬、宁通、宁杭)"的基本格局展开。

(3) 促进统一大市场体系的形成,以市场原则实行跨地区的产业组织的重组。要打破城乡分割、地区封锁格局,尽可能减少对市场运作的障碍,逐步消除区域内的非市场壁垒,构建城乡统一的商品市场、劳动力市场、生产资料市场、资金市场、技术市场、信息市场,建立和完善城乡市场网络体系。以市场一体化促进区域内乃至区域外城乡之间商品、资金、劳动力、技术和信息的相互交流,实现生产力要素的优化配置和功能互补。因此,要发挥上海国际贸易中心功能及江、浙产销优势,进一步改善三角洲地区商贸流通体系,共同培育、建设并开放面向本区和全国的大型商品和物资市场。各主要城市可实行工商联手,互设商场、市场、连锁店、专卖店,定期或不定期召开各种类型的交易会和订货会,拓展商品交流的广度和深度。在上海、南京、杭州、苏州、无锡、绍兴、宁波等中心城市,建立、完善各类生产资料市场,进一步规范市场行为,促进区域统一市场的形成、完善和发展。

在此基础上,根据市场原则组建区域性的企业大集团,以及与此相配套的产业组织分工体系。要改革企业组织形式,通过企业的兼并、收购和联合,组建跨地区、跨行业的大型企业集团,并依据"政府引导、自愿组合、资产经营、多元发展、核心构成、强强联合"的原则,利用上海和长江三角洲其他城市的各种优势,积极培育和发展一批区域性的代表长江三角洲走向国际化经营的大型企业集团,通过经营规模化、功能多元化、管理科学化、营运国际化,实现资本扩张和市场扩张。在企业大集团发展的基础上,通过技术型垂直分工和互补型集团分工,来推动长江三角洲地区经济联动发展。

(4)构建系统集成的技术创新体系,提高技术创新能力,共同培育高新技术产业带。充分利用区域内较为雄厚的科研实力和人才优势,共建高技术研发基地和生产基地,形成研究与开发的网络,协同攻关关键性的科研项目,建立区域自主创新体系。构建长江三角洲各城市间互补的人才流通体系和人才市场,对人才的吸引、培养、激励和使用制定统一政策,合理规范人才的流动。开展联合办学、培养充足的科技人才和高素质的劳动力队伍。通过改善科研的政策环境、服务设施,并有针对性地选择某些高科技领域,培育长江三角洲地区的高科技专业化研究优势。通过与跨国公司在高科技领域的技术研发合作,培育长江三角洲地区企业的核心技术。广泛开展产学研一体化的区域合作,构建长江三角洲产学研和科技开发联合体,共享技术创新优势和技术成果转让,加速科技成果向生产力的转化,真正建立起区域的产业竞争新优势。

建设产品和技术创新示范基地。在产品创新上,要集中优势兵力打响名优特产品和民族品牌,尤其是对优秀民族品牌要有所为有所不为,选择若干个重点予以大力扶持,避免因合资而消亡,扎实苦干使本区名牌产品成为国内外著名品牌。在技术创新上,首先要通过中央立法和各级政府有效组织,以企业为主体,积极引进与中国产业升级和产品创新相衔接的先进适用技术。同时,政府要通过制定配套政策,确保研究和发展基金(约占 GDP 的 3%)比例和财政金融部门支持企业技术创新的资金比例,推进若干个关键性技术的引进后的消化、吸收和创新,特别是在支柱产业、高新技术产业及环保产业上要重点实现技术创新,从而使长江三角洲地区的技术水平与世界先进水平的差距大大缩小。

(5)联合进行基础设施建设,形成一体化网络。长江三角洲地区在交通运输网络建设中必须树立大市场、大交通的指导思想,在加强铁路、公路网络化建设的同时,充分挖掘水运及港口潜力,建立各种运输方式联运的快速高效的综合交通运输网络。从长江三角洲交通网络化建设的角度看,长江、杭州湾的天然屏障削弱了上海对江北地区和浙东南地区的辐射能力,使沿海经济缺少一体化联系,因此要尽快建设沪通(上海—南通)大通道、杭州湾大通道。

加快上海浦东国际机场航运枢纽港的建设,进一步加强长江三角洲地区的空中交通联系,形成上海航空枢纽港与区内各主要城市机场的支线港合理分工的空中交通联系网络。加快上海组合型国际航运中心建设,形成以上海为中心、浙苏为两翼的组合港。加快高速公路、高速铁路为主的高效陆路交通网络建设。在沪宁、沪杭高速公路通车、铁路列车提速的基础上,继续完善长江三角洲地区的陆路交通体系建设,并向运输网络优化发展。

构筑以上海为中心,南京、无锡、杭州、宁波为分中心的信息网络。建设长江三角洲网络型光缆干线网,辅之以数字微波通信网,形成宽带、高速、安全可靠的信息通道。普及多媒体、移动数字通信业务,将电信、广电和计算机网统一到宽带综合业务数字网上,实现多网业务的互联。特别是要将企业信息和专用性公用服务信息网络作为重点突破口来抓。

(6)联手进行环境整治,实现区域可持续发展。开展长江三角洲环境与生态规划工作,加强长江三角洲地区水资源和生态环境保护,集约利用有限资源,建立可持续发展的资源环境支撑体系。其中包括建立以节地和节水为中心的资源节约型农业生产体系,建立以重效益、节能、节材、产业生态化为中心的工业生产体系,建立以节约运力为中心的综合运输体系,建立节约资本与资源的技术经济体系。建立促进长江三角洲环境保护的机制,多渠道筹集环保资金,逐步做到保证环保投入占 GDP 的 3%,并制定鼓励发展环保产业的相关政策,实施环境治理与保护的区域联动。

加强水污染综合治理,重点实施太湖水质变清工程,开展城市水环境综合治理,沿河湖城镇集中建设污水处理设施等;控制大气污染与防治酸雨,重点治理主要城市和大气污染严重的工业企业,改善能源生产和消费结构,加大清洁能源的比重等,从而使多数地区大气和水的质量要达到或接近国家规定的环境质量二级标准,实现发展与环境保护同步。加强区域内洪涝灾害、地面沉降、江岸坍塌等灾害治理工程的统筹规划和建设协调。同时,要加强生态网络建设,不断深化生态建设内涵,重点规划建设由国家自然保护区、国家森林公园、绿带、主要湖泊和水系、大型生态花园和文化公园及街心花园等组成的生态基础设施。

11.5　区域合作与发展的协调机制设计

为了在一个高起点、高层次、多方位、新模式的框架内展开长江三角洲地区区域合作与发展,顺利完成上述各项任务,实现其总体目标,除了要采取相应的政策措施外,更需要建立起某种稳定、有效的协调机制。

11.5.1　基本原则

这种区域合作与发展的协调机制的设计,首先要确立若干基本原则:

(1)互惠互利,共同繁荣。长江三角洲的区域合作与发展,不能企望用行政推动型方式来实现合理的区域分工,而要以利益关系为纽带,以经济促动型为主的方式来推进。在此过程中,不能靠损害一个地区的利益去增加另一个地区的利益,而要在充分尊重各地不同利益的基础上,通过利益协调和利益分享的机制使各地都能从区域合作中获得好处,取得“双赢”局面。

(2)扬长避短,优势互补。区域合作的目的在于获取分工协作的好处,使总体利益最大化,因此各地区的经济发展都应通过市场选择,扬其所长,避其所短,按比较利益原则进行合作,通过区域内的要素流动实行互补,充分利用各地有利的自然资源、经济条件和社会条件,消除不必要的重复建设,尽可能节约人、财、物的消耗,使不具有产业绝对优势或绝对优势很低少的地区也能获得较充分的发展机会,使具有许多产业绝对优势的地区能够集中配置于一个或少数几个具有更高绝对利益的产业上,最大限度地促进区域经济发展。

(3)市场主导,政府推动。长江三角洲区域合作要以市场机制为基础性的协调力量,通过强化市场的资源配置功能来扩展地区合作秩序,深化区域分工体系。与此同时,中央政府及各地政府要采取积极措施加以引导与推动,消除区域合作中的各种行政性障碍和市场自身无法克服的障碍,以保证区域合作的有序化。

(4)多边协调,互相联动。长江三角洲区域合作是两省一市的整体性合作,不能搞双边关系协调,而要从区域合作的角度形成多边协调关系,形成区域内整体性行动,实现各地区相互之间的联动效应。

11.5.2 协调机制选择

在上述原则指导下,区域合作与发展的协调机制的设计大致有两种类型可供选择:一是制度化的协调机制;二是非制度化的协调机制。这两种协调机制的运作方式及内容是不同的,其成效也有所不同(见表11.1)。

表11.1 区域合作协调机制比较

制度化	非制度化
缔结条约或协议,具有法律强制性	由领导人作出承诺,缺乏法律效力
进行集体谈判	采取集体磋商形式
组成严密的组织	松散的组织形式

资料来源:根据相关资料整理。

一般来讲,制度化的协调机制更有利于推进区域紧密型合作与发展,但这需要具备相应的条件,如中央与地方关系、行政体制框架、外部竞争环境、内部经济关联等。从目前中国实际情况来看,实行制度化的协调机制条件尚不具备,宜通过"倡导式"的机制不断扩大地区合作的范围。从原则上来说,采取"自主参与,集体协商,共同承诺"的方针。在行事方式上,应是以相互尊重、平等协商、自愿和渐进的方式来处理各种事务,采取协商一致和非约束性的运作方式。具体构想为:

(1)把设定区域发展目标作为推动力。也就是,确立明确的目标和实现这个目标的内容;为实现这个目标制定行动议程;通过单边行动和集体行动来落实议程。这样,目标本身就成为长江三角洲区域合作不断发展的一个动力机制。

(2)有一套制度化的议事和决策机制。定期召开市长高层会议,为各地政府就地区经济发展问题进行协商并形成共识提供必要的和经常性机制。它既有灵活性(包括在议程安排和方式上的多样性和可调节性),又有一定的约束力,即任何议程一旦达成共识,形成议程和进行承诺,就有了"隐形压力",必须完成。长江三角洲15个城市经济协调会自1997年成立以来,在商贸、旅游等方面已取得重要进展。今后,"协调会"作为一个制度化的议事机构要继续发挥自身作用,进一步推动长江三角洲各城市之间、乡村之间及城乡之间的合作向高层次、宽领域、紧密型方向发展。

(3)建立起一套功能性机构。除负责日常联络和组织工作的秘书处外,还应设立各种专业委员会和工作小组。它们具有一定的管理、协调、研究分析和组织职能,并越来越具有一定的常设性质。如可设立长江三角洲区域规划委员会、上海国际航运中心管理委员会、太湖流域环境保护与治理委员会等专业或综合职能管理机制。

(4)建立合理的投资管理机制和区域共同发展基金制度。要按照区域开发银行的模式,组建长江三角洲开发银行,参与国家投资项目的"拼盘开发"融资,也可以按照商业银行法则,经过严格审贷,对长江三角洲地区的开发项目实行一般商业贷款或短期融资。在此基础上,应建立区域共同发展基金,使协调机构具有相当的经济调控能力和投资管理能力,以促进区域合作与发展。

(5)鼓励建立各类半官方及民间的跨地区合作组织。例如,建立在政府指导下的长江三角洲城市联合商会和行业协会,大企业联合会、经济联合体和企业联谊会,产权交易联合中心和证券交易分中心,以及长江流域发展研究院和长江三角洲发展研究中心等。

作为区域合作的制度创新,"倡导式"协调机制的运作在很大程度上取决于当地政府的行为方式。为了形成这种协调机制,最重要的是要有具体的实际的东西来逐步启动,先易后难,从实践中走出一条路来,逐步予以完善。以后随着中央与地方关系的调整,行政体制的改革,逐步淡化政府产值业绩考核,以及经济区划功能逐步替代行政区划功能,这种协调机制可以进一步转向制度化的正规方式。

11.6　上海的角色定位

由于上海特殊的功能定位和地位作用,在新一轮长江三角洲区域合作与发展中扮演着十分重要的角色。上海在此过程中的地位与作用,基本态度及政策制定指向等,都将对新一轮区域合作与发展的成效产生重大影响。

事实上,上海经济增长,除了对外开放,走向国际市场,融入世界经济一体化进程外,也越来越依赖于对内开放与区域经济的发展。上海今后的发展,既要依靠输入型外向经济来支撑产业新高地的形成,又要通过产业新高地来实现输出型外向经济的依赖。内外开放并举,将成为上海经济发展最重要的两个依托。因为在市场经济条件下,上海经济发展必须突破地域空间的限制,借助于自身的潜在优势对外扩大辐射,更何况上海经济正处于从工业加工基地转向"一个龙头,三个中心"的建设,必须实行对外产业转移,以腾出结构调整的必要空间。总之,上海与外地的经济交流和协作,正成为上海开放型经济增长的一个重要组成部分。虽然目前这种国内经济协作规模还不是很大,对上海经济增长的影响力度也不是很大,但其意义是十分重大的,其影响也是十分深远的。

上海的国内经济合作,在空间上可分为三个不同范围的合作层面,即长江三角洲地区、长江经济带和国内其他地区。对于不同范围的合作层面,有不同的目标。但上海经济发展首先要融入长江三角洲区域经济之中,然后才能更好地开展与长江经济带中西部省市和国内其他地区的经济合作,开发内地城市和农村市场。长江三角洲地区区域合作与发展是上海发挥龙头作用的基石,也是上海在更大范围内开展长江经济带和国内其他地区经济合作的跳板。因此,上海积极参与长江三角洲地区区域合作与发展,共同培育由各具功能、分工合理、协作关系紧密、经济融合程度较高的大、中、小城市有机结合的城市圈,实现以特大城市(上海、南京、杭州)为中心的区域现代化,增强这一地区作为全国经济增长极的功能和作用,是其自身对外拓展的必然选择。

在 21 世纪初长江三角洲地区区域合作与发展中,上海不是一般的参与者,更不能成为被动的适应者,而要起到推动者和组织者的积极作用,并在更高层次上为区域合作与发展提供服务。即上海作为长江三角洲地区的核心城市,应在世界的市场范围、资金流通范围、生产网络范围内增强竞争能力,强化城市综合服务功能。

第一,增强基于信息化的城市服务功能。随着工业时代向信息时代的转变,当今国际经济、金融、贸易中心赖以形成的支撑性基础也发生了变化,从过去的商流和物流为主的基础性支撑转向以知识流、信息流为主的基础性支撑。因此,上海要建立国际的经济、金融、贸易中心,从城市功能上讲,就是从"商品加工中心"转向"信息处理中心"。通过城市经济的信息化,提高城市服务功能,增强对外辐射能力。事实上,作为一个地区的经济、金融、贸易中心,上海本身就凝聚着更大的信息化程度。因为国民经济和社会信息化不是凭空产生与发展的,而要有所依托。这是信息化的依附性问题。国外研究表明,信息化指数与人均收入和城市化指数是高度相关的,在这两种情况下的回归线呈略微上倾的曲线状。这表明随着人均收入和都市化程度的提高,信息化的速度加快了。另外,信息具有不平衡流动的特殊属性。而决定"信息的不平衡流动"的主要因素,是经济(如贸易)和政治关系。与政治和经济因素相比,地理、文化和历史因素(如距离、文化的接近、共同的语言和宗教)的重要性则稍差。因此,上海比其他地方更有条件增强基于信息化与网络化的城市服务功能。

第二,提高服务竞争力和发展面向全球化的服务贸易。以网络经济为基础的全球化的服务活动已将生产的全球化进程带入了一个新阶段。在21世纪,服务活动在国际贸易中的竞争力将如同目前贸易中的商品竞争力一样重要。世界银行宣称,"服务业的国际化很可能会是下一阶段经济全球化的主旋律"。在长江三角洲地区,上海最具备发展以网络经济为基础的全球化服务活动的条件。而且,上海一旦形成以网络经济为基础的区域化和全球化的知识密集型服务能力,将给长江三角洲区域合作与发展注入新的内容和生机。但上海过去比较注重产品竞争力的提高,往往在产品质量与款式、成本、价格等方面下功夫,对提高服务竞争力问题相对忽视。事实上,上海的城市服务功能决定了其提高服务竞争力是至关重要的事情,至少是与提高产品竞争力同样重要,而上海在提高服务竞争力方面的潜力又很大,远超过其提高产品竞争力方面的潜力。

因此,上海要把提高服务竞争力提上重要议事日程,设法通过提高服务竞争力来促进产品竞争力提高。具体来讲,一是要提高服务活动的质量,首先是要提高在国内市场的服务质量;二是强化服务的传送能力,其传送过程包含先进的通信系统和通常的人际交往,其中涉及与客户建立长期的关系;三是加强服务中的文化融合,以满足用户的特殊需求;四是控制与降低服务的成本;五是创造服务机会多样化。此外,通过服务业内部结构调整,加大知识密集型服务业的比重,也有助于上海从整体上提高服务竞争力。总之,上海建设"一个龙头,三个中心"的国际化大都市,除了继续提高工业产品竞争力及扩散能力外,更要从长远发展角度注重以网络经济为基础的知识密集型服务业的发展,最终通过强有力的全球化的服务活动奠定其独特的地位。

第三,促进上海与周边地区的协作,加强核心与周边地带的有效流通。对于上海来讲,这种协作更多的是为周边地区提供高层次的服务。一方面,上海要适应取消管制(deregulation)的全球化趋势,利用别国解除管制的时机寻找世界市场机会,并针对解除管制的趋势给周边地区带来的商业机会,主动为周边地区做"军师",帮助其从世界市场发展的角度来解除压力。另一方面,利用上海科技力量较强的优势,在高科技成果交流和扩散中发挥重要的辐射作用。为此,上海要加大高科技成果交流和扩散的力度。一是建立长江三角洲高科技成果交易市场,组成一个网络,在上海设有固定的交易场所,轮流到各城市举办科技成果交易会。二是上海组织高科技成果交流小分队,到区域内成员市发布成果信息。

第四,强化产业调整跨地区整合的服务功能。为了实现"十五"时期与2015年的上海产业发展战略目标,上海产业调整的任务是很艰巨的。然而,上海产业大调整是无法在本市范围内封闭性实施的,必须实行跨地区的整合。但产业调整的跨地区整合,不是像过去那样仅单方面考虑所需转移出去的产业,也不是单纯把传统性产业向外转移,而是要进入区域经济一体化进程实行整合。这就要求我们既考虑自身需要调整或转移产业,同时也要考虑区域经济一体化的产业布局;既要有传统性产业的向外转移,同时也包括现代化产业的配套生产向外转移。这种从区域经济一体化进程实行跨地区产业整合,是一个带有根本性的战略转变。

上海产业调整的跨地区整合,应该是全方位的,具体讲有以下几方面:(1)现代大工业的区域性配套。如宝钢和金山石化的配套性生产可分别向江苏与浙江两翼拓展,上海汽车工业的配套生产也可以是长江三角洲的区域性布局。(2)高新技术产业发展的区域性配套。如建立高新技术研究开发的合作联盟、高新技术产品孵化器的连锁化、高新技术产业配套体系等。(3)传统产业的区域性调整。这一整合以都市经济为核心展开,上海的非都市型传统产业向外转移,周边地区的都市型产业适当向上海集聚。上海大企业集团组织扩散名优产品、布点安排配套产品和加工产品、建立新生产基地等,与区域内城市进行合作。

第五,推动对外投资与吸收区域内大企业集团来沪落户。在整个80年代,上海企业的市外投资规模还较小,只是个别现象。但进入90年代后,随着国内统一市场的逐步形成和市场竞争的加剧,上海对国内市外的投资步伐逐渐加大。依据区域经济发展的规律性,上海对外(国内)投资主要集中在长江沿江地区。1995年,在市外投资额最大的省为浙江省,计31.64亿元,占上海在国内市外投资总额的1/3;在市外投资合作(项目)最多的省为江苏省,计1224个,占总数的

2/5。但近几年,上海对中西部地区的投资增长很快。上海对外(国内)投资以工业性投资为主。1995 年,上海在市外投资的工业性企业(项目)达 1797 个,其投资额为 54.87 亿元,均占全部对外投资企业(项目)数和投资额的 60% 左右。但近几年来,上海对外(国内)的商业投资也有较大的增长,其中有 1/3 集中在江浙两省。在对外(国内)投资过程中,上海企业往往发挥其产品品牌在国内外的知名度,走资产为纽带的合作道路,在输出资金的同时,往往伴随着向外输出品牌、技术、管理以及输送和培养人才等。今后,上海还要进一步加大对长江三角洲地区的投资力度,实现以资产为纽带的品牌、技术、管理、人才等全方位的输出。

与此同时,要积极创造条件,吸引国内企业特别是长江三角洲地区企业来沪注册,形成生产要素的双向交流。进入 90 年代后,外地企业进驻上海的数量迅速增大,目前在沪企业中 70% 以上是 1990 年以后兴办的。这些企业一般以全资方式(占 84.08%)参与上海的各种经济活动,控股和参股的方式较少。其进入的行业,主要是第三产业,企业(项目)数比重和投资额比重均在 80% 以上。而在第三产业中,则以交通运输、建筑装饰业、房地产业、批发零售业、软件开发咨询业居多。外省市在沪企业中,不乏规模大、效益好、上缴税金多的企业,不少外地在沪企业成了上海区县的税源大户。上海除了要进一步采取措施吸引国内企业来沪注册外,更要从政策、环境条件等方面创造条件使来沪企业以控股与参股方式参与上海的各种经济活动,并进入更为广阔的领域和行业从事经营活动。

12 科学发展与体制机制创新[*]

　　以人为本,全面、协调、可持续的科学发展观,是新世纪新阶段我党提出的重大战略思想。作为指导发展的世界观和方法论的集中体现,科学发展观必须贯穿于全面建设小康社会和社会主义现代化建设全过程,必须落实到经济社会发展各个环节。当前,要把科学发展观真正落到实处,关键是要深化改革,加快创新,切实消除不利于科学发展的体制机制障碍,为全面落实科学发展观提供有力的制度保障。上海是中国改革开放的先行地区,建立和完善以科学发展观统领经济社会发展全局的体制机制显得更为重要,这不仅有利于加快经济结构优化与增长方式转变,提高自主创新能力,促进上海经济又好又快地发展,而且还有利于进一步推动城乡区域协调发展、加强和谐社会建设,在全国改革发展中继续发挥示范表率作用,为上海增创发展新优势创造良好的制度环境。

12.1　科学发展中存在的突出问题

　　近年来,上海按照中央要求,坚持全面贯彻落实科学发展观,积极采取措施,研究探索建立以科学发展观统领经济社会发展全局的体制机制,比如大力实施科教兴市主战略,推出了"加强政策引逼""推进考核评价体系改革"等措施。但是,总体上来看,上海以科学发展观统领全局体制机制创新的实践探索,仅仅有

　　*　本章根据笔者主持的 2005 年上海市重点咨询课题"科学发展观统领全局的体制机制创新"的研究报告改编。

了一个良好开端。目前上海经济社会发展中还存在大量不符合科学发展观的情况,比较突出的主要反映在以下五个方面。

12.1.1　经济增长方式亟待转变

上海经济仍处于粗放型增长向集约型增长转变的过程中,投资驱动、依赖大量资源投入的粗放型增长方式仍占主导地位,表现为结构转型缓慢,能级提升困难,自主创新能力较弱,增长与资源环境的矛盾日益增大。

经济增长的传统动力机制正在减弱。20世纪90年代以来上海经济增长的动力总体上可归结为:固定资产、土地、资金等要素为主的投资推动,体制外增长带动体制内能量释放,其政策驱动和投资驱动的特征十分明显。这种增长具有启动快、增速高的特点,但伴随着上海经济十四年的高速增长,其可持续性差的特点已逐渐显露出来,表现为土地、能源紧张,资源要素价格不断上涨,商务成本不断升高,重复建设、过度投资问题屡禁不止,投资和优惠政策的边际递减效应已经显现。这意味着,经济增长的传统动力机制正在减弱,特别在当前资源与环境瓶颈约束日益严重的背景下,再要依靠大规模、高投入、高消耗方式促进上海经济高速增长已显得越来越不现实,必须加快转变经济增长方式,形成新的经济增长动力机制。

自主创新能力不足制约经济发展。增强自主创新能力是调整产业结构、转变增长方式的中心环节。但是,在以创新和技术升级为主要特征的国际竞争中,上海自主创新能力不强的问题日益成为发展的瓶颈制约,表现为产能规模的扩大并没有造就大批具有自主知识产权的核心技术和自主品牌,技术进步对经济增长的贡献率不高,技术创新对环境保护、资源节约利用的作用不大。上海高新技术产业产值占工业总产值比重不足1/3,而高新技术产业中70%—80%份额是外资企业,本市大中型企业吸收消化的技术比例不到10%。上海自主创新能力不强,主要瓶颈在于国有企业缺乏创新动力,民营企业创新缺乏有效支持,外资企业虽有较强的创新能力,但创新的外溢性较差,各种不同所有制的创新资源在相对封闭的体系内循环流动,特别是国有创新资源部门分割、行业分割的特征明显,与社会资源缺乏有效互动,统一区域创新体系还未形成等。

产业结构优化升级仍存在较大困难。目前上海正处于低端产业逐步调整转移,高端产业正在培育集聚的过程中。顺应商务成本升高的趋势和产业发展比较优势的原则,上海选择优先发展现代服务业和先进制造业,力图用高技术产业部门逐渐替代传统的低附加值产业部门,加快工业园区和服务业集聚区的发展。但是从客观上来看,目前上海仍存在产业结构高度化不够,产业技术能级不高,现代服务业和先进制造业在整个产业发展中的比重偏低的问题。现代服务业发展面临着政策体制等多重制约,实现快速发展的难度大;而先进制造业由于缺乏核心技术和自主品牌,实现突破的难度也不小。

12.1.2 社会事业和社会管理发展相对滞后

改革开放以来,上海在经济、社会、文化建设等诸多方面都取得了很好的成就,成为中国经济社会发展的"排头兵"。但是总体上来说,上海仍然存在"一手硬、一手软"的情况,经济社会发展协调不够,教育、卫生、文化等社会事业发展仍相对滞后于经济发展。

公共产品供给不足的矛盾依然存在。以 1994 年与 2004 年上海地方财政支出作比较,其中基本建设从 18％上升到 22％,企业挖潜改造从 7.22％上升到13.89％,教育事业费从 15.84％下降到 11.13％,卫生事业费用从 4.18％下降到 2.28％,科学事业费用从 1.59％下降到 0.97％。公共教育、公共卫生、公共安全、公益性文化等同人民群众的需求存在一定的差距。由于社会发展滞后,上海还没有做到让经济社会发展的成果惠及每一个建设者,惠及每一个家庭。特别是郊县的教育、卫生、文化等公共服务,从基础设施的硬件投入到人员配备和技术支持都存在一定的问题。还有公共产品供给与需求不相匹配,医疗和教育领域中的"贵族化"倾向同普通市民的需求不相匹配,看病难、看病贵等问题依然很突出。各种社会资源的配置不均衡,科教文卫的优质资源高度集中于中心城区,社会保障、就业保障体系的建立也主要以城市人口为主,对农村、农业和农民的关注不够。

社会管理和公共服务发展仍滞后。政社分开的新型社会管理体制在形成和发展过程中遇到很大的困难和阻力,政府全包全揽行为普遍存在,各种公共产品和公共服务的提供者仍集中在政府身上,导致社会管理的覆盖面不足,社会资源难以有效整合,管理和服务的效率低下甚至是无法提供;社会性组织发育严重不足,行业协会及各种社会中介组织发育迟缓,虽数量众多,但有名无实;政府的社会职能难以转让和剥离,政府行政管理和社会自我管理有效衔接的良性互动机制还没有形成，政府对社会组织的政策扶持和财政支持的力度也不够。

人口综合调控难度越来越大。随着改革的深入和经济社会发展，人口调控问题日益成为上海关注的焦点，人口总量压力越来越大，出现了人口区域分布不均的矛盾，老龄化带来的经济社会、医疗保障等问题也日益明显。外来人口社会管理问题尤其突出，目前上海外来流动人口大约为 500 万，预计到 2010 年将达到 700 万。对于如此庞大的一个群体，政府公共服务的支持体系尚不够健全，各种社会资源和公共产品及服务不能公平利用，提供的总量不足，质量低下。就业问题仍然很严重，预计"十一五"期间上海就业岗位缺口将有 30 万—40 万左右。

12.1.3　城乡二元结构问题依然严峻

上海城乡二元结构特征仍较突出，城市同郊区农村的关系尚未理顺，二者之间相互依存、相互推动、共同发展的格局尚未形成。城乡空间分割明显，城乡缺乏有效的连接通道，中心城区 600 平方公里和郊区 6000 平方公里有明显分界。

城乡资源分配严重不均。经济和社会资源高度集中于中心城区，而郊区农村的各种经济社会资源缺乏，农民的社会保障体系没有完全形成，农村基础设施、教育、医疗、卫生、文化等公共产品和服务建设都亟待推进。加快现代化国际大都市现代化新郊区新农村建设，需要各级政府立足全局、统筹规划、各司其职，形成合力，需要一个有效的疏导和转移机制，按照比较优势的原则，把人口、产业积极向郊区和农村转移，需要改变旧的投资取向，积极培育和扶持社会力量对郊区农村的社会建设，强化对农村、郊区的公共服务设施的投入，弥补历史欠账，继续扩大社会保障的覆盖面。

城乡空间形态布局不合理。上海城市发展的"单中心"模式十分明显，中心城区资源和人口过密，按人口来看，中心城区人口高度集聚，每平方公里接近 4 万人，而东京、伦敦、纽约等大都市均不超过 2 万人。人才、教育资源 70% 集聚中心城区，只有 30% 在郊区。而规划建设中的郊区新城规模明显不足，尚不能起到集聚人口和发展产业的作用。人口负载、环境成本和资源约束要求现有的城市空间布局进一步优化，构建多中心的城市发展新空间，各种经济社会资源合理分布，同人口、产业布局相互匹配、相互支撑，公共基础设施和交通网络同城市功能要相互协调，城市规划要注重统一性和长期性。

12.1.4 开放与发展的协调性不够

上海是中国对外开放的一面旗帜,发展速度非常快,但是也暴露出一些问题,从科学发展观的角度来分析,主要表现为对外开放与自身发展的协调性不够,经济集聚能力与辐射能力不对称。

集聚能力总体层次不高。上海城市的集聚功能较强,要素集聚发展的态势良好,特别是上海利用自身的区位优势和有利条件,通过优化投资环境、完善政策优惠,加大吸引外资、发展对外贸易的力度,利用外资和贸易总量始终名列全国前茅,并形成了国内大资金、大企业、大集团来沪集聚的局面。但是,在集聚资源和要素的过程中,由于过多注重数量而忽视质量问题,引进来的资金、产业总体上层次不高,具有较高技术含量、产业链带动强的高端产业、高技术产品比例不高,与城市功能提升密切相关的现代服务业集聚不足,这与当前经济增长方式转变中存在的问题是一致的。

集聚力与辐射力不对称。上海在引进来方面发展势头较强,对外部经济的集聚力较强,国内资金、人才等要素资源明显向上海倾斜。但在"走出去"方面则还明显不够,表现为上海企业跨国投资的数量规模和质量效益差强人意,上海对落后地区产业转移的力度较小,对长江三角洲经济的辐射带动作用不强,特别是上海长期形成了二产、三产地方配套,小而全、大而全,习惯自我服务的这种惯性,导致上海对长三角经济辐射力减弱,而客观上上海经济已经到了需要加快资源要素流动,提高能量辐射的发展阶段。

12.1.5 改革深化的难度越来越大

改革是发展的动力,上海每一个重大发展都是在大力推进改革的过程中实现的,当前上海在贯彻落实科学发展观过程中也需要继续深化改革。

政府主导型投融资体制弊端逐步显现。政府直接参与招商引资、投融资以及各种重大项目的建设,国有企业成为市场竞争中的主力军。在此过程中不可避免地出现政府与民争利的现象,不仅容易导致投资效率低下、监管困难、国资流失,而且直接压制了民营企业的发展。从融资体制来看,政府主导的投资与国家垄断的金融体系形成了风险连带关系,银行贷款越来越集中于政府投资的大项目、大工程,且贷款期限越放越长,这不仅加重了银行的金融风险,客观上也造成了中小企业的融资难。而且政府主导的投融资体系由于缺乏有效的监管和评估制度相配套,不仅投资效率低下,事实上也成为权力寻租的重要场所。

国有资产和国有企业改革亟待深化。目前,上海国有资产固化、封闭循环、沉淀损耗等现象较为严重,资源的利用效率低,整合难度大,既不利于国有资产在劣势产业的退出,也影响了国有资产在优势领域的进入。在国有企业层面,政企尚未分开,经营性资产和非经营性资产难以分开,市场营利功能和社会公共服务功能难以分开,导致国有企业的发展战略不清,发展思路不明。管理层的市场化选择只停留在政策层面,难以落在实处,国有企业负责人的收入分配机制及业绩考核和激励机制迟缓滞后,企业法人治理结构不完善,国资监管水平难以提高。

12.2　深层次原因分析

上海在落实科学发展观过程中所暴露出来的问题虽然表现得错综复杂,但根本原因是体制机制。体制机制的缺失、不完善以及不匹配,是导致科学发展观无法有效落实的根本,是导致经济社会发展低效率、不和谐和不可持续的关键。

12.2.1　改革创新不足与开放程度不够

按照深入贯彻落实科学发展观的要求,对照上海科学发展存在的瓶颈制约,我们在推进深化改革开放方面总体上讲是改革创新不足,开放程度不够,与中央要求上海在全国当改革开放排头兵的要求有较大差距。

1. 深化改革方面

改革创新的自觉性、主动性还不够强。一是认为上海的各项改革已经走在前面了,不自觉地滋生出一种自满情绪。二是碰到改革中的难点及深层次问题,有畏难情绪,先放一下,绕道走。三是涉及要突破一些现行政策规定问题时,有无所作为情绪,缺乏主动与中央有关部门进行沟通、积极建议、加以促进的态度。四是怕率先改革与以后中央出台统一政策出现差异需重新调整的麻烦,有等待观望情绪,缺乏率先探索与突破的精神。

改革决策的科学性有待进一步提高。一是在深入调研、专家咨询、广泛听取各方面意见、公众参与、民意测验等方面做得不够。二是改革方案的论证、比选不够充分。三是改革方案实施后的再评估不够,总结经验教训以提高改革决策科学性的工作比较薄弱。

改革措施的协调性需要进一步增强。一是零散出台单项改革措施较多,而各项改革措施之间的关系及出台先后时序安排等总体筹划不够,缺乏一个全面、统一、较长远的改革规划指导,导致改革措施的协同效应减弱。二是一些改革措施只注重于解决当前问题,没有很好地考虑长期效应,反而为以后进一步改革设置了障碍。三是改革措施制定实施的部门化倾向较强,组织总体协调的力量欠强。

浦东综合配套改革试点的示范性和带动力没有充分体现。一是浦东综合配套改革试点尚未取得整体性的突破,尚未形成具有示范性的经验。二是浦东综合配套改革试点与全市改革脱节,在体制框架及机制运作上没有形成对接。三是浦东综合配套改革试点的扩散效应没有充分体现,尚未形成"以东促西""以点带面"的局面。

2. 深化开放方面

开放层次还不够深。一是仍停留在制造业、传统服务业、房地产开发等领域的对外开放,高端现代服务业领域开放程度较低。二是仍停留于一般的招商引资方式,以外商直接投资方式为主,通过收购兼并、战略合作等方式的招商引资较弱。三是仍停留在项目招商层面,在运作机制上与国际接轨,通行国际惯例等"规则开放度"方面较弱。

开放力度还不够强。一是仍主要依靠传统的政策优惠、土地批租等手段招商引资,没有把我们的组织资源(国有企业、金融机构及部分非公益性事业单位等)拿出来吸引外资收购兼并、战略合作。二是承接国际服务业转移,特别是吸引投资银行、管理基金等高端服务机构和跨国服务公司入沪的措施不够有力。三是吸引专业国际人才来沪或流动的措施不够聚焦。四是某些领域和本市国有企业或多或少受到各种形式保护或变相保护,存在各种无形的进入障碍。

开放维度单一化。一是"引进来"多,"走出去"少,尚未形成双向开放格局。二是"走出去"大多为个别、局部布点,尚未形成网络式分布,建立起具有控制力的外部网络。三是注重于资源要素为我所用,为我所留,没有很好地把自己掌控的资源要素为他人所用、为我谋利,尚未形成资源要素的双向利用和共赢格局。

12.2.2 政府行为

政府是体制机制安排的主体。政府的行为及其体制机制安排是决定科学发展观能否落到实处的核心问题,以上暴露出来的一系列问题的深层次原因盖源于此。下面,我们从三个方面来分析。

1.科学的执政理念和政绩观尚未牢固树立

经过 20 多年大规模的城市基础设施建设和产业投资,上海经济建设取得了举世瞩目的成就,但粗放型增长方式、经济社会不均衡发展、城乡区域不平衡等问题也开始逐步显现,这些问题的产生与政府执政理念和政绩观是密切相关的。

从现实情况看,政府执政理念尚未完成从追求高速增长向科学发展的转化,"建设政府""管理政府"的色彩依然很浓,"服务政府、责任政府、法治政府"的理念还没有很好地树立,政府直接参与经济活动和"管"字当头的理念直接弱化和淡化了政府的服务意识以及相应的服务能力。这些都导致政府的经济功能依然很强,而市场和社会组织的功能被弱化、淡化甚至是被取代,从而政府对经济主体和社会公民的服务、对知识产权的保护、对自主创新环境的培育、对诚信体系的建设和维护等功能受到一定程度的抑制,公共服务的理念、依法行政的理念、以人为本的理念不能很好地落实和贯彻。

与这种执政理念相伴随的便是着力追求经济数量增长的政绩观,政府官员过于追求 GDP 增长率、建设成就,而忽视了经济社会的全面发展、可持续发展和协调发展的内在要求。这种不科学的政绩观只会导致:只计增长,不计投入,不考虑能源消耗、环境污染等经济社会成本;公共财政异化为建设财政,财政支出更多用于基础设施和大型项目建设,用于形象工程、面子工程等,社会事业发展出现"短腿";在招商引资、土地批租等方面重短期效益、轻长期利益。

2.政府职能转换尚未有突破性进展

政府在功能定位、管理模式、管理手段等方面,已逐渐显露出不适应上海经济社会发展的迹象,也不符合落实科学发展观的要求,加快政府职能转换已经推开,但尚未取得突破性进展。

行政管理方式不适应发展需求。目前上海各级政府依然是经济管理型政府,政府直接参与到项目建设和企业决策等微观领域中,对企业管得过多,抑制了经济主体能量的充分释放。社会主义市场经济发展需要转变政府职能,要求政府弱化经济功能,强化对市场的服务、对知识产权的保护、对自主创新环境"润物细无声"的培育;要求政府树立依法行政理念,政府行为限定在法律规定的范围内,不能有随意性;要求政府树立公共服务理念,为经济主体创造公平的竞争环境,提供高效的公共服务;要求政府全面清理行政审批事项,对法律不限制的领域,不再设立审批权限,全部改为备案制,对依法需要保留的审批项目,全部实行公开承诺制度,加强审批责任;要求政府加强行政效能评估,引入社会评价机制,制定以公共服务为取向的绩效评估标准和考核奖惩办法,建立和完善问责制度、体制内的监察制度、体制外的投诉制度,通过"引逼"机制提高政府的服务意识和服务水平。客观来看,上海各级政府距离上述要求还存在一定的差距。

政府公共信息的透明度不高。在现有政府管理模式下,信息资源分散,信息不公开以及公开程度不够、公开范围不广,正常的信息反馈机制尚未建立。政府部门往往各自为政,各自拥有一块信息资源,相互之间难以沟通和交流,政府同行业协会等民间组织、中央各职能机构,各种类型企业之间也缺乏主动沟通和联系,信息披露不及时,缺乏针对性。重大政策不能充分反映各方面的利益诉求,导致企业及各相关机构对出台政策精神的不了解和不理解,从而也直接影响了政策的可操作性和有效性。同时,政策缺乏稳定性,政府出台政策有较大的随意性,不能给经济主体以稳定的预期。现实发展要求政府能自觉尊重和维护法律、法规的严肃性,尊重契约和合同的严肃性,保持政策的连续、稳定、透明,尽可能地用法律法规来代替和规范各种政策措施。

行政组织结构缺乏协调联动性。上海各类功能区,如开发区、工业区、科技园区、保税区等,已经到了从规模扩张向功能提升转变的新发展阶段,一些功能区在完成了大规模的开发任务以后,其开发功能开始弱化,而原来政府赋予的管理职能开始强化。由此,功能区与所在地区政府行政管理存在着一定程度的重复和冲突,功能区的经济资源与社区的社会资源之间的互补、协同和相互支撑不够,协调难度也较大。这在城乡经济一体化发展的地区表现得十分明显,如浦东六大区域的功能定位已逐渐明朗,而乡镇一摊、开发区一摊的政府管理权能的划分和配置已无法适应浦东区域功能发展的需要。功能区与行政区之间的矛盾充分反映了当前行政组织结构不完善,部门协调不力,各自为政的情况十分严重。而部门利益分割使得政府各职能部门行政执法效力不匹配、不协调甚至相互冲突矛盾的情况也非常普遍。所以加快整合公共行政资源,调整政府管理职权的划分和配置显得十分重要。

3. 两级财政体制的弊端开始显现

1994 年上海确立了市与区县两级财政分配体制,这种两级财政体制安排的核心是事权下放、财力下沉,充分调动了区县积极性,促进了上海经济社会的快速发展,使得上海大规模的城市改造、基础设施和公共服务设施建设在短时期内得以完成。但随着经济社会的深入发展,两级财政体制内在的弊端开始暴露出来。

两级财政体制导致地区之间过度竞争。各区县都充分利用土地批租政策,挖掘土地要素的级差收益,加大招商引资和房地产开发力度,引发了诸多的问题和矛盾。比如近几年来上海房价的迅猛上涨同各级政府能直接受益不无关系。在这样一种利益关系的驱动下,区县政府热衷于把土地用于房地产项目,热衷于对短期内能带来 GDP 的项目进行投资和给予税收优惠,这对房地产升温和重复投资、重复建设起到了推波助澜的作用。

两级财政导致各区县在事权与财权上的不匹配。实行税收属地化征管以后,那些土地级差地租较高、产业能级较高、原有发展水平较高的区域获得的财政收入要明显高于级差地租、产业能级和发展水平较低的区域,区县、乡镇之间财政收入的差异性逐年增大。这使得财政收入较高的区,其公共产品的投入要明显高于财政收入较低的区,由此导致科教文卫、基础设施、社会保障等公共产品在不同区县之间以及在同一区县的不同街道和乡镇之间的不均衡分配十分突出。比如义务教育资源的不均衡,从区县层面考察,2004 年各区县义务教育生均经费最高的与最低的相差 2.7 倍。与此同时,文化卫生社会保障等公共服务的差异性以及工作人员收入和福利水平的差异性也十分突出。这在很大程度上抑制了公共资源的流动和均衡化配置。因此,在财权不平均分配的情况下如果平均分配事权,则势必使得区域发展的差异性逐步增大,影响了区域统筹协调发展。

市级财政统筹发展的力度减弱。市财政比重的降低,使得市级政府在全市范围内对公共产品资源进行统筹安排缺乏有力的资金支持。两级财政体制在一定程度上助推了城乡区域差距的扩大,经济社会发展的不均衡、社会资源区域配置失衡,助推了区县恶性竞争,土地要素的过度开发和不合理利用,也间接导致了环境保护、能源过度消耗、产业升级不利等诸多问题。为解决这一系列问题,需要市级政府站在全局的高度上,统筹区域、城乡和经济社会发展。相应地,也需要有充足的资金作为保障。如果市级财政收入比重继续下降,统筹发展就难以有效的落实。

总之,以 GDP 增长为核心的执政理念和政绩观,行政权力的条块分割和难以协调,市区两级财政体制等是当前影响上海科学发展观深化落实的最关键、最核心的体制机制瓶颈,这是我们要重点攻破的问题。当然,我们也必须清醒地认识到,贯彻落实科学发展观是一个长期的历史过程,也是一个不断深化的过程,在不同的发展阶段面临的矛盾和问题是不同的,目标和任务也会有差别的,对体制机制的要求也是有阶段性差异的。为此,研究现阶段上海以科学发展观统领全局的体制机制创新,必须立足于上海当前经济社会发展的特点和要求,更好地体现出现阶段科学发展观的要求。

12.3　体制机制创新

深入贯彻落实科学发展观,要求我们继续深化改革开放。经验表明,开放引领,改革助推,是上海经济社会快速健康发展的重要保障。上海未来的发展,特别是在全面参与经济全球化背景下建设"四个中心"和现代化国际大都市,必须乘开放之势,借改革之力。

12.3.1　实践科学发展的体制改革

完善落实科学发展观的体制保障,是全面落实科学发展观的客观要求,是实现"统领"的重要条件。从前面对上海经济社会发展中存在的问题及深层原因的分析来看,上海要把经济社会发展切实转入全面协调可持续发展的轨道,迫切需要对现行体制进行系统的、全方位的改革创新。我们认为,当前关键是要以加快政府职能转变为重点深化体制改革,真正消除不利于科学发展的体制障碍。

1. 加快政府职能转变

当前上海经济社会发展中存在的诸多与科学发展观不相符合的问题,仍不同程度地与政府职能的"越位""错位""缺位"有关。所以真正形成落实科学发展观的体制保障,关键要以建立服务政府、责任政府、法治政府为导向,围绕政府经济调节、市场监督、社会管理和公共服务职能的完善，以创新管理方式为突破口，整合行政资源，切实转变政府职能，全面提高行政管理绩效与运作效率。

（1）创新政府管理方式。现代发达国家大城市发展实践表明，城市管理主体日益多元化，政府机构、私人部门以及各种社会组织共同参与城市的管理。而管理方式除了政府的垂直管理，更普遍地表现为城市利益相关者之间的水平型合作管理，市场机制、社会机制和政府调控机制对城市建设和发展共同起着有效作用，政府职能更多地体现为市场经济主体服务和创造良好的发展环境。所以，政府的管理方式从管制向监控、从审批向服务、从封闭向开放转化，也就是使政府的角色由原来的控制者变为服务者。"服务政府"就是以服务公众为核心职能，将创造社会经济文化发展环境和条件作为根本任务的现代化政府。创新政府管理方式，当前关键要着力深化行政审批制度改革，要通过公开政务信息、制定规划、依法监督、完善政策等，建立公平、公正、公开的市场竞争环境，要提高政府的综合调控能力，进一步实行政府管理重心的外移、下移，减少政府对微观主体的控制，加快推进政企、政事、政资分开。

（2）优化行政组织结构。精简、扁平化、有弹性、不断自我创新、自主管理的智能型政府组织结构，是新经济时代世界城市政府发展的潮流。所以，政府改革就是要以行政资源整合为抓手，加快推进行政组织结构再造，加强现代行政管理力度，不断提高政府的运行效率。由此上海要顺应外部环境变化，有必要对各职能部门间、上下级之间的管理权限作进一步调整重组和再划分，促使行政组织结构向规模小、层级少、管理权限分工合理的方向转变。同时，要根据决策、执行、监督三项职能相对分离的思路，探索完善相应的协调机制。按照世界大城市政府管理运作的惯例，在决策层和执行层之间建立委托授权、责任契约等关系模式，加强决策层对执行层的监督考核，并建立起公共行政管理系统平台，建立相应的辅助性决策信息系统和智囊系统，为所有政府部门共享内务管理和服务系统。

（3）加强依法执政力度。进一步规范政府职能和行为，推进依法行政，严格按照法定权限和程序行使权力、履行职责。特别要深化行政审批制度改革，相对集中行政许可和行政处罚权，推进综合执法试点。实施相对集中行政许可权，从制度上解决过去行政审批实践中存在的政出多门、环节烦琐、效率低下等突出问题，使行政审批从过去的流程优化、机制创新拓展到体制创新，真正与国外"一站式"服务相一致,有利于提高政府效率,改善城市投资环境,体现服务政府形象。在依法行政方面,政府首先要在政务信息公开制度建设上领先一步,要从依据类公开到过程公开,积极探索公众参与,形成全民监督政府依法行政的局面。

2. 完善公共财政体制

公共政策体系是贯彻落实科学发展观的重要支撑保障体系,而公共政策的实施必须依托于公共财政体制的实施,所以公共财政体制建设不到位,就难以真正实践好科学发展观。当前在完善公共财政体制过程中需要重点解决三个问题。

(1) 加强公共财政功能建设。紧紧围绕科教兴市主战略、提升上海城市国际竞争力和加快和谐社会建设等重点任务,加大财政支出结构调整力度,以更多的财力保证政府公共政策的落实和到位。要实行支持自主创新的财税政策,完善自主创新的激励机制,提升地方政府实施科教兴市主战略和增强国际竞争力的财政保障能力。要实行有利于增长方式转变、科技进步和能源节约的财税制度,促进产业结构优化调整、收入稳定增长,增强发展的持久后劲。要优化公共支出投向,在突出科教兴市主战略的同时,转移支付和增量财政向"三农"和社会事业、社会保障、公共安全、生态环境、基础设施等领域倾斜。

(2) 加大财政对社会发展的支持。公共财政要进一步突出"公共性"特点,重点支持涉及人民群众切身利益的公共服务领域发展,加大对积极的就业政策的支持力度,强化政府促进就业的公共服务职能;增加财政的社会保障投入,帮助解决困难群众的生产生活问题;加大对医疗卫生的投入力度,完善公共卫生和医疗服务体系;加大政府文化事业的投入,努力形成覆盖全社会的比较完备的公共文化服务体系。同时,加大财政投入对社会发展的支持,也要注意不断创新财政投入方式。比如,在社会福利投入上,应由"包"和"养"转为"引"和"导",把更多投入引向能促进劳动技能提高、低成本高效益的社会项目上,支持人们实现独立自主、终身学习和创新需求,以提高人们参与经济的能力,以此实现经济发展和社会发展的相互融合和促进,而不是简单地进行平均主义的再分配。

(3) 进一步完善公共财政管理。公共财政既要为公共政策的落实提供足够的资金保证,又要防止财政资金的滥用浪费,为此必须增强财政资金使用的公开性和可监督性,保证财政的公正性和有效性。要实施激励与约束并重的财税政策,全面实施财政投入绩效评价和检测制度,对财政专项支出和专项转移支付要有专门的跟踪和评估。要研究公共财政与各项公共政策之间的传导作用机制,充分发挥财政资金的引导和调节作用。在重视各级政府之间纵向的财政管理职责和财权合理划分的同时,对财政部门与政府其他各部门之间横向的协同配合也要进行明确规范(包括部门预算管理等),以"纵横立体化"公共财政责权关系的建立保证各项公共政策目标的实现。

3. 改革区县管理体制

近年来,按照"事权、财权下放与政策规范运作相结合,管理重心下移与财力适度下沉相结合,产业定位与政策导向相结合,规划协调与分类指导相结合"的原则,上海实施了"两级政府、三级管理、四级网络"的管理体制,极大地调动了区县政府的积极性,促进了区县经济的快速发展,提高了城市管理效率。但是伴随着上海经济社会的发展,这种管理体制面临的矛盾和问题日益突出,特别是区县、街镇事权和财权分配上的不匹配进一步加剧了区域发展的不平衡,影响了区域统筹协调发展,也导致地方的经济增长冲动。以土地要素推动经济增长、大力发展房地产,加大招商引资力度成为各地的发展主导,这实际上与落实科学发展观是背道而驰、南辕北辙的。所以下一步改革区县管理体制,关键要加大区县机构改革力度,完善乡镇、街道的管理职能,建立健全事权、财权相统一的管理体制。

(1)加大区县机构改革力度。以弱化区县政府对微观经济主体的直接管理职能,强化其综合管理和服务职能为导向,进一步整合政府职能部门。学习浦东"小政府、大社会的"发展思路,实行大系统的管理模式,如设立计划发展局,作为宏观经济资源管理的运作大系统,涵盖规划、土地、房产、体改、物价等职能;经济贸易局统一内外贸,涵盖经委、外经贸委、协作办、旅游委、商委、粮食局等管理职能;城市建设局包括了市政管理、城市建设、交通等属于城市形态管理的职能;社会发展局则包容了民政局、教育局、卫生局、体委等属于社会事业管理的职能。这种大系统管理模式有利于提高行政效率、降低行政成本。同时,扩大政府管理幅度,下放管理权限,通过对街镇进行调整合并,进一步精简基层政府机构和人员,提高了管理水平,协调好开发区与街镇的管理职能。

(2)完善街镇的社会管理职能。改革事权和财权上的不匹配,一方面要改革区县与市两级财税分配关系,总体上要弱化区县对财税的支配权,提高市级财政的支配权和统筹力度,以事权来分配财权,加大对落后区域的转移支付力度,这有利于促使区县政府把更多精力放在社会管理和社会事业发展上,而不是单纯倾注于经济增长。另一方面,要正本清源,关键要正确界定街镇的职责和事权。在"两级政府、三级管理"改革思路中,一是街镇管理权限扩大,并相应配套下放人、财、物的支配权;二是区县职能部门的派出机构与街镇"条""块"之间进行职责与事权划分;三是按照"政企、政事、政社"三分开原则,重组街镇机构,发挥其在社区建设和管理方面的作用;四是探索建立街镇综合执法管理队伍。从实际运作的情况来看,最大的矛盾和问题是街镇的角色混乱,责、权、利不统一,既承担行政职能,又行使经济和社会管理职能,经费则来自区县相关税收的返回数额。所以,下一步改革,一定要削弱街镇的经济职能,逐渐改为由区县乃至市统筹其经费,街镇作为行政派出机构和社会管理自治组织,可按照相应的事权由财政拨款,并按照自治组织,广泛吸收社会资金、进行社会化运作。

12.3.2 落实科学发展的机制创新

上海要把科学发展观落到实处,不仅需要制度层面的创新,还需要有相应配套的机制创新。从我们对上海实践科学发展观中存在的问题及原因分析来看,当前上海要实现落实科学发展观的机制创新,必须着眼于加快政府职能转变,积极发挥市场的基础性作用,借鉴国外大都市的有益经验,着力建立和完善重大战略决策机制、日常分析监测机制、即时信息反馈机制、动态考核激励机制、转变政府经济调节机制、全面组织协调机制。

1. 完善重大战略决策机制

重大战略决策机制,包括上海中长期发展规划、重大战略举措等决策形成的内容、程序、方式等,它是科学发展观统领全局的先导和前提,是保证上海经济社会朝着科学发展方向的关键。

国外创新城市的发展经验显示,规划城市发展,确定城市发展目标、阶段以及具体的政策措施、运作手段方法等,是政府治理城市的依据和纲领,对城市发展的规划权实际上决定了各种城市资源的使用、运作和发展形态。在规划等重大决策的形成过程中,参与主体是多元化的,参与方式是民主合作的,最终形成一个市民参与、社会公决的综合方案。从上海的实践探索来看,科教兴市主战略的形成、上海"十一五"发展规划的制定,都充分体现了上海在重大战略决策形成过程中,已经初步建立起了以人为本、科学民主、规范有序的机制。比如,在"十一五"规划的制定形成中，全市各个方面都从不同角度提出具体战略思想，后汇总形成全市的主战略、主线，并与国家战略衔接、与周边长三角区域规划衔接。

　　但是，当前在多个规划主体各自的利益导向下，上海城市总体规划、空间形态规划与社会经济发展长远规划之间存在诸多不协调，这显然与政府决策机制、治理模式具有很大的关系，需要通过进一步的改革创新加以解决。从全面贯彻落实科学发展观的要求来看，上海要进一步健全和完善重大战略决策机制，使之更为制度化、规范化、程序化，真正体现市委统一领导、全市人民共同参与、协商合作、集体决策的精神，使规划内容更全面体现科学发展的要求，有利于上海经济社会又快又好地发展。

　　2. 健全日常分析监测机制

　　日常分析监测机制，包括一年或半年甚至更短时期内经济社会发展的形势分析、民意调查、舆论监督等等，它是市场经济条件下政府监控经济社会运行状况的一个晴雨表，当前也是我们坚持以科学发展观统领全局的一个重要抓手。

　　日常分析监测机制是动态日常反映，及时纠错、调整，特别是针对重大战略实施过程中短期内出现的新情况、新问题，超前预测一些新变化，及时指出可能面临的挑战、矛盾、风险，随时发现可能偏离科学发展观的情况。比如，要正确把握经济社会发展的趋势变化，切实防止经济大起大落，必须加强对经济周期波动的监测预警，在经济出现非常态波动的征兆时，以便及早采取预防措施，防患于未然。国际大都市（如香港、东京等）一般都有许多研究机构，包括政府和非政府民间组织，都会经常性地发表或公布经济分析监测报告、民意调查报告等，供政府决策参考。从2004年以来，上海加强了对宏观经济走向的分析监测，特别是高度关注利率、汇率和消费品价格的变动，关注房市、股市、车市的变化等等。

　　当前上海经济社会发展的日常分析监测主要由政府宏观经济管理部门垄断掌控，缺乏民间研究力量参与，客观上容易造成一言堂式的局面。下一步，上海要健全日常分析监测机制，一要综合政府宏观经济管理部门的研究资源，统筹协调、密切配合，充分保证分析监测机制的科学性；二要加强对社会领域的分析监测，特别是民意动态、社会发展动向等；三要形成定期报告制度，及时向市委等主要决策部门反映；四要有多种"声音"发表看法的平台，特别要鼓励和支持民间研究机构积极参与到日常分析监测研究中。

3. 建立即时信息反馈机制

信息部门垄断、信息不透明、信息不对称,是当前整个社会管理中的一个重要问题,其直接后果是信息传达通道梗阻、信息失真,容易引起管理失效。建立即时信息反馈机制,做到信息上通下达、内外知情,民情民意能够为政府部门知晓,而政府部门的政策法规等能有效地传达到个体和单位,它是科学发展观统领全局的重要基础。

伦敦等国外城市大多有比较完善且便捷的信息反馈机制,如政府通过构建沙龙、网站、创新工程数据库等各种交流平台,并利用各种宣传媒体,联结政府、企业、个体等之间的信息沟通渠道,形成有利于科学合理决策的机制。当前上海在全面贯彻科学发展观过程中最缺损的就是即时的信息反馈机制,许多政府部门各自为政,信息互相封闭,资源不共享,对市场反应迟钝,这不仅造成信息资源浪费,还容易产生各种误导。最明显的例子就是对上海外来人口的控制管理不力,其根源就是许多部门都从各自工作角度掌握外来人口,没有形成信息交流平台,也没有建立起即时的信息报告反馈机制。

从科学发展观统领全局的高度来看,建立即时信息反馈机制,不仅有利于政府了解社会群体的真实信息,及时主动地调整或修正政策,而且也有利于社会群体更积极地参与到社会重大决策过程中,促使上海发展更倾向于以人为本,更能发挥市场机制的作用。下一步要着力构建网站、联谊会等一批跨部门跨区域的信息沟通交流平台,形成多方参与、开放共享的协同网络,促进信息公开透明。

4. 强化动态考核激励机制

建立符合科学发展观要求的经济社会发展综合评价体系,强化动态考核激励机制,是科学发展观统领全局的最真实、最具体生动的标尺。

审视我们原来的评价体系,最明显的缺陷就是只追求经济增长速度,而不关心生态文明建设、人的全面发展和社会全面进步的指标;只看重上级领导评价,不重视社会舆论和群众的评价;只重过程评价,不重效果如何。特别是 GDP 崇拜主宰了发展主流,并衍生出了"官出数字,数字出官"的恶性循环。科学发展观对经济社会发展的全面性、公正性、协调性和可持续性提出了更高的要求,因此科学考核政府和干部政绩,必须把经济增长、社会发展、环境保护、资源节约、人民福祉结合起来。中央组织部颁发实施《体现科学发展观要求的地方党政领导干部综合考核评价试行办法》,对地方党政领导干部考评设置了"群众物质生活改善情况""社会治安综合治理"等 12 个涉及经济、社会、文化、党建各方面的全面的考量指标。上海也出台了有关落实科学发展观、实施科教兴市主战略的考核评价体系,在具体考核指标中,明确把降低能耗、提高科技创新能力等作为考量指标。

　　下一步强化动态考核激励机制,关键要强化规划和政策引导,综合运用法律手段和财税、价格等经济杠杆,促使企业自觉摒弃粗放型增长方式,坚持依靠科技进步和劳动者素质的提高实现经济增长,必须建立健全以科学发展观为基础的政府绩效评估和干部政绩考核体系,引导政府更多关注社会公平、公共服务、生态治理等问题。在这个机制形成过程中,要注意三个方面:一是必须及时动态地对评价指标进行调整,因为在不同发展阶段、面临不同的发展任务,其评价指标也会有所不同,所以必须及时增补或取消有些指标,有些指标则可以改变权重,次要的上升为主要的,突出问题加大权重等等;二是必须研究制定与上海特色相适应的指标体系,能体现上海城市建设特殊性的指标;三是必须在科学合理地确定评价主体、评价内容的同时,更要注重科学的评价方法。评价主体不能局限于单向的上级领导部门,更要扩大群众参与范围;评价内容既要有经济发展成果,也要有人文社会进步成果。

　　5. 转变政府经济调节机制

　　政府调节经济的能力和水平是驾驭市场经济能力的重要体现,促进政府经济调节方式转变,这是科学发展观统领全局非常关键的一环。从自觉实践科学发展观的角度来看,在现有政府管理体制框架下,上海转变政府经济调节机制的关键,就是要从单一打点式向系统调控式转变,擅长打"组合拳",统筹兼顾、多管齐下。在促进经济增长的同时,考虑社会、资源和环境等的协调发展,切实把市场经济的负面效应降低到最低限度,促进经济良性健康发展。

　　适应市场经济发展和政府职能转变的要求,上海地方政府经济调节机制的重点是要运用经济杠杆加强中观经济的调节。其中,一是要利用政府采购与投资政策调节经济总量并引导产业结构调整,这就要求政府通过税收、投资、信贷和公共支出政策给予一些产业以激励,而不是直接介入投资经营。特别是充分利用政府采购的政策效应,引导社会资本进入,从根本上解决增长动力问题,促进上海经济增长模式转变。同时,利用税收、价格等杠杆等调节收入分配和资源分配,支持城乡协调发展、支持经济社会可持续发展,促进社会公平。另外,要更好发挥土地供应的杠杆效应,要以一级市场的土地供应为杠杆,调节本地区的项目投资、房地产市场和产业发展,进一步健全土地拍卖制度和土地储备制度。

6. 形成全面组织协调机制

党、政、人大、政协和社会团体之间如何形成既能体现核心领导作用,又能体现凝聚合力的机制,保证科学发展观落到实处,这需要形成全面的组织协调机制。从国外大都市的发展经验来看,政府、企业、个体与各种机构之间的组织协调非常默契,社会协调机制十分成熟和发达,城市发展目标的实现,不仅依赖于政府管理实施,而且社会协调机制也发挥了十分重要的作用。从上海来看,组织优势是上海特殊的优势,但是当前在形成全面组织协调机制的过程中,如何调动人民群众的主动性、积极性、创造性,如何达到尊重民意、体察民情、反映民声,集中群众智慧和力量,通过群众监督和评判,谋求科学发展、促进科学发展的目的,还需要进一步探索。我们认为,以市委"总揽全局、协调各方"的领导格局和领导体制为主体,适当调整和优化整个社会的组织架构,充分发挥市场机制和社会管理机制的作用,形成全社会自觉贯彻落实科学发展观的机制。

13 新时期的创新与转型 *

13.1 "十二五"发展主线

上海市委市政府确定的"十二五"时期的创新驱动、转型发展主线,不仅符合上海率先进入新常态的实际情况,而且在全国也具有超前性和引领性,体现了上海"四个率先"和充当改革开放排头兵、科学发展先行者的自觉、自信。"十二五"期间,上海已明显进入创新驱动发展、经济转型升级的轨道,呈现良好开局。

13.1.1 开局之际的重点工作

为了落实创新驱动、转型发展,在"十二五"开局之际,必须重点抓好六项工作。

第一,加快培育经济发展新增长点。围绕战略性新兴产业和现代服务业发展,持续加大现代产业发展投资,加快重大项目落地:一是加强协调机制,优化审批流程,全力推进国家重大专项、战略性新兴产业、金融机构第二总部、世博园区央企总部等重大项目落地。二是加大力度,全力推进 909 项目升级改造、中船二期等高新技术产业化重点项目、重点技术改造项目和智慧城市项目建设,争取尽快出效益。三是加快推进上海国际旅游度假区、世博园区、虹桥商务区、黄浦江沿岸、临港产业园区等重点区域建设,加强产业链高端引资,争取落户一批现代服务业和先进制造业项目,加快高端产业项目向园区集中。各区县要结合自身

---

* 本章根据笔者 2010 年、2012 年、2014 年、2015 年的几篇学术报告改编而成。

实际情况,挖掘和开发经济发展的新亮点,促进存量资源的重大转换与升级,吸引增量资源的集聚与重组,增强流量资源的拓展与配置。

第二,努力争取在现代服务业发展的制度环境上实现突破。当前重点要在三个方面争取突破:一是抓住增值税改革试点的机遇,积极实施服务业增值税扩围试点,逐步扩大服务业营业税差额增收范围,进一步扩大先进制造业主辅分离试点实施范围,促进专业服务、高技术服务业和生产性服务业发展。二是抓住人民币国际化步伐加快的机遇,加快推进境外企业在境内发行人民币股票与债券、跨境 ETF 产品与原油期货产品上市和保险交易所筹建,积极争取中资国际航运船舶登记制度创新等政策加快落地。三是抓住国家开展服务业综合改革试点的机遇,加强部市合作,联合国家相关部门,对新兴产业和中介机构实施统一管理、联合认证,积极调整工商登记目录。

第三,大力推进张江国家自主创新示范区建设。要在上海市委重点调研课题成果的基础上,抓紧制定和颁布"加快推进张江自主创新示范区建设的若干意见"和"张江国家自主创新示范区条例",加快改革完善高新区管理体制,积极实施张江高新区扩区,大力推进股权激励、人才特区、财税政策、科技金融等方面的先试先行,研究建立高新园区考核评估机制,进一步加大"聚焦张江"的力度,力争使张江高新区在新的基础上实现新一轮跨越式发展。

第四,进一步加大保障民生的工作力度。根据当前的形势和要求,重点要加强五方面工作:一是进一步加大对保障性住房和大型居住社区配套设施建设的支持力度,确保保障性住房建设进度。二是进一步研究探索保障性住房建设的长效资金来源和相关政策,吸引更多企业参与保障性住房建设。三是积极推进镇保、综保向城保平稳过渡,全面推进新农保和城镇居民养老保险。四是进一步加强重要商品供应和储备,维护好市场价格秩序。五是落实社会救助和保障标准与物价上涨挂钩的联动机制,着力保障和改善低收入困难家庭基本生活。

第五,积极推进收入分配制度改革。当前要积极采取措施,逐步提高职工收入,适当增加企事业单位退休人员养老金,提高企事业单位管理层和一线职工工资,调整机关职工住房补贴标准,逐步调整和完善收入分配结构。

第六,全力保障城市安全运行。充分吸取"11·15"特大火灾事故和地铁追尾事故的教训,进一步完善城市安全各领域的法律法规,明确城市安全运行和生产安全的责任主体,在春节前对轨道交通、建筑市场、危险化学品企业等进行集中整治,查找漏洞,切实整改。研究建立覆盖城市运行安全各领域的风险信息交流平台,进一步完善城市安全风险管控体系。继续加强食品标准体系建设,强化全程监管、无缝衔接的监管体系,实施产品监管与过程监管并重,确保食品安全。

13.1.2　2013 年平稳增长"含金量"很高

2013 年,国内外经济都处于重要关口和转折点,上海突出创新与转型的发展主线和总方针,着力稳增长、调结构、促转型,全市经济总体保持平稳发展态势。应该说,在创新与转型中取得的积极平稳增长,"含金量"是很高的。具体讲,具有"三个平稳、两个加快、四个进一步"的特点。这是上海在创新与转型中保持平稳增长的"节奏"。

"三个平稳"是指经济运行总体平稳、物价形势平稳、就业形势平稳。经济运行与上年比基本持平,全年走势较平稳,没有出现大起大落;2013 年在较低的通胀水平上实现了中高速经济增长;就业形势方面,提前两个月完成年度就业创业目标。

"两个加快"是指固定资产投资增速明显加快和实际利用外资依然保持较快增长。2013 年前三季度,全市固定资产投资增速达到近四年来同期最高增速,全市实到外资增长 10.2%,增幅比全国高约 4 个百分点。

"四个进一步"指,一是工业运行态势进一步改善,二是产业结构进一步优化。2013 年前三季度,第三产业占比在上年突破 60% 的基础上进一步上升到 61.6%。三是经济运行质量进一步提高。地方财政收入增长速度继续快于 GDP 增长,增加值增长速度继续快于产值和收入增长,工业效益逐步回升。四是民生保障进一步改善。前三季度全市城镇和农村居民人均可支配收入增幅跑赢 GDP,企业退休人员养老金水平和城乡低保标准继续提高,保障性住房建设稳步推进。

另外,2013 年上海高端服务业发展良好,反映了上年开始实施的"营改增"改革和 2013 年自由贸易试验区建设的效应对服务业发展和创新转型的正面影响逐步显现出来。2013 年金融市场交易额出现大幅度增长。新兴服务业快速增长。2013 年前三季度,全市创意产业集聚区营业收入增速都在 10% 以上。软件和信息服务业增势良好。电子支付行业加快成长,全国排名前 10 位的第三方支付企业有 8 家已入驻上海。

2014 年上海经济发展的环境如何？从国际看，发达经济体经济复苏有助于在一定程度上改善上海经济发展的外部市场环境。从国内看，改革开放的全面推进和深化将为上海进一步发挥改革开放排头兵和科学发展先行者作用，进一步加快创新转型和促进经济平稳健康发展提供新的动力支撑。特别是自由贸易试验区建设深入推进和"营改增"改革进一步扩围，将更多释放上海服务贸易发展的活力。但与此同时，2014 年全球经济复苏仍然充满着风险，国内经济增长依然存在着不确定性因素和下行风险。因此，上海经济发展的环境仍然复杂多变。预判 2014 年上海经济形势，首先需要看清一正一反两个变量因素的影响。

正面的一个变量因素在于，2014 年是十八届三中全会后全面深化改革的第一年，从中央各部委到地方各省市，都将会积极筹划并竞相制定出台一系列重大改革举措。上海要在改革上实现重大突破，保持作为改革开放排头兵的地位和领先优势。可以预见，将要出台的一些改革举措，说到底都是给市场更多的活力，将会对经济增长带来很大促进作用。上海要在深化自贸试验区建设、扩大"营改增"试点改革范围、深化国资国企改革和收入分配制度改革等领域推出一系列有震动性的重大改革措施，保持改革开放的领先优势。

负面的一个变量因素是外部的，主要是美国货币政策的调整。美国一直在寻求退出量化宽松政策时间上的利益平衡点。如果过早退出，可能导致经济增速再度下滑；如果过晚退出，将可能引发严重通货膨胀，危及美元的国际地位。我们判断，2014 年美国退出量化宽松政策的可能性很大，但可能分几步逐步减量化。这将对世界的流动性产生重大影响，从而对中国，特别是对上海经济带来影响。强势美元可能带动国际资本流动再次出现逆转。国际热钱可能再次出现异动，给上海造成冲击。因此，2014 年要加强对国际资本流向的跟踪监测，强化对证券、期货等金融市场和房地产市场的动态监管。

综合地看，2014 年上海经济增速会有什么样的变化？各项带动经济增长的动力又将如何表现？预计 2014 年投资增速将会放慢，但受改革全面深化的影响，2014 年私营经济投资会有较大幅度增长。消费对经济增长的贡献将再增强。出口则仍将保持低速增长或零增长。十八届三中全会后，外资对中国发展前景的信心增强，特别是随着"营改增"和自由贸易试验区改革率先在上海试点，上海再度成为全球关注焦点，对外资的吸引力上升，因此 2014 年上海利用外资形势仍然看好。另外，预计 2014 年第三产业增长速度将超过 2013 年。我们运用计量经济学模型对 2014 年上海经济增速进行预测,结果显示,在最好与最坏的情况下,全市经济增长率分别为 8.3% 和 7%,中位数为 7.6% 左右。因此综合判断,2014 年在国内外经济环境不发生重大变化的情况下,上海经济增长速度与 2013 年基本持平。

目前的经济增速处于合理区间,上海可以考虑加强创新发展与转型升级力度。2014 年将要迎来一个重大改革年,会促进上海更好地创新与转型发展,保持经济可持续平稳发展。总体上讲,创新与转型任务艰巨,有些已经在做,有些刚刚破题,有些是准备要推的。更主要的,创新与转型不仅在表层的形式化,还需要内涵提升。比如产业结构调整,强调现代服务业比重上升,这是一个表象的标志。如果没有劳动生产率的提高,而只是单纯产业部门比重的变化,未必能够达到转型发展的真正目的。重要的是,怎么提高服务业的内在含量。我们知道,服务业的劳动生产率通常是低于制造业的,如果在不提高劳动生产率的情况下增加服务业比重,可能会带来经济增长下滑。这就是"服务业的成本病"。如何降低服务业成本,提高劳动效率? 可以靠技术创新的手段,也可以靠非技术的手段,比如新业态、新商业模式等方面的创新。另外,与产业结构调整匹配的应该是劳动力结构的调整。产业结构的重点转向现代服务业、战略性新兴产业等,那么劳动力结构也要相应调整。另外,存量调整才是真正的调整,才是转型中需要解决的问题,但是难度很大。比如,以往经济高速增长,除了依赖大规模投资以外,也严重依赖土地投入。但现在建设用地接近极限,如何调整土地存量、二次开发,是构成转型发展的重要内容。而这方面我们还没有取得很明显的成效,还需要探索。劳动力结构也是一种存量调整。创新是推动转型的重要动力。还有,与转型直接相关的是政府职能转变。创新与转型不能单纯靠政府的推手,要发挥市场的决定性作用。这又涉及一系列改革措施,审批权该下放的要下放,要更多购买服务,政府自身也要"瘦身强体",这些都应有具体的目标任务。

实践证明,围绕这一发展主线,社会形成高度共识,凝心聚力,顺利推进了"十二五"各项工作,完成了预期的目标。创新驱动发展的新动力不断增强,日益取代依赖大规模投资、房地产、出口等旧动力,各方面的经济转型逐步展开,产业结构调整、空间结构调整、技术结构调整、收入分配结构调整、消费结构调整等取得明显成效。但新增长动力还不够强大,尚未达到足以支撑经济平稳持续增长的地步;经济转型尚处于过程之中,还有待进一步深化。

13.2 "十三五"发展主线延续

13.2.1 外部环境研判

在"十三五"规划思路研究中,外部环境研判是重要议题之一。目前,大多数研究结论对"十三五"时期的外部环境不看好,认为比较严峻,不利于"十三五"时期的中国经济发展。其重要理论依据之一,是世界经济进入长周期下行阶段。确实,以 2008 年全球金融危机为标志,世界经济进入长周期下行阶段。但我们不能依据传统长周期理论来研判"十三五"时期外部环境的预期。因为基于工业经济时代的长周期理论所描述的下行阶段经济运行轨迹及其特征,在当今信息经济、知识经济、服务经济的背景下,可能发生较大变化,从而导致对"十三五"时期外部环境研判的误差。就目前可观察到或可预见到的这种变化,表现如下:

首先,全球"瘟疫"(大衰退和大萧条)爆发转变为地区或不同经济体之间"瘟疫"(至少在不同程度上)传递波及。在经济全球化背景下,尽管没有一个地区和国家能独善其身,但在某一时间点,一些地区或经济体是"重灾区",另一些地区或经济体是"轻灾区";而在另一时间点上,则可能出现不同转换。其背后的深层原因是,经济全球化导致全球生产链和价值链的形成,使不同地区或经济体处于不同的环节,尽管会共同感受到危机冲击,但其冲击点及其敏感度是有差异的。而且,这种全球危机是通过全球生产链和价值链的不同环节传递的,最强冲击点有时序性(有先有后),甚至会出现循环,当然其冲击力是趋于衰减的。2008 年全球金融危机后,最明显的是发达经济体与新兴经济体在不同时间点的表现及其转换。当前,虽然世界经济出现进一步"分化",但仍然维持着这一基本格局:以美国为代表的经济好转,以中国为代表的略有下降的经济稳定,以欧盟、日本为代表的经济继续停滞,以俄罗斯、巴西为代表的经济恶化。我们预判,在"十三五"期间,这种转换还将持续,甚至出现反复转换,但不太可能出现同步共振现象。这意味着目前下行阶段的衰退与萧条程度不会像过去那样严重。

其次,长周期的下行压力可能相对较小,下行通道可能会比较平滑。基于工业经济的长周期,作为其核心自变量的重大新技术,是直接从制造业部门产生并应用的。正因为如此,这种重大新技术促进经济大繁荣的能量释放表现为"急剧增加—衰减"的特征,从而进入危机阶段后,其能量基本释放完了,导致长周期的下行压力和波动幅度较大,直至新一轮的重大新技术来替代。当前的现代信息技术,虽然已在全球形成逐步完善的信息产业部门,并带来了美国十年"新经济"的繁荣,但其技术本身的发展仍有较大空间,"摩尔法则"仍在发挥作用,如移动、大数据等进一步快速发展。更重要的是,这种新技术的应用还只是"初级"版,尚有广泛、深度的产业、经济社会的应用空间。因此,当前即使进入了长周期的下行阶段,现代信息技术促进经济繁荣的巨大能量也远未完全释放,特别是现代信息技术的应用从"互联流通""互联消费"走向"互联产业",从而带来数字工业化,将会大大促进产业、经济发展。当前美国的"再工业化"、德国的"工业4.0"等,已显现出这种必然趋势。这种现有核心创新技术的能量释放,显然是一种对冲力量,势必使下行压力相对减弱,并减少经济振幅,形成比较平滑的下行通道。

再则,长周期的波长,特别是下行阶段可能会缩短。长周期的波长是由标志性创新技术更替及其主导产业演化所决定的。长周期的下行阶段(包括衰退与萧条)通常是20年左右。从第一波到第四波的标志性创新技术更替的总体情况看,其下行阶段的时间是趋于减少的:第一波下行阶段23年(1815—1838),第二波17年(1866—1883),第三波17年(1920—1937),第四波16年(1966—1982)。更重要的是,可能与前四波的标志性创新技术(纺织机、蒸汽机;钢铁、铁路;电气、化学;汽车、计算机等)有所不同,当前第五波的标志性创新技术——现代信息技术解决了信息的海量收集、迅即处理与即时传递,以及互联互通,从而直接为其他新技术的突破,特别是下一轮标志性创新技术的形成创造重要基础性条件。不论新一轮世界新技术革命将发生在哪个领域(生命科学或新材料、新能源等),现代信息技术都将促使其尽快到来,从而将有可能缩短本波长周期下行阶段时间。

因此,"十三五"期间,虽然世界经济具有长周期下行阶段的缓慢复苏、不确定、不稳定等特征,但其中仍将呈现两个增长亮点:一是现代信息技术产业应用的能量进一步释放;二是全球基础设施建设高潮。特别是当今世界经济中处于举足轻重地位的G2(美国和中国),虽说其经济不可能完全转好,但也坏不到哪里去,这足以维持世界经济,令其不是趋于恶化,而是趋于好转。我们判断,"十三五"时期的外部环境将呈现"略为偏紧、紧中有松、前紧后松"的状态。

当然,这一趋于好转的过程将是平缓的,伴随着一系列"再平衡"的调整,其中不可避免地会有各国宏观调控政策的冲突，投资、贸易等方面的冲突，甚至引发"货币战""能源战"等。但这样一种偏紧的外部环境，不会对"十三五"期间中国经济发展形成强大外部冲击，导致内生性经济发展轨迹的偏离。相反，从某种角度讲，偏紧的外部环境对中国出口贸易、引进外资等形成的压力，有助于我们调整经济结构，转换增长动力，有助于创新驱动发展、经济转型升级。而且，我们必须看到，即使世界经济强劲复苏，呈现较宽松的外部环境，也是建立在"再平衡"新结构基础之上的，如区域性全球供应链构建、智能制造等新技术应用、高标准的双边投资贸易协定等，如果我们内部的经济结构没有根本性调整，与之不相适应，也无法利用宽松外部环境来促进中国出口贸易、投资以及经济发展。

因此，这种外部环境对中国"十三五"期间发展的影响，应该判断为是"中性"的，不宜扩大其负面影响。

13.2.2 继续推进创新与转型

目前，上海正处在创新驱动发展、经济转型升级的关键时期，不能疲软懈怠，更不能半途而废。"十三五"期间要继续坚持这一发展主线，坚定不移地推进创新驱动发展、经济转型升级。预计到"十三五"期末，可以基本完成城市经济转型，实现基本建成"四个中心"和现代化国际大都市的目标。

从全国的角度看，尽管中国总体上仍处在投资驱动发展阶段，且各地区经济发展水平不同，但经济进入新常态已成为不争的事实。适应和引领新常态，必须转换增长动力、结构调整、提质增效。此外，"十三五"期间将面临世界经济缓慢复苏、全球总需求不足、投资贸易格局重大变化、各国宏观调控对冲等不稳定、不确定的外部冲击，更要求我们全面深化改革，实行高标准的开放，深度启动内需，加大产业升级，发展服务经济。因此创新驱动发展将更加凸显重要性和必要性，经济转型升级将更加迫切。目前，针对适应和引领经济新常态，创新驱动发展战略已被提到一个相当的高度。综合各方面的迹象看，国家很可能将创新驱动发展作为"十三五"的主线。因此，"十三五"上海继续坚持创新驱动发展、经济转型升级的发展主线，大体上与国家"十三五"发展主线的精神是相吻合的，预计不会有太大的偏差。

当然，上海"十三五"创新驱动发展、经济转型升级的主线，其内涵是不断深化的，要进一步突出其新内容。（1）深化"四个中心"的新内涵，成为创新与转型的新任务。(2)建设具有全球影响力的科技创新中心,成为创新与转型的重要内容,应放在突出的位置。(3)全面深化改革的体制机制创新,成为创新与转型的核心内容,具有统领的地位。(4)创新社会治理和治理能力现代化,成为创新与转型的新内容之一,对经济转型升级具有深远意义。(4)土地减量化使用和人口规模与结构调整,成为创新与转型的新约束条件,必须打造经济转型升级的新构架。

13.3 "四个中心"的内涵变化

上海"四个中心"建设取得长足进展,但其本身发展还不充分,特别表现在金融服务、航运服务、服务贸易、产业层级等方面,在"十三五"期间仍须进一步在金融深化、航运转型、贸易升级、产业高端化上下功夫。与此同时,随着经济全球化与信息化的深化发展,"四个中心"的内涵也有新的变化,在"十三五"规划中应有所体现。

13.3.1 国际金融中心

我们的目标定位是国际金融中心,但在前期建设阶段,还只是一个国内金融中心。当然,大多数国际金融中心都是从国内金融中心演化而来的,有一个延续过程。但国际金融中心与国内金融中心有本质区别,不仅仅是业务范围的空间扩大,更是一种实质性蜕变。

国内金融中心通常由国内制造业经济和大规模消费需求所塑造的,承担国内大规模生产与消费的融资功能。其主要是高度监管的银行系统,国家商业银行是主要资本来源。同时,具有多中心的扩张(形态),例如意大利有 11 个国内金融中心,德国有 7 个国内金融中心。国内金融中心通常受严格的国家保护。在一个基本封闭的国家金融体系的世界里,每个国家的金融体系都为其经济复制了大部分相同的必要功能;不同国家金融市场之间的合作往往只涉及这两个国家所执行的同一套业务,如清算和结算。基于每个国家的全球业务中心组成一个重复所有关键职能和专门市场的全球金融体系。

与此不同,国际金融中心通常由金融部门全球化以及越来越多经济部门的金融化所塑造的(基础),日益履行着国内外资本进出流通的门户功能。门户功能是它们融入全球金融市场的主要机制。这些金融中心都是该国财富与全球市场之间的纽带,是外国投资者与本国投资机会之间的纽带。其结果是,投资的来源和目的地都在增加。因此,国际金融中心要求放松管制,消除严格的国家保护,并由证券化及金融创新主导,取代国家商业银行成为主要资本来源。由此,新型的全球金融公司及交易所都参与进来,成为全球经济的战略组织者。一流金融中心的特点是金融机构和市场的多样化,在各种专门金融市场中占世界活动的重要份额。国际金融中心是以一个更加全球分布式金融体系为基础的。一个贯穿所有国家的嵌入式金融体系,也将这些国家连接在一个更大的全球金融体系中。这对提高领先金融中心的重要性产生意想不到的影响——它们也是制定许多必须被所有参与国采纳的标准和规则的中心。国际金融中心是趋于集中化的,形成了全球金融业务分散化与金融管理控制集中化的格局;融入全球金融网络的城市数量增加,同时中心层级顶端价值管理的集中度提升。20 世纪90 年代末,纽约、伦敦、东京、巴黎和法兰克福等五个城市,现在是纽约、伦敦、东京、新加坡、香港,在所有金融活动中占据了不成比例的份额。

　　由此可见,国内金融中心演化为国际金融中心,不仅仅是金融业务范围的空间扩展,而是功能转换,以它们失去作为国家金融中心时所拥有的功能为代价;不是简单地实行国际会计账务标准等,而是实行金融体系和金融组织变革;而且也不是(比如说)为了资本流入和流出而进行产品创新,而是构建资本流入和流出的门户通道。因此,建设国际金融中心需要全球化实践和基础设施。新加坡自其金融中心发展以来,一直把全球化实践和倡议放在首位。中国香港作为中国和亚洲经济活动的中心,其本质上拥有支撑强劲全球金融活动所需的国际和全球化基础设施。东京现在也清楚认识到,如果希望日本真正崛起为一个金融强国,就必须发展这类全球化实践和基础设施。与国际金融中心相匹配的金融基础设施包括:

　　(1)制度化基础设施:放松管制与风险控制。放松管制是全球化的一个基本要素。对于伦敦和纽约这两个地位毫不动摇的金融中心来说,金融业的全球化提高了交易的复杂性,而放松管制促进了许多新的、投机性越来越强的金融工具的发明。这些变化增强了其金融中心的实力,因为它们最具备产生权威创新的能力,也最能应对当今金融体系的复杂性。从这个意义上说,这些城市制度化和全球化的基础设施功能,在一定程度上是为了保护它们免受新兴金融中心可能无法轻易经受的冲击。

随着各国放松对经济的管制,我们看到作为全球网络一部分的金融中心的数量正在急剧增加。例如,90年代早期,巴西和印度部分放松其金融管制后,圣保罗和孟买加入了全球金融网络。一个国家金融中心纳入全球网络,通常不会增加它们在全球市场的份额,尽管按绝对值计算,它们的业务量和价值往往会大幅增长。

全球化的结果是,在多个国家和市场经营的公司正面临日益复杂和不确定性,最终需要对中心业务进行巨大的微调。许多(如果不是大多数的话)重大交易损失都与人为失误或欺诈有关。这些金融中心作为进入全球市场的门户,同时也是金融危机传递的门户:资本流出和流入一样容易、一样迅速。曾经被认为是国家资本的东西,现在也可以轻易地加入资本外逃队伍。因此,风险控制也是其制度化的基础设施之一,在当今时代变得越来越重要。风险管理的质量在很大程度上取决于公司的高层人员水平,而不仅仅是技术条件,比如电子监控。

(2)技术基础设施:电子网络。尽管电子网络在数量和范围上都在增长,但它们不太可能消除对金融中心的需求。相反,这些电子网络正加强对这些金融中心的网络化连接,在不同城市的交易所之间建立战略或功能的联盟。这些联盟很可能演变成跨境公司并购。电子交易也带来一种全新模式,任一市场(如法兰克福的德意志交易所)可以在许多其他世界市场或一个经纪公司的屏幕上进行操作。此外,电子交易不会消除对金融中心的需求,因为这些金融中心结合了开展复杂业务和服务全球公司和市场所必需的多种资源和人才。

(3)社会基础设施:互联互通的社交网络。一个日益明显的事实是,要最大限度地利用新的信息技术,就需要基础设施和其他资源的复杂组合。这些技术能为先进服务公司带来的大部分价值在于外部性;这意味着物质和人力资源——最先进的办公大楼、顶尖人才,以及最大限度地利用互联互通优势的社交网络能力。

在这个国际化的交易世界中,信息有两种表现形式。一个是数据:华尔街在什么水平上收盘? 得益于数字革命,第一类信息的获取现在是全球性的、即时的。然而,还有一种更为困难的信息类型,类似于解释、评估和判断的混合。这类信息需要整合一系列数据和对其他数据的一系列解释,以期产生一个高阶的数据。第二类信息需要复杂的要素组合,即全球互联互通的社会基础设施。这种基础设施使主要金融中心具有领先优势。

原则上,可以在任何地方复制技术基础设施。例如,新加坡拥有与中国香港相匹配的技术连接。但它是否具有中国香港的社会连通性?当不能从现有数据库检索到执行重大国际交易所需的更复杂形式的信息时,不管公司能出多少钱,其都需要一个社会信息循环,特别是在有才能、见多识广的人群中提供丰富信息的相关解释和推断。而且,公司,尤其是全球金融机构,需要的不仅仅是信用评级公司的产品(对公司或政府资源的质量提供权威的解释和推断),而是需要在日常工作过程中构建这种先进的信息解释。这需要人才和信息丰富的环境。一般来说,金融中心,特别是主要金融中心,往往构成这样的环境。

(4)市场组织基础设施:提供巨大资源供给的能力。金融行业的全球参与者需要巨大的资源。这一趋势首先导致企业的快速并购;其次,导致不同国家金融交易所之间的战略联盟。预计全球电信业也将出现类似的趋势,该行业将不得不进行整合,以便为其全球客户(其中包括金融公司)提供最先进的、覆盖全球的服务。

另一种是电子网络的兼并,这些网络连接着非常多的交易所。欧洲 30 多个证券交易所一直在寻求建立各种联盟。最近,泛欧交易所成为欧洲最大的证券交易所合并,由巴黎、阿姆斯特丹、里斯本和布鲁塞尔交易所组成联盟。紧随其后的是泛欧交易所与纽约证交所(NYSE)的合并。2011 年,德国证券交易所集团收购了纽约泛欧交易所集团 60% 的股份。20 世纪 90 年代,爱沙尼亚塔林证券交易所(Tallinn Stock Exchange)和赫尔辛基证券交易所(Helsinki Stock Exchange)建立了联盟,并推出了一系列连接交易所的更松散的网络。例如,仅次于纽约证券交易所的美国第二大股票市场纳斯达克(NASDAQ)成立了日本纳斯达克(NASDAQ Japan)、加拿大纳斯达克(NASDAQ Canada)以及其他几家类似的联盟。这使得日本和加拿大的投资者可以直接进入美国市场。多伦多证券交易所(Toronto Stock Exchange)与纽约证券交易所(New York Stock Exchange)结成联盟,创建一个独立的全球交易平台。纽交所是全球交易联盟,即全球股票市场(GEM)的创始成员之一。该联盟有 10 家交易所,其中包括东京和泛欧交易所。

(5)空间基础设施:高密度的金融区。这种专业化的生产过程发生在当今主要城市的金融区。这些活动的性质——大量的资本、复杂性、风险以及参与每笔交易的公司多样性——也导致了高密度。位于所有关键参与者所在的金融区，具有一种内在的优势。开展此类业务活动的许多风险、复杂性和投机性特征，增加了面对面互动的重要性。金融区提供多种面对面接触的可能性：早餐会议、午餐会、外部和内部会议、鸡尾酒会，以及健身俱乐部等。这些都是定期与许多关键人物会晤的机会，是与业务交往中的潜在合作伙伴建立（某种特定类型）信任的机会，也是就并购或合资企业提出创新建议的机会。

（6）文化基础设施：企业精英的非国籍化。对于这些全球参与者及其客户来说，国家归属感和身份正变得越来越弱。因此，美国和欧洲的主要投资银行都在伦敦设立了专门的办事处来处理其全球业务的各个方面。放松管制和私有化进一步削弱了对国家金融中心的需求。与 20 世纪 80 年代初相比，国籍问题在这些领域的表现截然不同。全球金融产品可以在各国市场上获得，各国投资者也可以在全球市场上运作。在主要的国际金融中心中，产生了一种新的亚文化（如伊斯坦布尔的世界主义案例中，众多的国际学校以其作为衡量学生的父母的文化特征的一个指标）。

另外，在"十三五"期间，随着利率、汇率市场化推进，投融资体制深化改革，以及金融信息化水平迅速提高等，国际金融中心也被赋予新内涵。一是人民币在岸、离岸金融功能增强。人民币国际化进程加快及人民币在国际支付中的地位迅速上升（跃升全球第五位），自贸区特殊贸易账户和沪港通等资本项下自由兑换的重大突破（预计"十三五"期间基本实现），都将使人民币交易、结算、创新等功能越来越成为上海国际金融中心的核心内容。二是资本和财富管理功能日益凸显。不管是国内混合所有制发展还是"走出去"投资，并购的资本重组越来越成为主要方式，而且场外并购的规模日益增大。基础设施建设 PPP 模式的广泛使用和各种资产证券化，将使更多存量资产转化为社会资本。社会私人财富迅速增大，且趋于老龄化社会，财富管理的需求日益增长。三是新型金融方式迅速发展。科技金融、绿色金融等金融新业态层出不穷，以互联网金融（特别是"众筹"等）为代表的金融新模式日新月异。因此，在国际金融中心方面，要适应人民币国际化进程，增强人民币金融功能；要加强服务实体经济的金融产品、金融工具的创新，强化资本和财富管理功能；要营造良好的金融生态环境，大力发展新金融。

13.3.2　国际贸易中心

随着跨国公司全球布局的战略性调整,全球产业链和价值链的区域"近岸"布局,以及区域性、双边投资贸易协定谈判方兴未艾,国际贸易中心的内涵将发生重大变化。

一是投资促进贸易。过去对外直接投资主要是为了避开贸易保护和贸易壁垒,基本上是围绕贸易展开的,并纳入 WTO 的框架下。现在,越来越多脱开WTO 框架而进行的投资贸易协定谈判,主要围绕投资准入、投资便利、投资环境等标准要求展开。

二是贸易格局空间变化。过去对外直接投资大都是按照全球产业链、价值链要求展开的,带来世界贸易中大量的产业内贸易、企业内贸易等,从而使国际贸易中心更面向全球市场。今后更多的对外直接投资将按照区域性供应链要求展开,势必会在空间上带来贸易格局的变化,使国际贸易中心更面向区域性市场。

三是服务贸易、技术贸易以及信息与数据跨境贸易快速发展。全球服务经济发展借助于现代信息技术的广泛运用,使国际服务业分工日益突破区域物理边界的限制,服务贸易范围不断扩大。在全球长周期下行阶段总需求不足、货物贸易疲软的情况下,服务贸易、技术贸易以及信息与数据跨境贸易发展则有逆势而行之态势。

因此,在国际贸易中心方面,要在制度设计上率先与国际接轨,按照高标准投资要求营造良好投资环境,进一步增加吸引外资的能力,促进贸易发展;要强化投资贸易功能,特别是增强促进中国上海企业"走出去"投资的功能;要继续深度开放服务领域,扩大服务贸易、技术贸易的规模,积极培育高附加值服务贸易和技术贸易,促进服务贸易升级。

13.3.3　国际航运中心

随着经济全球化和信息化的不断深化,国际经济格局的重大调整,特别是全球供应链区域性"近岸"布局,非传统能源革命带来的全球能源格局的变动,全球交通运输网络的不断拓展和完善,航空运输形成第五冲击波等等,国际航运中心的内涵正发生新的变化。

首先,远洋运输趋于相对减弱,近海运输趋于相对增强。区域性的投资贸易协定将促进区域性的大规模集成生产,并加大区域性的产业内贸易、企业内贸易的规模,使近海运输趋于相对增强。

其次,全球航运运输趋于相对饱和,航运服务发展潜力较大。在长周期下行阶段的大背景下,全球需求不足势必导致航运需求疲软,散货、集装箱、油品运输趋于相对饱和。而上海的航运运输规模也已达到高位,不管是货源还是港口综合能力都没有太大的余地。但航运服务在航运需求疲软的情况下往往会创新发展,提供更高质量、更多样化的新服务。而且,上海在航运服务方面本身就是"短腿",需要大力发展。

最后,海运发展趋于稳定,空运则将迅速发展。在航空成为第五冲击波的背景下,未来上海航空运输需求将十分强劲,不管是货运还是客运都将可能有爆发性增长。与此同时,航空产业链较长、波及效应较大,航空服务发展潜力巨大。

因此,在国际航运中心建设方面,要加大航运服务发展力度,创新和深化航运服务;要扩大航空运输容量,增强航空运输能力,加快亚太航空枢纽建设;要进一步加快大虹桥商务区建设,积极打造祝桥航空城,形成两大机场快速交通连接,在空间上集聚和拓展航空服务。

13.3.4　国际经济中心

广义的经济中心,涵盖了金融、贸易和航运。我们这里是讲狭义的经济中心,主要指产业经济。从狭义角度讲,传统经济中心是指工业经济中心或制造业中心,新型经济中心则是指服务经济中心或知识经济中心、信息经济中心等。按照发达国家大都市的历史轨迹,上海国际经济中心建设,实际上就是从工业经济中心转向服务经济中心。

从历史过程看,2000 年可以作为上海服务业增长的"分水岭"。在此之前,服务业呈高速增长态势;在此之后,服务业发展就进入了停滞徘徊期,年均增长速度只有 11.5%,远低于"九五"时期的 15.1%,也低于同期 GDP 10.5%的增长速度。这导致第三产业占 GDP 比重在 2003 年下降到了 50.9%之后,一直在 50%左右徘徊,但这是由工业下降速度较快所导致的。其中有两点值得反思。一是城市产业结构与国家战略的关联性。为什么上海第三产业比重过了 50%临界点之后,不能与第二产业比重拉开差距,反而陷入了一种胶着的状态?这须放到国家发展的大背景中来看。整个国家处于工业化中期,"上海毕竟是中国的上海",并且上海工业基础较好,产业之间配套也比较强,上海产业发展很难脱离国家发展的水平和阶段。二是要反思产业结构"高度化"下的低端化倾向。"八五"以来,上海始终坚持"三、二、一"的产业发展方针,大力发展服务业,通过服务业的规模化扩张替代一、二产业,以实现产业结构的高度化。但在发展过程中,虽然在形式上往"高度化"方向发展,但还没有赋予其"产业内部、企业内部价值链提升"的内涵,一些高端产业领域里仍然有低端制造。因此,上海要坚持以价值链为导向的产业高端化发展思路,在产业转型发展中要把握好四个关系。一是国家发展战略与上海产业发展的关系。二是产业转移与产业扩张的关系。转移一些制造产业,并不意味着让这些产业彻底消失,而应该是"带有扩张性的转移",将生产基地转移出去,而把研发中心、运营总部留在上海。三是产业领域高新化与产业技术先进化的关系。高端产业领域里依然有低端制造,不能全盘吸纳。四是传统产业与先进产业的关系。食品、服装、钟表等行业也可实现转型,如果有高科技支撑和创意元素的加入,就完全可以转变成高附加值的产业。

另外,随着全球产业分工细化,产业链的有机分割组合和产业模块发展,产业经济体系发生重大变革,从而也将赋予国际经济中心新的内涵。一是产业部门发展为主导转换为产业链、价值链管理为主导。传统国际经济中心是以产业部门(不管是制造业还是服务业),特别是支柱产业发展为基础,由这些产业部门创造的巨大财富所支撑的。但现在越来越转向以产业链、价值链管理为基础,不论其是什么产业部门,由这些产业链、价值链管理形成的资源配置效率所支撑。二是以主导产业部门更替演化为主要特征转换为以产业融合发展为主要特征。过去国际经济中心都经历了服务业替代制造业成为主导产业,以及服务业中的金融、保险、房地产对传统商业、餐饮、运输仓储业的更替;医疗保健、教育培训等对金融、保险、房地产业的更替,其主导产业能否率先和顺利更替,决定着国际经济中心的兴衰。现在,国际经济中心的兴衰,已不再主要取决于主导产业部门的简单更替(服务业比重以及个别服务业部门比重的不断上升,其容易形成"产业空洞化"),而是取决于产业融合发展的水平。因此,不断促进和提升三次产业之间的融合发展水平,以及不同服务业部门之间的融合发展水平,是国际经济中心建设的重要内容之一。三是以产业经济总量为标志转换为以产业整体功能为标志。日益突出新型产业体系(不是个别产业)的功能属性,即高效率、高附加值的高端功能，新技术、新业态和新型商业模式的引领功能，系统集成的配置功能，综合配套的服务功能。

因此，在国际经济中心建设方面，要强调供应链、价值链管理，向价值链两端的高附加值环节提升；要更加突出基于信息化、智能化、物联化的产业融合发展，大力促进发展"四新"经济；要强化产业整体的资源配置功能属性，培育发展功能性机构（特别是供应集成商、资源集成商、创新集成商等），打造各种功能性平台。

14 全球科技创新中心建设 *

在上海创新驱动、转型发展的过程中,增强自主创新能力本是题中之义。在新时期的创新与转型中,除了深化"四个中心"新内涵外,还须构建具有全球影响力的科技创新中心,增强全球科技创新策源功能。

14.1 重要性与迫切性

14.1.1 背景分析

全球金融危机之后,世界经济格局发生深刻调整,科技创新对世界经济增长的驱动作用变得越来越重要。而在经济长周期中,新一轮世界科技革命正处于孕育期,在众多领域涌现新科技前沿。为此,美国、俄罗斯、欧盟、日本等世界主要国家纷纷制定面向全球、面向未来的国家新科技发展战略,力争抢占世界新一轮科技革命的制高点。2009 年,日本推出"i-Japan 战略 2015"。2011 年 2 月,美国提出"创新战略",将培养一流劳动力的教育、保持基础研究的领先地位、建设先进基础设施和信息科技生态系统作为战略重点。2013 年,俄罗斯发布了"2018 年前信息技术产业发展规划";同年德国政府制定了"工业 4.0"战略。2014 年,欧盟正式启动"地平线 2020"科研计划等。

在此背景下,那些在全球网络中处于核心节点位置,代表国家参与全球合作与竞争的全球城市,积极拥抱世界新一轮科技革命的到来。纽约、伦敦、东京、巴

---

* 本章根据笔者 2014 年在上海市委务虚会上的发言稿及相关论文改编。

黎等全球城市先后提出了科技创新发展战略,培育和强化科技创新功能,建设具有全球影响力的科技创新中心,力争成为科技创新的策源地。而且,世界科技创新的新发展、新动力、新模式等,显然也有利于全球城市发挥其独特优势建设全球科技创新中心。这些全球城市处于全球网络核心节点地位,具有广泛的网络连通性,更加便利于全球创新网络的构建。这些全球城市具有全球资源配置功能,其本身就内含科技资源要素配置,从而有利于拓展全球创新资源配置功能。这些全球城市汇聚了大量高端专业人才,形成了国际人才库,更便于科技创新的交流与合作。这些全球城市具有强大的综合服务功能,各种专业服务配套齐全,更有利于科技创新扩散和科技创新成果转化。这些全球城市具有强大的金融和文化软实力等,更有助于强力支撑科技创新活动。因此,这些全球城市更能成为新兴的、更具影响力的全球科技创新中心。

上海现阶段的创新驱动、转型发展,本身就内在要求以创新为动力,增强自主创新能力。在建设卓越全球城市的过程中,更是需要适应这一变化潮流,增强全球科技创新策源功能,创建具有全球影响力的科技创新中心。所谓全球科技创新中心,是指创新资源密集、创新实力雄厚、创新网络广泛、创新活动频繁、创新辐射强大,从而在全球化创新网络中居于中枢节点的城市或地区。

14.1.2　战略机遇

上海建设全球科技创新中心面临不少战略机遇,如第三次工业革命、工业4.0版以及新一轮世界科技革命孕育期,全球供应链和投资贸易区域化,世界经济重心东移等,但我认为,最重要的战略机遇是:在由中国企业引领的全球化浪潮中,中国企业的全球化创新。

回顾历史,美国、欧洲、日本和韩国都曾掀起过全球化浪潮。在每一波浪潮中,其企业在全球传播创新资源、流程和系统,从而创建全球化创新能力。在当今由中国企业引领的全球化浪潮中,中国企业最终也将在中国传统文化与当前市场状况的基础上建立全球化的创新系统。过去曾有专家预测,中国企业将以中端市场产品席卷全球。但并非如此。实际上,创新在中国企业全球化战略中扮演重要角色。目前中国企业凭借全新的定制化策略和十分现代的集成式策略来培育全球创新能力,并拓展新的细分市场。据"思略特"智库 2014 年中国创新调查,中国企业采取创新战略的构成中:37％为需求搜寻者,远高于全球平均值

27%；43%为技术推动者(不断上升)，大有后来居上之势，正接近全球平均值；21%为市场阅读者(不断下降)，远低于全球平均值。

我们自己可能没注意到这一点，但在外资企业眼中，中国企业正在不断扩大创新方面的优势。在2014年的调查中，2/3的外资企业受访者表示，中国竞争对手的创新实力与其相当或更强，并对发达市场中的领先企业发起了强有力的挑战。特别是那些新一波的高科技企业另辟蹊径，凭借创新迅速占领全球市场。国外对此评论：中国的创新体系生机勃勃，全球都是其创新乐土。中国是全球创新的推进器。我认为，这就是上海建设全球科技创新中心面临的最重要的战略机遇。抓住这一战略机遇，加快建设上海科技创新中心，助推中国企业的全球化创新，无疑是一个重大的国家战略。

当然，上海目前与那些具有全球影响力的科技创新中心相比，尚有较大距离，在全球创新城市中排名居于35位。即使与国内一些城市相比也有一定差距，在2013年福布斯创新能力最强的25个中国内地城市中，上海仅列第5位，排在苏州、无锡、北京、深圳之后。但上海具有建设全球城市的独特优势，如广泛的网络连通性、全球资源配置功能、较强的城市综合服务功能、汇聚大量高端专业人才的条件及能力，以及金融及文化软实力支撑等。因此从发展的眼光看，上海在迈向卓越全球城市的过程中推进全球科技创新中心建设，自身还是有相应基础的，并具有动态比较优势。毕马威的全球800名企业高管调查显示，除硅谷外，世界范围内有25个正在崛起的全球技术中心，上海排名第一，北京排名第三，香港第九，深圳第十四。而且，上海城市竞争力具有综合比较优势。日本"森纪念财团"和韩国首尔研究院联合发布的《2013年全球城市综合竞争力指数》报告显示，上海的综合竞争力位列全球第12位(北京第14位)，其中研发竞争力位列全球第16位(北京第22位)。因此，答案也很清楚，目标指向就是基于全球城市的现代科技创新中心。

14.2　建设什么样的全球科技创新中心？

14.2.1　现代科技创新中心

世界上林林总总的科技创新中心，尽管名称、形态、内容等不同，但本质就是科技创新资源配置的中心。与其他事物一样，随着环境条件的变化，科技创新中心也处于发展演化之中,从传统模式转向现代模式。在当时历史条件下,传统科技创新中心也曾发挥了重要作用,具有较大的全球影响力。但随着科技创新的发展,基于知识的全球创新网络形成,科技创新中心逐步演化为以基于全球创新网络的多元要素融合为导向的创新资源配置中心。今天,我们建设全球科技创新中心,首先要顺应这一发展演化的趋势,区分并把握现代科技创新中心不同于传统模式的内涵及其特征。

1. 以全球创新资源配置为主要功能

传统科技创新中心以科技创新"投入—产出"为主要流程,表现为从大量创新资源投入,包括人力(科学家、工程师、技术人员等)、财力(研发经费等)、物力(科研设施与设备等)投入,到形成科研成果及其成果转化和产业化的线性"生产"过程。从理论上讲,在这一线性流程中,创新产出(包括产业化)的水平往往是由所投入创新资源的强度决定的,具有一定的科技创新活动计划的可预期性。当然,在实际中,由于这一流程各个阶段的操作分别由不同主体承担,以致流程中的脱节或断裂也会造成不成比例(效率低下)的投入产出关系,即大量的投入只有少量的产出。这在一定程度上已成为一种难以治愈的顽症。因此,传统科技创新中心要有大量创新资源的集聚和投入,同时也要有较强的成果转化能力。实际上,这是一个科技成果的"生产"中心,通常以众多、有重大影响的创新成果产出为主,并形成全球影响力。其通常用科技论文、发明专利、成果转化、高科技产值等指标,辅以创新资源投入的指标,如科学家和工程师人数、高学历占比、研发投入水平、研发机构数量等来衡量。

随着经济全球化带动科技创新全球化,跨国公司全球研发中心、全球科技创新网络、全球科技创新联合体(联盟)、重大科技国际合作攻关(寻找暗物质、人类基因组)等得到极大发展,特别是企业的全球化创新成为一股强劲潮流。在此背景下,科技创新中心的全球创新资源配置功能日益凸显。因此,现代科技创新中心不仅要有自身强大的创新资源投入与产出,而且更要具备与全球创新资源的广泛连接、强大整合、指挥控制、前沿引领的功能。这就要求有强大的创新网络、创新平台,大规模的创新资源流动与整合,高效的创新成果展示与交易等。实际上,就是从一个创新成果"生产"中心演进为一个全球创新资源配置中心。因此,除了原有一些衡量指标外,要采用新的指标,如科技中心网络连通性的一个重要的衡量指标,不是当地科学家在国际顶级杂志发表论文的数量,而是与国际合作

者一起发表论文的数量;体现连通性支配力的指标,是国际合作论文的第一作者
的数量。

2. 以全球创新网络为基础构架

传统科技创新中心,不管是供给推动型创新或需求拉动型创新,还是供求结
合型创新或系统集成创新等,均建立在由研究开发、示范应用及技术扩散等若干
关键环节构成的科技创新链基础之上,强调"基础研究、应用研究、成果转化、商
业化"的串联协同。其中,仅有的差异,不过是科技创新的诱导力来自不同方向,
有来自前端的、后端的或前后端合力的以及整端的协同力等。当然,科技创新链
本身也处于发展演化之中,从"线性创新链"(从基础研究到技术开发再到开拓市
场的线性过程)到"非线性创新链"(创新过程包括众多创新参与者之间的多重互
动和学习类型,使各个阶段都包含了技术改进、成本降低以及不同的制约和动力
因素,从而呈现非线性特征)再到"循环创新链"(创新链中的不同环节被打散到
不同的组织中运行并通过系统整合实现互融互通,围绕知识这一核心目标在学
科认知、技术研究、产品开发、市场转化四个环节形成一个大的循环体系),但其
本质仍然是相对静态的创新成果生产组织方式,科技创新的参与主体(产、学、
研、官)是相对固定的,不同类型参与主体所对应的创新链环节也是相对固定的,
不同类型的参与主体仅限于创新链环节之间的交互作用。通常,这种创新链的
连接是比较脆弱的,容易产生断裂,因此不同参与主体之间的协同显得十分重
要。但在现实中由于受不同利益驱使,各方之间很难实现协同。

在科技创新全球化背景下,创新技术的迅速扩散与融合、创新资源的跨界流
动与配置、参与主体的更加多元化、创新项目的全球合作与交流等,日益促进全
球创新网络的发展。这是一种完全开放性的创新资源配置组织方式。在创新网
络这一开放性平台上,参与主体更加多元化,除了传统意义上的"产、学、研、官"
等参与主体外,大量的消费者(客户)、供应商以及相关专业服务人员都可以参与
进来。随着互联网在空间上无所不在、时间上永远在线、主体上连接一切的"泛
在化"趋势,今后的创新网络有点类似于"分布式混合赛跑",连接的数量与密度
成为关键,强调动态化、多点式连接、空间跳跃式、交叉式的网络协同。近年来,
在科技创新网络的基础上已涌现出不少新的创新资源配置方式。例如,基于网
络的科技创新"众包"模式,任何参与者(业务爱好者)都能够借助网络平台来提
供创意、解决问题并获取相应酬金。目前,国外一些大型跨国公司,如苹果

(APPLE)、宝洁(PG)、戴尔(DELL)、ARM 等都设立了"众包"网络平台来吸引业余爱好者共同参与解决技术难题、设计新产品和提供新创意等。又如,科技融资"众筹"新模式,即一群人通过网络平台为某一项目或某一创意提供资金支持,以此取代诸如银行、风险投资、天使投资这类公认的融资实体或个人,打破了机构间进行科技创新合作的边界范畴。科技创新中心将越来越建立在创新网络平台基础之上。因此,现代科技创新中心不仅要有自身强大的创新资源投入与重大成果的产出,更要具备与全球创新资源的广泛连接、强大整合、指挥控制、前沿引领的功能,具体体现在科技项目国际合作数量、创新网络关联度、项目和人员国际交流频率、全球研发机构数量、重大科技成果发布与交易、重大国际研讨会和论坛等方面。

3. 以创新聚合裂变为主要方式

传统科技创新中心,通常表现为科技创新资源投入—产出的"有序推进",呈现一种线性关系,即一个方向(供给或需求)和顺序(时点)的创新突破,因而自身创新资源投入越大,其创新成果产出越多。

由于知识更新速度加快、科学和技术高度融合,传统意义上的基础研究、应用研究、技术开发和产业化的边界日趋模糊,以及创新组织模式向分布式集成化的演化,创新网络平台上内部与外部众多主体的共同参与和互动,在传统创新链的各个阶段都有大量基于不同参与者的创新资源聚合、交汇,进而不断产生裂变,在不同方向和时点形成创新突破点。因此,整个科技创新更多表现为源于各类参与主体不断互动的创新资源聚合裂变流程。这种在网络平台上的创新资源聚合,既包括外部资源的流入,也包括内部资源的流出,表现为跨界创新资源的流动与协作,尽管这一流程看起来似乎有点"无序",但它是基于自组织的"无序"状态,不仅处处充满活力,随时爆发创新突破点,而且最终趋于收敛,形成创新稳态流程。

4. 以多元尺度科技创新融合为明显特征

传统科技创新中心通常开展单一尺度的科技创新活动,通常以科技创新为本体,金融、文化等配合或配套,并主要聚焦于实体性的发明创造、新技术、新工艺、新产品及其产业化,各类风险投资的参与也是围绕这种实体性科技创新展开的,科技创新成果的衡量同样是实体性的单一尺度标准。因此,传统科技创新中心更多的是与产品生产制造联结在一起,而游离于服务经济之外,具有工业经济时代的明显痕迹。

现代科技创新中心则开展多重尺度的科技创新活动。尽管实体性的科技发明、新产品及其产业化是科技创新的核心基础,但现代科技创新更强调技术创新的扩散,创新技术的广泛应用,科技、金融、文化的高度融合,技术创新和其他创新之间的互动交融等,极大拓展了科技创新的多重尺度。这不仅打破了过去科技创新中心的传统格局,而且代表了当今最成功的创新生态系统。这就使现代科技创新中心的内涵更加丰富和多样化,不仅涌现大量新技术、新产品、新产业等实物性成果,同时也伴随大量服务创新,不断创造和重塑供应链、新业态和新的商业模式等非实物性成果;不仅促进科技与金融的结合,而且在更大范围内促进科技、金融、文化等领域之间的融合;不仅在当地培育和孵化丰硕的科技创新成果,而且形成广泛的科技创新全球连通性。

5. 以地点与流动双重空间为载体

传统科技创新中心是一种基于地点空间的科技产品导向的创新资源集聚与配置方式,通常以具有明显地域边界的科技园区(科技城)为主要的空间载体。凭借这种空间载体,聚集起大量创新资源,不仅有数量众多的高等院校、研发中心、创新中心、孵化器、高技术企业等入驻其中,也有各种风险投资基金进入,还有各种高度倾斜的政策(包括税收优惠、资助补贴、人才引进激励、政府优先采购等)聚焦。因此,这种科技园区的规模和范围以及相关政策的支持力度,对吸引创新资源的集聚至关重要,这类园区也成为传统科技创新中心产生广泛影响力的显著地标。

现代科技创新中心作为全球创新网络的主要节点,强调基于流动空间的广泛连通性,而具有明显地域边界的地点空间只是其创新资源广泛流动和有效配置的物质载体。也就是,现代科技创新中心是基于流动与地点双重空间开展全球创新资源配置的。它的创新资源集聚不是一味地从外部吸纳并沉淀下来的,而是在开放性创新资源流动中的集聚,同时这也就意味着更多的是在聚集中不断向外辐射。因此,基于流动—地点空间的科技创新中心,是通过建立起更广泛的对外交流与互动的平台,发挥其与外界创新资源交流、交互及诱导有效配置的作用。这也就决定了科技创新中心能难以凭借若干科技园区来形成更广泛的对外交流与互动平台,而要凭借全球城市的综合功能来搭建全球创新资源流动与交互的空间载体。

14.2.2　具有全球影响力的主要标志

在区分现代科技创新中心与传统科技创新中心的基础上,我们进一步分析具有全球影响力的科技创新中心的主要标志,或者说科技创新中心的全球影响力是通过哪些重要方面表达出来的。为了说明这一问题,我们首先要厘清有关全球影响力的若干关系。

第一,要区分作为科技创新成果的全球影响力与作为科技创新中心的全球影响力。两者既有联系,又有重大的区别。前者在于其本身的创新程度与水平上,凡是具有前沿性重大突破、革命性变革、广泛应用性等创新成果都会具有重大的全球影响力,包括目前的现代信息技术、3D 打印技术、机器人技术等;后者不仅在于其拥有的科技创新成果水平,更在于其配置创新资源的能力上。

传统科技创新中心主要是通过涌现重大科技创新成果而产生全球影响力的,因此重大科技创新成果是其主要支撑和重要标志。现代科技创新中心,不仅要涌现重大科技创新成果,更要具备全球创新资源的整合能力。现代科技创新中心正是通过这种源自对科技资源与科技成果的获取力、转化力和传播力才产生重大和深远的全球影响力。显然,现代科技创新中心的这种全球创新资源的整合力,不是单纯依靠一些高水平的科技创新成果,而必须借助于各种功能性平台才能形成和实施。

因此,越具有多种功能性平台的城市,越有能力进行信息和知识的交换,促进创新和知识的产生,从而成为知识生成和科技创新的动态中心。这些城市能够扮演双重的角色:首先,作为创意思想传入的流动枢纽;其次,作为社会认知结构的节点,生成进入全球知识网络的知识"流出"。一些著名的全球城市,正是凭借其强大的功能性平台而具备全球创新资源配置能力的全球影响力。例如,纽约通过聚集全美乃至全世界最优秀的科技人才,凭借其独特的金融和产业优势为初创企业找到投资者和适合自身发展的业务模式提供便利,出现大量的新公司和创业孵化器而成为有全球影响力的科技创新中心。同样,伦敦也是通过大量跨国公司总部为其科技创新营造良好氛围,发挥国际大都市的人才聚集效应,凭借金融和科技专业服务优势,配置全球创新资源而成为有重大全球影响力的科技创新中心。因此,我们分析科技创新中心的全球影响力,必须立足于其全球创新资源配置能力上,不仅涉及其科技创新产出(成果)水平,也涉及其科技创新过程中的生产、流通、组织、消费(应用)等方面。

第二,科技创新中心的全球影响力,既体现在其对内的吸引力上,也体现在其对外的控制力(引领能力)上。总体上讲,两者之间相互联系,共同构成全球影响力。现实中,既具有较强吸引力又具有较强控制力的科技创新中心只是顶级的少数,更多的状况是两者不完全对称,有的吸引力相对较强,有的控制力相对较强。传统科技创新中心往往强调基于吸引创新资源和产出成果的全球影响力,而现代科技创新中心更强调基于创新资源配置的引领与控制功能的全球影响力。显然,后者的全球影响力比前者更大更强。目前,大多数现代科技创新中心表现为控制力强于吸引力的全球影响力。因此,我们在分析科技创新中心的全球影响力时,更侧重于体现创新资源配置引领和控制功能的全球影响力。

经初步归纳,科技创新中心的全球影响力大致体现在以下几方面:

(1) 世界一流水平的基础科学研究功能。这是科技创新中心必不可少的功能之一或重要标志之一。一项对美国的经验实证研究表明,国际顶级刊物上发表的学术论文数量与发明专利数量有高度的相关性。目前,物质结构、宇宙演化、生命起源、意识本质等基础科学领域正在或有望取得重大突破性进展,将极大地促进科技创新。因此,具有全球影响力的科技创新中心必须具备在这些前沿科学领域世界一流水平的研究功能。这不仅仅是依靠自身高校、科研院所的力量,更要搭建世界一流水平的基础科学研究平台,形成广泛的国际交流和合作,在国际顶级科学杂志共同发表重要科学论文或共同发布重大合作研究成果。其中,一个重要的衡量指标不仅仅是当地科学家自身在国际顶级杂志上发表论文的数量,更重要的是由其领衔或参与的国际合作者在国际顶级杂志上发表论文的数量,其更体现全球创新资源配置的功能及全球影响力。

(2) 引领全球的科技创新策源功能。具有全球影响力的科技创新中心不仅要成为科技创新起源地,而且也要成为科技创新"时尚"的风向标和展示舞台。这主要体现在引导全球科技创新的发展方向,促进全球科技要素流动及有效配置,发挥其中心在全球创新网络中的协同作用。在目前情况下,科技创新中心就是要引领基因技术、蛋白质工程、空间利用、海洋开发以及新能源、新材料等一系列重大创新成果,促进由智能网络、先进的计算技术以及其他领先的数字技术基础设施构成的泛在网络之上的各种应用,带动其他领域朝绿色的、智能的、面向健康和社会服务的科技方向发展。

（3）强大的科技创新应用功能。具有全球影响力的科技创新中心不仅要有大量成果产出,更需要体现人们不断追求更新生活方式的社会需求驱动下的科技成果广泛应用。特别是当前从产品质量、品种、款式的升级需求转向日益增多的分布式、个性化、高附加值服务需求的情况下,科技创新中心的成果应用更要注重新业态、新的商业模式的发展。与此同时,现代技术发展的融合性增加,技术的复杂度和综合性提高等基本特点,催生出众多的共性技术平台,具有被应用于广泛的产品和生产过程的潜力,因此科技创新中心必须具备关键的共性技术及共性技术平台,使重大的新的科学发现和技术能够迅速商业化。此外,随着科技创新参与主体的多元化,科技创新的服务协同需求更加凸显,科技创新中心必须集聚一批多学科、跨领域、应用性强的集成服务提供商,为创新活动提供个性化、高效率的创新资源配置方案的集成化服务,强化科技创新应用功能。

（4）多样广泛的创新网络连接功能。随着科技创新及其扩散渠道和方式的变革,创新组织网络将主导科技创新及其扩散活动。科技创新中心对全球创新资源的整合力,越来越建立在全球创新网络连接功能的基础上。具有全球影响力的科技创新中心作为全球创新网络的主要节点,通过多样化、广泛的网络连接功能,形成以某类前沿技术应用为核心,跨产业、跨企业(或创新团队)、跨地域边界的各类科技创新联盟和合作关系,以更为开放灵活的方式及路径实现动态化、空间跳跃式、模块化、并行式、交叉式的科技创新。当然,科技创新中心在创新网络中所处的节点地位,取决于其与各类科技创新资源的联系通道,取决于其与外部交流与交互作用的友好界面,取决于其对创新资源的接受和集成能力、科技创新成果转化能力和科技扩散辐射能力。

（5）高效的创新资源流量组织与控制功能。具有全球影响力的科技创新中心在确立其枢纽节点的过程中,不仅要成功接入泛在创新网络,而且要对创新网络连通性基础上形成的日益增大的创新资源流量形成关键的引导和控制能力。只有具备这种网络的核心权力,才能成为科技创新竞赛规则的重要制定者、新的竞赛平台的重要主导者。在这种创新资源流量的组织与控制功能中,一个重要的方面是创新资源及其成果的发布与交易,以形成透明、易达、便捷的技术可获得性。这是集聚大量科技企业及研发中心等机构的重要驱动力。因此,科技创新中心必须具备促进创新资源及其成果流动的良好的制度环境、完善的市场体系及交易平台。

14.3 目标定位与发展模式

14.3.1 建设目标定位

1. 基本原则

上海全球科技创新中心的目标定位,拟从三个维度考虑:

(1)体现国家战略。上海科创中心建设,固然对上海自身创新驱动发展、经济转型升级十分重要,是建设全球城市的必由之路,但更是承担中央交给上海的战略任务。在中国崛起的大背景下,当今由中国企业引领的全球化浪潮中,中国企业最终也将在中国传统文化与当前市场状况的基础上建立全球化的创新系统。因此,上海科技创新中心建设首先要从大局出发,满足中国企业全球化创新的时代要求,特别是为中国企业"走出去"的全球化创新提供便利和支持,助推中国企业的全球化创新。从这一角度讲,上海科创中心应该定位于中国企业全球化创新的战略高地。

(2)基于全球城市。上海科创中心必须体现地方特点,其最大的地方特点就是特大型城市——未来的全球城市。这与硅谷、筑波等类型的科创中心不同。全球城市的核心在于资源配置,实质在网络连接。要根据全球城市的全球资源配置功能及其空间结构特点(有限的地点空间承载着无限的流动空间)来建设全球科技创新中心,充分发挥全球城市综合资源集聚和综合服务功能的优势。因此,上海科创中心不是狭义的全球知识中心、科技成果创造与转化中心,而是科技、经济、文化高度融合,创新、创意、创业有机一体的广义科技创新中心。从这一角度讲,上海科创中心应该定位于全球科技创新资源配置的重要平台。

(3)立足现代模式。在科技创新全球化背景下,随着互联网在空间上无所不在、时间上永远在线、主体上连接一切的"泛在化"趋势,创新技术的迅速扩散与融合、创新资源的跨界流动与配置、参与主体的更加多元化、创新项目的全球合作与交流等,使全球创新网络日益发展。上海科创中心必须建立在全球创新网络的基础上,其关键是广泛连接与紧密合作,强调动态化、多点式连接、空间跳跃式、交叉式的网络协同,而不是传统相对封闭的自我研发、自产成果、自行成果转化的"攻关"。从这一角度讲,上海科创中心应该定位于全球科技创新网络的核心节点。

2. 总体目标及其内涵

上海要建成具有雄厚竞争力、强大辐射力和广泛影响力的全球科技创新中心,成为全球创新资源配置中枢、全球科技创新策源地、国际科技创新竞合平台和中国企业全球化创新战略高地。

(1)创新资源密集,创新实力雄厚,具有强大的创新资源吸收和集成能力、科技创新成果转化能力、科技扩散辐射能力,促进全球科技要素流动及有效配置,发挥全球创新资源配置中枢的作用。

(2)科技创新起源地,成为科技创新"时尚"的风向标和展示舞台,引导全球科技创新的发展方向,创新辐射强大,具有广泛影响力。

(3)全球化创新网络中的主要节点,创新网络连接广泛,创新活动频繁,创新交流合作密集,具有高效的创新网络组织与控制功能,成为国际创新竞合的重要主导者。

(4)适应于科技全球化趋势和当前中国企业全球化创新浪潮,成为中国企业全球化创新的战略高地,为其提供整合和利用全球创新资源、增强创新能力、实施创新驱动战略的便利条件。

3. 目标的基本属性

上海建设具有全球影响力的科技创新中心,必须体现综合性、网络化、服务化、嵌入式的基本属性。

(1)综合性。科技、金融、文化高度融合,技术创新和服务创新之间互动交融,技术突破、技术扩散、技术应用融为一体,不仅在原有产业部门涌现大量技术创新,也涌现大量跨界或边界模糊的新技术、新产品、新产业,而且不断创造和重塑供应链、新业态和新商业模式。

(2)网络化。通过多样化、广泛的网络连接功能,形成以某类前沿技术应用为核心,跨产业、跨企业(或创新团队)、跨地域边界的各类科技创新联盟和合作关系,以更为开放灵活的方式及路径实现动态化、空间跳跃式、模块化、并行式、交叉式的科技创新。

(3)服务化。科技创新与服务经济高度匹配,中央智力区与中央商务区双布局、双驱动,形成科技支撑服务创新、服务促进科技创新的局面,为整合各种创新资源和培养企业创新能力提供基础条件和运作平台。

（4）嵌入式。在空间形态上总体呈现"小集聚、大分散""交织型、嵌入式"的鲜明特点，促进"大学校区、科技园区、公共社区、城市街区"四要素融合、空间重合和功能综合的发展，形成以"硅巷"为特色的创新城市模式。

14.3.2　发展模式选择

1. 可借鉴的发展模式

全球科技创新中心具有共同的基本属性，但因不同的发展基础、资源禀赋、地理区位、人文环境等，有不同的发展模式和路径选择。其中，比较典型的有：（1）硅谷为代表的科技创业模式，以初创企业在"热带雨林"生态环境中的"野蛮生长"为主要特征。（2）新加坡、仁川为代表的科技兴城模式，以科技创新全力打造生态城市、智慧城市、数码城市、创意城市等为主要特征。（3）波士顿、韩国大田为代表的大学城模式，以知识生产促进科技和城市创新为主要特征。（4）波恩为代表的创新联合体模式，以集新市场智库、科技发展新动力和创新知识网络构建者三种功能于一身的新型科研中心为主要特征。

上海建设全球科技创新中心，可以学习借鉴以上不同发展模式，但不能简单照搬其发展模式。硅谷的创新创业生态环境，值得我们学习借鉴，但上海现有的发展空间、商务成本、产业基础、城市功能等约束条件，难以形成单一（电子信息）类型初创企业"野蛮生长"的合适空间。新加坡的科技兴城，值得我们学习借鉴，但上海科技创新中心的目标定位并非只是实现自身发展。波士顿的大学园区转化为创新城区，值得我们学习借鉴，但上海还有更多的科技园区、产业园区等要纳入科技创新中心体系，而且要求有强大的辐射力和广泛影响力。因此，我们要学习借鉴的，是这些成功模式中内含的创新基因、创新范式、创新创业生态、创新网络体系等。更重要的是，依据上海发展基础、路径依赖以及独特优势，从上海建设全球科技创新中心的目标定位出发，选择适合上海自身特点的发展模式。

2. 模式选择

经过研究，我们认为，上海科技创新中心建设宜选择研发主导的发展模式。其理由如下：

（1）相对较好的研发基础。目前在沪两院院士达 165 人，拥有研发人员 20.9 万人。研发投入也十分充沛，全年用于研究与试验发展（R&D）经费支出达

7.73 亿元,占 GDP 比重为 3.4%,高于全国 2.09% 的水平,上年的投入更仅次于东京和硅谷。

(2) 已成为全球研发网络中的重要一极。落户上海的外资研发中心累积达到 378 家。目前,上海吸引了世界 500 强所设研发机构的 1/3,已成为与北美、欧洲研发中心并驾齐驱的全球研发网络的第三极。

(3) 较好的产业基础。与纽约、伦敦不同,上海尚保留着相当比重的先进制造业,这为研发提供了产业平台,使研发可以直接与产业突破、产业开发、产业核心部分提升紧密联系。

(4) 适合中国企业创新需求。中国企业采取创新战略中,有 37% 是需求搜寻者,远高于全球平均值 27%,有 43% 是技术推动者。而且,中国企业主要是为了获取创新能力,而不是知识和信息。这些需求主要是由研发来满足的。

(5) 较好的服务配套条件。上海在知识产权保护、生产性服务发展、科技金融、人才、信息基础设施等方面都比较好,可为研发中心提供良好的配套服务。

3. 模式特点

这种以研发为主导,并带动知识创新和产业化创业的全球科创中心模式,具有以下特点:

(1) 明显的产业需求导向。根据不同的发展阶段和具体情况,主要是攻克影响和制约发展的共性技术、关键技术瓶颈,研究开发一批拥有自主知识产权的科技成果,促进新兴战略产业发展,大幅提升支柱产业自主创新能力,为传统产业新型化、新兴产业规模化提供科技创新的基础条件。

(2) 大量集聚国内外研发机构,特别是跨国公司的全球研发中心,成为全球研发网络的重要一极。除了外资全球研发中心大量集聚外,更重要的是本国跨国公司全球研发中心的集群。

(3) 具有多主体参与、知识分享和协同创新的全球创新网络,以及基于网络的各种类型的集新市场智库、科技发展新动力和创新知识网络构建者三种功能于一身的新型创新联合体。

(4) 具有各种研发大平台,如全球知识交流平台、国际研发合作平台、研发公共服务平台、共性技术服务平台、产业化加速平台、知识产权交易平台、科技金融促进平台、研发人员流动平台等。

(5) 具有多种形态的企业孵化器及其网络,多层次空间分布的企业加速器

（地方性、跨地区、国际性企业加速器），高品质、高能级科技园区的完整创新创业链体系。

14.4　基本思路

14.4.1　顶层设计思路

上海打造具有全球影响力的科技创新中心，不能单纯依赖引进外部研发机构（如跨国公司全球研发中心等）和外资企业的全球化创新，而要适应中国企业全球化创新的大趋势，与中国企业独特的全球化创新方式相匹配。在前几轮全球化浪潮中，外国企业更侧重于自力更生、从内部培养能力；与此不同，中国企业更加开放，乐于合作，积极培养创新能力和构建网络，并在必要时开展收购。具体讲：(1)中国企业更有可能通过全球化创新来获取人才和技术，寻求的是创新能力而非简单的知识与信息。据调查，中国企业建立研发中心的首要目的，是获取和追踪领先技术（68%）；而外资企业的首要目的，则是掌握客户趋势及洞察（90%）。(2)中国企业对内生式增长的依赖度较低，更倾向于利用外部资源建立创新能力，更有可能通过合作或收购方式来实现扩张。(3)中国企业更有可能与常规价值链以外（如高校和研究机构）或内部的机构（主要是供应商）合作。例如，77%的企业与高校合作（外资45%），68%的企业与供应商合作（外资46%），27%的企业还与客户合作（外资48%）。因此，上海建设科技创新中心的顶层设计，要立足于为中国企业全球化创新服务，满足中国企业全球化创新的新要求，特别是为中国企业"走出去"的全球化创新提供便利和支持。

上海打造具有全球影响力的科技创新中心，必须集聚具有国际影响力的高端创新资源，如知名大学和高水平研究机构、国际化高端创新人才等，并有重大科技创新成果。目前，上海的高端创新资源和重大创新成果匮乏，在一定程度上与传统创新资源集聚方式有关。例如，2013年上海取得的2415项科技成果中，属于国际领先和国际先进的比重只有31%，而东京、伦敦、纽约等一般在60%以上。因此，全球科创中心不仅要加强创新资源的集聚，而且要促进创新资源在流动中的整合。首先，要拓宽创新资源的视野，包括部门创新资源与社会创新资源，本地创新资源与全球创新资源，"所在"创新资源与"所用"创新资源，中心点创新资源与网络化创新资源，等等。其次，要促进创新资源流动，包括创新资源存量与增量的流动，内部流动与外部流动，单向流动与双向流动，等等。再则，要更新创新资源整合的方式，包括中心点的集聚整合与网络连接的集群整合，静态整合与动态整合，政府主导的整合与市场协同的整合，等等。特别是，上海要依托高校、研究院所、国家重点实验室、国家技术工程研究中心、大公司中央研究院等良好基础，吸收和整合全球优势资源，创建集新市场智库、科技发展新动力、创新知识网络构建者于一体的创新联合体，即高等级的国际科研中心。

科技园区（科技城）确实是科技创新中心的重要空间载体。凭借这种空间载体，聚集起大量创新资源，不仅有数量众多的高等院校、研发中心、创新中心、孵化器、高技术企业等入驻其中，也有各种风险投资基金进入，还有各种高度倾斜的政策聚焦（包括税收优惠、资助补贴、人才引进激励、政府优先采购等）。但更要以此为基点，打造全球创新网络平台。因为企业的全球化创新能力需要网聚世界各地的思想、信息和技能，这样才能创造价值。上海科技创新中心要成为全球创新网络体系中的重要节点，是各类科技创新资源联系与流动的门户通道，内部与外部交流和交互作用的友好界面，为企业成功整合在世界各地收购或培养的各类创新能力提供基础条件和运作平台。为此，要搭建一流水平的科技研究平台，汇聚世界各地的新思想和重大研究成果；拓展交流合作网络平台，形成以前沿技术应用为核心的跨产业、跨企业（或创新团队）、跨地域边界的各种创新联盟和合作关系；建立众多的共性技术平台，使科技成果转化更加便捷；形成高效有序的科技成果展示与交易平台，使重大的新的科学发现和技术能够迅速商业化。

科技创新是一个系统工程，需要多元主体基于专业化分工的创新协同。虽然这种分工可以有一定程度的交叉、交集，甚至相互渗透，但不能严重错位；否则，效率低下。更要明确的是，高校、研究院所主要是进行创新资源和成果的创造，而不是主导创新资源的整合和配置。同样，主导创新资源整合和配置的，也不是政府部门，而是企业家、集成服务提供商、风险投资者。因此，全球科创中心建设，特别需要集聚一大批世界级的创新"引擎企业"及企业家，一大批实力雄厚、市场敏感的风险投资机构，以及一大批多学科、跨领域、应用性强的集成服务提供商，为创新活动提供个性化、高效率的创新资源配置方案的集成化服务，强化科技创新应用功能。例如 2012 年，大伦敦服务业中占比最高的是科技研发服

务业,为 20.8%;上海仅为 4.1%。营造良好的创新环境和创新文化氛围,不仅是
为了调动科学家、科技人员的积极性,而且更要激励主导创新资源整合和配置的
企业家、集成服务提供商、风险投资者。

　　值得关注的是,根据全球城市的综合功能和空间结构,科技创新中心在空间
形态上逐渐呈现"小集聚、大分散""交织型、嵌入式"的鲜明特点。因此,要优化
空间布局,促进科技、服务、产业的交互作用。首先,改变纯粹的高科技园区、校
区物理空间相对独立化、孤立化的格局,促进区域融合,并演进为功能性城区和
中央智力区。其次,科技创新与服务经济高度匹配,中央智力区与中央商务区双
布局、双驱动,形成科技支撑服务创新、服务促进科技创新的局面。再则,依托中
心城区优越的创新生态、创新人才、创新文化和创新资金等条件,打造各具特色
的"硅巷""硅盘""硅环"等,嵌入式集聚发展一批轻资产高科技企业。

14.4.2　具体操作思路

　　上海科技创新中心建设,要在创新驱动发展战略指引下,以深化改革开放为
动力,以科技全球化为契机,以世界新产业革命为引领,以国际化、商业化、市场
化为导向,依托上海"四个中心"和现代化国际大都市的综合服务功能,营造良好
的创新环境,大力集聚全球研发机构,构建全球创新网络,打造各种研发平台,完
善创新创业链体系,为中国企业全球化创新提供战略高地,为上海迈向全球城市
注入新的动力和活力。

　　第一,营造创新生态环境。深化体制机制改革,充分发挥市场机制的强大功
能与作用,同时,也发挥政府的积极作用。通过政府与市场的合理分工、公共部
门和私人部门密切合作,构建创新系统,形成良好的创新经济生态环境。构建一
整套的财产权利制度,激励企业家将资源配置到生产性的创新活动之中。保证
市场规范、公平、有序,使竞争足够充分以鼓励创新,又不过度竞争以保证创新得
到回报。政府积极提供知识、基础设施等公共产品,积极运用公共政策降低创新
成本和稳定创新收益预期。构建一套科学的知识产权保护制度,通过一系列立
法来促进不同经济部门组织之间的研发合作。努力形成一个个人自由和全面发
展的环境,激发创新动力和优化创新资源配置。

　　第二,促进研发机构集群。重点规划、引导和鼓励跨国公司、国内大公司、高
校研究院所在沪设立各种类型的研发机构。全面梳理鼓励研发机构投资的政

策,提高政策的严谨性和透明度,完善政策的兑现能力,坚持政策的一贯性。完善R&D基础设施的建设,营造高效优质的服务环境,营造优美舒适的生活环境,提供良好的R&D投资环境。建设包容性的创新环境,吸引全世界的创新人才汇聚,加强高素质人才培养。进一步发挥高科技园区的作用,优化研发机构的空间载体。

第三,构建协同、共享、动态的科技创新网络。上海目前的科技创新资源比较分散化、分割化,科技创新处于传统的"条块"组织形式,难以解决现代创新环境下技术创新的不确定性、资源稀缺性以及内部技术创新能力有限性之间的突出矛盾。因此,要构建由跨界、跨类多种主体参与,基于共同科技创新目标的研发网络组织,通过交互作用建立互惠和灵活的关系,整合内外部创新资源,共同参与新技术、新产品的研发过程,充分发挥创新资源在网络中不断学习传递的乘数效应,充分发挥不同创新资源在网络中交互作用的交叉激发效应。针对创新网络的特点,采取信任机制、抵押机制、权力机制和激励机制进行综合治理,有效协调网络成员的行为,积极维护创新网络的稳定性和有效性。

第四,打造开放式的研发大平台。上海目前已有一些研发平台,如国家研究所(院)、工程研究中心、产业研究院、国家实验室,以及各种企业研究院,但还不太完善,部分研发平台服务功能比较单一,缺少与科技信息、知识产权、创投资金等有效融合;部分研发平台缺少创新资源,缺乏有效的资源共享机制和相关制度保障,整合和共享的水平不高;部分研发平台缺乏对外交流与合作。因此,要充分运用先进的计算机网络技术和通信技术,对科技基础条件资源进行战略定位和系统优化,建设以共享机制为核心,涵盖规程、执行、评审以及必要专业工具所共同构造的研发大平台。提高研发平台科技资源共享率和使用效率,通过各种有效活动和机制创新,为全社会特别是中小企业研发活动最大限度地提供相应的优质服务。提高研发平台的科技创新活动开放度,积极开展以项目(课题)为纽带的产学研合作、国际科技合作,举办各种形式的学术研讨会、报告会,组织科技成果推介宣传、转化服务等工作,促进知识与技术的扩散与转移。

第五,完善创新创业链体系。上海的企业孵化器已具规模,在继续规模扩展的基础上,关键是进一步优化及网络化。上海科技园区也已发展到相当规模,下一步的关键是系统整合和调整升级。介于企业孵化器与科技园区之间中间业态的现代企业加速器,则是上海创新创业链体系中的"短腿"。现代企业加速器的发展,将把企业孵化器与科技园区联结起来实行互动。因此,需要大力发展投资模式多样化的现代企业加速器,为进入快速成长阶段的科技企业提供定位清晰、方向明确的发展方向,更大的研发和生产空间,更加完善的技术创新和商务服务体系,充分满足企业对于空间、管理、服务、合作等方面个性化需求的新型空间载体和服务网络,加速助推中小科技企业的发展。

第六,推进科技前瞻引导。加强科学前瞻工作,预测分析当前物质结构、宇宙演化、生命起源、意识本质等基础科学领域正在或有望取得的重大突破性进展。密切关注科技发展趋势,引领基因技术、蛋白质工程、空间利用、海洋开发以及新能源、新材料等一系列重大创新成果,促进由智能网络、先进的计算技术以及其他领先的数字技术基础设施构成的泛在网络之上的各种应用,带动其他领域朝绿色的、智能的、面向健康和社会服务的科技方向发展。

第七,健全研发服务体系。大力发展研发相关的专业仪器设备、测试鉴定、咨询评估、技术交易及转移、标准和专业投融资等服务,集聚专业情报信息服务机构、技术监督机构、知识产权管理与服务机构、技术交易机构、风险投资机构等。特别是培育一批多学科、跨领域、应用性强的集成服务提供商,为创新活动提供个性化、高效率的创新资源配置方案的集成化服务,强化科技创新应用功能。

第八,促进科技金融一体化发展。不断完善科技金融服务体系,形成集银行、证券、保险、信托等为一体的全方位服务体系,建立财政、贷款、资本市场、保险以及风险资本的多层次科技金融服务体系。不断加大政府对科技金融的支持力度,以市场为导向,积极推动科技金融服务平台的建设,实现科技企业与金融机构之间的信息沟通与资源对接。加强金融中介机构的投融资服务能力,完善对科技企业的服务类别,提升服务质量。建立科技金融主体的诚信体系建设,降低科技金融市场的整体风险。

15 面向未来 30 年的上海发展[*]

发展战略是一种勾画和指导全局的蓝图,是创造一种独特、有利目标定位和系统协同的重大方略,因而对推动经济社会发展具有重要意义。改革开放以来,上海经过几次发展战略大讨论,提出了一系列重要观点和思路,明确了上海发展战略目标和功能定位,对上海经济社会发展产生了重大深远的影响。当前,在着手"十三五"规划前期研究和上海城市规划修编的同时,市委、市政府决定启动面向未来 30 年(2020—2050 年)的上海发展战略研究,科学分析和预测 2020 年后30 年上海城市发展的趋势和前景,因势而谋、应势而动、顺势而为。这对于上海争做改革开放排头兵和科学发展先行者,在实现中国经济"升级版"和中华民族伟大复兴"中国梦"中充当重要角色和承担重大责任,是非常重要和具有超前性的战略决策。

15.1 开展面向未来 30 年的发展战略研究

15.1.1 现实意义

当前,上海经济社会发展进入创新转型的关键时期。上海的创新转型,除了要有底线思维外,还要有危机意识。大致有三种类型的危机:一是"可预防性"危

    * 本章根据笔者 2013 年在上海市委务虚会上的发言稿,2014 年在上海市人民政府发展研究中心主办的"面向未来 30 年的上海"发展战略研究研讨会上的发言稿、"未来 30 年上海城市发展愿景"专题研讨会上发言稿,以及笔者的文章《发展战略研究怎么做》(澎湃新闻,2014 年 11 月 4 日)、《面向未来 30 年的上海战略研究的几个前提》(澎湃新闻,2014 年 11 月 6 日)等汇编而成。

机,由操作不当或失误造成的;二是"战略性"危机,由对未来预期出现失误而导致的决策失败;三是"外部性"危机。由于上海在操作上历来精到,第一种危机可能较小;第三种危机不可预料,只能是危机后的积极应对;重点是防范"战略性"危机。上海在这方面有成功的经验,过去的三次战略大讨论卓有成效。现在,也需要有一次面向未来 30 年的发展战略大讨论,保证创新与转型取得成功。

进入新世纪以来,世界经济政治格局发生重大变化,中国在世界经济中的地位迅速上升,这在研究"迈向 21 世纪的上海"时是未曾预料的。未来 30 年,世界及中国可能比过去 30 年变化更快、更大。在此过程中,中国将完成全面建成小康社会的任务,并努力实现社会主义现代化和中华民族伟大复兴的中国梦。上海面临的任务之一,是充分参与并适应中国日益成为全球主要角色的发展趋势。对于上海将在中国跻身于世界强国之林中扮演什么样的角色和发挥何种作用,迫切需要清晰的认识。而且,迈向 21 世纪上海发展战略提出的战略目标已接近,再有一个五年规划期便可完成。届时上海转型也可能业已完成基础性转变(或框架性转变)。因此,到 2020 年上海实现原定战略目标后,如何确定新的愿景目标和发展蓝图,现在应该有所考虑和准备。总之,正确分析判断两个一百年时空段的发展大势,充分认识上海在中国成为全球主要角色中的作用和应承担的责任,明确上海未来战略定位,使创新转型在框架性转变基础上成型、成熟,显得十分重要。

21 世纪是城市世纪,城市发展成为决定世界发展的主要力量,全球城市将塑造整个世界格局。上海作为一个崛起中的全球城市,正处在创新驱动发展、经济转型升级的关键时期。如果违背全球主流发展趋势和中国迅速崛起的历史要求,上海创新转型是不可能成功实现的,也无法在未来世界格局重构中占有一席之地。开展面向未来 30 年上海发展战略研究与大讨论,将进一步明确上海创新转型的方向和要求,更好地促进创新转型。唯有理论研究的提前量,对新的发展框架及战略目标有充分的考虑和准备,才有政策制定的提前量,才能在实践中自觉自信。

面向未来 30 年的上海发展战略研究,具有十分重大的现实意义。一是在全球及中国大调整、大变革、大变局中把握上海城市发展的趋势和前景,充分认识上海在中国成为全球主要角色以及世界政治经济大格局中的功能定位,使上海未来发展更加体现国家战略的需要。二是明确上海在实现中国社会主义现代化和中华民族伟大复兴中应该承担的重大责任,更加自觉自信地发挥上海在促进改革开放深化、走科学发展道路方面的引领示范作用,在贯彻国家战略中实现自身发展。三是通过明确的战略思想、战略目标以及形成比较清晰的可持续发展框架,增强社会共识和城市凝聚力,使各级领导的战略思考转化为战略行动,保证重大举措及政策实施的连续性和综合性。四是通过勾勒上海未来发展愿景,向世界传递一个上海对未来充满活力和自信的强有力信号,展现上海城市软实力和扩大影响力。

15.1.2　开展研究的初步条件与基础

目前,开展面向未来 30 年上海发展战略研究,已具备初步条件。从外部条件讲,未来世界及中国发展大趋势的基本轮廓日渐显现。例如,世界经济重心东移、经济全球化进程深化、全球货币体系演化、全球治理结构调整、新一轮世界科技革命、中国在世界经济中的地位及作用等。对于这些大趋势,国际智库已有相应的研究和预测,如罗马俱乐部的"2052 年的世界和中国"、亚洲开发银行的"2050 年的亚洲"、麦肯锡全球研究院的"城市化的世界:城市与消费阶层的崛起"、俄罗斯科学院的"2030 全球战略预测"、世界银行与国务院发展研究中心合作的"2030 中国经济发展"等。这些对未来世界及中国发展大趋势的预测分析,为我们开展上海发展战略研究提供了必要的条件。

从内部条件讲,上海已初步具备开展战略性研究的研究力量。战略研究需要在交叉学科配合的基础上进行综合性研究。目前,上海已形成诸多研究基地、领军人物工作室、社会调查中心、国际智库交流中心等平台,涉及经济、社会、文化、环境各个领域,聚集了一批国际、国内问题研究的专家。特别是上海还有一批曾参与过前几次发展战略研究的专家学者,富有相当的经验,目前也正参与各项重大课题研究,从而可以使这次发展战略研究保持连续性。另外,这一发展战略研究是开放性的,可以开展各种形式的与国际智库、国内研究机构的合作研究。

从研究基础讲,上海已形成一些战略研究的知识储备。如上海市政府发展研究和发展战略研究所前几年就组织开展了 10 多个国际知名城市发展战略规划和著名国际智库战略研究报告的翻译工作,现已积累了一定的素材。在此基础上,系统梳理国际上通行的关于战略研究的范式、框架、分析工具、预测方法、组织方式等专业知识,以指导我们开展上海发展战略研究。

另外,上海较早地开展了全球城市研究,特别是上海市政府发展研究中心、上海社会科学院、同济大学、复旦大学等的一些专家学者对全球城市的前沿理论和发展趋势都比较熟悉,有较广泛的国际交流,并已形成一些国内领先的研究成果。前两年,上海市政府发展研究中心和上海市经济学会组织全市 50 多个专家学者撰写了《上海:城市嬗变与展望》三卷本,对未来 30 年上海发展作了预测分析。在市里组织开展的"世博后上海发展研究"中,上海财经大学、上海社科院等单位也都研究和预测了上海未来发展,形成了一定的知识积累。

15.1.3 战略研究的初步构想

当前,有几个比较重大的背景变化需要我们做前瞻性的研究。例如,全球经济格局重大变化,世界经济重心会发生什么样的转移;中国在崛起之中,并将在世界经济中处于什么样的地位;世界城市体系也在进一步发展,上海在其中将处一个什么样位置;未来 30 年是否出现世界新一轮科技革命,对上海的发展将会有怎样的影响,等等。上海自身发展也到了关键的转折点。城市转型正在进行,并开始呈现明显成效,未来将转向哪里? 到 2020 年基本建成"四个中心"和现代化国际大都市后,上海去向何处? 这种情况下,开展面向未来 30 年的上海发展战略研究非常重要。这个研究应该跳出上海看上海,从全球角度、从中国国家战略角度看上海未来的发展。

之前,我们也梳理了国际著名智库、研究机构对全球、地区或者是国家、城市所做的一系列战略研究成果,以及战略研究范式、基本方法、工具。未来 30 年存在着很大的不确定性,沿用传统研究方法可能不适应前瞻性的预测。我们想在未来具有很多不确定性的情况下,寻找出一些相对稳定的、长期性的变量,重点放在对未来发展趋势的一些大的基本判断上,而不像以往将重点放在城市的功能定位、未来发展目标上。因此,战略研究提纲就是围绕这样一个想法设计的。

第一部分,未来 30 年发展面临的战略环境。对战略环境的研究最终将支撑上海的功能定位和战略目标。比如全球化是进一步发展,还是去全球化? 这就牵扯到未来全球城市能不能进一步发展的问题。不管是弗里德曼讲的"世界城市",还是丝奇雅·沙森讲的"全球城市",其都是在经济全球化进程中形成和发展起来的。另外,像世界经济格局变动,按照历史经验,全球城市总是在世界经济中心转移到一个区域以后,在这个区域中形成和崛起的。因此需要研究与判断未来世界经济重心是否继续东移。而像世界城市体系的发展,更是关系到上海未来功能定位是立足于中心地还是立足于流动空间。按照全球城市网络理论,一个全球城市,其发展更多地在于它外在的网络连通性。

第二部分,未来30年发展的战略资源变化。有了对战略环境的判断,如果不具备相应战略资源的前提条件,那么未来城市发展的目标定位就会完全不同。战略资源的研究主要揭示上海是否具备成为全球城市的潜力和基础。

第三部分,战略驱动力。上述两个问题解决后,我们要进一步研究什么样的驱动力能使上海作为全球城市崛起。比如,现在的深化改革和开放是不是能够成为推动上海崛起的内在动力,包括中央要求上海作为改革开放的排头兵以及建设中国(上海)自贸试验区,提出的主要要求就是制度创新、与国际惯例接轨。另外,我们也考虑在未来中国的区域经济发展中是不是会发生重大变化,包括长江流域新的经济支撑带、新丝绸之路和海上丝绸之路,再加上原来的沿海发达地带,在中国是不是会形成一个大的发展格局变动?上海又处在这样一个大格局变动当中的重要节点上,这些会不会驱动上海城市功能的提升?同时我们注意到现在全球城市的研究进一步扩展到全球城市区域的研究。长三角是一个非常典型的全球城市区域。上海又是长三角的一个核心城市,长三角的全球城市区域发展会不会也成为某一方面驱动上海城市功能提升的动力?信息化的发展、互联网的发展以及生活方式和价值观念的变化,这些比较软性的因素,在驱动上海的发展中会起到什么作用?

第四部分,上海未来30年发展的趋势及目标愿景。这一研究中,重点要突破的一个问题,就是评价指标体系。在进行未来30年的全球城市对标时,不能简单地把纽约、伦敦、东京在20世纪七八十年代的情况做对比。当初它们一个城市的GDP占全国比重很高,有的甚至达到1/3,这种情况在未来可能不会再发生。当初它们成为全球城市时,周边城市基本都面向国内市场,显得它鹤立鸡群,未来可能也不会出现这种情况。现在的全球城市是在全球城市区域或巨型城市区域的基础上形成和发展起来的。同样,也不能拿跨国公司总部数量、国际金融市场份额、外汇交易量等指标进行简单对照。全球城市作为全球网络中的核心节点城市,更强调对外连通性、对外联系、影响度,所以要用网络中心度等指标进行衡量。还有,过去强调的是城市竞争,并通过对周边或者其他地方资源的强有力吸纳和高度集聚,形成经济实力。而处于全球网络中的城市更多强调的是竞争与合作,甚至合作超过竞争。这些重大变化,要求我们用新的指标来衡量未来城市发展。只有在这一问题解决后,才能清晰勾画和设想上海未来 30 年全球城市的目标愿景、功能特征等。

第五部分,未来 30 年上海城市发展的战略思路。上海未来的发展,肯定不是上海自己的事情,也不是上海自己可以做到的事情。要有战略框架,把国家战略、区域联动和地方行动有机整合起来。许多全球城市崛起和发展,都与国家战略联系在一起,也和整个区域周边发展联系在一起,然后才是城市自身的积极努力。全球城市作为网络节点,它的基本功能、主要的战略通道和平台是什么? 我们初步理解,它既含有中心控制管理的功能,又具有门户节点的功能。这就要求它对全球资源进行战略性配置,并要建立相应的平台。上海未来的全球城市到底是建设成为区域性的还是全球性的、比较专业化的还是综合性的,其战略思路也不相同。如果作为综合性的全球城市,与此相适应的新型产业体系和布局将是什么? 这一系列问题都值得深入研究。

15.2 战略研究主要内容

15.2.1 战略研究需要遵循的原则

面向未来 30 年上海城市发展战略研究,将以党的十八大提出的两个一百年的宏伟目标为立足点,按照中央要求上海当好改革开放排头兵和科学发展先行者的精神,科学把握世界形势发展变化及主流趋势,从国家战略高度谋划上海发展战略定位,根据“五位一体”科学发展的要求勾勒上海城市发展前景,为上海中长期发展提供指引。

为此,面向未来 30 年上海城市发展战略研究将遵循以下原则:(1)趋势导向、驱动力导向相统一。准确寻找历史方位,科学把握上海未来 30 年的发展趋势,因势而谋,明确发展方向。客观分析战略性资源潜能,系统梳理战略驱动力,因势而动,选择发展路径。(2)国际通行范式、中国特色、上海特点相结合。借鉴国际通行的战略研究方法和范式,并与中国特色、上海特点相结合,充分体现战略研究的科学性和规范性。(3)多形式、多层次开放式研究相交叉。围绕影响上海中长期发展的重大因素,既组织专门的"冷班子"开展深入研究,又要搭建开放式研究平台,广泛吸收国内外研究机构及专家学者参与研究,推行并行研究、交叉研究、"正反"竞争性研究等形式,及时进行成果交流与评估。

15.2.2　如何确定上海城市发展愿景的依据

作为战略研究,确定城市发展目标愿景,要有一定的依据。很多专家研究中都会提出一个方法,就是借鉴、参照其他城市特别是现在比较成熟的像纽约、伦敦等全球城市。这种方法,在研究当前上海怎么发展或者未来比较短的时间比如 2020—2030 年,可能还有点借鉴意义。但是到 2050 年,现在的纽约、伦敦也将发生重大变化,所以只能参照一小部分。

我认为,展望未来上海城市发展愿景的依据,大致有这几个方面:(1)世界城市系统本身的发展趋势。包括世界城市化水平、全球城市体系未来 30 年如何演进、城市发展总体的走向。这些是重要的进行愿景展望的依据。(2)国际环境的变化。特别是未来 30 年全球化和信息化进行到什么程度。另外,世界经济格局发生了重大变革,世界经济中心转移。也包括科技革命和一些战略性资源的重大变化,甚至包括地缘政治。这些国际环境的变化,也是展望上海今后 30 年城市到底往哪个方向发展的重要判据。(3)国内环境变化。中国的经济发展水平、中国融入全球化的程度、中国在世界经济和全球治理中的地位和作用,还包括国内区域发展格局和与改革相关的制度环境。(4)国家战略。上海在未来 30 年在全国城市体系当中所处的地位、发挥的作用,也包括中央对上海的战略定位。发达国家一直鼓吹新自由主义,政府少干预、不干预。事实上,在这些国家的全球城市发展当中,国家的战略定位和倾斜支持,都起非常重要的作用。(5)上海自身的条件。包括城市基因、历史发展轨迹、现在所处的发展阶段、发展基础以及发展的潜能和主观努力等等。

真正要从战略研究的角度来展望未来 30 年上海城市发展的愿景,就要建立在对这些问题及其条件的深入研究基础上。这样,才能比较合理地推断未来发展目标愿景是什么。上海未来 30 年迈向全球城市的战略取向,并非主观愿望上"我们想怎么做""我们希望怎么样",而要基于内在战略驱动力。随着全球化脚步加快,全球城市的体系空间的作用更加显著,种类更具多样性。伴随世界重心的东移,亚洲地区的新兴全球城市将在世界体系中发挥更大的节点作用。而中国绝大多数城市将融入全球城市网络,形成若干全球城市区域。上海具有全球城市的内在基因,并将成为全球城市网络中一个世界级、综合性的代表。其具体取向是:以中枢功能为核心,集多元门户通道和多样平台为一体,基于全球网络进行广泛交流,具有全球资源配置的战略性地位,拥有全球科技、文化交融和群英荟萃的强大吸引力,具备全球治理和国际事务协调方面的重大影响力,成为人类文明高度引领与广泛传播力的全球城市。

15.2.3　从哪些维度对未来上海城市发展愿景进行展望?

(1) 城市类型维度。在目前全球城市体系中,有一类是属于全球化的城市,这些城市已经进入到全球城市体系,但是层级、作用、地位相对低,连通性也差一点。另一类就是全球城市。作为全球城市,还有不同类型细分。有些是世界性的全球城市,有些是区域性的全球城市,有些是专业性的全球城市,有些是综合性的全球城市。香港是全球城市,是区域性的,法兰克福也是全球城市,也是区域性的。上海未来 30 年,到底是哪一种类型? 按照我们初步的研究,上海未来不是一个区域性的全球城市,而是世界性的。而且不是说一个国家只能有一个城市成为全球城市。中国是个大国,未来 30 年,中国有若干个全球城市也合乎逻辑推理,比如北京、香港、深圳或者广州。但是按照我们分析,在中国崛起的全球城市中,真正具有世界性的、最有条件的就是上海,有些可能就是亚太的全球城市。

(2) 城市属性维度。城市的属性,可以表现为很多,有些是特色城市,有些是宜居城市,有些是创意城市,还有一些是历史名城、人文城市、旅游城市。上海未来 30 年的城市属性,我们认为是全球城市网络中的节点城市。如果要和第一条相对应和相呼应,它应该是主要节点城市和基本节点城市。因为只有成为主要的节点城市,才有最高的网络连通性。

(3) 城市功能维度。我们平时所讲的,有生产中心、消费中心、贸易中心、金融中心、文化中心、教育中心、科技创新中心、传媒中心,还有门户、枢纽等等,这些都是城市的功能。而且,现实当中,不少是多功能组合,包括上海建设"四个中心"。上海未来 30 年城市发展愿景,从功能维度来讲,应该是在全球资源配置中处于战略地位的控制与协调功能。这个功能,与前面讲的城市类型和作为主要节点城市的属性,也是高度吻合的。值得注意的是,仅仅说具有全球资源配置功能，我认为还不够。因为成为全球城市网络中的一员，实际上都在某种程度上参与全球资源配置，或者说都具有全球资源配置功能。但纽约、伦敦在全球资源配置中处在战略地位，这不是一般城市所具有的。这个战略地位靠什么功能支撑？就是控制和协调。控制与协调功能从何而来？不是说城市政府强大，可以控制别人，而是指在该城市集聚了大量全球功能性机构（公司），它们本身的核心功能就是全球控制管理协调功能。一个城市只要形成全球功能性机构高度集聚，并借助于全球"平台经济"开展全球业务，呈现大规模流量，就能体现对全球资源的战略性配置、控制和协调功能。根据未来30年世界经济中心继续东移以及中国崛起，上海承担这样一个功能，似乎具有天时地利的条件。

（4）城市空间维度。我认为，上海未来的城市空间，概括地讲，是基于全球城市区域网络型的大都会。在目前的时代背景条件下，单个全球城市的单独崛起已经不可能，也不可能像当初纽约、伦敦那样"一枝独秀"。现在全球城市的崛起，越来越依赖全球城市区。在这个全球城市区中，它是所谓的核心。这种全球城市区域也不是原来意义上的大都会，而是面向全球的网络化大都会。上海未来发展要置身于这样一种城市空间状态。

（5）城市形态维度。城市形态也是很丰富多彩的，如活力之都、时尚之都、绿色城市、智慧城市、魅力之城等。如果与前面的类型、属性、功能等相匹配，未来上海城市形态是总部集聚、科技领先、交通通信便捷、社会资本雄厚、高度连通性等。这些是关键的形态特征，否则就成不了节点城市。当然，其他要素也很重要，比如绿色、智慧、宜居等，也是上海未来城市形态的重要组成部分。另外，还有一些辅助的要素，像富有创造性、时尚消费、高端质优等，要与城市类型、属性和功能相匹配。

15.3 研究方法及关键词

15.3.1 研究方法创新

上海城市发展战略研究涉及范围广泛、内容系统、问题复杂，具有较大的研究强度与难度，必须在研究范式及方法上有所创新。

（1）研究角度创新。未来30多年，世界和中国都处在大转型、大变革、大变局之中,可能呈现颠覆性变化。面对不确定性的变化,重点研究长周期的自变量(技术走向、人口变动、社会构架、生态环境等)变化,从人类社会发展的根本问题和城市发展规律中寻找相对确定性因素,着重研究有哪些重大因素(如理念、技术、资源、社会利益相关者、制度安排等)将主导未来重大发展。

(2)研究主线创新。改变传统的以战略目标及战略定位为主线的静态研究方式,从核心资源的变化中寻找未来的战略资源(技术资源、信息知识资源、人力资源、环境资源等),以推动上海城市发展的战略驱动力为主线,展望上海未来发展的愿景目标和发展思路。

(3)研究框架创新。跳出传统大都市的理论框架和组织架构,顺应全球城市网络体系发展趋势,从网络城市的角度研究上海未来 30 年在全球城市体系中的定位及在中国崛起中所能发挥的作用,运用网络城市的分析方法和指标体系测度上海城市未来发展前景。

(4)研究方法创新。面对未来 30 多年世界大变局的基本态势,改变传统的演绎分析、定性分析、标杆参照分析、可行性分析等为主的研究方法,更多采取动态预测分析、定性与定量分析、结构分析、竞争性研究等前沿性研究方法,实行多视角观察、多学科交叉、多方案备选。

(5)研究方式创新。由上海市政府发展研究中心牵头搭建开放型研究平台,成立专门的课题组,组织协调相关高校、研究机构的课题研究。设立由国内外著名专家组成的专家顾问委员会和由市人大、政协、社联、科协等专家组成的公众咨询委员会,指导和参与课题研究。广泛吸引本市高校、研究机构和中央部门研究机构、国际智库参与此课题研究,形成不同研究版本相互补充。形成一体化的咨询支撑网络,线上、线下研究互动,开展各种形式的成果交流与共享,实现系统性研究与专题研究集成。

15.3.2　关键词

面向未来 30 年上海发展战略研究的关键词拟为“大变局、全球城市、战略驱动力”,主要围绕如下五方面展开。

(1)战略环境及变量分析。重点分析未来 30 年世界政治经济格局重大变化及其趋势;世界城市网络发展及全球城市变化趋势;新一轮技术革命演变及其深远影响;互联网发展趋势及其影响;全球资源环境的格局变动与演变趋势及其影响;中国中长期发展趋势等。

(2)战略性资源及变量分析。主要预测分析未来30年支撑上海城市发展的战略性资源条件以及变化趋势,包括:人口与人力资源的潜力及变化趋势;土地与空间资源的潜力及变化趋势;城市信息与网络资源的潜力及变化趋势;能源与环境资源的潜力及变化趋势;科技与创新资源的潜力及变化趋势;文化与社会资源的潜能及变化趋势;城市管理与组织资源的开发等。

(3)战略驱动力及变量分析。主要分析预测未来30年推动上海城市发展的驱动力及其变化趋势,包括:深化改革开放的红利、城镇化及区域一体化、新科技革命和新产业革命、新的生活方式及价值观、不断提高的生态环境高质量诉求等。

(4)发展趋势与前景分析。在战略环境、战略资源和驱动力分析的基础上,科学判断未来30年上海城市发展的走势,描绘在不同场景下上海城市发展的远景,并对发展风险进行评估。

(5)对标研究与发展构架展望。主要依据发展趋势和前景分析,从上海全球城市崛起和代表国家参与全球竞争的角度,开展上海建设全球城市的对标分析和评价指标体系研究,对上海建设全球城市的愿景目标进行展望,并从具有全球资源配置功能的各种类型网络平台经济、战略枢纽门户及战略通道、产业体系、城市形态及空间结构、科技及创新力、生活环境和城市治理等角度,对上海建设全球城市的构架与内涵进行系统分析。

(6)发展思路与应对策略研究。主要分析实现愿景目标的战略框架(国家战略、地方行动、区域合作)、支撑发展目标的战略基点构筑、城市发展模式转换、城市发展路径选择、实施发展目标的制度保障等。

15.4　从未来发展趋势中谋划当前工作

研究上海中长期发展战略,准确把握大势,要从未来发展趋势中谋划当前工作。上海创新转型,其功能定位是形成体现国家战略的全球性功能。上海所要体现的国家战略,就是打造中国经济升级版和实现中华民族伟大复兴的中国梦。在未来30多年,中国崛起的发展路径是:融入现行的全球化—逐步打造自身的全球经济贸易体系—实现中国主导的全球化。在此过程中,将面临一系列不可避免的挑战,上海的创新转型要体现国家战略,必须在这些方面提前谋划和布局。

15.4.1 在全球资源与市场争夺中培育全球投资中心功能

中国的崛起,势必会越来越深地介入全球资源与市场争夺之中。全球资源的压力是趋于不断增大的。主流预测认为,化石燃料、粮食、矿产、化肥、木材等主要资源的需求增长至少会持续到 2030 年,但届时资源消耗及相关环境影响的范围和规模很有可能会发展到国家、市场、技术无法应对的地步。在一个全球经济无比依赖资源贸易的时代,贸易逐渐成为资源冲突的前沿阵地,如资源出口管制。而且,资源政治将决定一切,在全球议事日程中处于主导地位。在贸易争端、气候谈判、市场操纵战略、强势产业政策、争相控制前沿地区的过程中,资源政治无所不在。

中国是占有主导地位的金属消费国。到 2020 年中国的金属消费占全球的比例将从目前的 40% 增至 50% 左右。尽管中国目前拥有世界上规模最大的采矿业,但绝大多数金属仍越来越依赖于进口。世界金属交易总量中,有 45% 被出口到中国。过去 10 年,全球出口到中国和印度的化石燃料价值翻了一番还多(从 4.4% 增长至 10.8%)。未来 20 年中,这一趋势将使亚洲消费国和能源出口国之间的地缘政治利益得到进一步强化。

在这种情况下,通过贸易方式来争夺资源和市场是不够的,不仅会受到越来越严重的资源出口管制,而且在全球产品出口市场上的份额超过 10% 之后,市场份额继续扩大的难度加大,出口增速趋缓。中国必须通过海外投资方式来争夺资源与市场。2012 年中国已成为世界第三大对外投资国,仅次于美国和日本。对外投资速度惊人:2004 年不到 60 亿美元,上年已达 842 亿美元。但中国依然是一个海外资产处于平均水平的国家。2012 年中国的累积对外投资位居全球第 13 位。

为此,上海要打造中国企业"走出去"的全球投资中心功能,形成海外投资服务平台、国际并购交易平台等,成为本土企业海外投资的桥头堡。特别是在自贸试验区内,要突出和强化海外投资便利化这一议题,形成有利于促进海外投资的制度安排。一方面,政府要搭建信息、政策咨询、项目推介、洽谈交易等服务平台,并研究和出台相关扶持政策。同时,要培育和集聚一批面向海外投资的服务企业,形成一批具有全球网络关系的海外投资"掮客"。具体而言,为中国企业"走出去"提供深度挖掘的海外客户需求,以及不同企业海外投资经营的市场定位、客户目标的系统性研究,帮助确定海外业务发展及区域拓展的战略定位,全面筹划业务种类和经营范围,合理配置海外投入资源。为中国企业"走出去"提供东道国监管环境等政策咨询,策划合理的海外进入模式和发展路径以及融入当地主流地位的策略。同时,为中国企业"走出去"提供人员、资金等资源输出的最大便利化,并提供融资、并购、交易等配套服务。

15.4.2 在世界创新大战中培育全球科技创新集聚功能

在国家竞争中,科技永远是最重要的。科学技术是最流行的软实力。任何一个想要有所超越的大国,都得在前沿科技与基础科技上投入全力。以科技为基础,美国拥有全球最强大的生产力,以此维系着全球最强大的军力。中国想要超越,就不能跟着美国跑,必须在基础科技上投入全部力量,以跨越的发展方式开创新领域。亚太地区开始成为高新技术领域创新的中心区域。汤森路透集团《2012 年度创新报告》提出,在 12 个子领域中,亚太地区的发明专利数为30984 件,超过北美的 11305 件和欧洲的 9397 件,特别是在移动电话、半导体材料及工艺、可替代能源汽车、诊断手术器械、智能媒体等高新技术子领域遥遥领先。目前,中国及新兴经济体面临的外部冲击主要是成本冲击,而不是需求冲击,其出路是转型升级,用科技创新平抑或降低成本,否则进入中等收入陷阱。

美国国家科学委员会报告说,让美国感到不安的三个趋势:一是目前中国和其他九个亚洲国家的研发开支可以与美国匹敌;二是中国工程专业博士人数增加了一倍,现在远远超过美国;三是在海外为美国跨国企业工作的研究人员人数增长了一倍以上。美国高技术制造业就业岗位从 2000 年的 245 万个减少到2010 年的 177 万个,减幅为 28%。但在创业生态系统(EEs)上,中国存在四个高技术竞争劣势。

上海在创新驱动中要培育全球科技创新集聚功能。这不仅是上海工业或制造业生存与发展的唯一出路,而且也与上海整个经济发展,特别是转型发展高度相关。因为制造业历来是科技创新最主要的部门。上海的制造业不存在"要不要"的问题,而是能不能成为科技创新的源起部门和领头部门。如果不能,上海的制造业就没有生存的理由,而且必定是影响整体劳动生产率并导致经济增长率趋于下降,转型是不成功的;如果能,就可以支撑起较高的劳动生产率水平,降低成本冲击。

上海要培育全球科技创新集聚功能,当然要解决产学研一体化问题,但重点在改善创业生态系统(EEs)上。美国就是得益于其优越的企业管理、金融市场、人力资本和知识产权保护,成为世界上高技术创新的最佳场所。实际上,我们目前在产学研问题上还出现一些偏差和扭曲,即过分强调高校研究成果的运用性和自行转化。在集成系统创新体系中,高校的主要功能是提供社会公共知识源,注重于前沿科技和基础科技创新。

改善创业生态系统,就是要发展向初创企业提供资本和让投资人获利后全身而退的深度金融市场;完善向企业关键人员提供股票期权的管理制度(在美国,少数投资人可以向关键人员提供股票期权);加强知识产权保护,并形成企业互相获得专利的知识产权交易机制(在美国,至少有一个经常通过交叉特许和现金补偿相结合的方式来解决专利争议的法院);完善薪酬制度,实现人力资本有效配置。中国盛产技术人才,但职场文化促使这些人才进入能提供高薪的投资银行和咨询公司工作。

15.4.3　在全球化深化中培育现代服务贸易引领功能

经济全球化将超越制造业、金融行业,所有的经济部门走向全球化,将形成医疗、教育、文化、娱乐等智力服务、艺术创作的全球市场。最近 30 年,全球服务贸易日益成为国际贸易的重要内容,全球服务出口总额增长了 9 倍,占世界贸易出口的比重从 1/7 增长到近 1/5,而且呈现明显加速发展态势。从 1 万亿到 2 万亿美元,大约用了十年时间;从 2 万亿到 3 万亿美元,只用了三年时间(2004—2007 年);从 3 万亿到 4 万亿美元,尽管受金融危机影响(2009 年服务出口增长为 −11%),也仅用了四年时间。随着全球将新增 30 亿中产阶层,要求提供更多的服务,全球服务市场规模将趋于扩增。而且,按英国安永会计师事务所估算,到 2030 年亚太地区的中产阶层数量将占世界的 2/3。

中国的服务出口主要立足于"本国服务出口战略",通过国外顾客来旅行接受本地服务,主要是提供旅游、运输等传统服务贸易,很少提供教育、医疗保健等服务贸易。而发达国家则大量提供教育、医疗保健等服务贸易,占有 80% 多的全球市场份额。实际上,中国传统服务贸易的优势正在逐渐消失,呈现出发展趋缓甚至衰退的迹象,导致服务贸易竞争力持续恶化,贸易竞争力指数①从2006年的-0.05变为2011年-0.13。

上海在服务贸易发展上已有较好的基础,在国内占了较大的份额,但顺应全球服务贸易发展趋势,上海要着力培育现代服务贸易引领功能。上海的医疗、教育、文化等资源具有明显的独占性。现在这方面存在的主要问题:一是公益性与产业性的资源混在一起;二是垄断保护。

结合上海服务经济发展,应该将此列为上海改革的重头戏,有一个较大的改观。科学合理界定和划分公益性资源与产业性资源,公益性资源保证基本公共服务,产业性资源市场化开发。放松管制和审批,发挥市场配置资源的决定性作用,鼓励外资、民间资本进入,加强事中事后监管。混合所有制形式,产业性资源市场化开发可以由政府出场所、基金出钱、一流机构管理运营;即便是保证基本公共服务的,也可由政府出场所,出钱购买服务,由一流的国外或民间机构来管理。与其他行业融合创新,如鼓励版权质押贷款、版权信托、版权产业链金融、版权金融衍生品、艺术品银行等文化金融业态发展,允许电影、动画等文化产权持有人通过资产证券化的手段和途径进行社会融资,引导民间资金进入文化产业。

15.4.4 在人才全球化过程中培育吸引人才交流功能

随着经济全球化的深化,高技能劳动力的全球市场规模将越来越大。上海现代化国际大都市,必定需要世界人才集聚,形成国际人才高地。未来上海最大的世界资产,可能是它对世界人才的吸引力。

上海人口规模的合理控制,其实质是为人口结构调整提供回旋余地。当前,必须采取有效措施控制人口规模,但更要注重人口结构调整,吸引更多国内外来创新、创业、创意的"沪漂"群。为此,上海要建立具有国际竞争力的人才制度,形成有利于技术创新、财富积累、投资安全的创业天地。加快形成中国特色的人才法律法规,如技术移民法等。同时,营造公平公正、氛围自由、治理有序、生态宜居、文化多元的良好环境。

---

① 贸易竞争力指数=(出口-进口)/(出口+进口),取值在-1到1之间,小于0表示竞争力弱,越接近-1,竞争力越弱;反之越强。

16 创新与转型的目标取向[*]

当初根据经济发展新阶段的趋势性变化及客观要求,我们提出了创新与转型的发展逻辑,但尚未有一个明晰的创新与转型的目标取向。通过面向未来30年的上海发展战略研究,在全面分析可能面临的战略环境、战略资源、战略驱动力以及战略风险基础上,运用全球城市演化原理并把握全球城市发展趋势所提出的建设卓越的全球城市的目标愿景,实际上是明确了创新与转型的目标取向。也就是,创新与转型最终是为了迈向卓越的全球城市。

16.1 战略目标取向

上海面向未来30年的城市发展,首先有一个战略目标取向问题。这一战略目标取向不仅指出了上海未来发展的基本方向,而且表明了迈向未来目标的基本逻辑。

16.1.1 全球城市:城市发展的升级版

上海在2020年基本建成"四个中心"和现代化国际大都市的基础上,未来城市发展的战略目标取向是迈向卓越的全球城市。这一战略目标取向不是简单的概念之转换,而是一个全新内容的现实升级版。

国际大都市是很早以前就被提出来用以描述早期在世界经济中占主导地位

　＊　本章根据笔者 2015 年学术报告及 2018 年接受采访稿改编。

大城市的一个概念，主要是指那些在早期世界商业活动中占不成比例数量（占主导地位）的城市，并用来说明国家首都的统领作用和交通网络系统中的商业、工业中心。历史上曾出现的一些国际大都市，其关键角色只是与帝国的力量或是贸易的组织有关，源自国家之间"中心—外围"经济（商业）关系体现在城市空间上的自然逻辑。当然，我们现在使用这一概念时加了"现代化"的修饰词，以示区别。但这一概念的本质内涵并没有根本性改变。与此不同，全球城市是当今全球化与信息化交互作用背景下的特定产物，是一种新型世界体系的空间表达。也就是，由于全球经济的地域分布及构成发生了变化，产生一种空间分散化而全球一体组织的经济活动，从而赋予一些主要城市一种新的战略角色（即全球城市）。

上海在基本建成现代化国际大都市的基础上迈向全球城市，具有全新的内涵，必须实现一系列根本性的转变。

（1）从中心城市转向节点城市。源于传统城市学中心空间分布理论的中心城市，强调的是"中心地"，即一种贸易场所、港口、金融中心或工业中心的角色。这一"中心地"是具有地理边界的"地点空间"（space of place），连接物理性的地域上有明显连续性的广大腹地，因而强调商品与服务的单一化、垂直通达性、单向流动、交通成本等。而全球城市内生于世界城市网络之中，作为网络中的主要节点城市，产生于公司网络活动的关系以及以知识综合体和经济反射为基础的城市之间的联系之中。这一"节点"的概念，意味着有强大的非本地关系，城市之间建立顺畅的内部联系并持续地相互作用。全球城市的基本特质，表现为与其他城市更广泛而更密集的相互作用上。因此，全球城市不单纯是一个地点空间，更是作为"网络节点"的流动空间（space of flows），具有"地点空间"与"流动空间"互构的双重空间结构。

（2）从内部结构功能为基础转向外部连通性功能引领。国际大都市概念是运用功能主义（和构造主义）的基本方法提炼出来的，即通过城市结构分析来揭示其内部特征及功能，并由此来界定城市特质及其地位。在实证分析中，通常运用与此相关的基于经济实力、市场规模、竞争力等标准的重要指标来静态衡量其城市功能。因此，国际大都市的基本特征表现为基于物质性实力、规模等的控制力和影响力，主要是依靠它所拥有的东西（如独特的区位、各种设施、经济实力等）来获得和积累财富、控制和权力。全球城市则是通过城市网络分析来揭示其外部连通性特征及功能,并由此来界定城市特质和确定城市地位。作为全球城市网络中的一个节点,其本质属性就是外部连通性。因此一个城市在网络中的重要性,取决于它与其他节点之间的关联程度,取决于"它们之间交流什么,而不是它们那里有什么"。对于全球城市而言,更关注的不是其在内向而稳定系统中的固定位置,而是其中的流进与流出的途径,加速与减速的收缩和扩张。从这一意义上讲,全球城市不是依靠它所拥有的东西而是通过流经它的东西来获得和积累财富、控制力和权力。因此,全球城市通常是用网络的流动水平、频繁程度和密集程度等连通性指标来动态衡量的,表现为跨国功能性机构集聚的公司网络、资源流动与配置的网络平台等产生的控制力和影响力,主要依靠基于网络流动的全球资源配置的战略功能获得在全球经济中的地位。

　　(3)从基于等级结构的城市竞争主导转向基于网络结构的城市"竞合"协同。国际大都市作为"中心地"与周边或其他城市的联系,是"中心—外围"的等级结构关系,从而是一种对空间的零和博弈的完全竞争关系。处于城市体系垂直等级结构顶端的国际大都市,往往像一个"黑洞"似的不成比例地集聚资源和财富,通常在其周边(城市)呈现"灯下黑"的现象。基于全球网络结构的全球城市,正在改变与其国内及地区其他城市之间的关系,形成一种基于平等关系的"非零和"博弈的合作与协同。特别像纽约、伦敦、东京这样的超级全球城市,正通过城市网络全面融入区域、国家和全球经济的各个层面中。其中,一个重要方面就是通过高度的地区交流与合作,包括高度发达的资本、信息以及人力资源流动,与其毗邻的周边城市形成强大的内在联系,并全部整合在全球经济体系之中。因此,全球城市寓于全球城市区域发展之中。

　　(4)从主要经济功能转向多元城市功能。基于"四个中心"的国际大都市,主要描述其空间经济属性的特质及其在世界经济体系中的战略性地位。但全球城市在全球城市网络中是具有多重维度、多元功能的节点城市。如今的全球城市已经是经济、政治、科技、文化等全球化的原因和结果。因此,上海未来发展是具有多元功能性全球网络连通的全球城市。

16.1.2　迈向全球城市的基本逻辑

　　上海未来 30 年迈向全球城市的战略目标取向,不是我们主观愿望所使——"我们想怎么做""我们希望怎么样",而要基于战略环境变化、拥有的战略资源以及内在战略驱动力等主要变量。尽管这些变量都具有高度的不确定性,但我们可以依据目前日益形成并逐渐清晰的发展趋势,对上海迈向全球城市的基本逻辑作大致判断。

首先,在全球层面的战略性变量中,尽管未来 30 年有很多难以预料的变化,包括地缘政治、地缘经济的变化以及战争、灾害等潜在风险,但如果撇开大规模战争、特大自然灾难等导致根本性世界改向的情况,仍有一些可以预见的相对确定的变化趋势。(1)世界经济长周期伴随着新科技革命和新产业革命将从下行通道走向上升通道,走向世界经济复苏与繁荣,尽管进入上升通道的时间可能有先后偏差。与此同时,全球化进程经过曲折,甚至减缓之后将进一步深化。随着新兴经济体不断崛起,改变传统的“南北”格局,以及消费国、生产国、资源国之间的再平衡变动,形成世界经济多极化增长与平衡格局,全球化进程将覆盖更广大地区和国家。随着跨国公司的全球版图重绘,全球价值链主导及布局的重大调整,以及世界贸易投资框架调整、多元国际货币体系和全球治理结构变动等,在WTO 的多边投资贸易的基础上将涌现各种区域性或双边的投资贸易协定。随着世界城市化达到新高度、中产阶层崛起,以及基于互联网的个体权力增大,全球范围内思想、文化、人员之间的交互与流动,将促进科技、文化、生态等领域的全球化兴起。这些可预见性的发展趋势,将促使城市地位更加突出,世界城市网络更加密集化,城市节点增多且更加广泛分布,全球城市的世界体系空间表达和作用更加显著,全球城市的种类和形态更加多样性。(2)世界经济重心东移,亚洲地区引领世界。亚洲将成为世界人口的主要聚集地区,世界城市化的迅速发展地区,经济规模最大的地区和世界投资贸易高度集中的地区,中产阶层迅速崛起的主要地区和全球最大的消费市场,以及全球供应链分工最为充分和有机联系的地区等。这意味着亚洲地区有更多的城市将融入全球城市网络,并将崛起一批新兴的全球城市在世界体系中发挥更大的节点作用。

显然,这对上海全球城市演化来说,是比较有利的外部条件。具体讲,世界经济复苏与繁荣以及全球化进程进一步深化,将为上海全球城市演化提供强大的动力,实现其持续性演化发展。世界经济格局大变动以及跨国公司世界版图重绘,将为上海全球城市强势崛起提供难得的契机,实现跨越式演化发展。全球化领域进一步拓展以及全球范围内各种形式的交互及流动加剧,将为上海构建新型全球城市的先发性引领提供更大可能性,有助于创新型演化发展。

其次,在国家层面的战略性变量中,尽管中国崛起将面临许多外部摩擦以及内部"中等收入陷阱"、经济转型升级等严峻挑战,但只要坚持全面深化改革、创新驱动发展,有力开展"一带一路"建设,中华民族的伟大复兴将势不可当。(1)中国的崛起以及在现代世界体系中开启中国主导周期的发展趋势。可以预见,中国到 2050 年将成为世界强国,不仅成为全球最大的经济体,人均经济水平将有大幅提高,人民币成为国际储备货币之一,在全球治理中具有较大话语权,中国的跨国公司在世界版图中占有重要地位,而且科技创新也将从"跟随"逐步转向"同步",甚至部分领域进入世界前列"领跑"。中国的文化"软实力"将获得世界更大的认同。中国不仅主动参与并将开始引领全球化进程。(2)在世界经济重心东移、全球化流经渠道与路线重大改变的背景下,中国深耕亚太并成为亚洲地区的经济核心,势必成为全球资源要素流动与配置的重要战略空间,从而在形成信息、资本和投资等要素新的流向、新的流量方面发挥积极作用。

显然,这对上海未来全球城市演化前景来讲,是十分重要的。中国不仅有更多城市融入全球城市网络,而且需要有一批全球城市群集崛起,代表国家参与国际竞争,特别是迫切需要有与之经济实力和世界地位相适应的卓越全球城市,在世界体系中发挥重要节点的作用。从这一意义上讲,上海全球城市演化前景是相对确定的,即与中国经济实力及世界地位相适应的演化目标取向。而且,当国家明确意识到在主动参与并引领全球化进程中必须有在世界体系中发挥重要节点作用的卓越全球城市,并将其作为重要战略加以实施和推动时,将对上海全球城市演化形成强大推动力。另外,国内一批全球城市的群集崛起态势,也将为上海全球城市演化带来一个"众星拱月"的效应。上海与国内这些城市本身就有较强的关联,当这些城市作为全球城市崛起时,意味着将形成"强强关联",势必提高上海城市网络连通性水平。而且,当这些全球城市群集崛起时,势必要求在其网络关联中合理分工与功能错位,这将使上海全球城市演化可选择更恰当的高标准目标定位。

最后,在上海自身内生性演化基础的战略性变量中,一方面上海未来发展面临创新转型的各种挑战及风险,以及作为全球城市崛起不仅与纽约、伦敦相比有较大差距,更主要的是尚未进入相对稳态的演化进程及在世界城市网络中确立起相对稳固的地位,而且其中的变化也存在着许多不确定性因素。例如,在亚太地区,与老牌全球城市东京、新加坡以及具有较大潜力的印度全球城市崛起之间竞争的影响;在国内,与香港、北京等全球城市之间分工协作的影响,等等。但另一方面,可以相对确定的是:(1)上海处于中国"一带一路"和长江经济带的交汇点,将成为变化中全球化流经渠道和路线的主要位置。我们知道,全球城市动态演化很大程度上取决于全球化主要流经的地方。通常一些偏离全球化流经渠道与路线的全球城市会衰弱下去,而处于变化中的全球化流经渠道与路线的一些城市会崛起为全球城市。因此,上海内外广泛、高度贯通的特定区位不仅将增大上海迈向全球城市的几率,而且将促使上海在世界城市网络中城市节点的功能其地位发生变化。(2)上海特有的城市基因及其发展"相态",非常适合于融入全球,拓展全球连接,并在全球连接中具有相当的吸引力与影响力。历史经验表明,只要给予一个开放的环境(包括全球和国内),上海在这方面就会有强烈的冲动和表现,释放其特有的动态比较优势。上海具有对外开放的深厚历史积淀,海纳百川、交汇相融的传统文化,高度全球网络连通性的现实基础,寓于长三角发展的区域优势,容纳全球网络大规模流动的巨大潜能,体现国家战略意图的出色表现。

显然,这些内在特质将增大上海全球城市演化的潜在可能性,使上海迈向全球城市具有较高起点和良好基础,并增强上海全球城市高级化演化的潜能。

16.2　战略目标愿景

上海迈向全球城市的这一战略目标取向确定后,接下来的问题就是这个全球城市将呈现何种模样或类型。我们将从全球城市类型学的角度来分析上海全球城市特殊类型的战略目标愿景。

16.2.1　目标愿景的三个维度

全球城市作为世界城市网络中的基本节点,可以从连通性覆盖和连接种类范围、连接功能的位置战略性和网络流动性程度、网络关联结构中的不同位置等三个维度来考察其类型。上海全球城市的目标愿景,实际上就是某种可预见的特殊类型规定性。

1. 全球主义综合性全球城市

全球城市的节点属性主要表现为连通性覆盖范围和连接种类范围,两者不同的组合形成不同的全球城市类型。其中,连接层级最高和连接种类最多的,是全球主义综合性的全球城市。在世界城市网络中,这是为数不多、但处于网络核心地位的全球城市,其有最广泛的全球性覆盖和最多样化的网络连接,从而在世界连接中具有强大的全球影响力和控制力。

　　未来 30 年,中国崛起将是经济、政治、社会、文化和生态文明的全面崛起。与此相适应,中国需要有一个全球主义综合性的全球城市。也就是,在中国一批全球城市群集崛起过程中,可以预见,其中必定有一个将成为全球主义综合性的全球城市。当然,现在定论"花落谁家",可能为时过早。但从国内来看,目前能够同时具备全球性覆盖和功能综合性两方面潜质的城市并不多,相对来说,上海总体表现是比较突出的。

　　从世界城市网络连通性水平和覆盖范围来看,上海总体上呈迅速提升态势,点度中心度(与某个城市相连接的城市数量)目前已经排到全球第 7 位,除香港之外,在国内处于领先地位。表现更为突出的是,上海具有较高的特征向量中心度水平。特征向量中心度表明上海与外部联系紧密的那些城市是否也具有很高的连通性水平。根据国外专家所做的实证研究,上海全球尺度上的特征向量中心度比较高,更多地与世界城市网络核心节点的连接,特别是与伦敦、纽约这些城市的连接特别紧密,而北京更多地与香港、新加坡、亚太地区的城市连接紧密。

　　这种既有高水平的点度中心度,又有高水平的特征向量中心度的网络连接,正是全球主义取向的连接特征。尽管上海目前的全球主义取向连接,与纽约、伦敦相比尚有较大差距,但在国内城市中是首屈一指的。Taylor 的实证研究表明,即使与全球网络连通性排名世界第四位的香港相比,从网络连接的取向来看,上海的全球主义取向程度要高于香港,而香港更多的是与亚太地区城市的连接。[①]Taylor 等还比较研究了上海与北京的双城连接之间的主要地理区别,结果显示明显的不同。北京涵盖了除香港之外的所有太平洋城市连接(包括澳大利亚的两个城市),而上海更趋向于同广大美欧地区城市的连接。欧洲城市通常更紧密连接上海,多达 13 个城市,而连接北京的只有 6 个城市。美国前五大城市加上迈阿密(在美国排名第七,主要连接拉丁美洲)共 6 个城市偏好于连接上海;

---

① Taylor, P.J., 2006, "Shanghai, Hong Kong, Taipei and Beijing within the World City Network: Positions, Trends and Prospects", http://www.lboro.ac.uk/gawc/rb/rb204.html.

只有其他 4 个城市偏好于连接北京。在上榜的四个拉丁美洲城市中,有 3 个偏好于连接上海,其中圣保罗与上海有特别强大的连接。[1]因此,上海目前全球网络连通性已表现出明显的全球主义取向,呈现网络连通的全球性覆盖发展态势。

从网络连通性的种类尺度来看。在广义功能(包括经济、政治、文化等)综合性方面,上海在政治方面的网络连接与北京有较大差距。世界上政治维度的首都城市更倾向强烈连接北京(如华盛顿、布鲁塞尔、马德里、莫斯科等),而上海双城连接中趋向于更多经济维度下的全球城市,显示了全球商务功能的战略地位。但上海拥有的跨国组织(TO)数量在国内是排第二位的,且与其他城市远远拉开了距离。从结构上看,上海的差距主要在于综合性 TO(大使馆和领事馆)上,北京有 381 家,上海只有 153 家。在外国商会方面,其差距并不大,北京和上海分别为 20 和 15 家。在当前的全球治理体系中,除了正式外交网络外,国际组织、非政府组织、民间外交等非正式外交网络的作用越来越大,非政治首都的城市只要具有这些非正式外交网络的大量机构,同样可以在全球治理中承担重要角色。尽管上海不是政治首都,但这并不影响其吸引更多非正式外交网络的 TO,向广义功能综合性方向拓展,犹如纽约等城市那样。在狭义(经济)功能的综合性方面,上海明显占优,特别是上海的多样性连接特征十分明显,集国际金融中心、贸易中心、航运中心、经济中心于一身,既有门类齐全的金融市场体系、各种贸易投资平台,又有大量跨国公司地区总部、外资投资性公司、外资研发中心,还有大量各种类型的专业服务公司等。Taylor 的实证研究表明,上海的金融全球网络连通性排名世界第 7 位,法律排名第 11 位,广告排名第 8 位,会计排名第 14 位,管理咨询排名第 23 位。[2]

从综合评估看,上海已经是国内全球主义取向连接最高水平的城市,在连接种类上也具有综合性倾向,尽管其内部尚不均衡,但总体上讲上海具有较强的全球主义取向和功能综合性发展的潜质。而且,与其他全球城市不同,上海除了服务经济发展外,还保留着先进制造业,并促进先进制造业与现代服务业的融合发

[1]　Taylor, P.J., et al., 2014, "City-Dyad Analyses of China's Integration into the World City Network", *Urban Studies*, 51(5), 868—882.

[2]　Taylor, P.J., 2011, "Advanced Producer Service Centres in the World Economy", in Taylor, P.J., P. Ni, B. Derudder, M. Hoyler, J. Huang and F. Witlox, eds., *Global Urban Analysis: A Survey of Cities in Globalization*, London: Earthscan, 22—39.

展。这意味着上海未来不单纯是服务经济功能的综合性发展,而是工业经济与服务经济立体功能的综合性发展。国家在上海设立中国(上海)自由贸易试验区,进一步推进金融等服务领域开放和加快人民币国际化进程,也将增强上海全球主义取向的网络连通性和基于经济功能的综合性特征。由于上海经济功能的网络连通性已有较好基础,在某种程度上也可以腾出更多资源拓展非经济功能的全球网络连接。更主要的是,适应经济、科技、文化融合的城市发展趋势,上海也需要经济功能与非经济功能网络连接的均衡发展,构建良好的投资、运营的生态环境。随着上海加快建设具有全球影响力的科技创新中心和国际文化大都市,在文化、艺术、科技、教育、城市治理等方面的国际交流和全球网络连接也有较快增长,越来越多的国外机构和国际非政府组织进入上海,增强了上海网络连接功能综合性发展态势。

2. 高流动战略性全球城市

全球城市的功能,在于全球网络连接功能,主要表现为位置的战略性程度和网络的流动性程度,两者不同的组合构成不同的全球城市类型,其中位置战略性程度最高和网络流动性程度最高的是高流动战略性全球城市。这类全球城市在功能上不是一般的全球资源配置功能,而是在全球资源配置中处于战略性地位的流动性控制与协调功能,从而其"全球—地方"的垂直联系更紧密,非本地关系更强大,城际水平联系更广泛、更持续地相互作用,并将通过城市网络全面融入区域、国家和全球经济的各个层面中。融入区域层面,通过其将各区域连接成为一个有机整体,进行高度的地区交流与合作,包括高度发达的资本、信息以及人力资源流动,与其毗邻的周边城市形成强大的内在联系,并全部整合在全球经济体系之中。融入国家层面,通过其将国内市场与国际市场连接起来,将国内更多的地区与城市融入经济全球化进程。融入全球层面,通过其将世界各地的城市连接成为网络化关系,成为新型世界体系的空间表达。

从目前的发展基础以及发展态势看,上海作为战略性地方的位置性和流动性程度已有相当出色的表现。一些实证研究表明,上海在战略性网络连接中排名第11位。从战略性办公室数量来说,上海达23个,只比纽约、伦敦少了2个,超过排名在前的巴黎、香港、新加坡、东京等城市。当然,上海每一战略性办公室连接水平较低(261.70),与纽约(438.04)、伦敦(372.64)、新加坡(360.35)等相比有较大差距。[①]其主要原因在于,上海拥有的更多的是跨国公司地区总部(而不是真正的公司总部),而具有较大战略性的律师事务所、管理咨询公司等功能性机构相对较弱。全球网络连通性前20名城市的前40个双联体情况考察结果表明,上海有8个双联体城市伙伴,比排名第一的纽约少2个,比伦敦少1个,与香港持平,排名第4位。而且,上海的双联体连接中,更多的是全球网络连通性前20名的城市(11个),包括伦敦和纽约。[②]这说明上海趋向于以一个更集中的城际连接模式构成其全球网络连通性,具有特别是与一些主要城市连接的特征,比一般融入网络中更具有战略性的地位。如果从双联体连接性的变化态势看,上海处于动态增长。2000—2010年间,在所考察的双联体城市中,伦敦与纽约之间的连接增长是下降的,为-12.65。而上海的增长最大,其中与北京的连接增长达69.40%,其次与纽约和伦敦的连接增长变化分别为38.84%和37.91%。[③]这清楚地显示,上海在全球城市网络中的战略化程度越来越高,类似于纽约相对更加战略化。

然而,上海在网络战略位置性的程度还有一定的结构性缺陷。从点度中心度的内部结构看,上海目前主要是入度的中心度较高,也就是外面进来的全球公司、跨国公司带来的网络连接程度较高,但出度的中心度偏低,也就是本国跨国公司到境外所带来的网络连接程度较低。这表明上海对海外跨国公司有很大吸引力,各种各样的机构纷纷集聚到上海;但是缺乏对外的强大影响力。从未来发展态势看,上海连接功能的流动性程度和位置战略性程度将进一步强化和提高,其主要基于上海作为连接世界经济与中国经济的纽带和桥梁。一方面,随着世界经济重心东移和跨国公司供应链"近岸"布局的重大调整,跨国公司地区总部的战略重要性趋于增强,而上海已集聚了大量跨国公司地区总部无疑将提升其战略性位置程度。与此相配套,具有较大战略性的律师事务所、管理咨询公司等功能性机构也将加大在上海的集聚。另一方面,随着中国大国经济崛起以及"一带一路"建设的推进,有更多中国企业"走出去"设点和海外并购,也将借助上海

---

①　Taylor, P. J. , B. Derudder, J. Faulconbridge, M. Hoyler and P. Ni, 2014, "Advanced Producer Service Firms as Strategic Networks, Global Cities as Strategic Places", *Economic Geography*, 90(3), 267—291.

②③　Taylor, P. J. , 2014, "City-Dyad Analyses of China's Integration into the World City Network", *Urban Studies*, 51(5), 868—882.

国际金融中心、贸易中心和航运中心以及科技创新中心的全球网络平台,把其总部功能转向上海,特别是中央国有企业很可能采取"双总部"策略,把市场运营的总部功能放置在上海。这些都将使上海与世界更多城市间建立起网络连接,提高其流动性程度,同时大幅度提升上海战略位置性程度,强化与世界一流全球城市的连接,特别是与发达国家一流全球城市的紧密连接。

因此,从基于连接功能的类型划分看,上海未来全球城市演化将是高流动战略性全球城市的战略目标愿景,即以控制与服务全球资源流动与配置的中枢功能为核心,集广泛多样的全球资源大规模流动与配置平台为一体,通过集聚一大批具有控制与协调功能的跨国公司和全球公司总部,特别是本土的跨国公司和全球公司总部,在全球资源配置中引领和主导全球资本、信息、商务服务、高端专业人才等要素汇聚和流动,并成为全球创新思想、创意行为、创业模式的主要策源地,在全球治理和国际事务协调中发挥重大作用。

3. 门户枢纽型全球城市

全球城市总是处在一定的网络关联结构中,表现为世界城市网络中的一个多维位置状态,其暗含着在世界系统中扮演的不同角色。基于枢纽型的递归中心性位置与基于门户型的递归权力性位置的不同组合,构成基于关联结构的全球城市类型。从目前发展基础和发展态势来看,上海在全球网络连接中,既有枢纽型城市特征,同时也有门户城市特征。然而,其对应的空间尺度有所不同。

从全球空间尺度看,上海对全球的接近中心度(即城市互相之间接近的距离)比较高,更具枢纽型城市特征,处于递归中心性位置,其表现为强大的集聚和扩散能力,形成大规模的经济流量。上海不仅与亚太地区城市有广泛连接,而且与欧美发达国家主要城市(纽约、伦敦等)有较强的连接。这个指标表明上海对外部网络分享资源的能力比较强。然而,在同样的全球空间尺度上,上海的中介中心度(也就是一个城市作为中介,有多少城市要由此进行周转的程度)较低,门户(通道)作用相对较小,似乎不具有很强的对国外城市资源流动指挥和控制的可能性,不像纽约、伦敦那样国外城市资源流动须经由其门户方可进入世界市场。上海在这方面的差距,主要是因为缺乏全球价值链管控功能以及基于"出度"的全球连接。也就是,上海在高端的中介中心度方面较低,比如财务方面的结算、清算等,而在低端的中介中心度方面较高,比如交易订单、物流配送等。这个对比表明上海有较大的经济流量规模,但是经济控制力不足,作为全球门户

(通道)的作用有限。

从国内空间尺度看,上海不仅具有枢纽型城市特征,更具有门户城市特征。也就是,国内城市往往要通过上海这一门户进入全球资源流动,从而对其有较大的影响力(权力)。历史上,上海由于沿江临海的特殊区位,天然就是一个重要门户城市。改革开放以来,随着中国大量引进外国直接投资和出口导向发展模式主导,上海的门户作用进一步增强,成为国内城市连接世界经济的重要通道之一。例如,从国际航运的集装箱运输来讲,长江三角洲地区作为其直接腹地是最主要的集装箱运输生成地区,包括进出近洋与远洋的集装箱生成量;长江流域(不包括长江三角洲)作为其第一间接腹地,包括四川、湖北、湖南、江西、安徽等省及重庆直辖市,通过上海港中转的货物每年达到 1000 万吨;其他沿海省份作为其第二间接腹地(或潜在腹地),包括北面山东省的青岛、江苏省的连云港,南面福建省的福州、厦门港的进出的远洋集装箱。

因此,尽管上海既有枢纽型城市特征也有门户城市特征,但目前分别对应于不同的空间尺度,说明其在关联结构中并不是真正的高中心性和高权力性。但有这两种特征的基础存在,说明仍具有朝着这一方向进一步演化的可能性,或者说增大了这一演化的可能性。从未来发展看,这一演化可能性将有条件地予以实现。其中,有三个主要变量在起作用。(1)随着中国的跨国公司或全球公司的发展,特别是借助上海"走出去",除进入欧美发达国家外,还将进入非洲、拉丁美洲等发展中国家,特别是"一带一路"沿线国家和地区进行海外投资。与这些国家原本连接不良的城市建立起新的连接,意味着专注于打造战略联系。因为加强资源集中的可能性(即中心)需要与连接良好的地方建立新的连接;而提高指挥和控制的可能性(即权力)则需要与连接不良的地方建立新的连接。这将大大提升上海在关联结构中的高权力性,发挥全球门户的作用。(2)未来 30 年,一个新变化将是国内有相当一批城市进入全球城市行列,其与上海连接的性质也随之变化,从而将改变上海面向国内城市门户作用的性质,转换为更多面向全球的门户作用。事实上,纽约的全球性连接约有 60%—70% 是与国内的全球城市连接,从而凸显其全球门户作用。(3)最重要的是,人民币国际化,进而成为举足轻重的国际储备货币之一。上海建成与中国经济实力以及人民币国际地位相适应的国际金融中心,是以人民币产品为主导的全球性人民币产品创新、交易、定价和清算中心。未来 30 年,一旦人民币与美元、欧元一并成为国际三大货币,在国际货币体系中形成三足鼎立之势,上海必将成为世界银行业和金融业别无选择的经由这一金融中心的地方之一,从而凸显其全球门户的重要地位。

因此,从基于关联结构的类型划分看,上海未来全球城市演化趋向于全球门户枢纽型城市的战略目标愿景。届时,上海作为高中心度枢纽型城市,既有大量直接连接,也有来自更遥远的间接连接,从而强力吸引各方资源要素汇聚,并有效扩散到世界其他地方。同时,上海作为"高权力"门户城市,又能将连接延伸到那些很少有连接性的城市,使这些城市通过其唯一的门户(通道)接入世界城市网络,从而控制和影响网络中某些部分的要素流动。这将意味着未来在世界城市网络关联结构中居于"双高"地位的上海,作为全球化的主要前哨站,具有资源集聚/扩散以及资源流动控制的结构性优势,不仅为本城市中的行动者(如跨国公司、政治领袖、文化组织、社会运动)的战略和创新提供更大机会,而且为其他城市中的行动者进入全球市场提供更有效的路径。

16.2.2 卓越的全球城市

上述从不同维度提出的上海全球城市目标愿景类型有各自的特定含义和侧重点,但它们不是截然分开的,实际上有一定的交集或统一性。首先,它们都基于全球网络连接,作为关键性的网络节点。其次,它们均为各自全球城市类型演化的最高级别。这意味着它们在网络中对外连通的范围、频率、强度以及种类都是最强大的,在连接功能上的位置性和流动性上处于高端,在网络关联结构上的中心性和权力性是最强的,从而所起的作用是最大的。再则,基于以上条件,它们都表现出对全球资源流动与配置的战略性功能作用,即影响和决定全球资源流动尺度、主要流向、配置重心、配置方式的功能。最后,与全球资源流动与配置战略性功能作用相配套,它们必定具有全球综合服务功能。因此,我们将在此基础上,通过多元目标取向的汇总和一体化处理,进一步提炼出"上海2050"战略目标定位。

从其统一性来看,在这三种全球城市类型中能够同时达到最高水平的城市,必定是具有全球重大吸引力、创造力和竞争力的全球城市。我们可以把基于全球城市类型特征三种目标愿景高度统一性的城市称为"卓越的全球城市",犹如现实中的纽约、伦敦等全球城市。也就是说,我们在解读"上海2050"卓越全球城市的战略目标愿景时,必须从全球主义综合性、高流动战略性和门户枢纽型等方面深刻理解其内涵。否则,卓越全球城市的战略目标愿景将是毫无根基、空洞无物的概念"游戏"。

卓越的全球城市,如果要定义的话,那么其核心内涵就是具有全球资源流动与配置的战略性功能。未来 30 年,上海迈向卓越的全球城市,所表现出来的基本特征是:(1)具有全球资源流动与配置的广泛吸引力,影响和主导全球资源的流量及配置范围。这是上海在全球资源流动与配置中基于网络外在连通性的集中表现。(2)具有全球资源配置的强大创造力,影响和主导全球资源的流向及配置方式。这是上海在全球资源流动与配置中具有内在活力、创新力的集中表现。(3)具有全球资源配置的高效竞争力,影响和主导全球资源的流速及配置效率。这是上海在全球资源流动与配置中具有自身良好品质的集中表现。这"三位一体"的基本特征是相互联系、相互支撑、缺一不可的。

1. 更为开放互动的连通之城

卓越的全球城市必定呈现高度全球网络连通性,具有强大的吸引力。这是其核心内涵和基本特性。这种高度的网络连通性,基于其高水平和全方位的开放互动,不仅带来生活在不同经济环境,具有不同文化、不同行为规范、不同处事方式的各类经济主体之间的互动,也带来更多经济主体之间的交流以及更为复杂和不确定的交流,从而成为一个城市进入全球城市网络和上升为主要节点城市的强有力成因。这种不断积累的过程,则引发了一个有利于提升城市网络节点稳定性的锁定机制。同时,高水平和全方位的开放互动,不仅带来大量近距离的交流或流动,更是促进远距离的交流或流动,这意味着更大范围和更大规模的资源要素流动与配置。因此,这也构成卓越全球城市拥有全球资源战略性配置功能的前提条件和明显标志。

上海作为卓越的全球城市,其更为开放互动的连通集中体现在:(1)世界城市网络的关键性节点。全球取向的网络连接范围,不仅向发达国家和地区延伸,而且向广大发展中国家和地区延伸,特别是向"一带一路"的沿途国家和地区延伸。立足于战略性位置的网络连接,特别是与发达国家卓越全球城市的紧密联结。综合性的全球网络连接,不仅是投资、贸易、金融等方面的全球网络连接,而且也是科技、教育、体育、文化等方面的全球网络连接。具有相当密度和流动频率的网络连接,形成较大的流量规模。(2)中国及发展中国家连接世界的重要枢纽与关键门户。依托海港、空港及其集疏运体系和互联网的强大能力,提高通关便利化水平,成为货物、人员、信息高密度流动的集散中心。在国家"一带一路"建设中发挥支点作用,成为发展中国家企业进入全球市场的主要通道。通过增强上海对内对外两个扇面的辐射能力,发挥中国接轨世界和世界连接中国的重要中介角色,充当中国企业"走出去"的战略基地。(3)长三角全球城市区域发展的核心平台。通过全球城市空间扩展过程融入区域发展,在相互"借用规模"效应基础上,形成基于紧密网络联结的长三角全球城市区域或巨型城市区域,充分发挥同城效应,促进协同发展,引领长三角世界级城市群发展。

2. 更具创新活力的繁荣之城

卓越的全球城市必定具有源源不断的内生创造力,呈现充满生机、欣欣向荣、蓬勃发展的繁荣景象。这是其内在的规定性和基本表征。这种城市繁荣发展基于其内在迸发和不断涌动的强大创新活力,通过不断推陈出新、新旧更替而超越商业周期性法则支配和基于产业生命周期支撑的局限,从而得以持续保持和实现新的飞跃。这种城市创新活力,通常由选择环境变化所诱导,但更来自行为主体基于智力的活跃程度和创造力。激发行为主体的创新冲动和创造力发挥,需要富有挑战性的环境和崇尚和谐的氛围。这意味着要主动打破超稳态,制造失衡的危机感,创造更多的发展机会,让各种新奇不断普遍涌现,同时又有系统性的激励以及可行有效的协调,从创新无序走向创新有序。这种强大创新活力带来的不是生物学中的突变(类似于创新),而是持续不断的高速创新,具有不受限制的智力演化的特征;同样,也不是对选择环境新变化作出被动反应的一般创新,而是基于城市心智演化的对选择环境变化作出积极反应,并能主动改变其选择环境的创新。另外,这种强大创新活力表现在经济、科技、文化、社会、生态、政治等多领域,市场、企业、社会组织、城市治理等多层次,且相互作用、融为一体。

上海作为卓越的全球城市,其更具创新活力的繁荣集中体现在:(1)广泛而活跃的全球资源战略性配置。全球公司、跨国公司及种类功能性机构的高度集聚,全方位、多层次功能性平台上的全球密集交易,各类资源要素的大规模全球流动,以及众多进入全球市场的机会提供和无缝衔接的服务。(2)全球科技创新策源和引领。具有联结广泛、高中心性的全球创新网络,基于创新资源全球流动的高度集聚和有效配置,基于强大自主创新能力的广泛国际交流与合作,良好的科技创新环境和完善的科技服务体系,引领科技前沿的创新成果持续涌现,科技产业化应用富有成效。(3)全球多元文化交汇。广泛、密集的国际文化交往,全球多元文化的汇集与交融,具有全球认同感的文化传播力,充分展示国家文化软实力,富有深厚的城市历史文化内涵,一批具有国际影响力的城市文化地标,兼具国际时尚与东方底蕴的城市文化形象。(4)全球治理倡导与推进。中国参与全球治理的重要平台之一,各种国际组织和非政府组织办事机构集聚,包括世界城市日等重大事件活动的常设机构入驻,具有正式和非正式对话机制,形成一些有国际影响力的世界性论坛、国际会议,开展一系列全球治理内容的重大活动。

3. 更富魅力的文明之城

卓越的全球城市必定成为新一代文明的典型代表,具有引领与广泛传播新一代文明的强大竞争力。这是其代表历史进步和城市发展的一个重要标志。全球城市作为新一代文明的典型代表,更多体现的是网络文明。追求以人为本、创新、和谐、合作共享、绿色等发展理念,注重互联互能的网络构建,强调多元主体共同参与和协同;更加注重基于网络化的可持续发展,相应地延伸出集约、智能、绿色、安全等发展倾向;更加重视基于网络联结的城市群支撑作用和区域协调发展的力量。

上海作为卓越的全球城市,其更富魅力的文明引领与传播集中体现在:(1)基于网络化的生态新都。改变传统的生态文明观念,在网络化的基础上实现人与自然的和谐,推动低碳减排的示范引领,锚固水绿交融的自然生态格局,引导集约紧凑的空间结构,构建绿色环保的交通体系,倡导绿色出行,等等,成为高密度超大城市可持续发展的典型城市。(2)高效互联的智慧之城。移动互联网、大数据、云计算、物联网等普及运用,信息化与城市化的高度融合,建立健全智慧城市运行管理体系,普遍实行智能交通、智慧教育、智慧医疗、电子政务、智慧公共服务、智慧社会管理、智慧园区、智慧社区等,呈现知识社会创新 2.0 环境下的城市形态。(3)多元活力的和谐城区。以促进人的全面发展为基本出发点,形成更加便利舒适、充满关怀的人居环境,具有多元活力的环境品质,高效运作的公众参与制度,通畅的利益诉求渠道和有效的协商机制,多元复合的和谐社区,具有不断增强居民的幸福感、认同感和归属感的社会和谐。(4)保障有力的安全城市。强有力的产权保护和人身财产安全保障,良好的社会治安与公共秩序,完备的城市生命线系统的风险防范能力、应急能力和恢复能力,切实可行的城市运行安全保障。

16.3　全球城市的核心功能

全球城市作为各种要素流动达到全球意义的促进者,并不是执行相同的系列活动,也不是在提供全球影响力的所有功能中承担相同的分量,而是依据其在世界城市网络中的地位拥有自己特定的核心功能。这种全球城市核心功能的基本功效(作用)是不变的,但其内涵随着时代变迁将会有新的充实和调整。依据"上海2050"全球城市演化的目标愿景以及未来全球城市功能内涵的新变化,我们分析与之相适应的上海全球城市核心功能。

16.3.1　基于卓越全球城市的功能定位

上海未来作为卓越全球城市的目标愿景,内在规定了其城市的功能定位。尽管随着时间推移全球城市功能的内涵会发生新变化,但其核心功能与卓越全球城市的目标愿景始终是具有对称性的。因此,我们基于卓越全球城市目标愿景的要求来分析上海未来城市功能定位。

首先,作为一个全球主义取向综合性的全球城市,要求具有全球吸引力和影响力的综合性功能,即不仅在经济方面要具有强大的世界网络连通性,而且在科技、文化、全球治理等方面也要具有广泛的网络连接。

目前,上海全球城市功能的构成虽然具有综合性特征,但总体上处于尚不健全的阶段,主要表现在以下三方面:(1)上海经济、文化、科技、社会等功能结构性发展不平衡,经济功能较强,其他功能较弱。特别是文化大都市、科技创新中心等方面的功能明显弱于经济功能。(2)经济、科技、文化的融合程度不高。不仅是全球城市,即便是一般城市,城市经济、科技、文化的融合也是一个大趋势、大方向。但上海目前还比较恪守传统的边界划分,缺少大量的跨界或者是边界模糊的创造创意活动,仍固守在产业链的角度来理解经济和产业发展,而没有建立在价值链基础上。如果立足价值链,很多经济活动都是跨界的,边界非常模糊。只有科技、金融、文化的深度融合,才可能创造出新业态、新模式,形成城市综合性功能。(3)上海对全球事务的参与程度才刚刚起步,一些有全球影响的大事件、重大活动相对较少,尽管上海也成功举办了世博会,但按照综合性全球城市标准，这个程度还比较低。另外，上海的国际组织较少，这使得上海在参与全球治理过程中的作用、地位、影响力较小。

其次，作为高流动战略性全球城市，要求具有充满创造力和全球引领力的高端功能。这种高端功能不仅有助于全球资源流动与配置的高效率，而且发挥创新与引领全球资源流向与重新配置的作用。

目前，上海全球城市功能的能级虽然迅速提高，但总体水平还不高，主要表现在以下几方面：(1)上海尚未真正成为中国企业"走出去"和连接"一带一路"的桥头堡，对外"出度"连接程度较低。(2)上海对外开放比较充分，但创造活力不足。上海具有开放的天性，从20世纪30年代开始，除了传统计划体制下强制性的封闭体系以外，这个城市本身带有开放的天然属性，擅长海纳百川，善于交融汇合，但容易受到规则束缚，习惯于安稳。(3)上海城市"硬件"条件较好，但软件方面较弱，特别是人力资本、文化软实力、服务水平、生态环境、城市形象等方面，还不足以支撑高流动战略性的高端功能。全球城市的高端功能更大程度上依赖于良好的"软件"，而不是"硬件"。

最后，作为门户枢纽型全球城市，要求具有全球广泛、自由、便捷、高效连接的融汇功能。这种融汇功能不仅基于发达的基础设施，更多的是基于开放式的交互，遵循国际通用惯例，按照多边、双边或区域、跨区域投资贸易协定的标准处理各种事务；基于较普遍的共同参与、协商共治的交互方式，按照制度化的框架协调社会经济活动中的相互关系；基于共享、共赢的交互作用，充分发挥各类参与者的积极性和潜能，实现社会效用最大化，满足各类参与者的不同需要。

目前，上海全球城市的融汇功能虽然日益强大，但与门户枢纽型全球城市的要求相比，尚有较大差距，主要表现在以下方面：(1)在市场准入、监管、税制、法制等方面，与最高标准的国际惯例相比，尚有较大差距。当然，上海自贸试验区的制度创新正在缩小这方面的差距。(2)尽管上海城市管理比较有序，但现代化的治理体系和治理能力尚未真正成型和成熟，政府职能转变有待深化，公众参与度有待进一步提高，社会组织有待发育成长。(3)行政边界的痕迹较浓，特别是融入长三角全球城市区域或巨型城市区域的程度还不够高。然而，上海全球城市的融汇功能恰恰是基于长三角全球城市区域或巨型城市区域，不可能是以上海市域边界为基础的。

16.3.2 卓越全球城市的核心功能

按照卓越全球城市"综合、高端、融汇"的功能定位,上海未来的城市核心功能将发生重大变化。当然,核心功能与非核心功能是相对的,而且非核心功能不是不重要或可有可无的,城市核心功能的发挥往往要借助于非核心功能的配合。我们在这里指出的,只是随着上海迈向卓越的全球城市,其核心功能可能发生的变化。为此,在综合分析的基础上,我们提出上海卓越全球城市若干可能或可供备选的核心功能。

1. 全球科技创新策源功能

未来30年,全球创新网络(GIN)将成为全球生产网络之外连接全球的全新网络体系,形成经济要素与创新要素"双重网络叠加"的格局。上海在向综合性全球城市的演化中,将衍生出全球科技创新策源的全新功能,成为具有全球影响力的科技创新中心,引领全球创新及其资源有效配置。也就是,上海作为全球创新网络的主要节点,强调广泛的全球连通性,通过建立更广泛的对外交流与互动的平台,发挥其与外界创新资源交流、交互及诱导有效配置的作用。

上海建设具有全球影响力的科技创新中心,作为全球城市的新功能,意味着在此过程中要根据全球城市的全球资源配置功能及其空间结构特点(有限的地点空间承载着无限的流动空间),充分发挥全球城市基于网络连接的综合性资源流动和服务功能的优势。这就要求塑造基于科技、经济、文化高度融合,技术创新和服务创新之间互动交融,集创新、创意、创业于一体的全球科技创新中心,不仅在原有产业部门涌现大量技术创新,也涌现大量跨界或边界模糊的新技术、新产品、新产业,并不断创造新供应链、新业态和新商业模式,而不是狭义的全球知识中心、科技成果创造与转化中心等类型。同时,要求在全球城市广泛网络连接基础上形成参与主体多元化、创新资源跨界流动与配置、创新项目全球合作、创新技术迅速扩散与融合的现代科创中心模式,作为全球科技创新网络的核心节点,以更为开放灵活的方式及路径实现动态化、空间跳跃式、模块化、并行式、交叉式的科技创新,从而与相对封闭的自行研发、自产成果、自我转化的传统科创中心模式相区别。另外,要求以价值链为纽带,高度聚集创新资源,形成创新集群化与扩散化态势,在空间分布上呈现"小集聚、大分散""交织型、嵌入式"格局,促进"大学校区、科技园区、公共社区、城市街区"融合、空间重合和功能综合的发展,构建以"硅巷""硅盘"为特色的创新城市模式。

2. 全球价值链管控功能

随着经济全球化进程的不断深化,特别是跨国公司快速发展及向全球公司演变,资源要素全球化配置不仅日益突出和重要,而且促进各种投资、贸易、金融、产业活动的有机整合,越来越集中体现在全球价值链网络化运作上。上海全球城市发挥全球资源战略性配置作用,将集中体现其具有强大全球价值链管控的核心功能上。

上海的全球价值链管控功能,首先在于作为全球价值链主导者与推动者的机构大量集聚,并通过其直接的或交叉的全球价值链治理才能体现出来。全球城市中这些主体机构集聚的规模(数量)越大,表明对全球价值链的管理与控制能力越强。从另一个角度讲,上海的全球价值链管控功能也就是价值链要素的专业化配置功能,集中表现为资金、商品、信息、服务、人才等资源要素通过节点城市在世界范围内大规模、高频率的流动,导致价值链中不同活动的区位多极化分布。因为不管是由上游位置还是由下游位置的领头公司所构造和规定的不同类型价值链条,总是由核心种类生产要素来管控其他种类要素,在治理结构中处于主导地位。因此,上海的价值链管控功能集中在某些基于核心生产要素的特定活动上。另外,上海的价值链管控功能还体现在具有强大的网络辐射功能,实现全球价值链之间的互补优化,提高生产的效率与资源的合理化配置。

3. 全球资本与财富管理功能

尽管我们在上述全球价值链管控功能中也涉及与产业链直接相关的金融活动,但金融作为经济活动的核心,有其自成体系的独特运作方式,且不断处于升级发展过程中。因此,尽管与全球价值链管控功能有交集,我们还是把金融单独作为上海未来全球城市的一个核心功能。另外,从当前及未来发展态势看,国际金融中心的形态与功能将进一步发生变化,财富管理功能将日显突出和重要。面向未来30年,上海国际金融中心建设,除了定位于全球人民币中心外,自身有一个不断升级发展的过程,特别是在成为资本市场中心后将增强全球财富管理功能。

全球财富管理功能是依托国际金融中心衍生出来的新型城市功能,主要体现在全球范围内的资产管理、配置与控制,从而影响全球资本流动的方向与分布。因此,衡量全球财富管理中心的重要指标,不再是资产交易规模,而是资产管理规模。这是一个流量指标,用以度量城市可支配和可控制的资产规模,特别是离岸资产规模与结构,包括资产的来源结构与投资结构。全球财富管理的基本内容,是为各种机构和个人进行全球范围内的理财投资和资产配置,使所拥有的财富保值增值成为其首要考虑事宜,并对财富的增值目标做出相应的全球战略决策。也就是,在深刻理解客户群的特征和需求的基础上,对各客户群进行高度差别化的价值定位,扩大金融服务产品的差异化,有针对性地提供专营经纪人信托工具、私募基金、联合投资基金以及一揽子保险计划(同合作伙伴联手)等定制金融产品,理财教育、一站式金融顾问服务和各种全权理财计划等顾问产品,专属俱乐部权利、紧急援助服务及全天候娱乐休闲活动等专属生活方式的特色产品,以满足不同特征群体的个性化需求,尤其是高净值群体对人的个性的全面发展的需求。全球资产配置和风险规避是全球财富管理的重要特征之一。其管理理念在于财富的长期规划、资产的科学管理、负债支出的合理安排以及财务风险的有效规避,通常提供财富保护、可投资资产保护、财富积累和可称之为"日常生活"财富的零售提供等四个相关的一般功能。尽管全球财富管理是为各种机构和个人进行全球范围内的理财投资和资产配置,并以资产管理规模为重要指标,不同于传统资本市场、货币市场、衍生品交易市场的资产、货币、衍生品交易,但它是以完善的金融体系、成熟的资本市场、发达的金融工具为前提条件的,必须借助于各种市场平台进行操作。而且,虽然全球财富管理会应运而生一些新机构,但绝大多数是原有金融机构的业务转型或拓展,形成专业机构投资者的分工细化,有各自的目标客户群和业务范围,运用不同的金融工具组合,也有部分的类似与交集,但相互连接和作用形成一个整体。

4. 全球投资贸易枢纽功能

这一功能与全球价值链管控功能有较大的交集,特别是跨国公司投资通常以全球价值链为基础,或构建全球价值链,因此将其纳入全球价值链管控功能也是可以的。但如果考虑到目前迅速增长且比重越来越大的主权基金投资,其与跨国公司投资的目的及方式有所不同,而且这种主权基金投资带来的贸易可能与跨国公司产业内贸易、企业内贸易也有所不同。同时,考虑到上海作为门户枢纽型全球城市,所承载的全球投资贸易流量也将是巨大的。因此,将其单独列为一种功能也未尝不可。

5. 全球文化融汇引领功能

现代社会中,城市成为文化传播的主要空间,全球城市在文化传播中的融汇引领作用更为突出,尤其成为卓越全球城市的必备功能。上海全球城市演化中增强全球文化融汇引领功能,有其历史必然性和现实逻辑性。

上海作为卓越全球城市的全球文化融汇引领功能,体现了全球城市对"文化繁荣是发展的最高目标"的追求,并反映在全球城市具有鲜明的文化特征及文化品格的共性上。这种全球文化融汇引领功能,具体表现在文化汇聚力、文化交融力、文化创造力、文化影响力等方面。特别要指出的是,与传统文化大都市不同,全球城市的文化融汇引领功能是基于全球文化网络并通过网络传递与扩散实现的。这种全球文化网络在空间上基于城市关联,其文化流动是通过其相应文化机构和公司的跨国流动与跨国经营实现的。这种全球文化融汇引领功能必须基于各种功能性平台,不仅要有自身的文化特色,还要在文化交流中提高自己的国际知名度,并最终成为重要的文化策源地。

6. 全球人才流动集聚功能

全球城市是全球化所带来的全球知识集聚与流动不断扩展和复杂化的重要载体,不仅仅是"不成比例地吸引具有指挥和控制全球经济的组织及其支撑的专业服务机构",而且继续"吸引才华和雄心勃勃的人,然后仅仅因为这个……仍然是独特创造力的熔炉"。[1]这内在规定了全球城市特有的人力资本禀赋,并赋予其全球人才集聚与流动的鲜明特征。当然,这种全球城市人力资本禀赋不是"自然"和静态的,而是动态变化的,以类似流体的方式聚合、开放和不断变化,按照新环境和优先顺序来重塑其地理分布。也就是,全球城市的人力资本禀赋由历史决定的,但也被打开的承担流动捷径"虫洞"的当代实践所强化[2],大量熟练和专业劳动力通过"虫洞"流入与集聚。因此,全球城市人力资本禀赋存在于流动性中,同时也显现出强烈的流动与集聚特点,特别是高技能人才将面临"流动性"的重大转变,越来越呈现"环流"的基本形式。

上海促进全球人才流动与集聚,既要有一系列"高地"的深厚物质基础,又要

① Hall, P., 1998, *Cities in Civilisation: Culture, Innovation, and Urban Order*, Weidenfeld & Nicolson, London.

② Sheppard, E., 2002, "The Spaces and Times of Globalization: Place, Scale, Networks and Positionality", *Economic Geography*, 78, 307—330.

有广泛连接的全球人才网络。只有这样,才能对全球人才环流产生强大的吸引力,通过上海这个节点可以直接将全球、国家、区域乃至本地不同层面的人才资源迅速地汇聚起来,也迅速地扩散到网络的各个节点,使人才资源的集聚与流动空间更加压缩化、扁平化。这将使上海成为其他城市联通全球人才网络的中介或门户,成为全球人才流动的集散地和中转站。其结果,其他城市对上海枢纽节点的相关性、依赖程度提高,形成强大的人才网络向心力。这意味着上海全球人才服务功能的增强,对其他城市和地区的影响力更加强烈,发挥更大的全球人才资源配置作用。

上述作为一种远期展望的核心功能,显然与当前或近期上海既有的城市核心功能有较大差别,可能两者之间也并不是简单的直接置换或升级,而要经历一系列中间性功能转换的过渡,但其中至少显示了上海全球城市核心功能升级转换的基本方向及路径。

16.4　用好"卓越全球城市"这块金字招牌

在中国进入中国特色社会主义新时代,开启全面建设社会主义现代化国家新征程的背景下,上海也迎来了新的发展目标和功能定位,将在2035年基本建成卓越的全球城市,到2050年全面建成卓越的全球城市。

全球城市作为全球化进程的产物,具有全球资源战略性配置功能,是城市发展高端形态的新范式。在全球城市网络中,只有少数一些城市才具有这种特殊功能,其作用和影响力远远超过一般城市。而且,全球城市通过融入区域一体化发展,在当今世界已成为代表国家参与全球竞争合作的重要单元。因此,卓越的全球城市是一块响当当的金字招牌。

上海建设卓越的全球城市,承载国家使命,将伴随中国实现中华民族伟大复兴的中国梦而承担起全球资源战略性配置的重任,成为"一带一路"建设及引领和主导全球化进程的重要战略基点。国家赋予上海建设卓越全球城市的全新定位,是厚望所寄,重任所托。我们要充分认识,上海建设卓越的全球城市,具有国家战略的重大意义,具有极高的"含金量"。接下来的问题是,上海如何充分用好这块金字招牌。

　　首先,上海要全力打造卓越的全球城市。这块金字招牌不是谁授予的,要全凭自己打造。否则,名不符实。但不能把它作为一般城市发展来打造,也不能只打造成更宜业、宜居的卓越城市,而要在增强全球资源配置功能上下功夫。这是全球城市区别于一般城市的根本所在。在建设卓越的全球城市过程中,打造全球资源配置功能是本质,"卓越"则是表明或要求这种全球资源配置功能是高能级水平的。这就要求我们对标国际最高标准、最好水平,结合新时代中国特色社会主义的国情进行探索和创新,充分发挥上海战略优势,增强核心功能,提升城市能级。全力打造卓越的全球城市,必须构筑"四梁八柱"。只有形成全球功能性机构(公司)高度集聚,全球市场平台高效运作,全球资源要素高能流量,全球创新创业高频显现的基本格局,才能具有全球资源配置功能。而要形成这一基本格局,必须改善营商环境,推进精细化城市管理,夯实发展基础;必须融入长三角一体化发展,在区域城市群中发挥核心城市作用,拓展发展空间;必须增强城市核心功能,疏解非核心功能,突出发展重点;必须转向高质量发展,打响城市品牌,提升城市能级。总之,上海要围绕全力打造卓越的全球城市,改革开放再出发,勇当新时代的排头兵和先行者,推进各项工作。

　　其次,上海要经营好全球城市这块金字招牌。国家给上海挂了这块"高含金量"的牌子,实际上是一个重要的无形资产。我们不能将其束之高阁,而要很好地经营这一无形资产,使其价值最大化。随着中国改革开放再出发,特别是推出大幅度放宽市场准入、创造更具吸引力的投资环境、加强知识产权保护、主动扩大进口等对外开放重大举措,上海要充分运用这块金字招牌抓机遇,争取获得更多先行先试的机会,争取有更多的重大举措在上海落地,提升市场平台的能级,促进更大规模的流量,创造更有利的创新创业环境。同时,上海也要充分运用这块金字招牌,增大对全球公司和外国企业的吸引力,更高层次、更高水平地吸引各类全球性机构入驻上海。上海建设卓越的全球城市,是一个全新的时代命题。我们不能简单照搬外国的经验和模式,而要探索和开创具有时代特征、中国特色、上海特点的全球城市发展新道路和新模式。这迫切要求我们通过相应的学术支撑、理论指导、决策咨询引导和政策研究储备,从实践中不断总结经验,对如何建设卓越的全球城市提出新的发展理念,推广新的发展模式,发出"中国声音""讲上海故事",掌握全球城市理论和实践的国际话语权,从而扩大上海影响力,增强城市软实力。

17 谨防过程中的"转型陷阱"*

从上海"十二五"规划正式提出"创新驱动,转型发展",至今已快十年时间了。经过深化改革开放,上海在动能转换、结构调整、功能迭代、空间重构等方面已取得显著成效。但这一过程仍在继续进行之中,并处在一个关键时期,面临"转型陷阱"的重大挑战。只有跨越这一"转型陷阱",上海才能真正巩固已取得的创新与转型成果,并站在一个新的高度顺利完成创新与转型。

17.1 创新与转型已取得显著成效

上海进入经济发展新阶段,便开启了创新与转型的发展逻辑。在上海"十二五"规划中,正式提出"创新驱动,转型发展"的主线和总方针。在整个创新与转型过程中,总体上呈现"有序、平稳、高效"的显著特征,与伦敦、纽约、东京在20世纪70—80年代城市转型中普遍出现大量公司倒闭、企业外迁、工人失业、财政赤字等"痛苦摩擦"形成明显反差,并在动能转换、结构调整、功能迭代、空间重构、导向变化等方面取得显著成效。

17.1.1 发展动能:资源和投资依赖转向创新驱动

2010 年,上海下定决心减少对重化工业、房地产、劳动密集型产业、投资拉

* 本章原为笔者主持的专题调研报告,刘乃全、王丹、刘学华、李鲁、戴跃华、张馨芳、斐梦迪等人参加了讨论与撰写。

动的依赖,把创新作为经济发展的新动能,贯穿于上海经济社会发展的各方面,以制度创新和科技创新突破难题,推动科学发展。通过"营改增"试点、自贸试验区建设等,形成了外商投资负面清单、国际贸易"单一窗口"、自由贸易账户、证照分离等一批基础性和核心制度创新,极大地释放出新的潜在动能。通过科创中心建设,大力发展新产业、新业态、新商业模式,创新创业活力大大增强。

近年来上海全社会研发经费投入不断增长,其相当于 GDP 的比例也逐年提升,从 2014 年的 3.58% 升至 2020 年的 4.1% 左右,高于全国平均水平(2.23%)。每万人口发明专利拥有量达到 60 件左右。上海光源等一批大科学设施建成,大飞机、"蛟龙"号深潜器等重大创新成果问世。在新旧动能转换中,上海全市生产总值从 2010 年的 1.7 万亿元增加到 2020 年的 3.87 万亿元,增长了 127.65%;人均生产总值增加了 94.92%。同期,全社会研发经费支出增长了 233.21%、社会消费品零售总额增长了 130.86%,而全社会固定资产投资仅增长了 65.74%。

由表 17.1 可知,各生产要素对上海经济增长的贡献发生了显著变化。资本存量的贡献率由 2010 年前的 34.5% 下降为当前的 26.6%,劳动力的贡献率由 18.2% 下降为 5.1%,而同时期人力资本的贡献率由 21.7% 上升为 35.9%,基于创新的全要素生产率的贡献率由 25.6% 上升为 32.4%。

表 17.1　上海不同时间阶段各要素对经济增长的平均贡献率　　　　　(%)

要素变量	1978—1990	1991—2010	2011—2018	1990—2018
资本存量(K)	47.4	34.5	26.6	29.7
劳动力(L)	26.1	18.2	5.1	12.4
人力资本(H)	5.6	21.7	35.9	30.3
全要素生产率(A)	20.9	25.6	32.4	27.6

资料来源:作者编制。

17.1.2　产业结构:"双轮驱动"转向以服务经济为主的现代产业体系

2010 年之前,上海呈现制造业和服务业并行发展、双轮驱动的明显特征。经过十多年的结构调整,已形成以现代服务业为主体、战略性新兴产业为引领、先进制造业为支撑的现代产业体系。

上海第三产业增加值占 GDP 的比重由 2010 年的 57% 提升至 2020 年的 73.1%,已经确立了服务经济的主导地位(见图 17.1)。新能源、高端装备、生物、新一代信息技术、新材料、新能源汽车、节能环保、数字创意等战略性新兴产业产值从 2015 年的 8064 亿元增长至 2020 年的 13931 亿元,占全市规上工业总产值比重从 26%提高到 40%。全市战略性新兴产业增加值由 2015 年的 3746 亿元增长至 2020 年的 7328 亿元,占全市生产总值比重从 15%提高到 18.9%。其中,战略性新兴制造业部分的增加值由 1673 亿元增长至 2960 亿元,年均增速12.1%,比同期全市工业增加值年均增速高 5.8 个百分点;战略性新兴服务业部分的增加值由 2073 亿元增长至 4368 亿元,年均增速 16.1%,比同期全市服务业增加值年均增速高 5.2 个百分点。2020 年,六个重点工业行业完成工业总产值23784.22 亿元,比上年增长 4.1%,占全市规模以上工业总产值的比重为 68.3%。三大重点产业不断集聚壮大,集成电路产业规模占全国比重超过 20%,生物医药产业科创板上市企业数量占全国总数 1/4,人工智能产业重点企业超过1150 家。

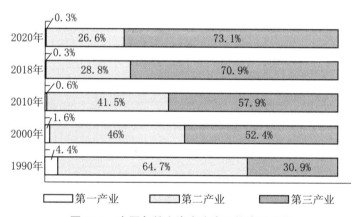

图 17.1 主要年份上海市生产总值产业结构

资料来源:根据《上海统计年鉴》数据编制。

17.1.3 城市功能:存量集聚转向流量配置

2010 年之前,上海作为"中心地",主要发挥资源要素的集聚与扩散功能,且集聚大于扩散。随着"四个中心"基本建成和科创中心基本框架形成,上海已逐渐由"中心地"转为全球网络的"节点"。

目前,已集聚了一大批全球功能性机构,在沪开展各种全球业务。截至2020 年末,上海共有外资机构 93264 家,是北京(32545 家)和广州(33540 家)的

3 倍左右,比深圳(68522 家)高出了 50%。截至 2021 年 6 月末,跨国公司累计在沪设立地区总部 802 家,外资研发中心 493 家。

同时,已形成了基于市场体系的门类齐全、多层次运作平台。目前,上海拥有各类交易所 20 个左右,覆盖从证券、期货到产权、技术、票据等各类产品。其中证券交易所和期货交易所的服务能力最强。截至 2021 年 9 月,上海证券交易所拥有上市股票 2030 只,总市值 7.83 万亿美元,居全球第 3 位(第 1 位为纽约证券交易所,总市值 23 万亿美元;第 2 位为纳斯达克,总市值 13 万亿美元)。上海期货交易所拥有铜、铝、锌等 20 个期货品种及 6 个期权合约,覆盖了工业生产的大部分大宗商品。2020 年,上海期货交易所成交 21.29 亿手合约,总价值 152.80 万亿元,在全球衍生品交易所中排名第 9。

上海作为全球网络的主要"节点",已形成广域化、大规模的流量。贸易流量方面,2020 年上海进出口总额高达 3.48 万亿元人民币,在全球城市中仅次于香港(折合 6.81 万亿元人民币)和新加坡(折合 4.73 万亿元人民币),在全球城市中排名第 3 位。2020 年,上海港集装箱吞吐量突破 4350 万标准箱,连续第 11 年领跑全球;机场货邮吞吐量、旅客吞吐量分别位居全球第 3 位和第 4 位。资本流量方面,2020 年底,上海金融市场交易总额超过 2200 万亿元,股票交易量高达 72 万亿元人民币,居全球第四。2020 年,上海在境外上市的企业总交易量高达 16 亿美元,在全球城市境外上市企业交易量中排名第 4 位。

17.1.4 空间格局:"单中心"转向"多中心"

在城市转型之前,上海具有典型的"单中心"且无序蔓延的空间格局特征。上海的城市中心在人民广场,坐标原点位于国际饭店。城市的空间圈层主要以外环线和内环线为界划分,内环线以内是中心城的核心区,面积约为 110 平方公里,占整个上海市域范围的 1/60;外环线以内是中心城,面积为 664 平方公里;外环线以外是郊区。经过十多年的调整,上海的城市空间得以重构。

通过虹桥商务区开发、外滩和陆家嘴 CBD 的整合、黄浦江两岸开发、世博园中央活力区建设、迪士尼国际旅游度假区建设等,在中心城区,形成了以虹桥—祝桥为东西轴和黄浦江两岸为南北轴的现代服务业"十字轴"。通过对真如、江湾—五角场、张江、金桥等城市副中心高水平建设,带动了中外环区域的发展,形成中环产业带。郊区新城建设开始发力,承接主城核心功能,建设独立综合性节点城市,融入长三角区域城市网络。

东西联动建设国家战略承载区。以临港新片区、张江科学城为核心,加快东部开放创新功能板块建设;以虹桥商务区、长三角一体化示范区为核心,加快西部绿色开放板块建设;依托轨道交通以及虹桥浦东两大枢纽强化东西联系,延伸深化延安路—世纪大道发展轴,拓展"两翼齐飞"空间格局。

17.1.5 发展导向:注重经济和速度转向注重生态和民生

2010 年,上海成功举办世博会,"城市让生活更美好"的发展理念深入人心。上海在经济高质量发展、人民生活水平提升和生态环境保护之间更加均衡。城市人均可支配收入由 2010 年的 3.18 万元,提升至 2020 年的 7.2 万元,增长了126.42%。上海更加注重集约发展,单位生产总值能耗由 2010 年的 0.678 吨标准煤/万元,下降到 2019 年的 0.337 吨标准煤/万元,单位能耗下降了 50.29%(见图 17.2)。生态环境质量持续改善,细颗粒物(PM2.5)年平均浓度从 2015 年53 微克/立方米下降至 32 微克/立方米,劣 V 类水体基本消除,人均公园绿地面积提高到 8.5 平方米。2020 年,全社会用于环境保护的资金投入达 1087.86 亿元,相当于上海市生产总值的比例为 2.8%。黄浦江 45 公里公共空间岸线贯通开放,苏州河中心城区 42 公里岸线实现基本贯通。垃圾分类引领绿色生活新时尚,全程分类收运体系基本形成。新冠肺炎疫情防控取得重大成果,充分彰显了超大城市的风险防范和应急处置能力。"人民城市人民建,人民城市为人民"的

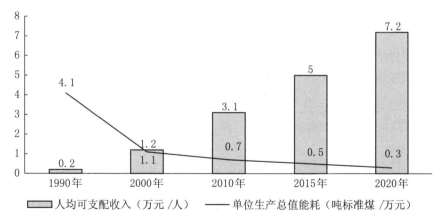

图 17.2 主要年份上海市人均可支配收入和单位生产总值能耗

资料来源:根据《上海统计年鉴》数据编制。

发展理念在上海已经落地生根。

17.2 仍有"转型陷阱"的风险

国际经验表明,"转型"与"升级"有内在关联,但"转型"并不等于"升级"。例如,纽约、伦敦、东京等在转型后能及时地增强新动能,提升能级水平,塑造核心竞争力,从而浴火重生,焕然一新,确立起全球城市的牢固地位。相比之下,芝加哥、大阪等在转型后未能及时巩固其成果,升级处于严重滞后,从而与纽约、东京等日益拉大差距。因此,一个城市在"转型"后,如果不能顺势而上,及时实行"升级",就有可能跌入"转型陷阱"。

这里的"转型陷阱"是对城市某种特殊发展情境的形象化表达,指的是城市在转型中或转型后未能顺利实现"升级",而长时间内维持在新型式的低能级水平,并且伴随迟滞不前、风险陡增、各类矛盾问题凸现的一种不良发展状态。一旦跌入"转型陷阱",城市将会增长动力不足,活力减弱,功能衰退,竞争力和影响力下降,以致城市收缩和衰落。

上海总体上已基本完成城市转型,正处在及时升级的关键时期。如果升级滞后或不力,将面临跌入"转型陷阱"的风险。目前,这种"转型陷阱"的迹象已有所显露,务必引起高度重视。

17.2.1 高质量发展尚未定型

尽管驱动力实现了转换,但新动能还不够强劲。创新投入方面,上海全社会研发经费投入占 GDP 的比重达到 4.1%,高于全国平均水平 2.23 个百分点,但与一些领先城市相比,仍有较大差距。2019 年,北京全社会研发经费投入 2233.6 亿元,占 GDP 比重高达 6.3%;深圳全社会研发经费投入 1328 亿元,占 GDP 的比重达 4.9%。上海企业研发经费占比偏低是一大隐忧。统计显示,2013—2018 年,上海企业研发经费占全社会研发经费的比例处于 60%—65%区间。2018 年,深圳企业研发投入比上海多 1000 亿元左右。特别是华为,2017 年研发费用支出高达 1015 亿元,相当于上海该年全社会研发经费投入(1359 亿元)的 75%。

创新产出方面,2019 年,上海每万人口发明专利拥有量为 53.5 件,北京为 132.0 件,深圳为 119.1 件(2020 年)。通过 PCT(Patent Cooperation Treaty)提交国际专利申请是企业进行海外专利布局的重要途径,城市的 PCT 专利申请态势是体现其产业在全球战略布局的重要方面。数据显示,2020 年深圳 PCT 专利申请量达 20209 件,约占全国申请总量的 30.19%,连续 17 年居全国大中城市第一名;在全球,仅次于东京,大幅领先硅谷、纽约、以色列等。其中,华为技术有限公司以 6348 件居全球企业第一。深圳大学 PCT 国际专利申请 252 件,位列世界高校第三名,全国高校首位。

与此相联系,市场主体方面,上海的独角兽类、隐形冠军、瞪羚企业以及高新技术企业数量偏少,高新技术产业效益不高。根据《苏州高新区·2020 胡润全球独角兽榜》,全球前 100 名独角兽企业中,位于上海的企业 8 家,远少于北京的 17 家。2019 年上海高新技术企业数量 12848 家,不到北京(27416 家)一半数量,也少于深圳(17000 家)。上海的高技术产业不仅在各部门经济效益指标方面呈现很大差异,而且在整体上效益指标方面显著弱于六大重点工业行业同类指标,乃至低于全市规模以上工业同类指标(见图 17.3)。总之,新技术、新产业、新业态、新模式形成支撑经济增长动能的力量还较弱,尚未形成高质量发展的型式。

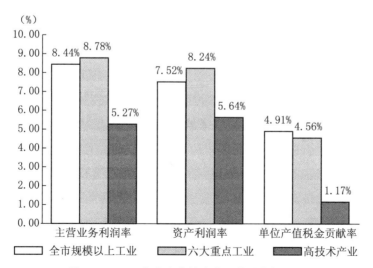

图 17.3　2017 年上海高技术产业效益指标对比

资料来源:根据 2018 年《上海统计年鉴》整理。

17.2.2　鲍莫尔"成本病"突显

随着产业结构高度化,服务经济比重加大,但由于服务业相对于制造业总体上劳动生产效率较低,因此如果高附加值的服务比例较低,往往强烈遭遇通常所说的鲍莫尔"成本病"。

就上海目前情况而言,随着经济发展,城市生产和生活成本持续上升且居于高位。根据经济学人智库"全球城市生活成本调查",上海一直是中国内地生活成本最高的城市。瑞士宝盛银行的一份调查报告显示,上海已经连续多年位居全球生活成本最昂贵的城市之一,2021年甚至超过了香港和东京。市场调研显示,陆家嘴(9.86元/平方米/天)、南京西路(8.12)、张江(5.31)、漕河泾(4.89)、虹桥(6.15)、五角场(4.90)六大代表性商务区写字楼平均租金总体居高不下。从城镇单位就业人员平均工资排名看,上海的劳动力成本处于全国前列,2020年数据显示,上海以149377元位居第二,低于北京(166803元),高于深圳(137310元)、南京(130155元)、广州(130110元)、杭州(128308元)。

在这种情况下,只要产业能级高、附加值高,对城市高成本的敏感程度就会较低。但问题是,上海近年来的产出效率增长严重滞后。一是土地产出效率较低,经济密度不高。2019年,上海经济密度为6.02亿元/平方公里,虽然领先于北京(2.16亿元/平方公里),但远远低于深圳(13.48亿元/平方公里)、纽约(11.4亿美元/平方公里)。从重点功能区块看,上海2018年国家级开发区经济密度为109.57亿元/平方公里,深圳南山区以工业用地计算的经济密度在2014年就达到了116.35亿元。2019年深圳前海合作区经济密度达152.6亿元/

表 17.2　上海及几个主要城市主要年份的工业增加值率

	1995 年	2000 年	2005 年	2010 年	2015 年	2017 年
北京	0.30	0.27	0.26	0.20	0.21	0.21
上海	0.29	0.28	0.23	0.21	0.21	0.23
广州	0.26	0.23	0.24	0.25	0.24	0.22
深圳	0.38	0.37	0.27	0.24	0.29	0.28
全国	0.78	0.47	0.35	0.23	0.26	0.24

资料来源:根据各城市统计年鉴计算整理。

平方公里,税收密度达 28.5 亿元/平方公里,均位居全国同类新兴区域之首。二是产业附加值率增长缓慢,维持在较低水平。例如,上海的工业增加值率低于深圳,长期处于全国水平以下(见表 17.2)。因此,上海的产出成本较高,严重削弱了城市竞争力。

17.2.3 城市首位度趋降

纽约、伦敦、东京、巴黎等尽管经过城市功能迭代,但无论是经济还是人口首位度长期稳定保持在较高水平。而上海在此过程中,却出现城市首位度趋于下降。

从经济首位度看,经济增长引领带动作用相对弱化。自 2008 年以来上海 GDP 增速放缓,持续低于全国平均水平。相应地,上海 GDP 占全国比重从 2004 年的 5.0% 首次下降至 2012 年的 4% 以下,最近三年占比分别为 3.92%(2018)、3.85%(2019)和 3.80%(2020)。上海虽然是人均 GDP 率先依次迈入 1 万美元、2 万美元的城市,但在城市排名中位次并不是最高的。根据第七次全国人口普查,在 2020 年人均 GDP 前十强城市中,上海仅位列第六名,排名低于北京、深圳,也低于长三角地区的无锡、南京、苏州(见表 17.3)。

表 17.3　2020 年人均 GDP 国内城市十强

位次	城市	人均 GDP(万元)	七普人口(万人)	GDP(亿元)
1	无锡	16.58	746.2	12370.5
2	北京	16.49	2189.3	36102.6
3	南京	15.91	931.4	14817.9
4	苏州	15.82	1274.8	20170.5
5	深圳	15.76	1756.0	27670.2
6	上海	15.56	2487.1	38700.6
7	常州	14.79	527.8	7805.3
8	珠海	14.27	243.9	3481.9
9	杭州	13.49	1193.6	16105.8
10	广州	13.40	1867.8	25019.1

注:不含资源类城市。
资料来源:第七次全国人口普查。

从人口首位度看,上海人口规模和质量优势减弱。从国际情况看,纽约人口首位度为2.16,伦敦为7.0,东京为2.39,巴黎为7.38;上海为1.14,远低于典型国际大都市水平。从国内情况看,首先,上海常住人口规模增速放缓。过去十年,上海常住人口增加185万人,北京增加228万人,广州增加598万人,深圳增加714万人。其次,上海老龄化形势严峻。新公布的人口七普数据显示,上海地区0—14岁年龄人口占比在全国排名最低,仅为9.8%,也是唯一一个不足10%的地区。上海的60岁以上人口占比超过23%,排名全国第二。按户籍人口算,老龄化程度高达35.4%。老龄化叠加少子化问题将成为上海经济活力和动力的重要制约因素。第三,从人口素质看,2020年上海每10万人中大学文化程度为33872人,低于北京的41980人。同时,根据四经普数据,上海在五大人才集聚度高的行业中的从业人员绝对数量低于其他国内一线城市。如表17.4所示,五大行业从业人员北京为463.3万人,上海为230.2万人,深圳为288.8万人。未来随着全国城市化水平、质量进一步提升,上海吸引人口、人才将面临更多来自其他城市的压力与挑战。

表 17.4　上海与北京、深圳五大行业从业人员数量比较　　　(万人)

	科学研究与技术服务业	教育行业	信息传输、软件和信息服务业	金融业	卫生和社会工作	合计
北京	140.4	67.1	138.9	80.6	36.4	463.3
上海	53.2	34.7	69.2	40.7	32.4	230.2
深圳	47.5	29.1	70.0	122.8	19.3	288.8

资料来源:根据各城市统计年鉴计算整理。

17.3　原因分析

在上述这些迹象的背后,问题出在:转型后的能级不高、能量不足。

17.3.1　功能性机构已有规模,但控制力有限

上海虽然集聚了一大批国内外的功能性机构,但普遍能级不高。一是大多为跨国公司地区总部、中国总部及分支机构、办事处等,主要具有协调、管理、执

行等功能,少有真正具有指挥、命令、控制功能的公司总部。真正具有指挥控制功能的跨国公司总部主要是上海本土的宝钢、上汽等企业,且在跨国公司地区总部中占比低于10%。二是大多为以国内销售为主的公司总部,少有以海外销售为主的公司总部,特别是服务出口的公司总部。中国2021年跨国指数最高的100家公司中,只有7家位于上海。与此相比,1990年,有一半收入来自海外销售的美国公司,其40%的公司总部设在纽约。三是本土企业总部少且位势不高。2021年《财富》世界500强企业榜单中,上海共有上汽、宝钢等9家企业入围世界500强,与香港并列全球第7。与北京(60家)、东京(37家)、纽约(17家)和伦敦(15家)相比,仍有较大差距(见图17.4)。而且,上海上榜的企业排名大多集中在第100—300名,北京、深圳、东京、伦敦和纽约均有一批前50名的企业。此外,在上海的国际组织总部目前只有金砖国家发展银行,服务范围仅限于金砖几国的基础设施建设。在非政府组织(NGO)方面,截至2020年末,上海共有121家境外非政府组织,主要从事经济和教育活动,而纽约有3115家,伦敦有1361家,巴黎有407家,这些组织承担着经济、文化、社会、城市建设和人道援助等多方面功能。

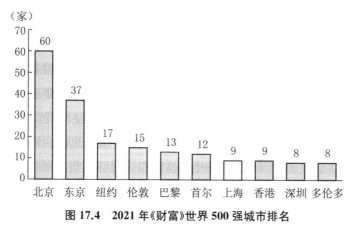

图17.4 2021年《财富》世界500强城市排名

资料来源:2021年《财富》世界500强榜单。

17.3.2 平台载体体系完善,但服务范围有限,协同性不高

上海各类业务平台功能齐全,体系完整,但载体平台的能级不高,服务能力有限。

一是平台的内外贯通和协同能力不强。根据世界交易所联合会的统计,上

海证券交易所上市的境外公司仍然为 0,而纳斯达克和纽交所分别有 14% 和 22% 的公司来自美国之外,新加坡交易所有 35% 的公司来自境外,连印度交易所自 2018 年首次突破 0 家境外公司上市以来,目前已经吸引了 14 家境外企业在印度国家交易所(National Stock Exchange of India)上市,包括宝洁、霍尼韦尔、辉瑞、甲骨文等一批知名跨国企业已经在印度上市。

二是服务半径不广,话语权不强。上海的服务平台载体基本以服务国内和长三角地区为主,比如上海证券交易所目前主要服务国内企业上市,上海技术交易所主要服务来自上海和长三角地区的公司,上海农村产权交易所的服务半径更加有限,基本只能覆盖上海地区的部分农村。相比之下,纽约有纽约清算所银行同业支付系统,承担了世界上 95% 以上的银行同业美元支付清算与 90% 以上的外汇交易清算,是真正意义上的世界性资金调拨系统。伦敦有伦敦海事仲裁协会(LMAA),承担了全球 80% 的海事仲裁,在全球海事仲裁标准制定、海事仲裁员认定等方面具有绝对的话语权。

三是缺乏高附加值业务。作为贸易中心,我们仅仅开展的是在岸贸易,而其更重要的组成部分——离岸贸易仍然是缺失的。上海已经成为全球的订单中心和物流中心,但这些功能在国际贸易中心中还不是最顶端的,最顶端的贸易结算和清算业务,主要是在新加坡和中国香港。作为航运中心,我们的港务运输已经做到全球第一,并且与第二的新加坡拉开了很大差距,但真正配置航运资源的,是高端航运服务。上海的航运服务更多的是船代、货代等,海事服务、船舶租赁、船长培训等高端航运服务还是不够。作为金融中心,上海的金融市场机构体系是国内最完备的,但基本上局限在国内,还不是一个真正意义上的国际资本市场。此外,金融中心中能级最高的是定价权,我们并不具有主导地位。作为经济中心,上海先进制造业即便是在国内市场份额也不高。为什么?关键技术、关键材料、关键部件没有根本性的突破,仅仅靠规模经济也受到很大的空间限制。

17.3.3　流量通道作用明显,但流量配置功能不足

上海至今已经是全球最重要的流量通道,尤其是贸易和资本流量的大通道,但对流量的配置功能还不强。一是流量的高端配置功能不强。例如,在贸易流量中,主要是接订单、展示、物流等,少有贸易的结算和清算。在航运流量中,主要是运输、集散、配送等,高附加值的航运服务较弱。在信息流中,主要是接受、

传递等,且以初级信息为主;信息发布和传播,以及信息集成和深度加工、开发利用能力较弱。二是流量的离岸配置功能较弱。大部分流量是在岸配置(资源要素运进来,配置后再运出去),缺乏跨境远距离操控的离岸配置能力。而纽约、伦敦、新加坡等全球城市通过发订单、制定标准、融资租赁、结算清算等,均以全球资源的离岸配置为主。比如,上海港作为全球第一大港,其国际货运中转比例只有 12.3%,与新加坡港(85%)、香港港(61%)和釜山港(41%)存在较大差距。三是对流量中的高附加值环节控制能力弱。在企业咨询方面,四大会计师事务所承接了上海以及长三角地区 68%的业务;地产咨询方面,世邦魏理仕、戴德梁行、第一太平戴维斯、仲量联行等企业利润率比本土地产咨询公司高出 3 倍多。

17.3.4 创新创业主体丰富多样,但引领性和带动性不够

上海的创新创业还是比较活跃的。2020 年,上海日均诞生企业 1665 户,数量比疫情前的 2019 年还高出了 12.8%。截至 2020 年底,上海共有存量企业数量 241.91 万户,在国内城市中排名第一。而且,从上海企业所有制结构看,已形成外资、民资、国资"三足鼎立"的态势。按理说,外资有实力、民资有活力、国资有定力将形成一个很好的组合,但问题是三者能级都不高,缺乏引领性和带动性。

一是缺乏重大的平台型企业。上海缺少像阿里、腾讯这样的能够统筹协同国内企业资源网络的平台型企业,也缺少像国家电网、中石油、工商银行这样的能够代表国家参与双循环的重要央企。上海虽然有拼多多、喜马拉雅、携程等一批互联网新秀,但还没有像阿里和腾讯一样建立起线上线下的网络生态空间。

二是缺少掌控产业链和价值链的头部企业。大多是引进技术、模仿创新的企业或者是掌握非核心技术的企业,少有掌握自主知识产权和核心技术的企业;大多是为产业链和价值链进行配套生产的企业,少有具备系统集成能力的企业;大多是使用一般资源的企业,少有"垄断"稀缺资源的企业;大多是执行标准的企业,少有制定标准的企业;大多是借助或融入生产销售网络的企业,少有掌控生产销售网络的企业。

三是缺乏基于产业融合的新产业综合体企业。由汽车、石化、生物医药、集成电路等上海优势产业派生的本土生产者服务业能级不高,没有形成"产业+服务"的内循环体系。比如汽车作为上海的重点产业,但 2021 年上汽的汽车金融

业务投放资金在国内排不进前 20 位,上海汽车保险业务只能排到第 10 名,不及深圳和北京。

17.3.5   营商环境大有改善,但标准水平仍有待提高

近年来上海营商环境大有改善,但在制度规则方面仍存在两大问题:一是各种隐性壁垒仍然存在。政策出台多,但落地少;标准执行强,但更新慢;管理功能强,但服务意识弱;条块政策多,但系统集成少。比如,既有政策不适应新变化,各项政策之间不配套,尤其是面对如"五型经济"等融合业态发展时,各部门的标准没有系统集成,从而造成进入标准不统一、摩擦系数增大、交易成本增加等。二是对接世界通行规则体系方面仍有空间。比如竞争中性体系建设方面上海仍大有可为,信息透明开放等方面上海仍有待提升,全球专业资格和资质的互认体系方面上海尚未率先构建平台。中国准备加入的 CPTPP 对服务贸易、技术贸易和数据跨境流动等重要领域提出了更高的标准,上海还有探索、创设和对接的制度空间。

17.4   国内外形势变化对上海转型后升级的影响

相比之下,纽约、伦敦、东京等城市当时转型后升级所面临的外部环境是较好的,一是这些城市的所在国都已进入发达国家,有强大的综合国力,在世界上处于强国地位;二是现代全球化进程已开启,并进入黄金发展时期,给予这些城市升级以强大助力。而上海城市转型后升级所面临的外部环境则完全不同,一是中国正在崛起,并受到发达国家的打压;二是世界百年变局和世纪疫情交织叠加,全球经济面临前所未有的复杂严峻局面。因此,上海转型后升级将面临更多的外部冲击,步履更加艰难。在这种情况下,重点要把握好"三大挑战"和"四大机遇"。

17.4.1   三大挑战

当前,国际经贸环境发生深刻变化,单边主义、贸易保护主义抬头,全球化遭遇逆潮;中美战略博弈呈现全面化、长期化趋势,经济上脱钩、科技上封锁、安全

上"擦枪走火"的风险空前加大;新冠肺炎疫情发展态势仍不明朗,加剧了全球产业链的本土化和区域化,世界经济面临 20 世纪 30 年代大萧条以来最严重的衰退。这些对上海转型后呈现的"外向型经济、服务经济"特征的城市升级有重大的直接影响。

一是影响上海城市升级的进度。世界经济长期低迷,世界投资贸易增速减缓,资源要素流动性减弱,全球业务量减少,对上海提高全球网络连通性,增强"四大功能"来说,无疑是起阻碍作用的。

二是增加了上海城市升级的难度。目前全球经济景气呈现回升态势,但尚未恢复到疫情前水平。全球经济产出仍比疫情前的预测低 2% 左右。中国经济两年平均复合增速为 5.4%。尽管美国 2021 年经济增速预计为 6.8%,但目前工资并未随着通胀上涨,而且就业率也没有恢复到疫情前的水平。到 2022 年,大约三分之二的新兴市场和发展中经济体的人均收入损失无法完全得到弥补。而且,目前恢复性增长主要靠量化宽松政策和财政刺激政策,不仅会有较大波动,也导致通胀压力增强,通胀的"需求抑制效应"进一步凸显(一方面传导至耐用消费品价格,直接抑制商品消费需求;另一方面抬升投资成本,抑制投资需求)。这将使上海城市升级更加困难。

三是提高了上海城市升级的复杂性。世界经济格局的变动,跨国公司全球产业链的近岸布局,FTA 伙伴国家的双边流动,在关键的产业链上直接与中国脱钩,在数字经济、低碳领域出台新的措施等结构性调整,给上海城市升级带来了更大的不确定性和复杂性。

17.4.2　四大机遇

与此同时,"危"中有"机"。我们可以通过新的视角,更加辩证、客观地认识这些变化对上海参与全球经济、贸易、投资和科技创新等带来的机遇。

第一,全球化仍是大势所趋,并且新一轮全球化加速最大套利机会可能将在服务经济领域发生,上海坚定扩大开放,着力提升服务经济能级和效率将面临重大机遇。根据理查德·鲍德温的分析,随着远程呈现和人工智能技术不断突破,预计全球化将迎来第三次加速。不同于前两次分别由贸易成本、通信成本下降驱动的加速,全球化"第三次解绑"的驱动力来自跨国劳动力面对面交流的成本大幅下降。这不仅将推动更多的国家完成工业化进程,更关键的是将在数字技术等条件推动服务经济生产要素的重新组合、克服"鲍莫尔病"成为现实可能，从而带来服务经济劳动生产率的变革式跃升，重构经济全球化版图。这将是上海可以对其他全球顶级城市进行弯道超车的重要赛道。立足"五个中心"综合优势，顺应信息化、数字化、网络化、智能化发展趋势，上海紧紧围绕头部企业集聚、数字规则制定等加强前瞻布局，争当服务经济高质量发展的"城市转型升级的带头人"，抢占未来国际经贸合作新"制高点"将面临更多机会和条件。

第二，科技竞争空前激烈，中国全面推进科技自立自强，将更加注重打造国家战略科技力量，对上海全力做强创新引擎、打造自主创新新高地带来新机遇。当前，全球新一轮科技革命和产业变革正孕育重大突破，智能化数字技术、新能源和以基因工程为核心的生物工程技术等作为新一轮科技革命的动力源头，正在不断形成共识。同时，中美战略博弈和疫情导致的产业链断链风险，产业形态、核心要素和竞争范式发生深刻变化，倒逼中国增强高端产业和核心技术的把控力，国家将更加注重创新第一动力，大力支持源头创新和科技成果转化。上海创新转型在不同阶段均有不同领域的头部企业发挥了重要的引领性作用，依托强大的资本市场优势，深化风险投资、产业投资、培育上市、并购重组和全球化运作联动，将对上海加快关键核心技术攻坚步伐，进一步强化科技策源功能和高端产业引领功能注入新动能。

第三，财富管理行业未来发展潜力巨大，大量海外机构坚定看好中国资产的长期投资机会，对上海深化国际金融中心建设带来新机遇。一方面，随着主要发达国家的资产收益率或是走低或是不确定性增加，中国可以提供体量足够大、收益足够好的资产，人民币资产的相对价值凸显，成为我们扩大开放的最大底气。另一方面，新兴中产阶层将主要集中在亚洲地区，中国已经成为全球第二大财富聚集地，仅次于美国。未来的全球资产配置规模和结构将向中国倾斜，全球成熟资管经验的公司将加速进军中国市场。2021年上半年，外国投资者购买了350亿美元的在岸中国股票和750亿美元的在岸中国政府债券，均较疫情暴发前的活跃水平有大幅增长。随着未来新的全球金融市场秩序形成，上海进一步扩大金融市场开放和产品供给，加速打造全球资管中心，进一步增强上海国际金融中心辐射力和影响力，将面临更加广阔的发展空间。

第四，绿色低碳转型发展已经成为塑造未来的重要力量，上海下好先手棋，加快培育投资领域新增长点面临新机遇。当前，气候议题已经成为全球性议题，美欧等全力争夺应对气候变化的主导权,围绕碳交易市场和定价权等展开激烈争夺,国际秩序正围绕"绿色竞争"展开。中国提出力争 2030 年前实现碳达峰、2060 年前实现碳中和,这其中需要的投资预计将达到百万亿元级规模。对上海而言,依托绿色发展基金、碳交易市场等先发优势,在绿色金融、绿色能源、绿色技术率先突破、繁荣发展,将释放出巨大的发展潜力。

17.5　对策思路及若干建议

17.5.1　行为方式转变

上海要在服务新发展格局中找到跳出"转型陷阱"困境的有效路径,在充当国内大循环中心节点和双循环战略链接中实现转型升级,因而在战略思维、战略基点、政策导向、策略手段等方面要有新的认识,实现行为方式的转变。

在战略思维上,从"转型主导"转向"升级主导"。过去十多年,上海在转型方面作了很大的努力,并形成相应的思维定式,更多考虑哪些方面还需要转型,参照标准的基本维度是新的形态、功能和结构关系;现在则需要在升级上下功夫,更多考虑如何提升能级和占据制高点,参照标准的基本维度是能级、能量、能力上所存在的差距。因此,要坚持高质量发展、高品质生活的发展模式,通过高水平的制度性开放、深层次的制度创新、策源性的科技创新、根本性的城市数字化转型、本质性的城市软实力增强、强有力的社会凝聚力提高来提升城市能级和核心竞争力,增强"四大功能"。

在战略基点上,从眼睛朝外(国)转向眼光内外透视。过去,上海一直是开放引领,以开放促改革、促发展,注重引进外资(项目和机构),发展外向型经济,扩大全球网络连接;现在,实现升级则需要改革引领(制度性开放意味着通过制度创新与国际规则接轨),以改革促开放、促发展,并要立足于服务新发展格局,依托于大国效应(优势),加强国内网络连接,改变"全球连接强,国内连接弱"的局面。因此,要深化改革开放,一方面更好接轨全球最高标准、最高水平,另一方面努力探索原创性、引领性规则,以之同世界进行更深层面的对话。要统筹兼顾国内与国际两个市场的有机衔接和协同推进,通过确立国内大循环的中心节点地位来促进双循环的战略链接。国内大循环的"中心节点",关键就在于持续赋能,去掌握生产、分配、流通、消费等环节的核心位置，推动国内经济循环畅通。国内国际双循环的"战略链接"，则重在打造一种复合的"通道"——吸附全球要素资源的引力场、融入全球产业链的桥头堡、参与全球经济治理的试验田，以此成为"走出去"的最好跳板、"引进来"的前沿阵地。

在政策优先次序上，从"补短板、突出单项为主"转向"拉长板、整体协调为主"。过去，上海的政策重点主要解决历史旧账、缓解瓶颈制约、填补发展空白等，并以突出单项（专项）政策为特征；现在，在升级过程中，政策取向要以做强做精的高端化、特长特色的专业化、超前引领的标杆化为主，并以各项政策协同为特征。因此，要提高政策的含金量，从低水平的政策数量化转向高水平的政策集约化；要注重"拉长板"的政策，辅之以"补短板"的政策，共同助推能级提升；在提高经济政策有效性的同时，整个政策体系要向科技、文化、绿色低碳、社会协调等领域倾斜，使各领域的能级提升形成相互促进；加强各项政策之间的统筹和协调，避免政策之间不配套及相互掣肘，形成政策合力。

在策略手段上，从注重带动性强、辐射面广的操作方法转向分类指导、精准施策的操作方法。在转型过程中，上海注重于新旧转换、推陈出新、填补转换中的"真空"等，更多采用以点带面、点面结合、联动发展等带动性强、辐射面广的策略手段；在升级过程中，既要求平行提高、相互促进，又要求分门别类、有针对性，要更多采用分类指导、精准施策的策略手段。例如从产业角度讲，既要服务升级，也要制造升级，双管齐下，相互促进。但服务升级与制造升级的路径是不同的。制造升级的核心在于技术、工艺、新产品，主要靠技术创新；服务（生产者服务业）升级的核心在于市场（半径），主要靠制度创新。在服务领域，大力应用新技术，创建新模式、新业态，确实有助于增加附加值［但更多是分工效应，把原先内部化、非市场化的服务（劳务）转化为外部化、市场化的服务］，也有助于提高劳动生产率。但如果市场半径不能有效扩展，难以迅速增大服务规模，实现规模经济；难以促进服务多元化，实现范围经济。更重要的，服务的异质性主要不在于服务产品、服务机构和行业本身，而在于不同的服务半径。上海要在长三角一体化发展中发挥龙头作用，必须有比周边城市更大的服务半径。

17.5.2　主要措施

从具体操作的层面来看，上海城市升级要关注以下方面。

第一,在普遍提升产业能级基础上,重点抓住科技服务和金融服务升级。国际经验表明,尽管从主要都市地区迁出已成为各行各业公司的普遍趋势,但生产者服务业的两个最大组成部分(高科技产业和金融服务业)仍然集中在大城市。因此这是增强全球资源配置能力的关键,也是上海未来立身之本。围绕国际金融中心建设,特别是加强金融制度性基础设施建设(支付体系、法律环境、公司治理、会计准则、信用环境、反洗钱、金融监管、信息服务、投资者保护制度等),大力促进金融国际化和金融科技化,大力发展财富管理,科技金融、绿色金融、保险服务等新型业务,增强金融服务能力。围绕科技创新中心建设,促进科技服务业发展,不断丰富科技服务内容,不断创新科技服务模式,培育新型科技服务组织和服务业态。

第二,在继续引进国外跨国公司等全球功能性机构的同时,注重引进本土跨国公司总部,特别是央企总部。全球功能性机构是城市升级的主体。上海要在全球网络中提高控制力和影响力,必须依赖本土的跨国公司总部等全球功能性机构,因此要把重点放在吸引和集聚本土潜在高能级的总部机构上。在未来五年,要集全市之力,有计划、有步骤地每年引进5—6家央企总部。梯度培育、分类支持一批潜力型全球500强、高估值独角兽企业。大力培育和吸引本土新生代企业总部,培育和集聚隐形冠军、科创型高成长性企业、新生代互联网企业等各类企业主体,支持一批新经济头部企业做大做强。同时实施"总部增能"行动。在有关资金进出管理、境内外融资、数据跨境流动、人员出入境、通关便利等方面的功能性政策上进行创新,促进跨国公司地区总部更好发挥协调和管理作用,鼓励跨国公司立足上海设立辐射亚太、面向全球的资财中心、销售中心、采购中心、研发中心、供应链管理中心、共享服务中心等功能性机构。

第三,在加大引进高端人才和稀缺人才的同时,促进一流科学家、CEO及专业人士的全球环流。企业运营的数字化和全球化程度越高,其知识不完全问题就越严重。城市在解决知识不完全问题方面的特殊性,尤其是对全球参与者而言,在于其广泛的网络、信息循环和来自世界各地专业人士产生一种特定类型的知识资本(城市知识资本)。这种城市知识资本是城市能级提升的重要基础。每一个全球城市都是城市知识资本生产的场所,并在很大程度上为该城市所特有。要根据目前全球人才环流新趋势,创新引进与使用人才机制,创建全球顶级科学家俱乐部,创办各种类型的全球CEO会所,鼓励大公司和专业机构招聘和增加外国专业人员①。

第四，充分利用现有的具有特定功能的空间载体赋能来提升能级。上海东部地区重点依托自贸区新片区及未来自贸港构想的制度创新优势，对接国际最高标准的特殊制度安排，特别是金融创新方面的制度设计，形成制度开放的前沿，并通过制度溢出及制度学习促进新片区功能赋能及能级提升。同时与浦东机场及上海东站枢纽相结合，以及依托相应的交通制造、人工智能、集成电路等产业，在产业发展及能级上打造上海未来东西发展轴的东部新增长极。上海西部地区则重点依托虹桥国际开放枢纽、虹桥商务区、长三角绿色发展一体化示范区及"进博会"的平台，形成空间与平台的叠加效应，实现能级提升。促进在重点打造虹桥商务区核心功能区的同时，逐步形成"一核两带"的同步发展格局；同时，充分利用进博会的展示、交易及对话平台，形成常态化、全年候、网络化及专题化展览等相结合的国际性舞台，并通过舆情提升上海的国际地位，进而促进上海在国内国际衔接能级上的提升。长三角一体化示范区则重点是通过制度创新形成跨行政区域发展的模式，为促进省级毗邻区之间的区域合作及协调发展提供模板。

第五，通过拓展发展空间及大上海都市圈的空间战略实现更广区域的分工合作，促进上海转型发展与能级提升。卓越的全球城市需要卓越的全球城市区域提供支撑，全球城市区域的国际地位也依赖于全球城市的能级，以纽约、伦敦、东京等为代表的全球城市与其周边世界级的都市圈发展密不可分，两者相辅相成。大上海都市圈构想（"1+8"）已经明确了相应的空间边界，未来发展中就是要形成大上海都市圈内部的功能分工。一是上海自身就要在产业能级上实现与周边城市的差异性发展。现在最大的问题在于上海与周边地区的产业能级并没有形成较大的分工，而且服务的空间主要是在内地而非国际市场。因此，上海要加快发展先进生产者服务业，加入全球高端服务产业分工体系，提高在产业链条中的地位，进而提升上海服务全球的能级。进一步地，在全球布局生产制造与服务，形成更高端的产业分工，占据现代服务的制高点，避免大上海都市圈内产业趋同及内部过度竞争。二是要发挥上海协同及引领作用，放大上海都市圈产业

---

① 数据显示，全球招聘活动全面增加。在 Envoy Global 的《移民趋势报告》中，接受调查的雇主中有70%设有全球人员流动部门，近一半的公司拥有一个至少9人组成的团队，专门负责招聘和雇用外籍员工。

及创新协同效应。发挥上海在都市圈产业协同发展中的引领作用主要是抓好上海省际毗邻区建设,要打破地区界限,加强上海工业园区与都市圈内其他省园区之间的共建共享及分工合作,形成相应的产业带及世界级的产业集群,诸如嘉—昆—太产业合作区及 G60 科创走廊的产业一体化示范效应。同时在建设科创中心的建设中协同周边城市构建产业创新共同体,促进区域协同创新及竞争力与产业能级提升。

18 提升城市能级与核心竞争力[*]

在上海创新与转型关键时期和开启建设卓越全球城市新征程之际,提出"提升城市能级与核心竞争力",不仅具有很强的针对性,而且也是一个很好的切入口。在提升城市能级与核心竞争力的过程中,要围绕"五个中心"和卓越全球城市建设的重点内容而展开,应注重在核心功能上拉长板和非核心功能有效疏解,在加强硬实力的同时提升城市软实力。

18.1 重大意义及主要内容

18.1.1 跨越"转型陷阱"与开题"建设卓越全球城市"

提升城市能级与核心竞争力,不仅是当前为跨越"转型陷阱"而采取的针对性措施,也是破解建设卓越全球城市这一新命题的有力之举。

1. 跨越"转型陷阱"的有力措施

前文已指出,上海正面临"转型陷阱"的风险,其根源在于转型中的升级不快、能级不高。为了避免或跨越"转型陷阱",唯一的办法,也是最直接的办法就是提升城市能级和核心竞争力。

提升城市能级必须体现高质量发展的要求。这种高质量发展贯穿于经济、社会、政治、文化、生态等各个领域,贯穿于生产、流通、分配、消费整个社会再生

───────────────

 * 本章根据笔者的文章《破题建设卓越的全球城市宏伟篇章》、《找准比较优势,实现功能提升》(《解放日报》2019 年 8 月 6 日)、《在核心功能上拉长板就是提升城市能级》(文汇报客户端 2019 年 7 月 30 日),以及笔者在上海市委"提升城市软实力"专家座谈会上的发言稿等汇编整理。

产过程,要求全面实行质量变革、动力变革、效率变革。因此,提升城市能级是一场大变革。具体讲,提升城市能级不是量的扩张,而是质的跃升;不是路径依赖,而是大道转换;不是系统修缮,而是系统重构。在此过程中,不仅要进行城市功能结构调整,更加突显和增强有利于城市能级提升的功能,而且在"五个中心"功能中也要进行内部功能结构调整,更加突显和增强高端资源要素配置功能,重点推进国际经济中心综合实力、国际金融中心资源配置功能、国际贸易中心枢纽功能、国际航运中心高端服务能力、国际科技创新中心策源能力取得新突破。

提升核心竞争力必须在制度创新、品牌建设、对外开放、创新创业、全球网络、发展平台、人才集聚、品质生活等方面打造新高地。这些新高地构成核心竞争力提升的基础。这些新高地越是厚实、有高度,越有利于核心竞争力的提升。然而,提升核心竞争力的基本取向和重点,是发挥比较优势、动态潜在优势,在核心功能上"拉长板",做大、做强、做到极致;在核心功能上创特色,形成特质,具有不可复制和难以取代性;在非核心功能上实行有效疏解,融入长三角更高质量一体化发展,为核心功能增强腾出空间与资源。

2. 建设卓越的全球城市的破题之举

建设卓越的全球城市,是上海面向未来30年的新的战略目标定位,也是摆在我们面前的一个新命题。为什么说这是一个新命题呢?

首先,卓越的全球城市是"四个中心"和现代化国际大都市的升级版。在即将过去的二十年中,上海的战略目标定位是建设"四个中心"和现代化国际大都市。建设卓越的全球城市,既是过去这一战略目标定位的延续,也是新形势下上海战略目标定位的新发展。这是因为所提出的历史背景不同,发展基础变化了,从而其内涵也极大深化。在90年代末,我们提出建设"四个中心"和现代化国际大都市,主要基于世界经济重心东转,新国际产业分工带来的国际产业大转移,中国积极准备加入WTO,融入世界经济一体化进程,开启后起发展国家追赶型的加工贸易发展模式等背景条件。而当时我们的发展基础还较薄弱,经济实力不足,缺乏资金、市场、技术、管理等重要资源要素,主要依靠低成本、潜在市场规模、可引进外部资源等后起发展优势。因此,当时"四个中心"所承载的主要功能是利用国际和国内两个市场和两种资源,充当连接中国经济与世界经济的友好界面和桥梁。经济中心功能主要是促进全球产业链与国内产业的嫁接,金融中心功能主要是吸引和利用外资以及与内资的整合,贸易中心功能主要是支撑加工贸易及一般贸易,航运功能主要是服务"两头在外"大进大出的循环。今天,我们已处在新的历史条件下。世界经济重心继续东移,新兴经济体迅速崛起并成为重要一极,全球化与信息化两大潮流交互作用,全球城市网络日益扩展并发挥重要作用,跨国公司全球产业链"近岸"布局调整,世界新科技革命正在孕育之中,产业世界版图发生重大变化,世界格局处于大变革。更主要的,中国经过40年改革开放已迅速崛起,越来越走向世界中心舞台。同时,中国开始从高速增长转向高质量发展的新阶段,要培育和创造新的比较优势,不仅"引进来",还要"走出去",主导"一带一路"建设。在此过程中,势必要求有自己的全球城市崛起,代表国家参与全球合作与竞争。因此,上海建设的卓越全球城市,成为全球城市网络中的核心节点,承载的主要功能是全球资源要素的战略性配置。如何在全球网络连接中实现全球资源要素配置,就成为一个新的课题。

其次,卓越的全球城市所追求的是更高版本的全球城市发展。全球城市作为全球化的产物及其空间存在,在20世纪70—80年代就已开始出现,如当时的纽约、伦敦、东京、巴黎等。但它本身也是随着全球化进程深化而动态演化的,不断升级其版本。1.0版的全球城市,主要基于跨国公司总部的指挥和控制功能,依靠产业链网络、资本市场、贸易航运等。2.0版的全球城市,主要基于全球生产者服务公司的服务化功能,依靠各种要素网络流动的连通性。目前3.0版的全球城市,在原有基础上增加了文化、科技创新功能。上海建设卓越的全球城市,可以有不同路径和模式的选择,但不可能跨越阶段的发展,所以还得要参照和借鉴纽约、伦敦、东京、巴黎等1.0版和2.0版全球城市的经验,同时还要对标3.0版的全球城市标准。不仅如此,上海建设卓越的全球城市,是面向未来的,即2035年基本建成,2050年全面建成。未来30年,全球城市发展还会有许多新变化,可能被赋予新的功能。因此,上海建设卓越的全球城市,不仅要对标目前的最高标准,而且还要不断探索未来新发展。对未来更高版本的追求,本身就是一个动态的新课题。

对于这样一个新命题,上海必须首先破好题,开好局。尽管建设卓越的全球城市是一个系统工程,涉及方方面面,任何一项工作都与其有关,但不能"东一榔头,西一棒子",更不能舍本逐末。这就要求我们在破题中找准着力点和发力点,纲举目张。这一着力点和发力点如何寻找?我认为,还是要回归到全球城市的本体论。全球城市具有一般城市的属性,但又不同于一般城市。它作为全球城市网络中的核心节点,不同于一般节点城市之处,就在于具有全球资源配置核心功能。这种核心功能是其他一般城市所不可复制、难以取代的,从而构成全球城市的核心竞争力。国际经验表明,支撑这种全球资源配置核心功能的"四梁八柱":一是高密度的全球功能性机构(包括跨国公司总部、全球生产者服务公司和金融投资机构、全球研发机构、国际组织等)的集聚;二是高效运作的全球各类大平台;三是大容量、高频率的全球要素流量;四是强大、永续的创新创业活力;五是通行"全球村"标准和惯例的运营环境。这些"四梁八柱"越是坚实、越是有重量,城市节点能级越高,全球资源配置功能越强。尽管我们在建设"四个中心"和现代化国际大都市中已经逐步奠定了这些"四梁八柱"的初步基础及基本构架,也已迈入了全球城市行列,但全球资源配置的能级还比较低,尚未形成核心竞争力。因此,提升城市能级和核心竞争力,就是我们在破题中所要寻找的着力点和发力点。它将贯穿上海建设卓越全球城市的全过程,是不同时期各项工作的统领。

18.1.2 主要内容

提升城市能级和核心竞争力,需要对原有经济体系加以再造和重塑。这是一项基础性工程,要求深入贯彻创新、协调、绿色、开放、共享的新发展理念,推动创新型生产、高效性流通、公平性分配、成熟型消费之间的高度协同。

随着人民币国际化进程加快,增强人民币在岸、离岸金融功能以及人民币的交易、结算、创新功能,越来越成为上海国际金融中心的核心内容。同时,要加强服务实体经济的金融产品、金融工具创新,强化资本和财富管理功能,大力发展科技金融、绿色金融等新金融。

随着世界投资贸易格局变动,有必要增强吸引外资的能力,特别是增强上海服务中国企业"走出去"的桥头堡功能;借助进口博览会的贸易大平台,加快国际会展之都建设,促进贸易发展;深度开放服务领域,扩大服务贸易、技术贸易、信息与数据贸易的规模,促进服务贸易升级。

随着世界交通格局变化,有必要扩大航空运输容量,进一步开放航权,加快航空枢纽建设;加大航运服务发展力度,提供更高质量、多样化的新服务,加快邮轮母港建设,开辟远洋邮轮航线,拓展邮轮服务经济。

随着世界产业体系功能属性的变化,有必要加大集聚全球功能性机构,增强全球价值链掌控功能；更加突出基于信息化、智能化、物联化的产业融合发展，大力促进发展"四新"经济；培育发展供应集成商、资源集成商、创新集成商等，增强新技术、新业态和新型商业模式的引领功能。

建设具有全球影响力的科创中心，需要以更为开放灵活的方式和路径实现动态化、空间跳跃式、模块化、并行式、交叉式的创新。要以价值链为纽带，高度集聚创新资源，形成创新集群化与扩散化态势，促进大学校区、科技园区、公共社区、城市街区融合、空间重合与功能综合发展。

建设国际文化大都市，需要通过网络传递与扩散来进一步提升文化融汇、引领功能。不仅要有自身的文化特色，而且要在文化交流中提高自己的国际知名度，并最终成为重要的文化策源地。

18.2　总体发展思路

18.2.1　行动策略

提升城市能级和核心竞争力，从行动策略来讲，要突出重点。问题在于，如何识别和选择出重点？这里，首先要厘清两组关系。一是核心功能与非核心功能；二是"拉长板"与"补短板"。

我们知道，在城市功能中，有核心功能与非核心功能之分。尽管在不同城市之间，其核心功能与非核心功能是不同的，或者在一个城市的不同发展阶段，其核心功能与非核心功能是动态转化的，但对于一个特定的城市或一个城市的特定阶段来说，总有某些功能是核心功能，某些功能是非核心功能。提升城市能级和核心竞争力，并非提升所有城市功能的能级水平，而应该是提升核心功能的能级水平。对于非核心功能来说，不仅不是能级提升的问题，更是一个需要疏解出去的问题。

从提升的角度讲，有"拉长板"与"补短板"之分。通常，大家习惯于基于"木桶原理"的补短板，通过补短板，提升整个系统（木桶）的能力。但在城市功能上，"补短板"意味着要把一座城市建成全能城市。事实上，现在世界上没有一个全能城市。况且，现代城市发展越来越特色化。今后一座城市在全球网络中真正站得住脚的，不是靠综合性，而是靠个性特色。此外，今天的全球城市建设也不是孤零零的一个城市的事情,而要融入全球城市区域来建设和发展。因此,在城市功能上的提升,主要是在核心功能上"拉长板"而非"补短板",即把核心功能做大做强,做到极致。

对于上海来说,我们要想清楚,它的核心功能是什么。上海城市的核心功能就是全球资源配置功能、科技创新策源功能、高端产业引领功能、对外门户枢纽功能。提升城市能级和核心竞争力,就要在这些核心功能上下功夫。只有把这些核心功能做大做强、做到极致,才能体现城市能级和核心竞争力的提升。否则,在城市功能上"补短板",即使下了很大功夫,也能以提升城市能级和核心竞争力。

对于城市非核心功能来说,在提升城市能级和核心竞争力中,是要设法将其疏解出去。如果不能有效地将城市非核心功能疏解出去,会严重影响核心功能"拉长板"。因为在有限的城市空间中,大量非核心功能的存在将会造成"空间拥挤",从而影响和制约核心功能的发展与壮大。城市非核心功能有效疏解,实际上是向周边邻近城市"借用规模",从而为核心功能"拉长板"腾出必要空间。从这一意义上讲,提升城市能级和核心竞争力包括核心功能"拉长板"与非核心功能有效疏解。

因此,提升城市能级和核心竞争力不能囿于上海市域范围内,必须融入长三角更高质量一体化发展。国际经验表明,当今全球城市的新发展,就是融入周边区域并发挥核心城市作用,以全球城市区域作为参与全球合作与竞争的重要单元。上海积极主动融入长三角一体化发展并在其中发挥龙头作用,是提升城市能级和核心竞争力的重要路径之一。因为通过融入长三角更高质量一体化发展,可以实现有效的"借用规模",拓展发展空间,更好承载"五个中心"功能;可以与周边城市形成分工协同,发挥战略优势,提升城市能级;可以促进城市功能结构调整,有效疏解非核心功能,增强核心功能的竞争力。在长三角一体化发展中,上海聚焦全球城市的网络节点、全球平台、门户枢纽、流量经济等核心功能的"拉长板",把一些非核心功能有效疏解出去。而周边一些城市所承接的上海非核心功能,对它们来说,也许正是其城市的核心功能,也可以做大做强,做出特色,甚至能级高于上海。正是这样,才形成城市功能的互补。例如,杭州的互联网金融搞得比上海强,正好和上海金融中心形成互补。上海不必为此去补短板,而是发挥杭州所没有的各类资本市场、大量外资金融机构集聚等优势。另外,上海把航运服务做大做强,运输功能可以分流一些给周边城市,才能凸现自身的核心功能,并腾出空间和资源把长板拉得更长。

18.2.2　操作思路

提升城市能级与核心竞争力如何具体展开? 这是需要进一步研究的问题。近阶段,推进城市能级和核心竞争力提升的操作载体及工作抓手的设计,大致可有以下几个维度。

1. 扩大开放,深化改革,优化营商环境

一个有利于吸引全球功能性机构集聚,并有助于促进其高效开展全球资源配置业务的营商环境,是提升城市能级和核心竞争力的必要条件。优质的营商环境犹如一个强大的吸引场,能够承载大规模要素流动,吸引高端功能性机构落户,构成激发创新创业活力、提高资源配置效率的肥沃土壤。有一个国际案例充分说明其重要性。20世纪70—80年代,伦敦与法兰克福竞争国际金融中心地位。法兰克福的区位及基础设施等条件甚至优于伦敦,但伦敦最终胜出,成为国际金融中心,而法兰克福只是成为欧洲金融中心。其主要原因,就是伦敦放松金融管制,金融服务多样化,机构和人员自由流动,具有宽松、宽容的人文氛围等良好营商环境。

近年来,上海着力优化营商环境,开办企业的效率得到较大提升。但是,在市场开放度、办理施工许可、缴纳税款、法治保护力度等方面,依然存在短板。仅从法治的角度来看,不仅要有完备的法律规范体系、公平公正的司法服务,而且应体现在对国际规则的对接、不同法系的交融适应、涉外法律服务机构的吸纳集聚等方面。

我们更应该看到,吸引全球功能性机构集聚所要求的营商环境,与我们传统引进外资的营商环境不同。过去我们引进外资,特别是生产加工型外资,更多强调"七通一平"基础条件以及优惠政策等。全球服务商更多要求投资贸易便利化、市场规范化、操作程序具有透明度、"三生"(生产、生活、生态)一体化的软环境。因此,我们传统的工业园区、高新园区等营商环境都难以适应全球功能性机构的需求。另外,全球功能性机构集聚所要求的营商环境,与我们目前按世界银行标准在做的优化营商环境也不同。世行标准的营商环境更多关注的是中小企业,强调企业开办周期中主要环节的便利和效率。全球功能性机构由于要进行

全球资源配置的操作,因而更多要求消除市场准入壁垒、信息公开及跨境传输、公平竞争、权益保护、资金互联互通等营商环境。因此,仅仅"一网通"的便利对于全球服务商来说还是不够的。

国际经验表明,优化营商环境与扩大开放、深化改革是紧密结合在一起的。目前,世界上的那些全球城市都在努力改善营商环境,争夺全球服务商入驻和集聚。因此我们必须对标最高标准和最高水平,深化改革开放,进一步优化全球服务商所要求的高质量营商环境。

首先,扩大服务领域开放。在自贸试验区的制度创新中,争取医疗保健、教育培训、文化创意、技术服务、数据交易等新服务领域的开放,扩大吸引全球服务商的门类。有步骤、有序地扩大现有全球服务商的业务范围,拓展其提供服务的广度和深度,形成较为完整的服务链。创造条件使全球服务商不仅能开展"在岸"全球资源配置业务,而且也能开展"离岸"全球资源配置业务,将两者有机结合起来。

其次,消除市场准入的障碍。进一步放松对全球服务商市场准入的管制,为其开展全球性业务提供便利条件。特别是要打破行政性垄断和单一所有制主体垄断,消除市场准入的无形壁垒。

再则,确立竞争中立原则。消除基于按所有制标准划分的各种类型优惠政策以及隐性保护和扶持,保证市场主体之间的公平竞争。实施公平竞争政策,且政策高度透明化。有效实施反垄断措施,保持市场竞争活力。

最后,进一步规范市场秩序。建立健全社会信用制度,加强知识产权保护,有力打击侵权、违法等经营活动,完善法律及仲裁制度,营造有序竞争的市场环境,切实保护市场主体权益。

2. 构建现代化经济体系,用高质量发展来打响城市名牌

现代化经济体系是提升城市能级和核心竞争力的重要支撑与保障。其核心要义,是促进高质量发展,提高全要素生产率。构建现代化经济体系是一个基础性改造和系统重构的工程。从上海提升城市能级和核心竞争力的要求出发,现代化经济体系构建更要注重网络与节点、平台、枢纽与门户等建设,促进高质量的经济实力增强,高密度的投入与产出循环,高能量的功能服务辐射。

通过高质量发展来打响城市品牌,能从根本上提升城市能级和核心竞争力。事实上,城市品牌并不仅仅是城市营销,也不仅仅是靠国际传播效果,而是日益

成为人们对城市的认同以及城市发展的机遇、优势、重点、特色等,主要依靠高质量发展。具体讲,要用基于服务网络的扩展功能服务半径来打响服务品牌;用关键核心技术、关键部件和关键材料的产业掌控力来打响制造品牌;用购物全过程消费的价值附加创造、全新体验和时尚引领来打响购物品牌;用多元文化融汇、时代文明引领、文化自信的标识度和显示度来打响文化品牌。

在此过程中,社会组织是参与城市治理、擦亮城市品牌的重要力量。要通过扩大数量、完善类型、提升参与能力、强化伦理建设等实现社会组织的增能;要挖掘基础条件和比较优势,积极运用现代技术和智能化手段,依靠职业化和专业化精神,进一步打响服务、制造、购物、文化"四大品牌"。

3. 激发创新创业活力

提升城市能级和核心竞争力是一个系统工程,涉及基础设施等硬件、营商环境等软件,但关键在于创新创业活力。国际经验表明,强大的创新创业活力是保持城市朝气蓬勃发展,不断提升城市能级和核心竞争力的制胜法宝,可以在很大程度上弥补城市历史底蕴不足、发展基础欠厚实、基础设施相对陈旧或欠缺等先天不足和缺陷,如纽约超越芝加哥、伦敦胜出法兰克福、新加坡超过东京等所揭示的那样。

创新创业活力拓展了无限发展空间和机会,并对高端人力资源具有极大吸引力。高端人力资源往哪里流,往哪里集聚,是衡量创新创业活力的一个重要指标。上海目前吸引人才,主要是靠人文环境。北京、深圳的人文环境不及上海,但"北漂""南漂"主要由两城市的创新创业活力所致。高端人力资源的集聚,反过来促进创新创业活力,两者形成互动。

创新创业活力使物质资本与人力资本高度匹配和有效配置,成为促进经济社会发展强大引擎。GDP 增长速度、人均 GDP 水平、投资增长率、附加值率增长率等,仍然是衡量创新创业活力的重要指标。上海虽然不依赖大规模投资(特别是房地产投资)来保持 GDP 高增速,但也不能掩盖物质资本与人力资本错配带来的 GDP 增速减缓、人均 GDP 水平提高缓慢、投资增长疲力、附加值率增长率低下。而物质资本与人力资本高度匹配和有效配置,反过来也成为增强创新创业活力的基础。

创新创业活力带来地点空间与流动空间的高度互构,既形成巨大经济流量也增强经济密度。外部网络连通性、内部集聚规模经济、经济流量规模和频率、地均产出水平等,均是衡量创新创业活力的新指标。上海的经济流量有较大幅度提高,经济容量迅速增大,但经济密度偏低,在较大程度上也反映创新创业活力不足。例如,陆家嘴金融城与曼哈顿相比的差距。又如,一方面用地紧张,项目无法落地,另一方面大量土地闲置或低效使用。

民营经济是创新创业活力的重要主体。上海缺乏强大的创新创业活力,特别是毁灭性创新和变革性创业,与所有制结构有密切关系,特别是民营经济发展不强。上海民营经济虽然有发展,但难以做大做强。民营经济不能做大做强,在于缺乏相应的"土壤",特别是市场公平竞争机会。当前,中央也在研究中性竞争原则,可能是促进民营经济发展的契机。

4. 进一步融入长三角更高质量一体化发展,并发挥龙头带动作用

要立足于区域多中心结构找准比较优势,聚焦全球城市的网络节点、全球平台、门户枢纽、流量经济等核心功能,实现功能提升、空间拓展,非核心功能有效疏解。

目前,长三角区域合作已走向自觉、综合、长效的一体化发展,但也存在合作范围有限、层级不高、力度不够等问题。推进长三角更高质量一体化发展,势必要求突破行政边界限制,消除优惠与保护性的政策竞争,在统一市场和公平环境中促进信息、人员、资本等要素的流动。融入和促进长三角更高质量一体化发展,核心是处理好地点空间与流动空间"结构性精神分裂症",创新区域发展治理模式,实行分类、多层次的结构性治理。有些特殊领域和方面,如区域规划、交通运输、环境治理等,以政府间合作为主导,更多领域和方面,以民间力量共同参与的专项研究引导的协调为主导。有些是省级层面的协调,有些是城市间层面的协调,有些是企业等微观层面的协调。其中,利益互换、利益补偿、利益共享是实现有效协调的重要保证。

5. 积极投入和服务"一带一路"建设,发挥桥头堡的重要作用

"一带一路"国际合作平台的推进实施,将改变资源、要素、贸易及资本、人才、信息的流动格局,会对世界城市网络体系格局产生重大影响,并重构世界市场的价值链分工。

在"一带一路"城市网络体系中,上海应当好"一带一路"的势能高地、新兴城市的发展门户、国内国外"两个扇面"的旋转中枢、新型全球治理体系的交流平台等角色,着力培育壮大经济发展新动能,切实推动更高质量发展。

18.3 提升城市软实力

提升城市能级和核心竞争力,除了加强基础设施建设、现代产业发展、发展空间拓展等硬实力外,在很大程度上取决于城市软实力。因此,要把提升城市软实力放在重要位置。

18.3.1 "精气神"是城市软实力的灵魂

城市软实力以城市硬实力为基础,以城市网络连通性为主要载体,是全球城市发展的必然要求和产物。

城市软实力作为一种影响自身发展潜力和感召力的综合因素,表现在诸多方面:文化、价值观念;人文环境,社会和谐;营商环境,充满创新创业活力;法治社会,公平正义;高度开放,具有包容性和亲和力;治理水平,公众参与;形象传播;智慧城市;生态环境;等等。

城市软实力作为一种发挥独特效用的综合系统,可以分解为多种要素:城市吸引力;城市凝聚力;城市创造力;城市影响力;城市竞争力;等等。关键在于,要抓住城市软实力的核心和灵魂,才能把城市软实力的多方面表现统领起来。我认为,城市软实力的核心和灵魂在于"精气神"(精神力)。这种精神力主要表现为活力、锐气、神韵,其渗透于城市软实力的诸多方面(领域),贯穿于城市软实力的诸多要素之中。

我们可以观察到,凡是具有强大软实力的城市,不管是世人公认的纽约、伦敦、巴黎、东京、新加坡等,还是国内的上海、北京、深圳等,无一例外都是充满创新活力、具有进取锐气、富有迷人神韵的城市。反之,缺乏活力、锐气、神韵的城市,则没有什么软实力可言。因此,要以上海城市精神和品格为统领,提升上海城市软实力。

这种"精气神"不是有意"张扬"出来的。恰恰相反,它是很内敛的,在不经意间、随时随地、一举一足自然流露和焕发出来的。它也不是通过自我"贴标签"形成的。恰恰相反,它是被别人(外界)深切感受到、普遍认同的,任何自我标榜都无济于事。它更不是从外部移植过来或通过"交易"获得的。恰恰相反,它只能在内部孕育和自然演化出来的。尽管可以从外部学习,但要经过内化(消化吸收也不是全部,而是选择性地保留),"照葫芦画瓢"只能"形似神不似"。

我认为,这种"精气神"是城市心智的反映。城市心智处于何种状态,就会有什么样的"精气神"。这种城市心智不是指个体或某些群体(如政府、企业、社会组织等)的心智,而是所有城市主体的集体心智,表现在城市中的企业、市场、政府、家庭以及其他主体的不同制度层面上。这种城市心智是以城市主体历时—共时的学习和知识创生为基础的,并通过集体选择而保留和遗传下来。它既是城市的一种要素,同时也指导着城市参与者的行为,是使城市发生变化的关键性力量。因此,城市心智的生产是一种内生过程。

这种作为城市心智反映的"精气神",既内化于城市的日常工作与生活中,又有着丰富的外在化形式。一个城市的"精气神"是城市心智的外在表现。因此,从根本上讲,城市心智高低决定了城市软实力水平。

上海开埠以来近代历史发展进程中积淀起来的城市文化、价值观和认知模式——并表现为独具一格、一脉传承的惯例和制度,已形成"交汇、融合、创新、明达"的城市基因。改革开放以来,上海力行"改革开放排头兵,创新发展先行者",较高的城市心智已成为促使城市功能和形态发生重大变化的关键性力量。这些都是上海提升城市软实力的坚实基础和优势条件所在。

18.3.2 提升城市软实力的定位及其发展指向

上海要把提升城市软实力作为实现城市发展愿景和目标的新的战略着眼点,作为现代城市发展的精神动力、智力支持和思想保证,作为增强城市凝聚力和创造力的重要源泉,作为提升城市能级和核心竞争力的重要保障。

综观国内外软实力较强的城市,其共同发展特点表现为:(1)与时俱进,具有世界前沿发展的示范性与引领力;(2)富有强大的感召力,被普遍认同,具有普适性;(3)传统与现代交融,具有厚重的历史感与时尚的现实感;(4)注重外部网络连接,开展广泛合作(这既是软实力的表现,也是提升软实力的重要途径之一)。例如,伦敦率先提出发展绿色金融,2019年伦敦的全球绿色债券市场达到2580亿英镑。又如,纽约拟通过一系列举措,特别是对一些国际组织的领导与建立,在未来树立起一个在"气候环境"和"初创科技"上的"世界第一"的领导地位。再如,东京对"文化与旅游"最为重视,认为文化才是日本的全球"第一",希望能够通过努力,实现以日本为首的东亚文化在全球的扩张和号召。

城市软实力的发展特点,要求我们:(1)在把握城市软实力未来趋势、过去态势、现在优势的前提下,选择适应形势的发展方法;(2)确定提高城市软实力的战略目标和发展境界;(3)着眼于城市未来发展,努力培育、塑造城市软实力。

提升城市软实力的发展指向,可能趋于收敛(大同小异),但更重要的是突出各自城市软实力的个性张力。国际经验表明,各主要城市的软实力都有鲜明的个性张力。例如,伦敦的多元化活力(从绅士到嬉皮士),纽约的先锋创新(从金融创新到好莱坞电影),巴黎的浪漫时尚(从香水到时装),新加坡的花园城市等。这种个性张力构成城市软实力的特色,具有很强的影响力和竞争力。

上海城市软实力的个性张力,在于"东西交融的魅力"。这种东西方文化、认知模式、习俗惯例是如此完美有机交融,其交融焕发出来的魔幻般魅力,在世界所有城市中是独一无二的。(1)善于将时代特征、中国特色、上海特点融为一体的城市。(2)善于参照国际标准,借鉴别国经验,结合上海实际进行创新发展的城市。(3)善于汲取国外先进理念和知识,运用于本土实践进行创造性工作的城市。(4)善于东西交流合作,让世界多元文化共存和交融,合而不同的城市。(5)善于中西合璧,营造中外人士都感舒适的环境条件的城市。当然,这要进行深入挖掘,在提升城市软实力中加以重点打造。

19 融入和带动长三角一体化发展 *

在新的历史条件下,上海面向未来,面向全球,提升城市能级和核心竞争力,必须融入长三角更高质量一体化进程中。这是上海谋求高质量发展和高品质生活,增强全球资源配置能力的必由之路。

19.1　在长三角一体化中谋求发展

上海的创新与转型,乃至建设卓越的全球城市,必须贯彻长三角一体化发展的国家战略,在融入和带动长三角一体化中谋求自身发展。

19.1.1　顺应城市区域化发展新趋势

过去,我们往往把城市与地区割裂开来,似乎城市发展与地区发展是两回事,从而把发展的视野及政策仅局限于城市本身。事实上,城市历来是一种地区现象。城市的价值在于集聚与辐射,其必须依赖于周边地区。上海从一个小渔村发展成为国际大都市,绝对离不开地区发展的强力支撑。当今,在全球化背景下,城市发展更是要求寓于地区发展之中。即便是全球城市,也不再作为一个单独的城市发挥全球网络主要节点功能,而是通过其空间扩展融入全球化水平日益提高的区域发展之中发挥引领和核心作用。

＊　本章根据笔者的《在融入长三角一体化中谋求上海高质量发展》《在促进长三角更高质量一体化发展中建设卓越的全球城市》《以都市圈建设为主要抓手,促进长三角一体化发展》等演讲稿和采访稿汇编整理。

全球城市与区域发展是有内在关联的。斯科特等人提出的"全球城市区域",乃至目前较为盛行的"巨型城市区域"等概念,都可以追溯到霍尔、费里德曼和沃尔夫的"世界城市",以及丝奇雅·沙森的"全球城市"理论。这些新的区域理论是建立在全球城市的基础上,并在某种程度上试图扩展其在经济、政治和领土方面的含义。我在《全球城市:演化原理与上海2050》一书中也阐述了全球城市空间拓展演化的基本逻辑:全球城市—全球城市区域—巨型城市区域。其核心观点是,当今全球城市要在全球化中充分发挥独特的战略空间作用必须向更大区域空间拓展。如果说纽约、伦敦、东京、巴黎等老牌全球城市在当初形成时还呈现"一枝独秀"或"鹤立鸡群"的话,那么现在它们也都融入区域发展中,形成以其为核心的全球城市区域或巨型城市区域。

更重要的是,它们之间有着统一的空间逻辑。不管是全球城市本体,还是全球城市区域或巨型城市区域,都是全球化的战略空间,即作为全球经济的重要空间节点和世界舞台上独特的参与者发挥作用。正如斯科特等人所说,城市区域并不是解构了全球化过程的社会和地理对象,而是越来越成为现代生活的中心,这是因为全球化(结合各种技术变化)已重新激活它们作为各种生产活动基础的意义,无论是在制造业还是服务业,在高科技行业还是低技术行业。

总之,以全球城市为核心的区域化发展形成了基于全球价值网络的多功能、多核空间结构,即全球城市区域或巨型城市区域。例如,纽约在美国东北部大西洋沿岸地区与波士顿、费城、巴尔的摩等城市形成完善的产业分工格局,被形容为"九大行星围绕一个太阳"。伦敦通过在英国、欧洲和全球的生产者服务业务流动显示出高度功能连接,在格兰东南部地区呈现一个功能多中心的城市间关系。

19.1.2　长三角一体化发展的国家战略

长三角一体化发展上升为国家战略,顺应了当前世界发展潮流。在当代全球化条件下,随着全球化领域的拓展,经济、科技、文化的融合发展,合作与竞争的多元化等,改变了过去以企业、城市或国家为基本单元的格局,巨型城市区域越来越成为参与全球合作与竞争的基本单元。目前,这种以全球城市为核心,内部高度功能连接与集成的全球城市区域或巨型城市区域正成为人类发展的关键性空间组织,在一国的政治经济生活中发挥着日益巨大的作用,其作为更大、更具竞争力的经济单元也正在成为全球经济的真正引擎。这种巨型城市区域主要是由两个或两个以上的城市系统结合成一个更大的、单一的城市系统,从而基本特征之一是有若干核心节点城市存在。例如,在世界上最大的 40 个巨型城市区域中,有 24 个是通过两大城市联合命名来标志一个巨型区域的。目前,世界上最大的 40 个巨型城市区域,只覆盖了地球居住表面的小部分面积及不到 18% 的世界人口,却承担了 66% 的全球经济活动和近85% 的技术、科学创新。可见,巨型城市区域作为人类发展的关键性空间组织,在一国的政治经济生活中发挥着日益巨大的作用。为此,各国政府及学界高度重视,纷纷研究和促进这一关键性空间组织的发展。例如,欧盟专门立项研究 9 个欧洲巨型城市区域,美国在"美国 2050"规划研究中确定了 11 个新兴巨型城市区域。长三角一体化发展,以及粤港澳大湾区发展、京津冀协同发展等,正是这种巨型城市区域的空间组织构建,旨在打造对外开放新格局的新型空间载体,以更高效、更具竞争力地参与全球合作与竞争,在中国崛起及走向世界舞台中心的过程中发挥重要作用。

与此同时,长三角一体化发展也是中国进入高质量发展新阶段的必然要求。出口导向发展模式的转换,基于创新驱动的高质量发展的科技引领、文化融合、国家治理及社会治理能力增强、生态环境优化等,意味着外生的经济空间发散性转向内生的经济空间集中收敛性。构建现代化经济体系,在增强自主核心关键技术和完善强基工程(基础零部件、基础材料、基础工艺、技术基础)的基础上实现产业链升级,增强产业链韧性和提高产业链水平,打造具有战略性和全面性的产业链,意味着各自为政的空间分割转向合作协同的空间集约。这些新的变化势必带来区域政策的重大调整和空间布局的重构,即从一般区域发展转向以城市群为主体的区域发展,从忽视效率的区域发展转向人口、资源、要素向高效率地区集中和优化配置,从宽泛的区域发展转向重点区域发展。最终,形成以城市群为主要形态的增长动力源,让经济发展优势区域成为带动全国高质量发展的新动力源。

从长三角自身来看,其有良好的基础及发展条件。长三角地区已进入后工业化阶段,经济总量达 3.1 万亿美元,占全国 20%,人均 GDP 为 1.4 万美元,三产比重超过 50%,城镇化率超过 65%,跻身世界第六大城市群。而且,区域内市场化程度较高,产业配套能力较强,同城化程度较高,城市结构合理,差异化特色明显,互补性较好等。自改革开放以来,长三角的地区合作就一直在市场作用和政府推动下不断往前发展。特别是 2010 年代以来,长三角地区合作向更广泛的领域发展,在交通、旅游、文化、科技、教育、医疗、生态环境等方面开展了全方位合作。例如,加快推进长三角协同创新网络建设,大科学仪器设施实现共建共享;产业园区共建,促进"飞地经济"发展;推进区域社会信用体系建设,营造统一市场发展环境;区域环境治理着力联防联控;推进公共服务联动保障和便利化。随着交通网络发展,长三角同城化半径不断趋于扩展,为区域一体化提供了良好基础。在此过程中,长三角逐步形成了合作与协同的常效性机制。三省一市建立了以主要领导为决策层、常务副省(市)长为协调层、联席会议办公室和重点专题合作组为执行层的"三级运作、统分结合"区域合作机制。因此,推进长三角一体化发展,势必能充分发挥其城市群密集、经济主体活跃和配置效率高的优势,带来人口、资源、要素的更大集中和优化配置,成为带动全国高质量发展新动力源之一。

　　既然长三角一体化发展上升为国家战略,我们就要从国家战略的角度来定位长三角一体化发展的目标及其模式。(1)长三角一体化发展要面向全球,以全球化为导向,成为中国对外开放的新高地,代表国家参与全球合作与竞争。也就是,长三角一体化发展并不限于以区域内联系或国内联系为主导的区域发展,也不仅仅是成为国内高质量发展的一个重要的增长极或带动全国高质量发展的动力源,而是要深度融入经济全球化,成为跨国公司全球产业链离岸或近岸布局的理想地区,成为世界经济空间版图中的一个重要发展区域。(2)长三角一体化发展要有国际高标准的制度创新,营造有利于全球资源要素集聚、流动和配置的良好营商环境,创造能使创新、创业活力强劲的各种条件。也就是说,长三角一体化发展不仅要有打通区域内资源要素流动与合理配置的制度创新,更要有打通区域与全球之间资源要素双向流动与有效配置的制度创新;不仅要营造区域内协调一致的良好营商环境,更要营造适应全球化资源配置的良好营商环境。因此,长三角一体化发展的制度创新要有统一的、与国际惯例接轨的高标准,以及营造良好营商环境的集体性行动。(3)长三角一体化发展在重点领域、重点部门、重要方面要有高度的系统集成,尽快形成具有重大国际影响力的区域核心竞争力,打造长三角世界品牌。

19.1.3 在长三角一体化发展中建设全球城市

在这种背景下,对于那些正在崛起中的全球城市来说,其首要条件之一就是寓于区域发展之中,否则,是不可能崛起的。上海要建设卓越的全球城市,就不能脱离长三角一体化发展,必须把长三角一体化发展作为前置条件之一。因此,我在全球城市研究中,自然而然就会延伸到区域发展问题上。在某种程度上,把区域空间也作为全球城市研究的一个重要组成部分。

我们知道,城市物理(地点)空间是不可能无限扩展的。从这一意义上讲,城市空间是有限的,相对于其功能来讲,总显得规模不足。在空间拥挤的情况下,各项城市功能之间会产生强烈的排挤效应,其核心功能作用也难以有效发挥。因此,一个城市本身不可能成为全能城市,什么功能都有;也不可能成为超能城市,什么功能都是最强的。全球城市也不例外。因此,上海发挥全球城市的四大功能(全球资源配置功能、科技创新策源功能、高端产业引领功能、对外开放枢纽门户功能)应该延伸和覆盖到长三角一体化的发展中。

上海在中国崛起进程中承担着增强全球资源配置功能的战略重任,显然不能单打独斗,而要融入长三角更高质量一体化发展之中。通过长三角内部高度功能连接与集成来提升上海全球资源配置的核心功能,充分发挥地区的"借用规模"效应,有效疏解非核心功能。在城市空间有限的约束下,如果不能借助区域一体化发展,有效疏解其非核心功能,势必产生空间拥挤带来的排斥效应,就难以真正提升其核心功能。另外,通过长三角一体化发展的功能与产业分工,才能形成上海实行全球资源配置的更大平台,更多的全球连接,更频繁与密集的流量规模。

在构建"双循环"发展新格局背景下,上海要成为国内大循环的中心节点和国内国际"双循环"的战略链接,更要融入长三角一体化发展之中。因为真正能够支撑"双循环"发展战略的,将是区域一体化这种比较大的空间尺度,而不是单个城市单元,哪怕是全球城市。只有通过在大都市圈、城市群内的合理功能分工,才能承载更多双循环的环节。比如,这种区位功能专业化分工,将使得城市间高度功能连接与集成,并最终得以发挥出区域的全方位支撑作用。

19.2　区域发展的新旧格局与模式转换

上海在融入和带动长三角一体化发展中谋求自身发展，首先要打破区域发展的旧格局与传统模式，实现新旧格局与模式转换。

19.2.1　打破区域发展旧格局

打破传统的"中心—外围"的区域发展格局。长期以来，上海作为首位城市，在长三角处于中心位置，而周边城市及地区则作为外围。在这样一种等级制的空间结构中，外围的资源大量向中心集聚，而中心对外围的扩散和辐射则相对有限。推进长三角一体化发展，必须构建基于网络连接的区域一体化发展格局，即以城市为载体的各种各样节点相互连接的网络体系。这些节点之间是一种平等关系，只不过是因连通性程度不同而有主要节点与次要节点之分，各自在网络中发挥着不同的作用。而且，节点之间有着多层次的网络连接，存在不同类型的子网络，并非都向首位城市进行连接。因此，在长三角巨型城市区域中，除上海之外，还应该有以杭州、南京、合肥等为核心的子网络发展。

打破三省接轨与融入上海的单向关联格局。过去，在长三角区域发展中，浙江、江苏和安徽等纷纷提出接轨上海和融入上海，并开展了相关的合作。但这只是单方面、被动地承接上海的溢出效应、产业梯度转移，与长三角一体化发展要求相差甚远。同时，这也不利于上海非核心功能的有效疏解和核心功能等级提升。推进长三角一体化发展，必须构建双向连通的关联格局，特别是上海也要主动接轨、融入其他城市和地区。这样，才能增强长三角网络连通性并发挥网络化效应，才能促进区域内有更多的资源要素流动和合理配置，呈现出区域一体化发展的强大生命力和活力。

打破长期以来形成的功能"单中心"和垂直分工的空间格局。以上海独大、独强的功能为特征的"单中心"以及与周边城市及地区的垂直分工体系，不利于增强区域整体竞争力，而且也不利于上海自身发展。推进长三角一体化发展，必须重构功能多中心及水平协同分工的空间格局，即核心城市发挥龙头带动作用，各地各扬所长，形成专业化功能分工。这就要求上海按照建设卓越全球城市的要求,集中力量提升城市能级和核心竞争力,充分发挥全球资源配置的核心功能,南京、杭州、合肥、苏州等城市依据比较优势和特长发展某些特定功能及产业,形成各具特色功能的中心,甚至在某些功能的发展水平上超过核心城市,从而形成不同城市间的功能互补及功能水平分工,诸如航运、贸易、金融功能的区域水平分工,科技创新功能的区域水平分工,以及区域产业链的水平分工等。这样,才能有效整合城市群的资源,形成城市间高度功能连接,从而充分提升长三角地区的国际竞争力和影响力。

19.2.2　打破传统区域发展模式

过去,我们只着眼于行政区划内的发展规划,依据自身的自然禀赋和比较优势,在行政边界"一亩三分地"上配置资源,谋求各自发展。在此基础上的地区间合作与协同,也只是作为地方自身发展的一种外生性补充。这在我们的工作中已形成根深蒂固的内向化发展模式。在长三角一体化发展背景下,我们必须构建外向化发展模式,将地方自身发展寓于区域一体化之中,将区域一体化发展寓于全球化进程之中。在此过程中,寻求自身发展机遇,发挥各自独特优势,在增强长三角区域的全球竞争力的总体要求下来规划自身发展蓝图,并形成地方发展的内生性需求。

过去,我们立足于资源要素与大规模投资驱动,对资源要素与投资的争夺成为地方政府的一大主题,政策竞争成为区域发展的主要动力之一。这种竞争模式导致区域内竞争远远大于合作的局面,区域合作只有在不影响既有资源要素分配格局的情况下才得以开展,并作为次要补充。在长三角一体化发展背景下,我们必须树立起以创新发展作为区域一体化发展基本动力的新理念,构建基于共享、共赢的竞合模式,形成"合作大于竞争"的新局面。区域内的竞争,更加注重于创新发展方面的竞争。这种竞争将促进更广泛的创新扩散,形成更多的创新群集。而在创新发展中,则可以寻找到更多的合作机会,构筑更多的合作平台,打造更多的合作载体,促进更多的合作项目,形成更多的合作成果,从而也促进区域一体化发展。

过去,我们往往在区域"零和博弈"中追求地方利益最大化,造福一方,保一方平安,"各扫门前雪"已成为一种潜意识。尽管在基于地方利益最大化的目标追求中,一些正的外部性对区域发展有积极作用,但作用相当有限;而更多是负的外部性,甚至往往以邻为壑,对区域发展产生消极影响。在长三角一体化发展背景下,必须树立起"非零和博弈"的地方利益最大化的新理念,构建协调发展的新模式,在区域共享收益最大化中获得更多地方利益。这就要求我们服从和服务国家战略,顾全长三角一体化发展的大局,做大"蛋糕",从而在分享更多共赢成果中实现自身发展。

19.3 按照区域一体化本质要求采取行动

长三角一体化发展是一个巨大的系统工程,涉及众多领域、各个层面、诸多方面内容。在实际工作中,很容易引起一体化发展的泛化,不分轻重缓急,甚至"捡了芝麻丢了西瓜";也很容易把一体化发展扩大化,似乎什么都要一体化,都可以一体化。更有甚者,把一体化发展等同于一样化、同质化。我认为,长三角一体化发展的本质是市场化,是区域统一市场的问题。区域一体化发展的内在动力在于市场,核心主体是企业,政府的职责主要在于提供公共产品,打造基础设施和载体平台。

19.3.1 促进资源要素自由流动和合理配置

长三角更高质量一体化发展,首要前提是促进资源要素在区域内的自由流动和合理配置。特别是区域内不同城市之间信息、思想、人员、资本的强烈流动,包括由现代服务业日常活动引起的有形和无形流动,实现关系集成。这要求克服资源要素流动的物理性障碍(如交通等基础设施),削弱行政性边界障碍(如各地不同政策、管制、执法等),消除市场准入障碍(国民待遇、竞争中性、权益保护等)。而且,这种资源要素的区域内流动不是随机、无序、发散性的,而是基于相对稳定、固定的组织(网络),从而是持续、有序、收敛性的。这就要求形成组织(网络)集成,构建诸如现代服务业网络、产业价值链网络、创新及技术服务网络、交通网络、信息网络、政府网络、非政府组织网络、社会网络等,以不同方向、不同尺度连接区域内城市,并实现其互补性。因此,上海在融入与带动长三角一体化发展中,要着力于破除各种障碍的制度创新和重大举措,并积极构建各种网络,促进资源要素自由流动与合理配置。

19.3.2　形成地区(城市)合理功能分工和高度功能连接

长三角更高质量一体化发展,核心是形成地区(城市)合理功能分工和高度功能连接。这是区域一体化发展的显著标志。巨型城市区域呈现出来的强大生命力和活力,关键在于城市间全球生产(价值)网络的高度功能连接与集成,形成所引领的全球范围内"产业都市集中"的扩张和扩散,而不是邻近距离。例如,伦敦通过在英国、欧洲和全球的生产者服务业务流动显示出高度功能连接,在英格兰东南部地区呈现一个功能多中心的城市间关系。相反的案例是,英国的利物浦和曼彻斯特相隔不到50公里,但它们没有群聚效应来形成城市区域。这种城市间高度功能连接与集成的基础,在于区位功能专业化分工。其中包括上海与其他城市之间具有潜在差异化的功能分工,基于产业价值链的产业分工,特别是全球城市中的现代服务业与次级城市中的其他类型活动的分工。

过去,我们讲地区分工往往是以核心城市为首的垂直分工,从而周边地区及城市主动接轨、融入上海,接受梯度转移。国际经验表明,区域一体化发展更多的是水平协同分工。这种基于不同区位的功能专业化分工,要求核心城市提升城市能级和核心竞争力,发挥龙头带动作用,其他城市各扬所长,依据比较优势和特长发展某些特定功能及产业,甚至其发展水平要超过核心城市,这样才能形成不同城市间的功能互补。例如,杭州的互联网金融发展超过上海,恰恰是对上海金融中心功能的一种互补。合肥科大讯飞等高科技发展超越上海,也正好是上海科创中心功能的一种互补。因此,在这样一种地区(城市)合理功能分工和高度功能连接的情况下,不是周边地区及城市对上海的单向接轨、融入,而是上海也同时面向周边地区及城市的双向接轨、融入。并且,上海也无须在某些非核心功能上"补短板",而是要在其核心功能上"拉长板"。

在此过程中,对于中心城市来说,首先要明确核心功能是什么,非核心功能是什么。当然,核心功能与非核心功能之间是动态的,随时间推移及依不同条件是可以转化的。上海在建设"五个中心"过程中,既要强化核心功能,提升能级,又要注重非核心功能的有效疏解。例如,在国际航运中心建设中,重点是培育和发展航运服务功能,特别是航运金融、海事服务等高端服务,而集装箱和货物运输方面的功能,应该适当、合理有效地疏解到长三角的其他港口城市,如宁波、舟山、连云港。这样既有利于上海在航运服务方面做大做强,也有利于其他港口城市的发展,从而在互补中形成合理的分工。再如,在国际贸易中心建设中,贸易的清算和结算是核心功能,上海要在这方面下功夫。其他一些贸易功能,如展示、物流等,可以适应加以分流,让长三角的其他城市去做。这样,上海才能在长三角一体化发展中发挥龙头作用,并促进区域城市之间的功能分工。在具体的实施层面,首先是确定自身的战略定位,从中引申出予以强化的核心功能,但更重要的是,中心城市要自己认识到,非核心功能的有效疏解对于提升核心功能和可持续发展是至关重要的。这样,才会主动地进行调整。对于中心城市周边的城市而言,各地政府也要形成一种共识,即不是单向、被动地接受中心城市的扩散和辐射,而要在发展中发挥自身优势,形成自己的核心产业竞争力。另外,与此相配套的分配机制、考核机制等也要进行调整。否则,基于 GDP(考核指标)和财政收入方面的考虑,谁都不愿意疏解已有的非核心功能及其产业。因此,在财税政策等各方面要相应调整机制。

19.3.3 完善各种互联互通的基础设施

长三角更高质量一体化发展,基石与硬核是各种互联互通的基础设施。人们通常关注的是交通、能源、信息等硬件的基础设施,这固然很重要,但对于推进区域一体化发展来说是远远不够的,还应包括商务的基础设施、政策平台的基础设施等。

健全互联互通的交通、信息基础设施网络。这方面已经有了较好的基础,目前的建设力度也很大,今后的重点是进一步的协同建设,以全面提升长三角交通、信息设施的互联互通水平和能源的互济互保能力。例如,统筹都市圈城际铁路规划布局,着力加强地县级主要城镇间快捷交通联系,推进技术制式和运营管理一体化,实现运营管理"一张网"。又如,统筹指导区域民航协同发展,科学配置各类资源,全面提升长三角世界级机场群的国际竞争力。还有,率先建设高速泛在信息网络,重点推进 5G、数据中心、量子通信等新一代信息基础设施协同建设。

完善统一高效的商务基础设施。这方面还需要加强,重点从促进商务活动互联互通、优化营商环境等方面入手,以重点领域供应链体系、标准体系建设为重点,实现规则对接,进一步消除市场壁垒和体制机制障碍。例如,进一步加强各地信息系统、征信系统的建设及相互衔接和连通,加快打造信用长三角一体化平台,实现三省一市信用信息的按需共享、深度加工、动态更新和广泛应用,在此基础上推进实施跨区域联合奖惩,率先在国内形成"失信行为标准互认、信用信息共享互动、惩戒措施路径互通"的跨区域信用联合奖惩模式。又如,在市场监管的基本信息、数据内容互联互通的基础上,共建监管标准衔接、监管数据共享、监管力度协同的合作机制,强化日常监管工作联动,健全市场监管合作体系,提升区域综合监管执法水平。再如,建立长三角城市群间互联互通的工业互联网平台,促进基于数据的跨区域、分布式生产和运营,深入推动长三角智慧应用,以及建设一批跨区域的技术研发和转化平台,构建区域性的紧密互动的技术转移联盟。

构建政策平台的基础设施。尽管目前长三角已形成了合作与协同的机制,三省一市的相关机构也逐步建立情况通报机制,但这方面总体上是相对薄弱的,甚至有某些欠缺。我们要在已经形成的决策层、协调层和执行层"三级运作"机制的基础上,进一步深化完善常态长效体制机制,构建协调推进区域合作中的重大事项和重大项目等政策平台,加强跨区域部门间信息沟通、工作联动和资源统筹,推动人才资源互认共享、社会保障互联互通、食品安全监管联动等方面的合作。同时,很重要的一点是,要构建公众参与区域政策的新型平台,形成公众参与政策制定与实施的作用机制,增强区域合作政策协调机制的有效性。

19.3.4 打造空间组织载体

长三角更高质量一体化发展,主要载体是空间组织载体。过去,人们所熟悉、并经常使用的所谓载体是指单个"项目",例如周边城市和地区承接上海外移或溢出的具体项目,或跨地区共建的合作项目,包括产业项目、科技项目、文化创意项目、部分社会项目(养老)、教育培训项目、医疗保健项目等。确实,项目是一个重要载体,但不是唯一的载体,也不是主要的载体。而且,项目作为一个载体,也有较大的局限性。如果我们把项目形象比喻为水池里的鱼,那么承担项目或项目转移无非就是把鱼从这一水池放到另一个水池,项目合作就是把两个水池合并为一个水池来养鱼。在不增加项目的情况下,往往会造成"抢鱼"的过度竞争。强行给鱼换水池,会产生水土不服的问题。通常这只是"一锤子买卖",导致合作难以持续的问题。在我看来,区域一体化发展更重要的是,各种大小水池子都要有一个"接口"(管道及龙头)。有了"接口",水就流动了,然后伴随着鱼的游动。其接口越大,就有更多的活水,水池里的鱼就越多,并能找到自己最理想的栖息地,鱼在水池间的游动也能可持续。因此,关键在于构建这种基于网络的接口,作为长三角一体化发展的主要空间组织载体。具体来说,有以下主要类型:

(1) 大都市区(都市圈)。这是长三角一体化发展的基础性空间组织载体。这种大都市区由于物理上的毗邻,具有同城化程度高、联系较紧密、经济社会等方面联系的综合性较强、借用规模效应比较明显、功能互补性较强等特点。如果能够形成的话,就是一个"大湖",可以承载许多"鱼"(项目)的游动,或承载区域性的资源要素流动与配置。大都市区(都市圈)建设主要解决城际轨交、不同城市功能定位、资源统筹使用、人员流动自由便利化、大都市区管理机构等问题。目前正在搞的长三角一体化示范区,在某种程度上是缩小版的大都市区建设,主要为大都市区(都市圈)建设提供可借鉴的经验及示范。

(2) 各种类型的廊道。这是长三角一体化发展的专业性空间组织载体。这种空间组织载体的特点是专业性强,以水平分工为主导,集聚密度高,关联紧密,具有品牌形象等。这种专业性的廊道,通常既源于大都市区,又超越大都市区向外延伸,作为一种空间中介连接。这就像一条跨区域的河流,里面有不少"鱼"(项目)游动,或进行资源要素的专业性配置。目前,G60 科技走廊就是这种类型。其实,还可以有许多专业化廊道,如产业走廊、贸易走廊、文化创意走廊、知识走廊、生态廊道等。值得指出的是,这种廊道并不限于物理形态,即借助于公路、铁路、水路等地理条件,也可以是"空中"或线上的非物理形态。专业性走廊建设重点,在于构建共享平台、标准化平台、交易平台,推进联盟化集聚和网络化运作。

(3) 双向飞地。这是长三角一体化发展的重要空间组织载体。这种双向飞地组织载体主要基于产业链构造的基本逻辑,母地与飞地之间存在较强的产业关联,诸如在母地进行成果孵化,在飞地进行产业化,或者在飞地进行初级加工,到母地进行深加工等。这种空间组织载体的特点是上下游关联性强,共同参与度较高,经济联系紧密,运作管理较统一等,通常采取不同类型的园区形式。双向飞地建设重点,在于建立产业链分工,发挥园区集聚效应,形成合理的财税分享机制,实行园区统一管理体制等。

19.4 极化大都市圈同城化效应

19.4.1 大都市圈是区域一体化发展的逻辑起点和重要基础

很长一段时间以来,提及长三角一体化,主要是从三省一市的地理空间尺度来谈问题的,更多是讨论城市群问题。例如,首先制定和颁布的是长三角城市群的相关规划,长三角首脑会议所议主题均是三省一市大尺度内的主要问题,以及成立长三角区域合作办公室等。最近,才开始关注大都市圈的问题,并出台了有关大都市圈的规划。事实上,大都市圈是区域一体化发展的逻辑起点和重要基础。如果忽视这一点,甚至在行动中逻辑颠倒,不仅容易误导对区域一体化发展的深刻理解,而且往往使区域政策空泛化和难以落地。我们提出这一观点的理论和现实依据,主要基于以下三点:

(1) 现代社会中的区域一体化,本质上是区域城市一体化。城市是区域一体化发展的基本单元,区域一体化发展重点要放在城市上。当然,这并不是说,区域中的广大农村地区不重要。但在广泛城市化的背景下,我们要认识到,广大农村地区更多是作为城市的操作景观和环境景观,是城市功能广泛延伸的地区,而不再是传统的农村地区。既然区域一体化的重点在城市,那么这里就涉及两种不同类型的区域城市组织形态。较早之前的国外研究将其区分为都市圈和城市群两个概念,现在由于全球化进程对区域城市功能的极大渗透和影响,使区域城市由内向关联转向外向关联,所以国外研究将都市圈和城市群这两个概念迭代升级为全球城市区域和全球巨型城市区域,两者在空间尺度上可能重叠,但功能上已有重大区别。这两种区域城市组织形态都是区域一体化发展的组织结构和重要载体。

(2) 问题不在于是沿用旧概念还是采用新概念,关键是对这两种区域城市组织形态缺乏深入的差异性分析。事实上,这两种区域城市组织形态不管是在内涵上,还是在结构上和治理方式上都有重大区别。这不仅仅是一个空间尺度大小的问题。其本质的区别在于:大都市圈或全球城市区域的网络关系紧密,中心城市与周边城市的功能分工相对明确,互补性较强,并是作为一个城市系统运作的,具有同城化效应;而城市群或者全球巨型城市区域则是区域内都市圈之间的大分工,有相应错位即可,并由几个城市系统构成,更多是城际网络效应。因此,城市群、都市圈的发展战略应各有侧重。例如,都市圈建设应着重解决好城际轨交、不同城市功能定位、资源统筹使用、人员流动自由便利化、大都市区管理机构等问题。城市群建设要更多地考虑市场连接问题,推动区域内统一市场的建立,促使资源要素自由流动。

(3)国际经验表明,区域一体化发展是从大都市圈到城市群的历史演变。首先是中心城市向外空间扩展形成大都市圈(区),然后这些大都市圈(区)之间形成城市群。以美国为例,美国以大都市区作为统计的单元,然后进一步向城市群或巨型城市区域发展。尽管在区域一体化发展当中,大都市圈(区)和城市群可能是同时存在的,并且有时候还相互作用、交叉发展,但有一点应该是明确的,即大都市圈(区)是城市群发展的基础。如果没有大都市圈(区)的率先发展,如果没有发育成熟的大都市圈(区),城市群是发展不起来的。即便你在地图上勾勒出城市簇群,那也只是地理尺度意义上的,而不具有区域一体化发展的含义。

因此,在讨论区域一体化发展时,首先要关注大都市圈发展,强调大都市圈是长三角城市群一体化发展的逻辑起点和重要基础,大力推进大都市圈发展。

19.4.2　大都市圈的同城化发展

与城市群相比,大都市圈最主要的特征是同城化发展。有人认为大都市圈和同城化是一回事。确实,从某种意义上讲,同城化可以作为大都市圈的代名词。但问题在于,现在大家叫起来都很顺口的同城化,到底是什么意思。难道就是地理相邻,1—2小时的通勤吗?这需要我们进行深入的研究和解读。

我认为,地理相邻,1—2小时通勤等只是大都市圈同城化的必要条件。但大都市圈也是跨行政区划的,其同城化就有更深的含义。根据我的研究,同城化的充分条件是:

(1)高度城市系统化:不同行政辖区的邻近城市处于一个城市系统之中。这是什么意思呢?显然不是指行政区划归并,否则事情就很简单了,但也不再是大都市圈(区)的概念了。这里是指不同行政辖区的邻近城市之间的功能合理分工,其相互耦合的功能嵌入在一个城市系统中。严格意义上讲,这还不是我们通常所说的功能互补的含义。因为不同城市系统之间也可以有功能互补,如城市群中呈现的那样。在同一个城市系统中的功能分工,更本质的是功能耦合,通常是大都市圈中心城市的非核心功能向邻近城市疏解的结果。这样,大都市圈中各城市间功能分工就有了内在关联和同一性。如果没有中心城市非核心功能向邻近城市疏解的过程,相互之间就很难形成功能耦合,作为一个城市系统。

(2)高度市场一体化。不同行政辖区内的邻近城市能够处在同一个城市系统中,显然要依赖于高度市场一体化。也就是说,这种城市功能耦合不是行政配置的,而是市场配置的。当然,城市政府的战略规划也很重要,在这种城市功能耦合中起到导向的作用。但基于不同行政辖区的城市功能耦合主要是由市场机制进行基础性配置。因此,这里讲的高度市场一体化,还不是指一般意义上的统一市场(资源要素自由流动及其配置)概念,其在城市群的区域一体化发展中也存在并作为基本条件。同城化中的市场一体化更是指邻近城市处在同一个市场,特别是共享一个地区的劳动力市场、生产者服务业市场、房地产市场等。

(3)高度城际流动性。邻近城市处在同一个市场中进行资源要素及其功能配置,意味着可以职住分离、前台后台分离、管理与操作平台分离等,这势必带来邻近城市间高度的流动性,特别是基于通勤的人流、基于商务的服务流、基于城市共同体的信息流、基于产业配套的商品流和技术流等。显然,这种密集、频繁、常态性的高度流动性在其他空间尺度上是没有的,构成了同城化的基本特征之一。

(4)高度空间配置统一性。基于高度城际流动性,大都市圈的空间配置就有可能有更多的同构性。也就是说,尽管邻近城市间的功能是异质的,但由于处在同一个城市系统和同一个市场中,在空间配置上就有了明显的统一性。这种空间配置的统一性不仅体现在流动空间上,更体现在地点空间上。因为从流动空间讲,尽管在区域城市群、国内甚至全球的尺度上都可能具有基于网络的空间配置统一性,但其地点空间肯定是地理不连续的、分离的、割裂的,不具有空间配置的统一性。大都市圈在流动空间和地点空间两方面都具有空间配置统一性,并把两者高度统一起来,既有基于流动的外部网络效应,又有基于地点的内部集聚效应。

既然大都市圈具有同城化发展的特征,那么这种同城化有哪些表现呢?我们可以从不同的视角来看同城化,所以其表现也一定是多种多样的。从上述的同城市化本质内涵来看,归纳起来,主要表现为:

(1)常态化的通勤圈。首先我想应该把出行圈和通勤圈两者区分开来,不能混为一谈。通常我们以上海某一个地方为中心,往外一定时间的路程为依据,划定一个出行圈。但这一出行圈仅仅表明了采用一定交通方式的上海邻近地理范围,虽然与大都市圈地理范围有关系,但并不真正体现同城化的含义。我认为,同城化要用通勤圈来表示。因为城际通勤意味着处于一个城市系统中的职住分离,并且是一种常态化的流动性。另外,需要强调的是,通勤圈半径是动态的,是随着交通方式及便捷程度而改变的。目前,都市圈通常以城际快速交通为主导,以此来计算通勤圈的时间半径。

(2)围绕中心城市的网络形态结构。都市圈通常是围绕中心城市相互间联系趋于收敛的形态结构,而不是离散化和发散化的形态结构。这一点大家都是认同的。但要强调的是,都市圈不是传统意义上"中心—外围"的等级结构,即中心具有"虹吸效应",而外围处于"阴影效应"。这不仅不是同城化的表现,更是与同城化背道而驰的。在同城化背景下,都市圈是一种围绕中心城市的网络结构,是中心节点与一般节点处于平等地位且紧密连接的形态结构。这种网络结构是基于双向"借用规模"而形成的。也就是说,中心城市向邻近中小城市借用规模,以解决"大城市病"等问题,比如借用邻近中小城市尚具有的较大的发展空间、良好的生态环境、比较舒适的居住条件、较低的生产和生活成本等;与此同时,邻近中小城市也向中心城市借用规模,以解决规模不经济、层级较低、外部联系较弱等问题,比如借用中心城市的大市场、丰富的人力资源池、雄厚的科技力量和金融实力、高能级的运作平台、门户枢纽功能、大规模的流量等。正是基于双向的"借用规模",从而促进了同城化发展。

(3)基于合理分工的功能结构。首先要强调,同城化并不是同质化,仍然是有差异的。但一提起差异化,人们通常想到的是,城市之间的规模大小、经济实力强弱,以及在城市景观、社会人文、自然环境等方面的差别。显然,这也没错。但我认为,同城化的差异化,更多体现在城市间的功能分工上。也就是说,大都市圈的各个城市依据其自身区位条件、比较优势、发展潜力来构建与其他城市相配套的独特功能,从而形成同处于一个城市系统中的功能结构。虽然各个城市也都具有一般功能,但在某些方面的功能更具有特长和特色,成为其独自拥有的核心功能。正是在这种差异化功能的基础上,才能构成大都市圈合理分工的功能结构。这也意味着大都市圈的中心城市,比如上海,其非核心功能一定要向周边邻近城市疏解,而周边城市一定要培育自身的核心功能。因此,周边城市积极实施接轨上海、融入上海等发展战略,某种程度上是对的,但不完整。反过来,上海也应融入周边城市,通过非核心功能疏解来促进周边城市功能提升和形成自身的核心功能。我们要提高认识,这种功能配置并不是零和博弈,你强我弱,而是基于合理分工的非零和博弈,各自发挥特长。比如,苏州比上海有更强的产业制造能力,并不意味着上海制造产业的衰落,因为上海可以培育和形成高能级的全球资源配置功能、科技创新策源功能、高端产业引领功能等,与其错位互补,相得益彰。

(4)休戚相关的城市共同体。同城化已经超越了一般城市联盟的概念,而是作为一种城市共同体发展的。这就意味着更多的协调、共享、可持续的发展。现在人们一谈城市共同体,首先想到要享有同等的福利。这应该是同城化发展的结果,而非前置条件。作为城市共同体,要有一荣俱荣、一损俱损的意识,首先要强调的是发展机会均等,相互促进,共存、共融、共赢,缩小内部差距。例如,通过强化都市圈内的产业配套、产业集群以及发展新产业综合体等,发挥都市圈的规模经济效应、溢出效应、网络效应,甚至马太效应。

19.4.3 增强同城化效应

都市圈是城市群发展的必经阶段,同城化则是都市圈的核心要义。那么,有哪些路径可以促进同城化发展、增强同城化效应?我认为,从同城化的内在性及其基础来看,主要是市场化推动。但单靠市场化推动,也不行。因为行政区划带来的分割是阻碍同城化的主要顽症,这涉及政府本身的问题。如果政府自身不改革,不转换思路,对同城化发展缺乏正确的认识,甚至采取阻碍性措施,市场化是推动不了同城化的。从这一意义上讲,政府积极、有效的干预是同城化发展的重要保证。然而,市场化推动与政府干预都存在"失灵"的可能性。因此,促进同城化发展、增强同城化效应的关键,不在于是靠市场化推动还是靠政府干预,而是两者的"有效性"以及有效搭配。这里我只谈一些基本的指导思想、发展思路问题,而不是一些同城化的具体做法。

首先,在市场化强力推动方面,要注重三个问题:

(1)培育和发展同一市场。这种同一市场是具有统一规则和规范,无障碍进入、无缝衔接的。在这一点上,现有市场状态仍有较大差距。有些市场在这方面明显滞后。比如信贷市场的区域划块,这使得大都市圈里面没法形成同一个信贷市场。另外，如果产权交易不能跨区域，同样不能形成同一个市场。有些市场在资质认定、标准掌握、权益保护、执行力度等方面尚存在规则和规范不统一。有些市场存在隐性壁垒、透明度不够等问题。因此，必须深化改革，打破各种制度性障碍，消除各种政策性歧视，促进都市圈资源要素在同一市场下进行有效配置。

（2）发展同城化产业综合体及组织机构。这包括加强同城化的产业配套、产业集群，以及建设跨行政区划的产业园区或"飞地"，还有就是同城化的企业联合体，以及各种类型的行业协会等。

（3）发展都市圈的专业性廊带。专业性廊带是大都市圈的重要空间载体，在同城化中发挥着重要作用。要加快建设科技走廊、经贸走廊、文化创意走廊、特色产业走廊、生态环保走廊等。

其次，在政府有效干预方面，也要注重三个问题：

（1）制定和实施大都市圈发展战略规划。政府的有效干预，首先表现在战略先导上，而不是急于出台零散的、孤立的专项政策。制定大都市圈发展战略规划，主要解决以下几方面问题：首先，确定大都市圈发展所要解决的问题是什么，哪些是核心问题等；其次，确定大都市圈发展的目标愿景、所要达到的发展程度和可供选择的路径；再则，筛选出促进都市圈发展的重大工程和具体实施项目，以及制定项目推进过程的执行程序和进度表；最后，要把衡量、监测、评估及其所实施的步骤纳入战略规划之中。当前，在制定发展战略时，通常缺乏监测、评估的相应机制设计，从而使战略规划的作用大打折扣。在大都市圈战略规划的制定中，要把大都市圈建设的衡量、监测、评估作为一项特别重要的内容，设定相应的机制，对都市圈建设的效果怎么样、进展怎么样、产生的后果怎么样、影响怎么样等开展监测和评估。

（2）构建大都市圈的治理结构。在区域发展中，不管是大都市圈还是城市群，都面临一个先天的结构性矛盾，也就是，市场本身要求跨区域的交集、渗透，但行政区划却是有明确边界的，有不同的权属。目前，我们更多是通过不同政府间及其部门间的沟通和协商（大多是一事一议的性质），以及政策层面的协调来解决这一先天结构性矛盾，其实是不够的。推进区域一体化和大都市圈建设的最主要的基础设施之一，是构建一种能缓解和协调这一先天结构性矛盾的治理结构。这一治理结构的核心，是制度性的利益协调机制，而且是具有可操作性的。比如,通过什么样的机制和渠道来表达各自的利益诉求;通过怎么样的办法和标准来识别和确定不同利益和共享利益(不仅是定性的,还可以定量化的);通过怎样的机制和方式进行利益交换(比如,排污权交易、碳交易等);在利益不能市场化交易的情况下,又怎么构建一个利益补偿机制,形成一个利益共享机制。这些在促进同城化发展、增强同城化效应中都是实实在在起作用的,是政府提供制度供给中最重要的方面。

(3) 提高干预政策的有效性。在促进同城化发展、增强同城化效应过程中,并不是干预政策越多越好,而是要注重干预政策的有效性。特别是在政策出自各行政区划政府的情况下,更要讲究干预政策的有效性。干预政策有效性有双重含义。一是政策干预的功效。根据国外区域一体化发展的经验,这有一个"六字黄金法则"。第一个是"无谓",即无关紧要或多余的意思。具体讲,就是政府推出或不推出这个政策都会最终发生这个结果,说明政策没有功效。而且,此类干预政策由于"多此一举",只会产生更多负面效应。现实中,那些"不痛不痒"的政策也属于此类。第二个是"替代",即干预政策在某些方面取得的成效是以造成另一些方面的损失为代价的。在现实中,这种"顾此失彼"的政策干预是较常见的。第三个是"换置",即政策干预在某个地方取得的成效是以牺牲其他地方的利益为代价的,这种政策干预只是政策成效在不同地方的换置,并没有产生净政策成效。在现实中,这种"顾己不顾邻""以邻为壑"的政策干预也时有发生。二是政策干预的效率。政策干预并不是无成本且可以无限供给的,而是有投入、有成本的,其不仅包括制定成本,而且有实施成本,因此要讲究投入—产出的政策效率,以最小的成本取得最大的收益。提高政策效率,要特别关注各种政策之间、政策原则与实施细则之间的配套、协同,并进行动态监测和评估,及时调整政策干预过程。

19.5 探索长三角一体化发展的治理结构

尽管大家都认识到长三角一体化发展很重要,但在现实中感觉到区域一体化发展很难推进,实际做起来往往困难重重。问题出在哪里?我认为,问题就在于如何形成有效的区域治理结构,特别是利益协调机制。

　　其实,不管是区域合作、协同还是一体化发展,区域治理是核心问题。而在区域治理中,国内外都共同面临一个难题,就是如何处理好地点空间与流动空间之间的关系。在区域发展中,同时存在着地点空间与流动空间,除非是在一个行政管辖区内。作为地点空间,有明确的各自行政管辖区边界和物理边界;作为流动空间,则是无边界的,是交集的、渗透的。这两个空间,虽然不是完全割裂的,是并存和互构的,但具有先天的结构性"精神分裂症"。特别是中国目前分税制的条件,强化了地点空间的行政管辖区边界(地方利益),更加凸显了这一"分裂症"。这在很大程度上严重影响了资源要素的充分流动和合理配置,同时也给区域治理提出了更大的难题。因此,形成一个有效的区域治理结构,是直接关系到长三角一体化发展能否有实质性推进、能否达到战略定位的目标、能否取得预期成效的关键所在。这是推进长三角一体化发展的重要制度保障。

　　从国外经验来看,区域治理越来越趋向于既不是一种没有政府的纯粹"民间"治理,也不是政治性地构建一个单一区域空间的政府治理,而是一种国家、地方政府、企业及本地参与者的混合治理结构。在这一混合治理结构中,根据各国和各地不同情况,又有所侧重,呈现不同协调模式。一是以英国英格兰城市群、日本太平洋沿岸城市群为代表的中央政府特设机构主导协调模式。政府主导规划法案的制定和实施,并运用产业政策、区域功能分工、大交通、自然环境等许多专项规划与政策进行协调。二是以欧洲西北部城市群的市(镇)联合体为代表的地方联合组织主导协调模式。其明确了政府不干预规划的具体内容,市(镇)联合体可以对基础设施、产业发展、城镇规划、环境保护以及科教文卫等一系列活动进行一体化协调。三是以美国东北部城市群和北美五大湖城市群为代表的民间组织为主、政府为辅的联合协调模式。其由半官方性质的地方政府联合组织"纽约区域规划协会"(RPA)、跨区域政府机构"纽约新泽西港务局"等和功能单一的特别区共同协调。随着市场化趋势加速,民间组织在区域协调中的地位和作用越来越突出。

　　长三角一体化发展的区域治理结构及其协调模式,可借鉴国际经验,并结合中国特色及长三角特点进行探索和实践。目前,基本上是一种地方政府主导协调模式,成立长三角联合办公室是这方面的一个重要尝试。除此之外,在保持现有行政区划的条件下,也可构想设立跨地区专业管理局,统筹管理某些如港口运输、环境治理等特殊专业事项,类似于美国的跨区域政府机构"纽约新泽西港务局"。但与此同时,要积极推进长三角行业协会、智库、企业家联合会、金融公会、教育联盟等跨地区民间组织发展,搭建区域内各种平等对话的平台,让更多的企业和民间组织参与到区域治理中来,形成多种利益集团、多元力量参与、政府组织与非政府组织相结合、体现社会各阶层意志的新公共管理模式。

在我看来,区域治理的核心是利益协调机制。我上面已经提到"地点空间"概念,其意味着行政管辖区边界及其地方利益是客观存在的。尽管地方政府要顾全大局,但"屁股指挥脑袋"追求地方利益最大化也是一种常态。我们不能忽视这一现实,更不能刻意淡化这种利益存在,而是要建立起一个有效的利益协调机制。

根据国际经验,在区域治理中,规划引导是一种重要的利益协调机制。除了国家层面的长三角一体化发展战略和国土空间方面的规划,以解决区域的发展定位、城市体系、轴带模式等宏观问题外,区域协调更要以专项规划研究和引导为重点,关注城市生态发展、环境保护、技术手段等实际的细节问题,更多发挥专业技术的沟通与协调角色,这更容易促成不同利益主体达成共识。这些专项规划研究通常采取大型化策略,即兼顾多种管辖性,考虑多个目的性和强调多种相关问题的综合性(包括环境、经济、生物群落等),引入多方利益相关者,注重多尺度操作性(在不同的地理尺度采用不同的管制措施和政策)。这里要特别指出的是,这些专项规划不能单纯由政府部门来研究,而要由利益相关者成立一个多部门的联合机构,包括协会、专业委员会等民间力量,关键是聚焦各方关注的问题,重在建立一个对话和信息交换的有效平台,能够用先进的科学和技术辅助决策,找准各方利益结合点和平衡点,协调多方面利益,就相关问题达成共识。这些专项规划研究要有十分严谨细致的科学方法,保证基础数据的准确性和翔实性,提高研究的细致和深入程度,得出应该如何治理、应该如何进行资源集成的结论,从而具有很强的权威性。但这不是政府权力的权威性,而是技术的权威性。这些专项规划研究的数据和结论都要真实详尽地在网上公布,对全社会开放,供政府、企业和公众随时取用。

其次,在各项区域合作中,必须把涉及的不同利益诉求摆到桌面上来,使各地利益及其相关者利益显性化、明晰化、格式化,运用科学的评判标准及方法对利益链进行合理切割,对各方利益诉求进行评估,形成利益识别机制。在此基础上,寻求利益共享和共赢的最大公约数,形成利益分配机制。对于一些可交换的利益,例如水务、碳排放权、排污权、用地指标等,探索建立事权交易制度。对于一些明显受损的利益,建立相应利益补偿机制,诸如生态保护补偿等。为保证合作中的各方正当权益不受侵犯,要探索建立权益保护及解决利益争端机制。目前,这方面工作是比较薄弱的,也是难度很大的,不仅是硬件建设的问题,更是制度、软件建设的问题,甚至会触及深层次的体制机制改革。

20 改革开放的制度创新

　　上海在创新与转型中，以改革开放为强大动力，通过制度创新来带动和促进创新驱动、转型发展。在实践过程中，上海改革开放制度创新形成了两大鲜明特色，一是开放引领下的改革深化，实行高标准和高要求的制度创新；二是改革开放先行先试，力争率先突破和创新，为全国提供可复制、可推广的示范。这在很大程度上使上海充分发挥自身优势，最大限度地获取改革开放红利，促进上海经济社会快速、健康、可持续发展。

20.1　开放引领与改革深化

　　改革与开放本是统一体或有机体。改革必须开放，开放蕴含改革。但对上海来说，可能是自身具备的两大特征属性，更是丰富了改革与开放之间的关系。改革开放早期，上海是传统计划经济体制最集中的地方，且在全国充当改革"后卫"角色，往往是通过开放来倒逼改革。进入新世纪后，在中国融入经济全球化进程中，上海建设"四个中心"和现代化国际大都市的战略定位，迫切要求通过高起点、高强度、宽领域、全方位的开放来形成国内外两个扇面进行商品与要素等流动和系统能量互换的重要网络节点，并促进与国际惯例和规则接轨的制度创新，在服务国家战略中发挥重要作用，在与世界经济活动的紧密联系中谋求重要地位。因此，在上海创新与转型过程中，形成了开放引领与改革深化之间的互动关系。

20.1.1　开放引领的内涵

这种开放引领不是仅从发展外向型经济的角度,简单把开放作为发展经济的一般手段或主要措施,并停留在对外贸易、招商引资等活动层面,而是高度自觉地将对外开放置于重要位置,充分利用和发挥对外开放来倒逼改革、促进发展的作用机制,并上升到全面协调推进改革开放深化的指导方针。因此,开放引领具有深刻的独特内涵。

首先,凸显明确的开放导向性,具有开放的针对性和选择性。对外开放,不管是"引进来"还是"走出去",都具有双重性:一是物质属性,具有"交易标的"的商品、服务及生产要素等;二是非物质属性,具有"非交易标的"的思想理念、管理、标准、规则及制度安排等。通常,后者是依附于前者,伴随着商品、服务及生产要素等引进或输出而流动。但在一定条件下,两者也有适当的分离性,尤其是后者可以作为相对独立的"软件"输入和输出。这也就是我们所说的先进理念、管理标准、规则等示范性学习、模仿以及制度性借鉴、对标、接轨。上海实施开放引领,更注重商品、服务及生产要素等引入过程中所伴随的相应思想理念、管理、标准、规则及制度安排等流动,更注重通过学习、借鉴等途径的"软件"输入和输出,并且根据当时改革突破和制度创新以及经济发展最为迫切和重大的诉求,选择开放的重点、主要领域及主要方式。也就是,不能简单地通过开放"拉进篮子都是菜",而是有意识地、更大程度地发挥开放对促进改革和发展的引领作用。

其次,更加注重发挥对外开放的波及扩散效应,实现开放与改革、发展的有机衔接。从一般意义上讲,开放作为一种外部引入,只要在经济系统中能够存活下来,客观上总会对原有经济系统运行产生或大或小影响,即便是"无心插柳",也可能会有"柳成荫"的收获。但这是一种开放所带来的自发式、随机性效应,对促进改革与发展的作用是有限的、不稳定的。与此不同,上海的开放引领,更为主动设计和安排开放促进改革与发展的有效接口,开辟开放所带来效应的波及扩散的通道,构建开放效应波及扩散效应的放大机制,有目的地引导开放倒逼改革、促进发展的良性互动。

再则,更加注重构建促进改革与发展互动的自我增强机制,更加突出开放效应的过程性和动态性。开放倒逼改革,促进发展的效应,在时点上不是恒定的,而是随着开放的范围、规模、密度和集中度等水平变化而变化。在一般情况下,开放水平(程度)与开放引领作用呈正相关。开放范围越广,越具有开放引领综合配套效应;开放规模越大,越具有开放引领规模效应;开放密度和集中度越高,越具有开放引领集聚效应,从而开放引领的效果越明显。而且,开放水平(程度)与开放引领作用的正相关中存在临界阈值。一旦越过临界点,开放引领作用或效应将明显提高,加速发挥和放大倒逼改革和促进发展的效应。因此,上海的开放引领,并不安于既有开放水平,也不满足于一般开放的自发效应,而是强调开放的过程性和动态性,坚持不断拓展开放范围和领域,不断扩大开放规模,不断提升开放层次,不断提高开放密度和集中度,充分发挥开放的综合配套效应、规模效应和集聚效应,形成开放促进改革发展互动的自我增强机制。

最后,旨在形成内外连接、能量互换的开放经济系统,更加突出运行规则的一致性。开放不仅引起系统内部的重大变化,更主要的是通过外部连接性将一个封闭系统改变为一个开放系统,使其进行内外能量互换。外部能量输入,促使系统内部结构不断完善和提升;内部能量输出,促使系统外部连接性不断增强。在此过程中,构建内外能量互换通道的前提,就是接轨和实行国际通用规则和标准。因此,上海的开放引领,不是单纯把外向型经济作为整个经济系统的一个组成部分,甚至实行与内向型经济不同的运行规则,而是着眼于参照国际通用规则和标准进行制度创新,用一致性运行规则把外向型经济和内向型经济整合成一个系统,以更好利用国内外"两种资源"和"两个市场",增强资源配置活力,拓展更大发展空间,促进本国和本地经济社会发展,并通过不断加固和拓展内外能量互换通道,促进更大规模、更加频繁的内外能量互换,最终形成内外连接、能量互换的开放经济系统。

当然,上海开放引领的内涵,也不是一开始就确立和规定的,而是在探索和实践中逐步形成与发展起来,随着对外开放的不断扩大而得以深化和丰富的。

20.1.2　融入经济全球化的开放引领与改革深化

在上海经济发展进入新阶段之际,正值中国加入世界贸易组织,全面融入经济全球化进程,上海顺势而为,在更大范围、更广领域和更高层次上参与国际经济技术合作和竞争,形成多层次、多渠道、全方位开放的格局,把开放引领进一步提升到新的高度,更加注重与国际规则对标和接轨,全面促进改革发展互动。

为了适应经济全球化和加入世界贸易组织的新形势,上海较早启动了应对准备,就加入世界贸易组织对上海九大主要行业影响进行了前瞻性分析,并提出应对措施。随后颁布了《关于中国加入 WTO 上海行动计划纲要》,提出 18 条有关加入世界贸易组织准备工作的指导性意见,并成立政府世界贸易组织(WTO)行动计划工作领导小组。另外,专门成立了"上海 WTO 事务咨询中心",跟踪研究加入 WTO 对国内行业及经济的影响,提供应对措施建议,并实施世界贸易组织事务人才培训工程。为在更宽领域、更深层次上参与国际分工和合作,上海提出了发展"大外贸、大口岸、大通关"的工作方针,以及"五个并举"的外经贸战略[①]。

上海根据 WTO 的规则,在进出口公平贸易工作中坚持"四体联动"的工作机制,并实施 11 条促进外贸出口的配套政策措施。其中,重头戏是推进"大通关"建设,出台了《关于进一步深化本市"大通关"工作的若干意见》,在全国率先实施"大通关"工程,推进实现上海口岸"三网合一",建立统一的地方电子口岸信息平台,并探索实行"无纸通关"、外高桥保税区"直通式"、松江出口加工区"快速通关"和"提前报检报关、实货放行"的通关新模式,全面提高通关效率,不断提高贸易的便利化水平。上海口岸在全国率先实施"5+2 天"通关工作制,实现进出口货物"365 天,天天能通关"。在此基础上,上海进一步建立跨区域"大通关"协作机制,在上海口岸电子平台注册企业超过 5 万家,其中近 70%是市外企业,大量外地企业在沪通关时间从过去的 1 天缩短至 1 小时,大大降低了企业的商务成本。

与此同时,上海在扩大开放中更加注重与国际规则对标和接轨,加强外商投资环境和法规的建设,保持外商投资政策的连续性和稳定性,营造国际化的投资环境。根据 WTO 透明度原则的要求,上海市政府于 2000 年 1 月 1 日起向社会公开发行《上海市人民政府公报》,开展地方性法规的清理工作,推进政府行政审批制度改革,取消一大批政府审批项目。从 2002 年开始,上海相继实施《上海市鼓励外国跨国公司设立地区总部的暂行规定》《上海市关于鼓励外商投资设立研究开发机构的若干意见》等政策法规,加大知识产权保护力度,不断改善吸收外资的综合环境,积极推进先进制造业和现代服务业吸收外资。特别是构筑整个

---

① 即货物贸易与服务贸易并举、上海贸易与口岸贸易并举、一般贸易与加工贸易并举、进口贸易与出口贸易并举、"引进来"与"走出去"并举。

市场、社会层面的软环境,建立社会诚信体系。2003年以后,个人信用联合征信系统和企业联合征信系统无论在信息容量还是系统服务功能方面都有进一步提高,逐步成为上海社会诚信体系建设中的基础平台,为培育各类市场需求、营造良好市场环境、规范市场交易行为提供了有利的支撑。同时,由上海外经贸委牵头协调各相关部门不断改善投资纠纷协调机制,提高解决投诉、纠纷的工作效率,切实依法保护外商投资的合法权益。

在这一阶段,上海的开放引领出现了一些结构性明显变化及其特点。(1)进一步扩大金融业对外开放力度,注重引进新类型、重量级的机构,上海成为国内外资金融机构集聚程度最高的城市。截至2007年末,上海共有各类金融机构822家,其中一半以上是外资金融机构。全国18家外资法人银行中有13家设在上海,全国7家外资法人财产险公司中有5家设在上海。此外,上海还集中了全国一半以上的合资券商、合资基金管理公司,全国三分之一的外资保险公司。(2)坚持开放高起点,大力发展"总部经济"。2002年,上海市及浦东新区相继实施支持跨国公司地区总部设立的相关配套政策,改善环境条件,吸引全球功能性机构。至2010年底,在上海落户的跨国公司地区总部305家,投资性公司213家,提高了上海吸收外资的经济效益,增强对长三角乃至全国的经济辐射。(3)积极利用外资促进产业结构升级和技术进步,着力引入外资研发中心。至2010年底,上海累计引入外资研发中心319家,覆盖生物医药、汽车及零配件、化工、高科技信息和通信、材料等领域,使上海的研发和服务功能进一步加强。(4)引进外资数量与规模急剧扩大,而且保持较高质量水平。截至2006年底,在沪总投资额1000万美元以上的外资企业达3284家,占运营的外商投资企业总数的12%,其总投资额达1774亿美元,占总量的85.8%。上海外商投资企业存活率达68%,企业运营率达61.5%,继续领先全国水平。

总之,这一阶段开放引领的内涵深入到融入经济全球化和获取全球化红利层面,在开放规模急剧扩大的同时,进一步提升了开放层次,并大大提升了开放质量,从而使其促进改革与发展的规模效应和示范效应更加明显。而且,随着开放引入的高端要素增多,其相互之间的互动作用与支撑更加强劲,促进改革与发展的综合配套效应发生质的变化。开发区的调整转型、内涵提升发展,进一步提高了外资项目的高质量集聚及功能发挥,使其促进改革与发展的集聚效应更加显著。因此,这一阶段的开放引领,极大促进了市场经济体制完善和上海"四个中心"建设,拓展了对外连接的全球网络,构成平台经济、总部经济等高端业态,促进"四个中心"基本框架的建立。

20.1.3　对标更高标准的自贸试验区

2008 年全球金融危机后,为应对外需不足的挑战,上海出台了促进外贸转型升级和持续稳定增长若干措施(22 条政策措施)等一系列政策举措。

首先,加大贸易结构调整,减少加工贸易比重,增加一般贸易比重;降低货物贸易比重,增大服务贸易比重。上海大力发展服务贸易,颁布了服务贸易发展三年行动计划,推进全国首创的服务贸易、服务外包示范基地、示范项目建设,先后认定两批服务贸易示范基地(共 11 家)和示范项目(共 10 个)。制定国家服务外包业务资金的实施细则,修订国家服务外包平台资金的管理办法,发布服务外包产业发展指导目录,加快推进服务外包转型升级,建立企业联系追踪和服务机制。推进对外文化贸易发展,首次发布《2014 年上海对外文化贸易发展报告》,修订完善"上海市文化产品和服务进出口综合统计报表制度",有 33 家企业和 15 个项目被商务部等公示为"2015—2016 年度国家文化出口重点企业和重点项目"。推进技术贸易发展,优化技术进出口合同登记办事流程,简化申报材料;严格按照程序选定审核机构,组织开展贴息资金申报、审核、公示、拨付等。探索建立以国际市场为导向的中医药服务贸易促进体系,联合市卫生计生委重点培育上海"中医药服务贸易试点单位",支持中医药服务贸易平台建立"海上中医"中医药海外营销网络。

其次,上海协调各监管部门推出近百项贸易便利化举措,包括全国通关一体化改革在上海率先启动试点,海关总署风险防控中心(上海)和海关总署税收征管中心(上海)也正式启用;加强平台载体建设,新增上海化工产品出口基地,新设墨西哥、智利等一批国别商品中心和中国台湾商品馆等;组织各类服务贸易促进活动,筹办第十三届上海软件贸易发展论坛,举办第三届中国(上海)国际技术进出口交易会等。与此同时,上海启动实施"外资促进十大计划"①,并按照"市区联动、内外联动"的原则,市商务委与区县、开发区合作,开展了一系列专场投

---

① 即亚太营运商计划、外资研发中心升级计划、境外招商引资计划、"工业 4.0"引资计划、营商环境推广计划、国家级经济技术开发区创新发展计划、"一带一路"伙伴关系计划、国际组织引进计划、外企服务提升计划、投资促进人才培训计划。

资促进活动,举办各类招商活动90场,其中境外19场,包括新加坡、土耳其、德国、比利时、南非、美国、日本、中国香港等国家或地区,向海内外宣传推介上海投资环境和政策,吸引外商来沪投资兴业,并接待各类外商团组58个,来访超过1000人次。

然而,2008年全球金融危机后,世界经济发生了比较大的变化。原先WTO多边投资贸易体系逐渐减弱,各种双边、区域性的投资贸易协议谈判兴起,包括跨太平洋投资贸易协议谈判、大西洋投资贸易协议谈判等。这些投资贸易协议提出了比WTO更高的标准和要求。与此同时,跨国公司在全球的布局也发生了相应的变化,从原来更多的全球离岸布局调整为以大区域为中心的近岸布局,甚至"友岸"布局。在这种情况下,中国也开始考虑新的对外开放战略。上海如何在中国新的对外开放战略中建设开放新高地和新平台,以及在新的环境下更好适应全球投资贸易新标准和更高要求?呼之而出的,是自由贸易试验区的建设。这种自贸试验区的核心内涵是如何适应中国新一轮对外开放,如何在推动新一轮对外开放中能够使自身的体制、机制与国际惯例与规则接轨。因此,在具体方案设计中,不是强调自贸试验区的特殊政策、优惠政策,而是先行一步的制度创新,起示范作用,可复制、可推广。

这一制度创新首先要考虑投资准入前的公平待遇和负面清单。中国加入WTO以后,实行的是正面清单。这是一个很大的转变,需要做很详细的梳理。最先拿出来的负面清单,主要是从外商投资相关的一些条例及政策文件中归纳出来的,严格来讲,还不算一个真正的负面清单,但总算走出了第一步。以后可以不断升级,出新版的负面清单。其次,就是在负面清单的条件下,由审批制改为备案制,并在工商登记上也有重大改革,实行先照后证、注册资本金认证制等。这样一来,就势必要求我们的监管方式也发生根本性变化,由事前监管改为事中、事后监管。与事前"分口子"监管、监管信息分散于各部门不同,事中、事后监管是综合性监管,要求建立一个互通共享的信息平台。而且,这种事中、事后的综合性监管必须建立在社会信用体系基础上。这就需要将原先分散化的、专职性的征信系统加以整合,建立与健全社会信用体系。与此同时,还要改变单纯的行政性监管,让社会组织、社会中介、行业协会等也参与市场监管。最后,在这一监管体系中,还要建立起相应的经济安全、反垄断等一些特殊的机制和体制,牵涉到更大的制度改革。另外,自贸试验区的制度创新,除了涉及贸易便利化外,还有服务领域开放,促进服务贸易,以及金融领域的进一步开放和有效监管等,要进行压力测试。特别是资金的跨境流动问题,这是跨国公司遇到的一个大问题。自贸试验区的制度创新要设法解决这些问题。

在自贸试验区,实施亚太营运商计划,建立整合贸易、物流、结算功能的亚太示范电子口岸网络(APMEN)及其营运中心。澳大利亚、加拿大、墨西哥、秘鲁、越南、马来西亚、中国等 9 个 APEC 成员经济体的 11 个口岸成为首批参与APMEN建设的示范电子口岸,推动首批 20 家亚太营运商获得集团总部授权,亚太地区的区内贸易比例为 67%,促进贸易数据互联互通,提高无纸化水平,降低贸易成本,缩短贸易时间,提高供应链绩效,打造具有国际水准的贸易便利化环境,提升企业国际竞争力。同时,上海代表中方成为 APMEN 联合运营委员会主席,扩大了上海参与国际贸易规则制定的影响力和主动权。

在自贸试验区,深化贸易服务平台建设,做大做强专业贸易平台。在森兰区域推出国内首个采取"前店后库"运作模式的进口高端消费品保税展示交易平台;加快对外文化贸易基地建设,引进佳士得拍卖、华谊兄弟、中图集团、盛大网络等 20 多家国内外文化行业龙头企业,文化贸易基地入驻文化企业超过 170家,全国首个艺术品交易仓储中心投入运营,并举行首次艺术品保税拍卖会。

20.1.4　开放引领的新格局

2008 年以后,上海的开放引领呈现了全面开放与双向开放的新格局,开放引领内涵得到全新发展,并上升到重点促进制度创新和构筑对外开放高新地的层面,开放的规模效应、综合配套效应及集聚效应等都得到充分发挥,并趋于系统化集成,促进上海全面深化改革的作用明显强化,助推了上海创新驱动发展、经济转型升级取得突破性进展。

2015 年,上海引进外资态势保持良好,全年新设外资项目 6007 个,比上年增长 27.9%;引进合同外资 589.43 亿美元,比上年增长 86.5%,规模居全国之首;实际利用外资 184.59 亿美元,比上年增长 1.6%,连续 16 年增长,约占全国实到外资的 15%。2013—2017 年,实际利用外资 889.3 亿美元,是上个五年的1.5 倍。在这当中,服务业引进外资是全市外资增长的最主要力量。"十二五"时期,服务业合同外资、实到外资年均增速分别为 34.4% 和 12.5%,分别比制造业高 41.7 个和 9.6 个百分点;服务业利用外资占全市合同外资、实到外资的 71.3%

和 69.6％,分别比 2010 年提高 17.4 和 11.7 个百分点。

除此之外,引进外资中还发生了两个新变化。一是通过建立跨国公司地区总部综合服务平台,举办"创新与发展:跨国企业在上海"最佳创新实践案例评选活动等,使跨国公司加快在上海的投资布局,总部项目数量稳步增加、功能拓展、能级提升。至 2015 年底,上海累计落户的跨国公司地区总部 535 家,其中亚太区总部 41 家,投资性公司 312 家,继续成为中国内地跨国公司地区总部最多的城市。这些落户上海的跨国公司地区总部 95％以上具有两种以上功能,82％具有投资决策功能,61％具有资金管理功能,54％具有研发功能,35％具有采购销售功能。尽管这些跨国公司地区总部只占全市外商投资企业总数的 1％左右,但其营业收入和利润额约占全市外商投资企业营业收入的 9％、利润总额的15％。二是通过制定和实施鼓励外资研发中心发展的若干意见,加大对全球研发中心的支持力度,鼓励外资研发中心在中国申请专利,依法保护其知识产权;鼓励外资研发中心的技术成果进入上海技术交易平台等进行交易,加速技术成果转化;便利研发设备进出口;优化非贸付汇管理;鼓励和支持外资研发中心培养高素质人才和引进各类高层次、紧缺急需人才,以及为外籍人才来沪在外资研发中心工作提供居留便利等。至"十二五"期末,上海的外资研发中心已累计396 家,占全国的三分之一,其中世界五百强企业研发机构 120 多家。2013—2017 年,跨国公司地区总部、外资研发中心分别新增 222 家和 75 家。

在这一阶段,开放引领的一个重大突破是促进企业"走出去"方面实现了跨越式发展。上海对外经济合作以服务"走出去"企业为核心,推进对外投资便利化。落实以备案制为主的对外投资管理新体制,结合上海自贸试验区扩区将备案权限下放浦东新区,将市级受理申请窗口下移办事大厅,并进一步规范流程,方便企业递交、咨询与取件,编制网上《办事指南》指导企业办理申请事宜。有组织地推进企业"走出去",鼓励企业以投资、收购、承包工程等方式加快海外布局,支持私募资本与产业资本联手参与境外高新技术投资合作。制定装备"走出去"发展规划,在临港地区设立了上海首个装备"走出去"和国际产能合作示范基地。开展国家级境外经贸合作区工作,推动上海企业在印度尼西亚、哈萨克斯坦、孟加拉国等国家或地区参与工业园区建设,组织符合条件的上海企业申报国家级境外经贸合作区。出台新的财政支持"走出去"专项政策,重点支持企业通过"走出去"实现创新驱动发展,推动上海产业转型升级。通过政府采购服务的方式,向企业提供信息服务、投资促进、人才培训和风险防范等服务。创新公共服务体系，推进信息服务、金融服务、投资促进、人才培训、风险防范"五位一体"的对外投资合作公共服务机制，开设对外投资企业、对外承包工程企业、对外劳务合作企业、对外投资促进机构、"走出去"专业服务机构等微信群，实现即时互动服务，提升公共服务能力和水平。维护安全稳定的"走出去"局面，编制发放《上海企业跨国经营行为指引》、境外安全指南，举办境外安全风险防范培训，开展对外承包工程项下外派人员和对外劳务专项检查，加强事先预防，及时搜集发布预警信息，提高应急能力，确保在外企业和人员的安全。

上海基本形成国际化、市场化、专业化、全方位的"走出去"服务体系，促进"走出去"实现跨越式发展，对外投资合作质量进一步提高。2015年，对外直接投资总额573亿美元，比上年增长3.7倍，规模居全国之首。其中，民营企业发挥了主力军作用。按全口径统计，民营企业对外投资项目数和投资额占全市的比重分别为83.5％和62.9％。此外，开始呈现出一些特点。一是1000万美元以上境外投资重大项目增多，投资额比重较高，如鹏欣矿业开展刚果（金）希图鲁铜矿扩能改造，鼎信集团扩大印度尼西亚镍铁产能规模，进行国际产能合作。二是大额并购引领了"走出去"。2015年，1亿美元以上并购项目25个，大额并购投资额合计105亿美元，比上年增长4.8倍。其中，锦江集团收购铂涛集团；光明集团完成对以色列最大食品公司特鲁瓦公司、西班牙第二大食品分销商米盖尔公司等的并购交易，实现国际产业链整合。特别是在收购拥有国际先进核心技术的企业、设立海外研发中心方面，如国家集成电路基金战略投资中芯国际，武岳峰资本牵头收购美国上市公司芯成半导体。三是在境外投资中，高新技术投资比重大幅提高。2015年，对软件和信息技术服务业、通信和电子设备制造业、汽车制造业、科学研究和技术服务业等行业实际投资额达55亿美元，占全市对外实际投资总额的33.8％，比上年提高21.4个百分点。四是企业在境外研发类投资项目增多，通过与国外企业合作开展协同创新等，多渠道、多方式融入全球创新网络。"十二五"时期，上海企业在境外研发类投资项目259个，投资额近75亿美元。五是企业"走出去"的范围较广，涉及178个国家或地区，且逐步形成网络，如锦江集团收购铂涛集团后旗下酒店规模扩展至4300家；光明食品集团通过一系列境外收购活动，逐步建成横跨多个大洲、国家或地区的产销网络，跨国经营指数接近15％。

20.2   改革开放先行先试

上海在改革开放的制度创新中,从自身所处的重要地位及其先起发展的内在要求出发,充分发挥自身优势,积极主动开展先行先试,勇当改革开放排头兵。

20.2.1   内在必然性和成本—收益分析

在中国改革开放 40 年历程中,上海为什么要积极开展改革开放的先行先试?

首先,基于对中国渐进式改革赋予地方和基层行动内在要求的深刻认识。中国改革是一场深刻的革命,一项有史无前例的伟大事业,没有现成的可借鉴经验。为了实现新旧体制的顺利转换,中国采取了渐进推进改革的方式。在此过程中,解放思想,实事求是,以解放和发展生产力为第一要务,是推进改革的重要政治思想基础;充分调动各地的积极性,充分发挥基层和人民群众的智慧和创造性,是推进改革的重要社会基础。改革先行先试,作为一种"边干边学"的"试错",通过实践检验其成效及纠正其偏差,并从改革试点的比较中筛选出"范本",在全国范围内进行推广和实施,既能有效防止出现改革方向性的重大失误,避免较大改革风险,又能充分发挥来自地方和基层的积极性和创造性,通过鲜活生动实例教育来突破传统思想观念束缚,提高对改革的社会共识程度,减少改革阻力,还能通过比选机制,优胜劣汰,降低改革机会成本,从而保证改革进程持续稳步地不断推进和深化。因此,在改革过程中,来自地方和基层的改革探索和创新是推动改革的重要力量,先行先试是必不可少的一个重要环节。先行先试作为一种改革常态,其引领示范已成为推动改革的主要导向。上海积极争取改革先行先试,是为了顺应中国改革的内在要求,充分发挥地方和基层的改革探索和创新的重要作用。

其次,出于自身所处的重要地位及其先起发展的内在要求。上海作为中国最大中心城市之一,在经济、政治、社会、文化、科技等方面,在中国具有举足轻重的地位,在国际上具有重大影响。基于对自身历史方位与重要地位作用的审时度势,以及服从服务国家战略的强烈意识,上海要勇于使命担当,积极争取改革先行先试,为推进中国改革深化作贡献。与此同时,上海经济社会较发达,发展水平较高,比其他地区先行进入新的发展阶段,往往率先遇到一系列发展中的新问题和外部冲击带来的问题。这些发展中的新问题或瓶颈,在全国发展大格局下可能尚未普遍显现;这些外部冲击带来的问题,在其他地方也许并不很明显,但对上海来说已成为很大的发展困扰,欲求快速解决。这些经济发展中率先面临的新变化、新难题和新挑战,往往需要更先一步、更深一层的改革来应对,特别是要破除不适应新变化、影响破解新难题、无力迎接新挑战的体制性障碍。因此,上海对深化改革的先行先试,具有更强烈的紧迫性和要求。同时,率先面临新变化、新难题和新挑战所带来的强烈"危机感",以及力图摆脱困境和转型发展的渴求,也更容易让各方形成深化改革的共识,统一思想,形成合力。这就决定了上海通常比其他地方更迫切、也更有条件开展改革先行先试,率先蹚出新路,开创经济社会发展的新局面。

再则,基于对改革先行先试的成本—收益的全面考量。改革先行先试,是有成本的,要付出更大的艰辛和努力。这种试点的制度创新既要顺应时代潮流,又要符合中国特色,不能照搬照抄,全盘西化,从而面临一个知识存量不足的问题,需要学习、熟悉和掌握大量新知识和新的信息,并将其转化为改革方案。在此过程中,需要付出大量的信息、知识搜寻成本,新知识消化吸收的学习成本,基于新知识的新制度研发和设计成本,等等。而且,在旧体制中的率先突破,势必形成对现有理论和思想认识的强大冲击,容易引起较大争议,率先触及一些既得利益,也会遇到较大的改革阻力,同时作为一个"试错"过程不免会有失误,甚至失败,从而具有较大风险。另外,改革试点尽管基于大胆闯、大胆试的主基调,但通常也有更多的约束条件,特别是涉及各方利益的约束,往往要付出较大的沟通和协调成本。这种改革试点既要在自身内容上有创新,又要兼顾其他方面改革的配套性,不能"单兵突进",或影响改革的整体推进和系统集成,需要有一个大局观或全局观,集各方高度智慧,融理论与实际的有机结合。当然,改革先行先试的收益也是明显的。这种针对现实问题的改革先行先试,力争打破旧体制束缚,解决经济社会发展中面临的障碍和困境或应对面临的新变化和新挑战,势必享有改革先发优势。这种改革先发优势,实质上是创造了制度层面的新的比较优势,从而为上海经济社会发展带来更大的选择机会和空间,以及更高的资源配置效率。而且,这种制度性比较优势往往具有一定时点上的垄断性,从而可以带来垄断性收益。尽管这种改革先发优势将随改革试点的推广和全覆盖而逐步消失,但由于抢占了先机,赢得了时间,也使发展更显主动进取和充满生机。从动态角度看,这种改革先行先试具有"马太效应"。改革先行先试越是成功,越能激励进行更多和更深入的先行先试;同样,改革先行先试积累的经验越多,也越是有信心和能力开展更多的先行先试,从而使获得的改革红利得以不断累积和放大。从更长远角度看,这种改革先行先试的不断持续推进,更具创新活力并迅速提升创新能力。我们从这种存留下来的宝贵财富中将能长期受益。

最后,具有开展改革开放先行先试的较好基础和条件。不管是上海在困境中奋起,还是浦东开发开放以及"四个中心"和现代化国际大都市建设,其危机感、紧迫感和使命感都赋予上海源源不断的改革开放先行先试的强大动力。上海作为国际大都市,具有宽阔的全球视野、前瞻性的战略高度、对新事物的敏锐眼光,并善于学习和汲取别人的长处和经验,摸索出"顺应时代特征、符合中国特色、结合上海特点"的改革开放基本原则,并在组织实施中坚持"开创性、坚韧性、操作性",善于统筹谋划、寻找突破、小步快走、系统集成。另外,上海"交汇、融合、创新、明达"的城市基因,推崇秩序规范、注重理性务实、追求精致精美的历史传承,有利于先行先试的理性规范和务实完美;丰富的知识存量积累和准备及各类人才集聚,包括20世纪30年代上海作为远东贸易、金融中心沉淀下来的市场经济知识存量及存留下来的具有实践经验的人才,再加上改革开放后大量吸纳的海外现代市场经济知识和国际性人才,便于先行先试的具体操作;较雄厚的经济社会实力基础,具有一定的"支付"深层次利益调整较大成本的能力;等等。这些要素的叠加,使上海成为具有较好"土壤"和"生态"环境的改革开放"试验田",更容易推动一些改革开放的新探索。

20.2.2　先行先试的动态演化

上海率先改革开放探索,积极开展先行先试的试点工作,是一个动态演化过程,从最初的本能感知发展到自主意识以及上升到自觉坚持的行动,并在其规模、范围、层级及类型上得以不断提高和扩展。

1. 从零散试点到综合试点乃至系统集成试点

与中国渐进式改革进程相适应,80年代,上海改革开放的先行先试仅限于零星的个别点上,并且直接下沉至少数企业,由其分别进行某一方面的试点。例如,企业经营权方面的改革,以 1986 年上海新艺美术装潢厂和上海新华拉链厂两家集体企业成为首次公开招标租赁经营单位为试点;中外资嫁接的改革,以 1980 年成立的中国迅达电梯有限公司上海电梯厂(第一家中外合资企业)、上海耀华皮尔金顿玻璃有限公司(第一个中外合资建材企业)为试点,上海大众汽车有限公司则是中国机械工业最大的一个中外合资项目试点;发展民营企业,以 1982 年上海机电产品对外咨询服务公司(中国第一家民间外贸咨询企业)、1986 年上海爱建金融信托投资公司(全国首家民营金融企业)为试点;开全国之先河的股份制企业,以上海飞乐音响股份有限公司(第一家股份有限公司)、上海延中实业有限公司和上海真空电子器件股份有限公司为试点;基础设施建设利用外资,以 1986 年设立第一批 32 亿美元的利用外资项目(统称"九四专项"),以及在日本发行期限 10 年的 250 亿日元公募债为试点;有偿出让土地使用权,以虹桥经济技术开发区第 26 号地块为试点。这些改革开放率先探索,尽管试点范围较小,实施方式欠完善,影响效果有限,但具有超前的重大体制性突破,形成了一个良好的开端,领全国改革开放之先风。

随着浦东开发开放,围绕促进要素市场化和构建大市场体系,上海改革开放试点开始呈现面上多点铺开的局面,并从个别企业上升到一定的系统层面,具有相当的综合性内容。例如,先后开办华东纺织纱布布料交易市场和上海肉类商品批发市场等两个区域级和国家级大型商品交易市场,以后又相继成立了上海商品交易所、上海粮油商品交易所以及第一个国家级拍卖市场。1992 年率先推出了国内第一个国家级期货市场——上海金属交易市场,随后又相继成立了煤炭交易所、上海航运交易所等。1996 年设立了全国银行间同业拆借中心,随后设立了全国银行间债券市场。1990 年成立了新中国内地第一家证券交易所——上海证券交易所,1992 年在全国首次发行股票认购证。1996 年率先成立了中国外汇交易中心总部及上海外汇交易中心。此外,还率先推出金融期货市场、黄金市场,以及实行财产险和人寿险机构的分设,引进第一家外资保险公司,建立保险市场等。为了促进企业转制和兼并重组,1994 年成立了城乡产权交易所。率先推动住房分配由福利向商品化过渡,于 1991 年推出住房制度改革实施方案,提出推行公积金、提租发补贴、配房买债券、买房给优惠、建立房委会等措施。次年,首次运用房改资金,向个人发放住房抵押贷款。1998 年,进一步出台住房分配货币化方案,并开展试点。

进入新世纪以后,围绕"四个中心"和现代化国际大都市建设,上海开展了金融服务、投资贸易、航运发展、国有资产战略性调整、政府管理职能转变等一系列改革试点,已具有系统性和综合性的规模特征。特别是浦东综合改革配套试点,以一个区域为单位开展着力转变政府职能、着力转变经济运行方式、着力改变二元经济与社会结构的"三位一体"改革试点。以审改为切入点,加快推进政府职能转变。聚焦陆家嘴,加快建设金融核心功能区,进一步集聚各类金融机构,加快资产管理中心建设,加快成长型中小企业创业投资基金的设立和运营,推动设立全国性信托登记中心等,同时为金融市场发展营造更加适宜的综合服务环境,增加金融城的空间容量,积极发展与金融相关的专业服务业,加强金融前后台业务联动,建设国内首个中小金融机构共享服务的数据备份中心。聚集张江,积极探索产学研联运机制和多途径资本支持方式,发起设立科技金融服务公司,扩大政府引导基金规模,完善风险担保、知识产权质押融资等机制,积极探索开展生产型增值税向消费型增值税转型试点。

在"十二五"期间,浦东综改以创新驱动推动率先转型,进一步扩大改革为重点,累计推进 70 项改革项目。特别是进一步扩展到积极创新社会管理和服务体制,加快和谐社区建设。探索建立社区公共事务形成机制、议事协商机制、民主监督机制,探索社会组织登记管理体制改革,对社会组织实行分类扶持、分类管理,依托浦东公益服务园等载体,探索建立公益平台、枢纽型社会组织、政府、社工人才共同参与的社会组织培育发展联动机制。积极破解城乡二元结构难题,加快推进城乡一体化发展。以小城镇发展改革试点、城乡建设用地增减挂钩试点等为载体,探索创新统筹城乡发展的农村土地制度,探索集体建设用地流转和有偿使用,深化农村集体经济组织产权制度改革,探索社区股份合作社等集体经济组织的有效实现形式,优化城乡教育二元并轨、委托管理、民办教育发展等方面的体制机制。

在 2010 年代的创新驱动发展、经济转型升级中,上海大力推进了"营改增"、自贸试验区、科创中心建设、服务业综合改革、司法改革、群团改革等全方位的改革试点探索,更具有系统性和集成性。

2. 从经济领域为主的试点向更广泛领域拓展的全面试点

上海围绕以经济建设为中心,首先从经济领域展开改革开放的先行先试。在搞活企业经营机制、搞活流通领域、改变国有企业"铁饭碗"和"大锅饭"、工业技术改造和城市建设等方面开展了一系列改革试点,并由此引出社会保障体制改革探索,进行了农村合作医疗保险、农村养老保险、国有企业职工待业保险、国有企业和集体企业退休费统筹、外商投资企业职工养老和医疗保险等试点。随着改革进程的日益推进,上海在继续深化经济领域先行先试的同时,进一步向其他领域扩展。例如,开展了市政公用行业管理体制改革先行先试,推行市政、公用设施有偿使用,征收必要的城建税费,逐步建立自我积累、自我发展的机制。同时,推进投资主体多元化和建设、运营市场化改革,实施 BOT 等新型融资方式,有偿转让专营权。例如,1994 年有期限地出让"两桥一隧"(杨浦、南浦大桥、打浦路隧道)部分经营权,获得 24.75 亿元用于徐浦大桥建设;1995 年又有期限出让延安路西段高架专营权等,从而开辟了以盘活基础设施存量来筹措城建资金的新途径。实施公交行业行"体制、机制、票制"三位一体改革。进行市政、绿化和环卫行业的管养分开改革等。率先推进最低工资收入保障制度,最低生活保障制度,城镇灵活就业人员、小时工的社会保险参保,住院和门诊大病保障的社会统筹,以及运用市场化方式进行旧区改造、住房分配货币化、补充住房公积金制度等。文化领域,通过"广电合流""文广合流"大力推进政府文化管理职能转变;塑造文化市场新主体,整合国有文化资源,组建文化产业集团;推进文艺院团内部人事制度改革,改进政府对文艺院团的投入机制等。

进入新世纪后,先行先试从经济发展为主转向经济与社会、文化、环境等协调发展为重点的全面推进,向更广泛的领域拓展。例如,率先推出研究生教育整体改革试点,全面启动教育综合改革试点,以及国家教育综合改革和高考综合改革等。探索"三医"(医保、医疗、医药体制)联动改革,探索医保支付方式改革,开展持续优化医疗服务体系改革,以及公立医疗机构"管办分离"改革。还开展了司法改革试点,社区建设和社会组织培育改革试点,群团改革试点等。

3. 从地方自主性试点到国家试验

从改革先行先试的类型来讲,可以划分为地方自主性试点和国家试验(国家布置给地方的改革试点)。前者在总体改革部署和进程中具有地方自发性、自主性选择、含有较大地方特殊性需求等基本特征;后者具有某种顶层设计,在相应规范下以创造和提供可复制、可推广经验和范式等基本特征。当然,两者不是绝对分割的,一些地方自主性试点通过某些改造和提炼,也可以上升为国家试验,在全国加以推广;一些经国家确定或批准的改革试点,也许具有较浓厚的地方自主性,往往是不可推广和复制的。

与全国一样,上海在早期根据自身发展的需要,也进行了大量带有较多地方特殊性的先行先试(如前面列举的许多改革试点),特别是在 90 年代创造了"浦东模式"。这些地方自主性改革探索和试点有其一定的历史局限性,如特殊政策效应较强且不规范,制度安排的稳定性不够,持续性较差,而且本身往往带有改革的"不彻底性",这种"妥协"产物一旦被固化,甚至成为深化改革和构建新体制的障碍。因此随着社会主义市场经济新体制框架的基本建立,以及改革从"发散"趋于"收敛"过程,在更多充实新体制各项内容的深化改革中,不仅需要综合配套以及系统集成,而且其大都涉及中央事权范围,且要求在法制框架下进行改革探索,因此越来越多的改革试点上升到了国家试验层面。上海积极争取承接国家安排的改革开放试点,或主动提出先行先试探索经中央认可并上升到国家层面的改革开放试点。

例如,上海积极争取国家支持,从 2012 年 1 月 1 日起率先在交通运输业和研发与技术、信息技术、文化创意、物流辅助、有形动产租赁、鉴证咨询服务等六个现代服务业领域(简称"1＋6"行业)开展"营改增"试点。通过制定一系列具体实施细则和工作规程,实现了"1＋6"行业试点企业新老税制的顺利转换,取得了好于预期的改革成效。在"营改增"试点取得明显成效的基础上,上海及时总结经验提出较为成熟的可推广、可复制的试点方案,并向中央建议尽快实行"营改增"试点的地区扩围和行业扩围,形成跨区域、跨行业抵扣链条,强化区域内外、上下游企业之间的联系,扩大"营改增"的成效。

随着中国深化改革和对外开放进入新阶段,构筑对外开放的新高地,上海提出了设立自贸试验区的构想。在党中央、国务院正式批复同意设立自贸试验区后,上海自贸试验区首轮三年建设开展了一系列制度创新。推进以负面清单管理为核心的投资管理制度改革,从 1.0 版提升至 3.0 版,90％以上的国民经济行业对外资实行准入前国民待遇。探索建立符合高标准贸易便利化的监管制度。先后推出了凭舱单"先入区、后报关""批次进出,集中申报""一区注册,四地经营""十检十放"等近百项创新措施。建立贸易、运输、加工、仓储等业务的跨部门综合管理服务平台。探索建立适应更加开放环境和有效防范风险的金融创新制度。启动支付机构跨境人民币支付业务,以及跨国公司总部外汇资金集中运营管理试点。推动以规范市场主体行为为重点的事中事后监管制度建设,重点是加快以自贸试验区理念推进政府职能转变,创新政府管理方式,搭建市场主体自律、业界自治、社会监督、政府监管"四位一体"的监管格局。中国(上海)自由贸易试验区三年建设,累计有100多项制度创新成果在全国复制推广。上海自贸试验区新一轮建设,瞄准国际最高标准、最好水平的自贸试验区,率先形成法治化、国际化、便利化的营商环境和公平、统一、高效的市场环境。

此外,上海还开展了基层治理体系改革试点、司法体制改革试点、群团改革试点、教育综合改革试点等。这些改革试点带有顶层设计的全局性,更多涉及中央事权范围,"自下而上"与"自上而下"紧密结合和协同,具有规范性和有序性,更多是新制度内涵提升和充实,其制度安排更具稳定性和持续性,使改革更具整合力和系统集成性,也更具全局性和普适性。上海在这些国家试验的先行先试中,参照国际通行规则,提高改革的标准要求,注重能够带动面上发展的体制机制创新,进行改革压力测试,创造普适性的可复制、可推广经验,发挥示范和标杆作用。

20.2.3 先行先试的成效评估

上海改革开放先行先试,为体制转换主动承受风险,探路开道进行创造性工作,付出了更大的艰辛和努力,同时也获取了很大收益,取得显著成效,成为推动上海经济社会发展的重要动力之一。由于改革前二十年与后二十年的先行先试,在规模、层级、类型等方面有较大差别,所以其产生的效应是有所不同的。

在改革开放前二十年,上海通过大量地方自主性改革先行先试,在80年代的困境中奋起,释放经济中心城市作用的潜能,在90年代的浦东开发开放中形成经济高速增长的强大动力,实现了"一年变个样,三年大变样"的目标,具有不可磨灭的历史贡献,并为以后的深化改革奠定了较好基础。(1)对上海具有深厚传统计划体制的微观基础形成强大冲击,成效十分显著。不同所有制企业混合、引入外资大企业的合资与独资、发展民营企业以及股份制企业、国有企业改革及国有资产战略性调整等改革先行先试,以及相配套的待业保险制度、再就业工程及"协保"政策、征地农民社会保障制度,建立"城镇居民最低生活保障线""职工最低月工资总收入线""待工人员最低收入线"等改革探索试点,在促进企业成为产权清晰、自主经营的市场主体,构建现代企业制度方面起了重要作用。(2)在推动上海再度成为国内外资金的重要营运中心、商品物资的重要集散地及重要的技术交易平台与信息枢纽方面起到了重要作用。在上海率先形成门类齐全、有效运作的大市场体系,在发挥市场对资源配置决定性作用方面起了重要推动作用,有力增强了金融证券、保险保理、商贸流通、交通通信、会展旅游、信息咨询以及技术研发交易等市场中介和服务功能。(3)有力促进了上海经济发展和城市环境面貌改善。到1996年底,不包括在沪46家外资金融机构的贷款,上海直接利用外资进行交通、邮电、电力等基础设施建设的资金高达100多亿美元。截至2000年,土地批租为上海带来了1000多亿元的基础设施投资。上海利用外资在十年内完成了过去按政府正常拨款需要一百年才能完成的危房、简屋、棚户的改造。建成了地铁、内环线和杨浦大桥等一大批大项目,大大改善了城市环境面貌,使上海形成了"平面立体并举、浦东浦西贯通"的新格局。

当然,在改革开放前二十年,上海改革先行先试尚处于个别、零星规模,且以地方自主性改革试点为主导,具有较多的地方色彩,再加上配套条件不具备,受外部环境的制约较大,其试点的影响力有限,其扩散与推广效应也往往较弱。有些改革探索和试点虽然在打破旧体制方面起了重要作用,但并没有能够成为建立新体制的主要构件之一,具有明显的过渡特征。例如,80年代跨行业、跨地区联营机制还带有较大行政性色彩,在当时国内统一市场尚未建立的条件下也难以有效运作。有些改革试点尽管能够成为建立新体制的主要构件之一,但受制于大环境条件难以迅速发展。例如,上海在80年代初就开始推进技术有偿转让,并带动技术咨询、技术服务、技术培训、技术投资、技术设计、技术信息交易等,但由于当时作为技术主要需求方面的乡镇企业普遍感到资金不足,国营企业购买技术在体制、政策、资金等方面还受到一定限制,加上对科技单位从事技术贸易缺乏足够的鼓励措施,因而技术交易市场发展极其缓慢。有些改革探索和试点在全国是率先和领先的,但制度安排并不完善或欠规范。例如,上海率先建立了基本社会保险制度,并对各类居民进行"分类施保",在以后国家统一规范下还要进行"并轨"。部分改革探索和试点具有"特许"性质,被打上"上海标签",如"九四专项"、股票市场及证交所,以及国家级大市场等,是其他地方难以模仿和复制的。

在改革开放后二十年中,上海转向国家试验为主的先行先试。这种改革试点具有很强的现实针对性、开创性、系统完整性、更高的层级和可操作性。而且,改革试点的配套条件也日益成熟,其试点的影响力不断增强,并具有普遍的适应性,扩散与推广效应显著增大。上海在国家试验的先行先试中,既为国家做出了应有贡献,同时自身也取得了先发比较优势。(1)助推了上海保持经济持续较高增长,以及顺利实现创新驱动、转型发展的重大转折,促进城市综合服务功能的不断增强。(2)促进了市场体系完善及作为发挥"四个中心"功能的基础,大大提升了上海城市的综合竞争力和国际竞争力,增强了连接国际、国内两个市场和充分利用两种资源的桥头堡作用,提升了参与全球资源配置的能力。(3)促进经济、社会、文化、生态文明的全面发展,提高了城市精细化管理水平,促进了城市现代化治理。在城市运行安全、食品安全、社会治安、交通整治、环境治理等方面的管理水平不断提高。更主要的,在城市现代化治理中迈出了坚实的步伐。

当然,改革开放是一个渐进过程,仍需不断深化。上海开展的各项国家改革开放试点,虽然有一个良好开局,并取得初步成效,但仍有许多需要攻克的难题,仍有不少需要进一步完善的地方,仍有相当可以扩展成果的空间,因此要在现有基础上继续探索创新改革开放思路,适应新形势变化不断深化改革开放内容,对照最高标准和查找短板弱项进一步完善改革开放成果。

20.3　经验总结及展望

20.3.1　开放引领的经验

开放引领,倒逼改革和促进发展,并形成改革、开放、发展之间的良性互动,是上海在改革开放实践中逐步摸索和形成的一条重要经验。实践证明,这是符合中国国情和上海特点的一种行之有效的行动策略,从而成为上海勇当排头兵和先行者的一个重要法宝。

(1)注重开放引领的制度创新。在对外开放中,不仅要招商引资,关注和利用引进的项目、企业以及资金、技术等生产要素,也要招贤引智,学习和借鉴引进的理念、模式、规则等文化、制度要素;既要充分发挥引进资源有效配置的促进效应,更要注重制度创新的促进效应。

对外开放,一方面引进新的生产要素,通过资源配置,直接促进经济社会发展;另一方面引进理念、模式、规则等软要素,通过引发制度创新,间接促进经济社会发展。通常,前者直接明了,见效快捷、显著,但其促进效应具有短期化倾向,需要不断追加才能维持和扩大;后者潜移默化,需要较长时间积累和影响才能引发制度创新,转化为促进效应,但其促进效应一旦形成,则产生长期性影响,持续不断地促进经济社会发展。

(2) 注重开放的网络连接效应。对外开放意味着融入经济全球化进程,参与国际产业分工。"引进来"和"走出去"作为对外开放的统一过程,其结果都是外部连接的增强,进入全球连接网络。在当代经济全球化进程中,全球网络连接程度表明经济体的吸引力、创造力和竞争力。因此,开放引领要注重发挥全球网络连接效应,并通过其实现资源要素的全球流动与有效配置。

对外开放的"引进来",表现为投资项目、企业(机构)等引入,其带进来全球网络连接(入度)。对外开放的"走出去",表现为到境外投资、建厂等资本及要素输出,是到国外建立全球网络连接(出度)。实行开放,利用国内外两种资源和两个市场,都是通过这一全球网络连接来实现的。从某种意义上讲,形成全球网络连接是开放的真正价值所在。不管是"引进来"还是"走出去",其全球网络连接都是通过相应机构的活动实现的。一类是生产企业(工厂或生产基地),作为跨国公司全球产业价值链的一个环节,具有全球网络连接的属性。另一类是功能性机构(地区总部、金融及生产者服务公司、研发中心等),其本身就有一个分布全球的内部网络,从而构成全球网络连接。前者主要基于全球产业价值链且局限于生产功能,后者本身具有广泛分布于全球的内部网络,主要发挥全球平台功能,助推大规模流量经济。相对而言,各种功能性机构比工厂及企业带来更多的全球网络连接。因此,在"引进来"过程中,更要注重各种外资功能性机构引进;在"走出去"过程中,更要注重各类功能性机构对外输出,从而更大程度发挥全球网络连接效应。

在"引进来"和"走出去"的网络连接比较中,前者在某种程度上属于"被动"接入全球网络,其全球网络连接是由外资企业(机构)主导的,所在地(城市)主要体现为具有较强的吸引力;后者是"主动"接入全球网络,其全球网络连接是由本土企业(机构)主导的,所在地(城市)则体现了对全球网络连接的控制力。因此,开放引领不仅要注重营造对外资企业的强大吸引力,更要注重培育本国本地"走出去"的较强控制力。而且,在"走出去"过程中,不仅要有企业外出投资建厂,建立基于产业价值链的全球网络连接,更要有各种功能性机构外移,建立基于内部网络的全球网络连接。

当然,"引进来"和"走出去"可能存在动态的非对称性。在中国改革开放初期乃至相当一段时间内,主要是"引进来",并不具备"走出去"的条件。在这种情况下,开放引领主要体现在增强对外资企业的吸引力上,通过其形成全球网络连接效应。目前中国对外开放"引进来"所带来的外部连接已很强大,上海更是高度集中了"入度"的全球网络连接,而基于"走出去"的"出度"全球网络连接仍较弱,呈现明显的结构非对称性。但随着中国经济发展和经济实力增强,已越来越具有"走出去"的动力和能力,"走出去"的步伐日益加快,特别是"一带一路"建设将带来更多企业对外投资,构建"出度"的全球网络连接。其中,上海要成为服务"一带一路"建设、推动市场主体"走出去"的桥头堡。这不仅意味着开放引领的网络连接效应的构建进入一个转型,更加注重强化"出度"的全球网络连接,而且也表明开放引领并未到此结束,还有很长的路要走,要继续坚持下去。

(3) 挖掘开放中的新功能培育。对外开放,充分利用两种资源、两个市场,要有一个明确的指导思想,目标及重点的理性选择,以及政策上的合理组合,特别要注重挖掘开放中的新功能、新结构培育。

在对外开放中,如果我们一味追求所带来的新要素、新能量流入,将其作为一个增量叠加于原有存量上,从而表现为一个更大规模的投入,那只是带来更快的经济增长,更大的经济规模。例如,大力发展加工贸易出口,扩大生产能力,促进经济高速增长,成为一种较典型的状态。但这只是表现为一种量的扩张,并不足以改变原有系统的结构。而且,如果过度的话,甚至会造成畸形、扭曲的经济结构,导致产能过剩,依赖于外部需求,易受外部冲击等。事实上,在2008年全球金融危机以后,这些问题已经显现。

因此,开放引领的立足点在于结构调整。针对原有系统内结构陈旧、功能欠缺等问题,注重引入新分工、新功能、新业态等,改变原有系统的结构,产生质的飞跃。这些引入的新分工、新功能,尽管可能规模较小,数量不多,但对原有系统结构有强大的改造作用,引起结构的裂变,进而使系统发展产生质的飞跃。例如,上海教育方面的对外开放成果之一是成立了上海纽约大学。这是中国内地第一所具有独立法人资格和学位授予权的中美合作举办的国际化大学,也是纽约大学全球教育体系的组成部分,其教学语言为英语,教学模式相同于纽约大学。这样一所借鉴世界一流大学办学理念,引进国外优质教育资源,融合中美两国教育精华,构建国际化学习环境,积极探索与全球化时代相适应的精英教育,努力建设世界级的多元文化交融、文理工学科兼有的研究型大学,在国内大学教育体系中是一种新类型,可能成为全球化进程中不同文化交流和教育合作的典范,其引进的意义是十分重大的。

经验表明,在对外开放中,我们发挥劳动力充裕、成本较低、素质较好,基础设施条件较便利,潜在市场规模巨大等比较优势,不仅要引入新要素、新能量,而且要注重引入新分工、新功能、新结构、新业态等。这就要求我们在引进对象、内容、重点上,必须理性选择,相互兼顾,既要促进经济增长的规模变化,又要促进经济系统结构和功能改善。特别在对外开放不断深化的情况下,更要注重针对自身结构的缺陷,有的放矢地引入新分工、新功能,以改善经济系统,促进结构合理化和高度化。

20.3.2 先行先试的经验

上海推进改革先行先试,力争取得成效,发挥示范和引领作用,在实践中逐步摸索出一套行之有效的办法。这在很大程度上保证了改革先行先试的顺利推进,并取得实际效果。

(1)坚持问题导向和战略导向,特别是贯彻国家战略意图,准确把握目标方向。上海从实际出发,在解决最迫切、最主要、最重大现实问题中引出先行先试改革议题,针对这些问题来寻求改革思路和设计改革方案,使改革试点更具现实针对性,避免为改革而改革或为抢先而试点的倾向。问题导向使改革试点的目标和任务更加清晰化,也凸显改革试点的紧迫性和重要性,有利于凝聚社会共识。同时,这些改革先行先试也要对标国家改革导向和总体部署,保证在总体目标方向上的一致性。经验表明,任何脱离国家改革导向和总体部署的地方自主性改革试点,要么以流产和失败而告终,要么"走回头路"重新开始。在承接国家试验的改革试点中,更要具体贯彻落实中央全面深化改革总体战略部署,清醒认识和全面理解国家改革试点的战略意图,确保在原则和大局问题上不出现方向性、颠覆性失误,保证改革试点所要达到的目的。

(2)加强与中央的沟通,开创中央与地方之间的创新合作机制。地方上开展的任何改革试点,都关系到全国大局以及涉及国家层面的法律、法规、政策等方面问题。地方自主性改革试点,尽管有许多可在地方事权范围内自主处理,也涉及与国家改革部署的协调以及相关国家政策调整。地方承接的国家改革试点,所涉及的许多事权更是集中在国家层面,往往会遇到一系列在地方事权范围内难以或无法解决的问题。因此,上海在开展各项改革试点过程中十分注重与中央的沟通,取得中央的支持和指导,形成"自下而上"与"自上而下"相结合的改革机制。除了自贸试验区等综合性国家试验向国务院有关领导作专题汇报,召开由国家部委参与的联合工作组会议及部际工作会,一起研究讨论总体方案外,专项改革试点通常与相关国家部委建立部市共建战略合作机制、部市共建年度会商制度及部市司局级层面定期工作磋商机制,甚至部市共同构建的监管协调机制等,共同研究和破解改革试点中的重点与难点问题,共同推进落实重大改革措施。例如,上海市政府与教育部签署了为期七年的部市战略合作协议,共建国家教育综合改革试验区。这种中央与地方之间的创新合作机制,使上海既能充分发挥主动探索、自主创新的改革积极性,又能主动接受中央有关部门的指导和帮助,特别是遇到涉及国家层面事权的问题,积极与中央有关部门沟通、协商,使中央有关部门直接参与改革试点工作,提出相应的改革方案和措施,形成支持和推进改革试点的部市合力。

(3)强化改革先行先试的压力测试功能,注重对改革试点的效果评估和总结完善。改革是一场利益关系调整的深刻革命。特别是随着改革进入"深水区",体制性变动覆盖了许多部门之间的职权优化配置,牵涉到多方利益关系调整,改革的作业面广,流水线长,程序复杂且难度大。在此过程中,既要鼓励保护创新、释放各方活力,全力破解改革难点,又要坚守底线思维、控制改革风险,稳妥推进,尽可能减少改革引发的社会震动和风险。因此,在改革先行先试中要有意识、自觉地开展压力测试,提供相关改革的社会接受度和承受度等重要数据,以及警示必须高度关注和妥善处理的主要问题,并以此为依据采取相应策略,制定推进步骤。同时,在各方达成共识的基础上求解改革的最大公约数,甚至是体现改革智慧的某些"妥协",找到稳妥的路径及方式。另外,要以法治思维和法治方式来确保改革有序推进,完善改革决策,规范改革行为,采取"建构与试错相结合"的方法,鼓励试点在不妨碍基本法律原则的前提下推进改革,以便发现改革突破口,寻找最佳的改革路径,充分利用取得改革成功的可能条件,并注重对改革试点进行效果评估和总结完善,优化试点成效,最后通过立法将改革中的体制机制创新加以定型化、制度化。

(4)加强领导,全面策划,精心组织,狠抓落实,注重成效。虽然说改革试点本身是一个"试错"过程,是允许失败的,但要付出较大的代价。另外,改革先行先试要求及时出成效、出经验。特别是国家试验的改革试点,目标要求高,时间安排紧,任务十分艰巨。这些改革先行先试能否成功,是否高标准、高质量、及时完成,直接影响在全国范围内的及时、有效推广,关系到中国全面深化改革进程。在开展各项改革开放先行先试中,要明确责任重大,尽最大努力争取改革试点成功。为此,必须对试点工作高度重视,加强统筹谋划,经过深入研究和充分论证,制定改革试点方案,明确改革的主要方面及措施,并进一步细化为若干重大改革任务。对于每一项改革任务,明确"完成时间""制约瓶颈""所需政策支持""成果呈现形式"等具体内容,形成整个改革方案推进落实的时间表、路线图、任务书,以及明确年度重点推动落实的重大改革措施。为更好地促进各项改革试点任务扎实落地,健全任务落实机制,确定每一个改革事项推进实施的牵头及配合部门。在落实过程中,注重实际成效,动态开展试点成效的评估,寻找差距和短板,针对性地采取有力措施,不断巩固和扩展改革成果,并每年给出综合试点实施的评估结果,向社会公开。通过不断探索、边干边学、反复"试错"、反馈修正、优化完善,最终取得试点成效。同时,上海十分注重改革的系统集成,把有关改革试点与其他领域改革有机结合,相互支撑,形成一个综合性、配套性改革体系,增强改革的系统性、整体性和协同性。

(5)大局为重,突出重点,注重经验总结和提炼,着力于打造全国示范引领模式。改革试点的目的在于迈开步子、蹚出路子,取得突破,形成示范。因此,上海在开展改革先行先试中,胸怀全局,努力把中央精神与上海实际结合起来进行体制创新,而不拘于地方的发展需求和特殊性,使试点能够对全局性改革起到示范和引导作用。在改革方案设计上,既兼顾自身面临的特殊问题,更考虑全国普遍性问题,突出重点,抓住关键;在改革措施落实上,既鉴于自身的特定条件,更考虑全国的一般条件,选择合理的改革路径和步骤。特别是国家试验的先行先试,不搞成"盆景式"样本,而是能够对全局性改革起到突破、示范和引导作用的"田园式"样本。在此过程中,善于总结经验,并从中提炼出一系列具有普遍意义的改革思路、政策措施乃至思想理论,提供可复制、可推广的经验和模式,为全国各地广泛借鉴和利用。上海还注重改革试点的不断完善,推向深入,让日趋走向成熟的上海样本在改革思路、推进模式和运行机制上具有更强的可复制和推广意义。

20.3.3　改革开放再出发

在新时代，改革开放再出发，上海仍然要继续发挥开放引领的重大作用，继续开展先行先试的探索。面临复杂多变的世界经济变化，立足构筑发展新格局，上海既要按照国家改革开放的战略部署，服务于国家战略，又要根据建设卓越全球城市的战略目标，依据自身的比较优势，从增强城市核心功能和提升城市能级角度，来选择对外开放的制高点，深化改革的突破口。

上海在这新一轮改革开放中，重点要抓以下几方面：一是金融领域的改革开放。国家已表明要放宽银行、证券、保险行业外资股比限制，放宽外资金融机构设立限制等。这对上海建设国际金融中心是极大利好。上海要充分利用金融市场门类齐全，外资金融机构及其金融资产高度集聚的优势，吸引更多的外资金融机构落户上海，在上海开展各项业务。二是新兴服务贸易的改革开放。上海的服务贸易发展在全国是领先的，但以传统服务贸易为主。其实，上海在医疗保健、教育培训、文化创意等新兴服务贸易领域的潜力巨大。这在很大程度上是上海的潜在核心竞争力。随着中国对外开放的深化，上海要积极争取在这些新兴服务贸易领域率先开放，引入更多外资机构。三是科技、数据等领域的改革开放。目前，全球货物贸易增长缓慢，但技术服务、信息和数据贸易增长迅速。上海正在建设有全球影响力的科技创新中心，也是信息和数据的主要产生地和传播地，在这些领域有明显的比较优势。上海要研究如何促进这些新兴领域的开放，在安全、稳妥的前提下，率先实现开放。四是进口领域的改革开放。国家将降低汽车进口关税，而且是相当幅度的降低，并努力增加人民群众需求比较集中的特色优势产品进口。上海要借助中国国际进口博览会这一平台，打造进口开放新格局，促进国际贸易中心建设。

在这新一轮对外开放中，尽管上海具有不少比较优势，但能否真正抓住机遇，关键在于优化营商环境。今天，我们优化营商环境，不能停留在过去招商引资的标准水平上，而要对标国际最高标准和最好水平。过去招商引资主要是引入生产企业、生产线及产品加工，只要给其提供较好的"七通一平"基础设施、低成本劳动力以及"两免三减"等优惠政策就可以了。这些外资企业大都是"两头在外"，对国内市场竞争问题也不会过多关注。现在不同了，新一轮对外开放将更多引入全球功能性机构和公司，引入更多"两头在内"的外资企业，国内市场竞争问题成为关注的焦点。这既要求准入前国民待遇,实行负面清单、新的商事制度(备案制、注册资本认缴制、先照后证等)以及准入与退出的自由、便利等,又要求准入后国民待遇,实行竞争中立、增强市场透明度以及有效的事中、事后监管保证市场有序等。上海开办企业"一窗通"服务平台,缩短开办企业所费时间,固然是优化营商环境的重要环节,但更关键的是,开办的新企业进入市场能否在公平竞争条件下获得商机和发展机会,能否在市场竞争中获得合理预期,在市场竞争中能否保证自身合法权益得到有效保护。如果企业在市场准入中仍然存在"玻璃门""弹簧门"等隐形准入障碍,处于不公平竞争条件之下,难以获得发展机会,仅仅缩短开办企业时间又有何意义呢?如果企业在政策多变、政策特惠等导致市场不透明的情况下开展业务,怎么会有合理预期及行为长期化呢?如果企业在市场竞争中频频遭受侵权、违约而得不到有效保护或需要支付更多交易成本,又怎么会得到健康发展呢?这些问题很多是隐性的,甚至"摆不上台面",难以用指标来衡量,但却是企业深切感受到的。这些问题涉及面很广,不仅仅是那些直接面向市场的政府部门改进效率问题,往往有"肥水不外流"的地方保护主义和体制内保护主义、政府资金过度引导、政府间相互拉税源的招商竞争,以及国资国企改革不到位等深层原因。上海优化营商环境,要在这些"深层次"上开刀、动手术,真正提升环境软实力,迎接和拥抱新一轮对外开放。

同时,上海要根据国家新的对外开放战略和部署,积极主动研究相关领域对外开放的基本思路及操作方案。上海改革开放 40 年的经验表明,根据中央精神,地方积极行动,拿出具体实施方案,获得中央准许,才能争取到先行先试的机会。今天,也同样如此。如果上海拿不出切实可行的实施方案,就会丧失机遇。这些对外开放实施方案的研究,不能是闭门造车,要在大调研的基础上,发动各方参与,特别是企业参与,使提交的方案更接地气。

主要参考文献

[1] 常修泽:《中国国民经济市场化推进程度及发展思路》,《经济研究》1998 年第 11 期。

[2] 陈宗胜:《中国经济体制市场化研究》,上海人民出版社 1999 年版。

[3] 程大中:《中国服务业增长的特点、原因及影响——鲍莫尔-富克斯假说及其经验研究》,《中国社会科学》2004 年第 2 期。

[4] 戴园晨:《投融资体制改革》,广东经济出版社 1999 年版。

[5] 菲德里克·理查德:《通过创新与学习开展竞争》,《开放导报》2003 年第 2—3 期。

[6] 菲利普·库克:《全球化与区域创新体制》,《开放导报》2003 年第 2—3 期。

[7] 高明华:《中国企业市场化:含义、测度及国际化比较》,《中国研究》1997 年第 10、12 期。

[8] 郭克莎,《中国:改革中的经济增长与结构变动》,上海三联书店、上海人民出版社 1996 年版。

[9] 郭树清:《走向市场经济的投融资体制》,改革出版社 1998 年版。

[10] 国家计委市场与价格研究所课题组:《我国经济市场化程度的判断》,《宏观经济管理》1996 年第 2 期。

[11] 国家统计局:《中国统计摘要·2004》,中国统计出版社 2004 年版。

[12] 胡长顺:《21 世纪中国新工业化战略与西部大开发》,中国计划出版社 2002 年版。

[13] 江小娟:《中国服务业的增长与结构》,社会科学文献出版社 2004 年版。

[14] 姜杰、张喜民、王在勇:《城市竞争力》,山东人民出版社 2003 年版。

[15] 来有为:《当前我国需大力发展现代服务业》,国研网,2004 年 3 月 26 日。

[16] 李秉祥:《投融资体制改革》,中国财政经济出版社 1999 年版。

[17] 李善同、华而诚主编:《21 世纪初的中国服务业》,经济科学出版社 2002 年版。

[18] 刘春敏:《提升南京城市综合竞争力的思考》,《南京社会科学》2002(增刊)。

[19] 刘李胜、万建伟:《利用外资新方式》,企业管理出版社 1996 年版。

[20] 刘迎秋:《次高增长阶段的中国经济》,中国社会科学出版社 2002 年版。

[21] 马丁·高顿、赫炬:《项目融资指导与借鉴》,中国计划出版社 1998 年版。

[22] 迈克尔·波特:《国家竞争优势》,华夏出版社 2002 年版。

[23] 倪鹏飞主编:《中国城市竞争力报告》,社会科学文献出版社 2003 年版。

[24] 浦再明,《上海发展战略引论》,上海财经大学出版社 2004 年版。

[25] 钱纳里等:《工业化和经济增长的比较研究》,上海三联书店、上海人民出版社 1995

年版。

[26] 沈立人:《优势·特色·竞争力》,《南京社会科学》2002 年增刊。

[27] 宋常:《跨国理财问题研究》,中国人民大学出版社 1998 年版。

[28] 孙绍荣等:《科技、教育、经济协调发展的研究》,上海科技教育出版社 2001 年版。

[29] 田江海、张昌彩:《投资体制改革的突破》,江苏人民出版社 1998 年版。

[30] 田江海:《投资主体多元化与方式多样化》,中国财政经济出版社 1993 年版。

[31] 屠启宇等:《以综合创新全面提升上海国际化水平》,《社会科学》2004 年第 1 期。

[32] 王辰:《基础产业融资论》,中国人民大学出版社 1998 年版。

[33] 王小平:《服务业竞争力——一个理论以及对服务贸易与零售业的研究》,经济管理出版社 2003 年版。

[34] 王岳平:《中国工业结构调整与升级:理论、实证和政策》,中国计划出版社 2001 年版。

[35] 魏作磊:《对第三产业发展带动我国就业的实证分析》,《财贸经济》,2004 年第 3 期。

[36] 文明:《投资经济导论》,经济科学出版社 1999 年版。

[37] 沃纳·赫希:《城市经济学》,中国社会科学出版社 1990 年版。

[38] 西蒙·库兹涅茨:《各国的经济增长——总产值和生产结构》,商务印书馆 1999 年版。

[39] 徐康宁:《文明与繁荣——中外城市经济发展环境比较研究》,东南大学出版社 2002 年版。

[40] 杨书剑:《中国投资制度创新研究》,中国经济出版社 1998 年版。

[41] 杨文进:《投资经济学》,中国财政经济出版社 1998 年版。

[42] 于涛方、顾朝林、涂英时:《新时期的城市和城市竞争力》,《城市规划汇刊》2001 年第 4 期。

[43] 岳军、黄磊、杨文进:《当代投资问题研究》,中国财政经济出版社 1998 年版。

[44] 张昌彩:《中国融资方式研究》,中国财政经济出版社 1999 年版。

[45] 张极井:《项目融资》,中信出版社 1997 年版。

[46] 中国市长协会、《中国城市发展报告》编辑委员会编著:《中国城市发展报告》(2001—2002),西苑出版社 2003 年版。

[47] 周振华:《体制变革与经济增长——中国经验与范式分析》,上海三联书店、上海人民出版社 1999 年版。

[48] 周振华:《现代经济增长中的结构效应》,上海三联书店、上海人民出版社 1995 年版。

[49] 周振华:《信息化与产业融合》,上海三联书店、上海人民出版社 2003 年版。

[50] 朱晓青、林萍:《北京现代服务业的界定与发展研究》,《商贸论坛》2004 年第 10 期。

[51] Beaverstock, J. V., M. A. Doel, P. J. Hubbard and P. J. Taylor, 2002, "Attending to the World: Competition/Co-operation and Co-efficiency in the World City Network", *Global Networks*, 2(2).

[52] Commission of The European Communities, 1998, "The Contribution of Business Services to Industrial Performance: A Common Policy Framework", Annex 3.

[53] Daniels, P. W., 1986, "Foreign banks and metropolitan development: A comparison of London and New York", *Tijdschrift voor Economische en Sociale Geografie*, 77(2).

[54] Douglas Webster and Larissa Muller, 2000, "Urban competitiveness assessment in developing country urban regions: the road forward", Paper prepared for Urban Group, IN-

FUD., The World Bank. Washington, D. C.

[55] Goodman, B. and R. Steadman, 2002, "Services: Business Demand Rivals Consumer Demand in Driving Job Growth", *Monthly Labor Review*(U. S.), April.

[56] Iain Begg, 1999, "Cities and Competitiveness", *Urban Studies*, 36, No. 5—6.

[57] Iain Deas, Benito Giordano, 2001, "Conceptualizing and measuring urban competitiveness in major English cities: an exploratory approach", *Environment and Planning*, 33.

[58] Kres, lPeter Karl, 1995, "The determinants of urban competitiveness: a survey", in P. K. Kresl and G. Gappert(Eds), *North American Cities and the Global Economy*, 45—68. Thousand Oaks, CA: Sage publications.

[59] Kresl, P., 1995, "The Determinants of Urban Competitiveness", in P. Kresl and G. Gapert(eds), *North American Cities and the Global Economy and Opportunities, Urban Affairs Review*, No. 44, London: Sage Publications.

[60] Leo van den Berg and Erik Braun, 1999, "Urban competitiveness, Marketing and the need for organizing capacity", *Urban Studies*.

[61] Markku Sotarauta and Reija Linnamaa, 1998, "Urban Competitiveness and Management of Urban Policy Networks: Some Reflections from Tampere and Oulu", Paper presented in Conference Cities at the Millenium, 17. 12.—19. 12., London, England.

[62] OECD, 1999, Background Paper: Service Industries in Canada.

[63] OECD, 2000, The Service Economy, Business and Industry Policy Forum Series.

[64] OECD, 2001, Innovation and Productivity in Services.

[65] Pike, R. and G. Reed, 2000, "Introducing the Experimental Monthly Index of Services", Office For National Statistics U. K..

[66] Saraswat, B. P., 2003, "Service Leadership Study", *Journal of Services Research*, Vol. 3, No. 2.

[67] Savitch, H. V. and P. Kantor, 1995, "City business: an international perspective on marketplace politics", *International Review of Urban and Regional Research*, 19(4).

[68] Thompson, E. C., 2004, "Producer Services", Kentucky Annual Economic Report.

[69] Thrift, N. J. and A. Leyshon, 1994, "A phantom state? The de-traditionalization of money, the international financial system and international financial centres", *Political Geography*, 13(3).

[70] U. S. Bureau of Economic Analysis, 2001, Changing Trends in U. S. States Services.

[71] Yeung, H., 2000, "State intervention and neo-liberalism in the globalizing world economy: lessons from Singapore's regionalisation program", *The Pacific Review*, 13.

附　录

周振华教授学术贡献梳理

　　周振华教授长期从事产业经济、宏观经济、城市经济理论与政策研究，出版个人专著、译著及主编著作百多部，在《经济研究》等期刊发表学术论文百余篇。本文梳理周振华教授自上世纪 80 年代研究生阶段直至今天的主要学术经历与学术著述，概述周振华教授横跨 40 年的重要学术成就与学术贡献。

学术生涯开端：确立产业经济学研究方向

　　周振华教授在攻读硕士学位期间，师从我国《资本论》研究的权威人物陈征教授。硕士论文研究的是运用《资本论》原理分析社会主义流通问题，论文成果先后在《福建师范大学学报》和《南京大学学报》刊发。

　　硕士毕业后，在南京大学经济系任教期间，周振华将《资本论》的逻辑演绎与西方经济学分析工具相结合，用于研究中国改革开放及经济发展问题，撰写和发表了相关学术论文；并与金碚、刘志彪等几位青年学者合作开展关于市场经济的研究，以超前的学术眼光和思维探究"市场经济是什么样的，是怎样一种市场体系结构"。在这一研究的基础上，周振华领衔完成《社会主义市场体系分析》一书的撰写。该书于 1987 年底由南京大学出版社出版，这是国内较早一部全面系统研究社会主义市场经济的专著，我国杰出的经济学家、教育家、新中国国民经济学学科开拓者胡迺武曾为该书撰写书评并发表在《经济研究》上。

　　其后，周振华进入中国人民大学深造，师从胡迺武教授攻读博士学位，并参与胡迺武、吴树青承接的"中国改革大思路"国家重大课题。该课题成果因研究扎实，并提出独到的改革思路，获首届孙冶方经济科学奖论文奖。

　　周振华选择产业问题作为其博士论文研究内容，并挑战了从经济学角度研究产业政策这一世界性前沿课题。因为在当时，国际上针对产业政策的相关研究主要是从政治学角度或是从历史发展过程入手，而真正从经济学角度展开的研究几乎是空白。周振华提早一年完成并提交了这一高难度课题的论文，提前进行答辩，获得校内外 20 余位专家一致的高度评价。博士论文最终以《产业政策的经济理论分析》为书名于 1991 年由中国人民大学出版社出版。

胡汮武评价这部著作"把产业政策提到经济理论的高度进行深入系统的研究，从而能为产业政策提供理论依据"，认为其在研究方法上的创新在于"根据影响产业政策的基本变量，构造了一个产业政策分析的基本框架，强调了经济发展战略和经济体制模式对产业政策的制定和实施所具有的决定性影响作用；建立了产业政策总体模型和产业政策结构模型，并据此展开分析"。这部著作还提出了许多新见解，例如，把创新和协调看作是产业政策的根本指导思想，提出产业政策选择基准的新假说，即"增长后劲基准、短缺替代弹性基准、瓶颈效应基准"。胡汮武评价这一新假说"比之日本经济学家筱原三代平的'收入弹性基准'和'生产率上升基准'更加切合中国的实际"。

学术精进：完成产业经济学研究"三部曲"

1990 年，周振华进入上海社会科学院经济所工作，开始进行产业经济学的深化研究，从产业结构演化规律、经济增长与产业结构关系两个方面展开深度理论挖掘。不仅在《经济研究》等刊物上发表论文，而且接连出版了《现代经济增长中的结构效应》（上海三联书店 1991 年版）和《产业结构优化论》（上海人民出版社 1992 年版）两部专著。二书延续了《产业政策的经济理论分析》的研究轨迹。

其中，《现代经济增长中的结构效应》是国内最早系统研究产业结构作用机理，揭示全要素生产率索洛"残值"中结构因素的专著。该书从产业结构的内部关联、外部联系及其发展成长和开放等方面，考察它们对经济增长的影响，分析结构效应的主要表现及其对经济增长的作用机理，深入探讨发挥结构效应所必须具备的条件和实现机制。该书在研究方法上，侧重于产业结构的机理分析。这种机理分析以动态结构的非均衡变动为基础，把总量增长描述为一种由结构变动和配置的回波效应促使经济增长不断加速的过程，重点研究的是产业结构变动及调整的资源再配置对经济增长的作用及其机制。这一机理分析的重要立论是，在更具专业化和一体化倾向的现代经济增长中，产业部门之间联系和交易及依赖度不断增大，结构效应上升到重要地位，成为现代经济增长的一个基本支撑点。这种来自结构聚合的巨大经济效益，是推动经济增长的重要因素。

如果说《现代经济增长中的结构效应》揭示了产业结构变动在经济增长中的效应释放机制，那么《产业结构优化论》则更踏前一步，探讨如何使产业结构的变动与调整朝着更优的方向行进，以更好地发挥结构效应、推动经济增长。该书从现代经济增长的特征与本质着手，建立产业结构优化分析理论模型，描述产业结构变动的一般趋势，分析产业结构高度化问题，并针对中国发展规律深层分析中国产业结构变动模式，进一步阐释如何以宏观经济非均衡运作的战略导向，建立起以人民需要为中心的发展模式，形成良性经济发展模式。中国社会主义政治经济学主要开拓者之一的雍文远教授评价该书的学术价值与贡献主要在于：

一是研究的角度和立意新颖。有别于国内外学术界对产业结构理论的研究通常集中于产业结构变动趋势方面，侧重于从国民收入变动的角度研究产业结构变动与之相关性以揭示产业结构变动的规律性，周振华的《产业结构优化论》的研究着眼点则在于如何使产业结构变动符合其规律性的要求，即如何实现产业结构优化。这一研究角度不仅独辟蹊径，而且使得对产业结构问题的研究更加深化，有助于推动产业结构理论的发展。

二是针对中国产业结构现实问题，在充分论证的基础上对一系列有争议的理论问题发表了独创之见。例如，周振华认为中国产业结构超常规变动与中国特定经济环境条件有关，问题并不在于这种超常规变动本身，而在于产业结构超常规变动中缺乏协调和创新。根据这一判断，周振华提出了实现中国产业结构优化的关键是加强协调和促进创新，而要做到这一点，不仅需要采取相应的政策措施，更主要的是实行新的经济发展战略和建立有效率的新体制和经济运行机制。这些新见解的提出，对中国社会主义现代化建设具有现实意义。

三是在体系结构上有所创新且合理。产业结构理论研究在国内刚刚起步，尚未形成一个较完整的理论体系。《产业结构优化论》则呈现了一个总体的分析框架，以及在此框架下的很强的逻辑性，具有相当的理论力度。

四是综合运用各种研究方法，对现实经济问题进行研究。周振华在研究产业结构优化问题上，采用了理论实证分析、经验实证分析、规范分析以及对策研究等方法,并根据其研究内容和对象的要求,把这些研究方法有机地统一起来。

改革开放以来,尽管中国经济持续高速增长,但产业结构偏差与扭曲一直存在,产业结构调整升级及解决产能过剩问题始终是先务之急。《现代经济增长中的结构效应》与《产业结构优化论》的研究也因此始终具有理论前瞻性,二书中关于产业结构的机理分析和现象分析至今仍有适用性,对于解释中国新时期经济转型升级的深刻内涵及指导实际工作具有长久的积极意义。

博观约取:在产业经济及相关研究领域理论建树卓著

在 1991 年破格晋升为研究员之后,周振华继续专精于产业经济学研究。而随着他对现实问题的思考层层深入,其涉猎的研究范围也越来越广,包括经济增长与制度变革、经济结构调整以及企业改制等问题。并在《经济研究》《工业经济研究》等期刊发表了多篇学术论文,研究进路不断拓展。1994—1999 年间,先后出版了《步履艰难的转换:中国迈向现代企业制度的思索》(1994)、《体制变革与经济增长——中国经验与范式分析》(1999)、《积极推进经济结构的调整和优化》(合著)(1998)、《市场经济模式选择——国际比较及其借鉴》(主编)(1995)等多部专著。

其中,《步履艰难的转换:中国迈向现代企业制度的思索》切入微观视角,研究企业改革的问题。这看似突破了产业经济研究边界,但如周振华自己所言,其出发点在于理论研究关联性和系统性的需要,特别是中国宏观经济方面的现实问题大多要从微观基础予以解释。周振华在书中重点分析了中国现代企业制度的目标模式,尖锐地指出了转换机制尤其是国有企业制度创新的难点与关键所在,并对如何迈向现代企业制度提出了基本的对策思路和方案设想。这一研究是基于周振华对中国实行现代企业制度前景的总体把握和历史瞰视,体现了他敏锐的学术直觉与深刻的理论洞见。书中所提炼的财产所有权构成特征、所有权与控制相分离的特征、监督权结构特征、剩余索取权转让的特征等现代企业制度的"中国特色",以及由这几方面特征有机组合而成的中国现代企业制度的目标模式假说等,不但为 90 年代中国现代企业制度建设之路的开启提供了基本理论架构,而且在该书出版后的近 30 年来,不断被中国企业改革与发展的实践所一一证实。

《体制变革与经济增长》则进一步研究产业结构背后的体制机制问题。该著作对改革开放前 20 年的体制变革与经济增长的交互关系进行了全面、深入的实证分析,从不同角度总结了中国改革开放与经济发展一系列富有成效和具有特色的经验,并将其提升到理论高度,进行了中国范式分析,通过国际比较归纳出中国范式的一系列基本特征。在该书中,周振华创造性地提出了"制度—增长"的分析框架及各种理论假设,并予以了初步检验。对政府政策制定者"改革程序"设定的论述是全书的灵魂;而该书最大的理论建树则是提出了一个以利益关系为主线,以行为主体间的博弈方式为联结的体制变革与经济增长互动模式。该书的学术贡献在于,不仅书中关于中国改革 40 年中前 20 年的经济发展过程的研究性描述成为重要史料,而且其构建的理论分析框架更成为得到时间检验、对中国经济至今仍然富有解释力的理论成果,书中所建立的"制度—增长"理论分析框架仍可继续用来解释后 20 年乃至今天及未来中国的改革开放与经济发展。

在改革开放早期,周振华就已前瞻地提出,在社会主义市场经济条件下,特别在买方市场条件下,经济结构调整必须以市场为导向,充分发挥市场机制配置资源的基础性作用。同时,也要注重政府的经济调控在结构调整中的作用,政府主要运用经济手段和法律手段,引导和规范各类经济主体的行为,通过政策支持,促进结构优化。概言之,要保持政策支持与市场导向之间的平衡,在结构优化上发挥政府和市场的双重优势。这些观点在他的《积极推进经济结构的调整和优化》《市场经济模式选择——国际比较及其借鉴》等早期论著中,都有所体现。这些论著分别探究了如何以市场为导向,使社会生产适应国内外市场需求的变化;如何依靠科技进步,促进产业结构优化;如何发挥各地优势,推动区域经济协调发展;如何转变经济增长方式,改变高投入、低产出,高消耗、低效益的状况;等等。这些观点与研究结论,在今天看来,仍具有重大的现实意义和深远的历史意义。

超前的研究意识和学术自觉还体现在周振华主编的《中国经济分析》年度系列研究报告上。尽管核心研究领域仍然是产业经济学,而且 1990 年回到上海后关注更多的是上海经济发展,但他始终意识到无论是中观层面的产业发展,还是地区和城市的经济发展,都离不开宏观层面的、国家层面的经济运行大背景及其相关条件制约。所以周振华也一直把中国经济运行分析放在一个重要的研究地位。1993 年开始,周振华开始主编《中国经济分析》年度系列报告。这一研究报告既涉及年度性的中国经济形势分析与预测,又涉及对当时中国经济运行中突出问题的深入研究。

周振华认为,与一个较成熟且稳定的经济体系下的经济运行不同,改革开放下的中国经济运行呈现出更深刻的内涵、更复杂的机理、更丰富的内容、更迅速的变化等特征。因此,中国经济运行分析不是西方经济学的一般周期性分析,也不能仅停留在经济形势分析与预测层面上,而是要做基于制度变革的经济运行及其态势的深度分析。这要求理论工作者既进行中国经济运行动态跟踪分析,又进行中国经济运行中热点、难点和重点的专题研究。在此目标下,《中国经济分析》每一年度性研究报告都有一个明确主题,由周振华根据当时中国经济运行中的热点、难点及重大问题来确定,如"走向市场""地区发展""企业改制""增长转型""结构调整""金融改造""收入分配""挑战过剩""政府选择""外部冲击与经济波动""经济复苏与战略调整""复苏调整中的双重压力""危机中的增长转型""供给侧结构性改革与宏观调控创新"等。围绕特定主题,周振华设计全书主要内容及体系架构,撰写导论,并选择与组织不同专业领域的学者、专家共同参与各章撰写。《中国经济分析》系列的研究自90年代初开始,一直持续近25年,形成了关于中国经济运行的长达四分之一个世纪的跟踪分析与学术研究成果。

着手"范式转变":开拓产业经济学研究新境界

90年代,信息化浪潮逐渐席卷全球,周振华敏锐地捕捉到信息化之于产业发展的又一学术前沿课题。1998年,以承接上海市政府决策咨询重大课题"上海信息化与信息产业发展研究"为契机,周振华在产业经济学领域的深化研究进入了新的境界,即跳出传统产业经济理论范式,而使用溯因推理、外展推理的方法来寻求信息化进程中产业融合现象的一般性解释。

在2003年出版的《信息化与产业融合》一书中,周振华选择电信、广电、出版三大行业为典型案例,从个案分析到系统研究,建立起产业融合的基本理论模型,并依据产业融合新范式的内在机理提出了新的产业分类方法。在此基础上,对传统意义上的结构瓶颈制约、产业协调发展和结构动态平衡、产业结构高度化的线性部门替代及其基本表现特征等概念进行根本性的改造,赋予其新的内容或用新概念予以替代。进一步地,该书分析了产业融合在新型工业化道路中得以孕育与发展的内生性,探讨了新型工业化必须具备的基础性条件及相应的实现机制,从而揭示了走新型工业化道路是我国促进产业融合的唯一选择。该书中关于产业融合、产业边界、产业分类等维度的新颖讨论,至今仍被各种相关研究所引用,尤其是书中所探讨的电信、广电、出版的"三网融合",于今还是理论热点。

在对产业经济理论研究进行"范式转变"的过程中,周振华不仅先见性地把信息技术的变量引入产业经济理论研究,而且还开创性地把空间概念运用于产业经济尤其是服务经济的理论研究中。《信息化与产业融合》已经关注到网络型组织结构的特定属性、产业空间模式、产业集群方式等。在其后出版的《崛起中的全球城市:理论框架及中国模式研究》《服务经济发展:中国经济大变局之趋势》等论著中,周振华进一步发展了产业空间载体、空间价值的研究,以及网络分析等产业经济学的崭新研究方法。

例如,在《崛起中的全球城市》中,周振华针对发展中国家崛起中全球城市的背景条件、发展基础、路径依赖等约束条件,引入全球生产链、产业集群、全球城市区域等新的理论元素,进行理论分析框架的新综合,并提出借助于全球生产链促进城市功能转换的逻辑过程、依赖于大规模贸易流量的流动空间构造方式等创新观点。在《服务经济发展》中,周振华提出相对于制造业生产的分散化,服务产业具有明显的空间高度集聚特性,特别是生产者服务业以大城市为主要载体的产业集群,不仅促使知识外溢与信息共享,有利于专业服务人员的流动与合理配置,而且带来了专业性服务的互补,增强了服务的综合配套能力,促进了产业融合;因此对于服务经济发展来说,城市化规模比区位条件更为重要。

鉴于产业发展尤其是高端(先进)服务经济必须有其空间载体的依托,周振华把产业经济学研究的新的聚焦点放在了"全球城市"上。"全球城市"概念肇始于欧美发达国家,全球城市理论阐述了当代全球化的空间表达,研究核心是其独特的产业综合体及全球功能性机构集聚,集中表现为总部经济、平台经济、流量经济等。周振华认为,全球城市研究的很大一部分内容是产业综合体及其空间分布规律,由此便可打通产业经济理论与全球城市理论之间的研究通路。

2007年,周振华撰写出版的《崛起中的全球城市》成为国内最早系统研究全球城市理论的专著。该书立足于经济全球化和信息化两大潮流交互作用导致世界城市体系根本性变革的大背景,从全球网络结构的独特角度重新审视了全球城市的形成与发展,对传统的主流全球城市理论提出了批判性的意见,并通过吸收新政治经济学和新空间经济理论等研究成果,结合发展中国家的全球城市崛起的路径依赖等实际情况,原创性地提出了新综合的理论分析框架,从而进一步完善了当时既有的全球城市理论,使其具有更大的理论包容性。在这一新综合的分析框架下,该书对中国全球城市崛起的前提条件及约束条件作了详尽的实证分析,富有创造性地揭示了中国全球城市崛起不同于纽约、伦敦等发达国家城市的发展模式及路径选择。

《崛起中的全球城市》出版后获得了国家"三个一百"原创图书奖和上海市哲学社会科学优秀成果奖一等奖,其英文版亦在全球发行,得到"全球城市"概念提出者萨斯基亚·沙森教授等国际学者的首肯。这一研究当时在国内是相当超前的,直到2010年之后,随着全球化流经线路改变和世界经济重心转移,上海、北京等城市日益成为世界城市网络中的重要节点,国内的全球城市研究才逐渐兴起,《崛起中的全球城市》则成为不可多得的重要文献。

关照中国现实:以理论研究反哺改革实践

一如当年选择产业问题作为博士论文题目的初心,周振华教授的学术研究从不隐于"象牙塔",而是始终观照中国现实。周振华不仅致力于以产业经济学为主的本土经济学研究的发展进步,而且致力于社会经济本身的发展进步,90年代中后期开始,他的研究更是紧接上海发展的"地气"。在当时开展的"迈向21世纪的上海"大讨论中,周振华的研究贡献主要在于分析了世界经济重心东移和新国际分工下的产业转移,为上海确立"四个中心"建设战略目标提供背景支撑。在洋山深水港建设前期论证研究中,周振华通过分析亚洲各国争夺亚太营运中心的核心内容及基本态势,论证了加快洋山深水港建设的必要性和紧迫性,并评估了优势与劣势条件。在此期间,周振华还先后承接和完成了一批国家及市级的重大研究课题,凭借深厚的理论功底、广阔的学术视野,在完成这些问题导向的课题的同时,也在核心期刊上发表了相关课题的系统化和学理化研究成果,如"城市综合竞争力的本质特征:增强综合服务功能""流量经济及其理论体系""论城市综合创新能力""论城市能级水平与现代服务业"等。

2006年,周振华调任上海市人民政府发展研究中心主任,其工作重心转向政策研究和决策咨询,但他的学术研究也一直在同步延伸。前述已提及的《服务经济发展:中国经济大变局之趋势》一书,即是周振华在发展研究中心时期写成的又一部学术力作。

该书的研究对象主要是服务经济之发展,涵盖工业经济与服务经济两个不同社会经济形态中的"孕育脱胎"发展和成熟化发展。在书中,周振华首先从理论上回答了"何为服务经济"的一般性问题;其次,通过对服务经济发展动因及其作用机制的分析,揭示了服务经济演进轨迹及发展趋势性特征,回答了"服务经济从何处来"的问题,从而构建了服务经济发展的一般理论分析框架。在这一理论框架下,通过中国案例分析了影响服务经济发展的若干重要变量,尤其是结合中国实际情况剖析了发展战略及其模式、市场基础、制度政策环境等对服务经济发展的影响,以及服务经济发展中固有的非均衡增长问题。进一步地,从未来发展的角度,探讨发展转型与改革深化、信息化创新和国际化等重大问题,从而回答了"如何促进服务经济发展"的现实问题。

要而言之,《服务经济发展》的理论建树与学术价值在于从社会经济形态的层面来研究服务经济发展,从世界(一般)与中国(特殊)两个维度进行服务经济发展的交互分析,并立足中国发展阶段来认识与理解服务经济,扩展与充实了服务经济一般理论框架,使其具有更好的适用性和解释力,而且也为进一步探索如何促进中国服务经济发展提供了重要线索和思路。当前,中国仍处在工业化中期向后期过渡阶段,工业发展及其比重在国民经济中仍居主导地位。作为在2010年代上半期完成的关于中国服务经济发展的理论研究成果,该书再次体现了周振华出色的学术前瞻力与洞见力。该书2014年出版之后,获国际著名学术出版机构施普林格(Springer)青睐,于翌年出版发行了英文版。

在改革开放30年和40年的两个节点,周振华教授先后牵头,组织上海大批专家学者开展相关研究,分别形成《上海:城市嬗变及展望》(三卷本)和《上海改革开放40年大事研究》(12卷本)重大理论成果。2010年出版的《上海:城市嬗变及展望》对上海建埠以来的历史、现状、未来开展系统研究,以翔实的史料、清晰的脉络和开阔的视野,全面记录了改革开放前后两个30年上海这座城市所发生的深刻变化,整体勾勒了未来30年上海发展的远景。该三卷本获上海市第十一届哲学社会科学优秀成果奖著作类一等奖。2018年出版的《上海改革开放40年大事研究》以时间为经线、事例为纬线,抓住敢为天下先的大事,体现勇于探索实践的创新，反映上海改革开放的历程，凸显中国特色、上海特点和时代特征。该丛书是改革开放 40 年之际的首套大规模、成系统的地方性改革开放研究丛书，获得新华社、人民日报等主流媒体多方位报道。2019 年 1 月 30 日，《中国新闻出版广电报》刊发关于该研究成果的头版文章《〈上海改革开放 40 年大事研究〉：讲理论说案例，展现排头兵先行者足迹》。周振华还执笔其中的第一卷，即丛书总论性质的《排头兵与先行者》一书。

这两套关于上海改革开放实践的代表性理论专著，不仅具有重要的历史价值，而且具有承前启后、继往开来的重大现实意义，为上海和全国不断全面深化改革，推动经济与社会发展，提供了坚实的学术支撑和理论支持。

填补理论空白：奠定全球城市研究领域学术地位

在 2007 年《崛起中的全球城市》完成之后，2017 年，周振华教授立足中国发展模式及上海发展路径的研究成果《全球城市：演化原理与上海 2050》出版。这部"十年磨一剑"的著作对全球城市内涵进行了系统化、范式化的研究，建构了全球城市演化的理论框架。

全球城市领域的既有文献几乎都聚焦于既定（已经形成）的全球城市上，探讨其在经济全球化中的地位与作用、所具备的主要功能及其通过什么样的运作方式发挥等内容，而对"一个城市是怎样成为全球城市的"，即全球城市的动态演化这一问题则几无探讨。《全球城市：演化原理与上海 2050》突破静态研究范式，充分考虑全球化进程仍在持续、上海等中国大城市正在快速发展的事实，以半部篇幅，从生成、崛起、发展、趋向的动态演化视角，运用演化本体论、演化生态环境、演化物种论、演化动力学、演化模式与形态及空间等理论和方法，来阐释全球城市，揭示全球城市动态过程中的复杂、不确定和非均衡意义。由此，周振华填补了用动态演化框架和演化理论支撑全球城市研究的空白。

在《全球城市：演化原理与上海 2050》的下半部分中，周振华把上海作为案例，全面分析了上海全球城市演化的宏观与微观变量，推演了演化可能性，勾勒了上海真正演化为全球城市之后的目标定位、核心功能、空间表现、战略资源等面向。

关于目标定位，周振华提出，就连通性覆盖范围和连接种类范围而言，上海应该成为全球主义取向的综合性全球城市；从位置战略性和网络流动性角度看，应成为高流动的战略性城市；从基于枢纽型的递归中心性与基于门户型的递归权力性位置组合角度看，应成为门户型的枢纽城市。

关于核心功能，周振华认为主要体现为四大功能，即全球价值链管控功能、全球财富管理功能、全球科技创新策源功能、全球文化融汇引领功能。这些功能并非凭空产生，而是基于上海现有城市功能的转换和演进，其具体内涵则会随时间变迁而动态调整。

关于空间扩展，周振华分别从全球城市过程、全球城市区域过程、巨型城市区域过程三个层面展开论述。他提出，在全球城市过程阶段，上海中心城区功能会向郊区延伸，形成具有足够持续性和非常大的内部互联的多中心、多核城市空间结构，新城和新市镇的培育将是关键。在全球城市区域过程阶段，网络关系跨越市域边界向周围邻近地区拓展，很可能演化为形态单中心（上海）与功能多中心相结合的区域空间结构。在巨型城市区域过程阶段，上海全球城市空间向长三角地区更大范围扩展，即向长江三角洲巨型城市区域演化，空间结构仍将是形态单中心和功能多中心，其中存在若干核心城市（南京、杭州、合肥、苏州、宁波等）将共同成为全球资源配置的亚太门户。

在书中，周振华还强调城市演化本质上是基于主体参与者的城市心智进化，因而人力资本是重要的战略性资源。他鲜明地指出了人力资本的"二元结构"，即由"职位极化"带来的"劳动力极化"。除高端专业化人才外，全球城市的知识型全球功能性机构也离不开大量配套性服务人员，包括信息收集处理、办公文档管理等，以及餐饮、交通、快递、家政之类的社会服务人员。此外，周振华也预见了一些值得关注的影响演化全局的问题，比如，土地使用约束趋紧导致的空间拥挤将形成强烈的"挤出效应"，房地产过度依赖，社会极化与城市治理难题，以及生态环境压力等。

《全球城市：演化原理与上海 2050》出版的同时，《崛起中的全球城市：理论框架及中国模式研究》再版。2018 年 4 月，以两部著作发布为契机的"迈向卓越的全球城市：全球城市理论前沿与上海实践"高端研讨会在上海中心成功举办，"全球城市理论之母"萨斯基娅·萨森教授也应邀出席。这次研讨会影响深远，由周振华教授倡导和发展的"全球城市"前沿理论也得到更进一步的传播。

2019 年，周振华教授写就的简明读本《卓越的全球城市：国家使命与上海雄心》及《全球城市：国家战略与上海行动》出版。这两本书化抽象的概念范畴为具象化的内容,化繁杂的理论验证为简明扼要的推论,化学术语境的规范表述为浅显易懂的表达,以通俗的话语解读了上海建设卓越全球城市的历史必然性、所承载的国家战略使命、面临的时代新命题,以及如何破题书写历史新篇章等等。由此,"全球城市"理论、理念的传播,面向了更广泛的群体,为非专业领域的受众提供了全球城市理论的基本常识。正是在周振华不遗余力地引介、发展、推广下,"全球城市"理论在国内从学术前沿层面逐步走向理论普及层面。

与此同时,在完成引进理论的"本土化"之后,中国学者的"全球城市"研究成果成功"走出去"。继《崛起中的全球城市》出版英文版之后,《全球城市：演化原理与上海2050》英文版也由世界知名学术出版商世哲(Sage)出版发行。周振华教授跨越数十年学术努力,为国内学界、政界创造国际化语境,构建中国学术界与国际同行或政府间交流话语权的学术初心初步实现。

在潜心完成"全球城市"理论的本土化工作和基本理论体系的构建之后,周振华教授着力开展多维度的深化研究,继续推动"全球城市"理论的发展和"全球城市"实践的进程。2018年正式退休后,周振华即出任新成立的上海全球城市研究院院长,创办并主编《全球城市研究》季刊。在周振华的带领下,研究院坚持面向全球、面向未来,对标国际最高标准、最好水平,整合和运用多方面研究力量,开展对全球城市发展的跟踪研究,为以上海为代表的超大特大城市的发展和更新,在学术理论层面、实践经验层面、政策建议层面,提供了诸多新理念、新方法、新思路。代表性的成果包括三大标志性年度报告即《全球城市发展报告》《全球城市案例研究》和《全球城市发展指数》,《上海都市圈发展报告》系列,《全球城市经典译丛》系列,等等。

其中,三大年度标志性报告围绕"增强全球资源配置功能""全球化战略空间""全球化城市资产""城市数字化转型""全球网络的合作与竞争"等各年度主题,基于国内外相关理论成果、丰富的案例和扎实的数据资料,以图文并茂的呈现形式,发展全球城市前沿理论,总结全球城市实践经验,提出全球城市建设策略。由周振华教授设定的各年度主题,都紧扣"全球城市"概念所强调的特质,也就是"全球城市"不同于"国际大都市""世界城市"等传统说法而具有的特质。多年来,周振华教授始终致力于"全球城市"这一概念在国内生根发芽,主张使用"全球城市"的提法和观点,强调以上海为代表的国内特大型城市在建设发展中,其核心功能并不在于财富、资本、跨国公司总部的单纯积累,而是在于资金、人才等要素的进出的流量、连通性与平台功能,在于生产者服务业的发展,在于萨斯基亚·沙森教授所提出的"中介化"功能。

2022年,由周振华教授领衔的"以全球城市为核心的巨型城市群引领双循环路径研究"获国家哲社重大课题立项。至此,周振华教授在产业经济学、全球城市理论等领域的研究成果愈加丰富立体,学术贡献不断突破,学术境界再上新高度。

以上概要评述了周振华教授40年来的主要学术贡献,这些学术贡献既为中国经济发展提供了坚实的学术支撑,也为中国发展自己的哲学社会科学理论提供了丰厚的积淀。与此同时,我们从中既可以窥见周振华教授的超前学术思维、极度开阔的学术视野、对现实问题的超强敏锐度,以及广纳厚积的学术功力,也能真切感受到周振华教授所坚守的学术关怀与学术精神。

(忻雁翔整理)

后　记

　　近大半年时间，断断续续在做这套学术文集的整理和编纂工作，似乎并没有太多兴奋与激情，反而有一种"年在桑榆间，影响不能追"的落寞，叹人生一世，去若朝露晞。但不管怎样，这套学术文集凝结了自己毕生心血，又即将面世，不免感慨万端。借此后记，有感而发，略表心声。

　　一个突如其来的惊喜。也许，当初并没有在意，或已习惯"挥手过去"，没有完整存留数十年来的研究成果，更未想过有朝一日汇编为一整套的学术文集。当格致出版社忻雁翔副总编辑提出要汇编出版这套学术文集时，我一时愣然，惊喜之余，又有点不知所措。首先想到一个问题，这能行吗？这并不是担心成果数量能否形成文集规模，而是顾虑成果质量是否有汇编为文集的价值。毕竟这些作品，早的都已过去三十多年，近十年的也在快速"折旧"，赶不上时代迅速变化啊！忻总解释道，我们翻阅过，一些早期作品的主要观点在当时是比较超前的，为此还曾多次再版，不仅有历史价值，也有现实意义。随之，我又有点畏难，数十年的成果收集和整理势必琐碎，要花费太多时间与精力。忻总说，在我们这里出版的大部分著作，存有电子版，那些早期或在别处出版的著作，可以由专业排版人员做先期录入；你只要负责归类与编排，以及内容补充与修改完善即可。接着，我开玩笑地问道，现在汇编出版这套学术文集是否早了点，说不定以后还会有新的作品呢。忻总答，没关系，有了新的作品，以后再加进文集中去。至此，我才开始着手成果整理和编纂。应该讲，格致出版社和上海人民出版社是此事的始作俑者，是他们的大胆设想和务实精神促成了这套学术文集的诞生。

　　一种发自内心的感激。对于学者来说，出版社及编辑是"伯乐"之一。他们见多识广，博洽多闻，通晓理论前沿，谙熟学术规范。十分幸运，我的大部分专著是在上海三联书店、格致出版社和上海人民出版社,并经少数较固定的责任编辑之手出版的。在与出版社的长期合作中,他们成为我学术生涯中的良师益友。上海世纪出版集团原总裁陈昕将我一些主要著作,如《现代经济增长中的结构效应》《体制变革与经济增长——中国经验与范式分析》《服务经济发展:中国经济大变局及趋势》等列入他主编的"当代经济学系列丛书·当代经济学文库",其对中国经济学界的发展产生了重大影响。当时,陈昕社长还经常召集"当代经济学文库"的主要作者,举行理论研讨会,激发学者创作热情,促进理论创新,并多次邀请我去世纪出版集团给社领导及编辑讲述最新研究成果,进行学术交流。后来,忻雁翔女士负责编辑出版我的许多专著以及我主编的著作,并多次举办新书发布会,向社会大力宣传和推荐我的新作品。基于对学者研究的长期跟踪和了解,她这次还专门为这套文集撰写了"周振华教授学术贡献梳理"。这种学界与出版界的长期紧密合作与互动,在我身上得到淋漓尽致的体现,对我的学术研究有很大的帮助,成为我学术生涯中不可或缺的重要组成部分。借这套学术文集出版之机,向这些出版社和出版人表示由衷的感谢。

一股由来已久的感动。在我的学术生涯中,虽然长期坐"冷板凳",但我并不感到孤独与寂寞。这一路上,不乏"贵人"和"高人"指点迷津和遮风挡雨,得到陈征、胡洒武恩师以及张仲礼、袁恩桢、张继光等学术前辈的惜护与栽培,得到中学老师王佩玉、香兰农场党委书记刘荣栻等长期关心和教导。这一路上,最不缺的,是一大批风雨同舟、枝干相持的朋友。大学时期和读硕、读博时期的同窗好友,他们"书生意气,挥斥方遒"的风华,时时感召和激励着我。南京大学、上海社科院的同仁,以及一大批在学术领域一起合作过的专家学者,他们"才华横溢,竿头日进"的风采,极大促动和鞭策着我。上海市政府发展研究中心、上海发展战略研究所和上海全球城市研究院的同事挚友,他们"将伯之助,相携于道"的风尚,深深感动和温暖着我。我真切地看到,在这套学术文集中处处闪现他们留下的身影,有对我的鼓励、启发,有对我的批评、促进,也有对我的支持和帮助。当然,在这当中,也少不了父母大人、爱人秦慧宝、女儿周凌岑等家人的理解和支持,少不了他们所作出的无私奉献。借此机会,一并向他们表示深深的敬意和感谢。

一份意想不到的收获。原以为文集编纂比较简单,主要是根据不同内容构建一个框架。然而,实际做起来,便发现了问题,即已出版的著作并不能反映全部研究成果,致使呈现的学术研究不连贯,从而有必要把一些重大课题研究成果补充进去,作为学术研究的重要组成部分。为此,在这方面我下了较大功夫,进行系统收集、整理、归类乃至个别修改,有的补充到原有著作中去,有的经过系统化独立成册。"产业卷"的三本中,除《现代经济增长中的结构效应》外,《产业结构与产业政策》由原先出版的《产业结构优化论》和《产业政策的经济理论系统分析》汇编而成;《产业融合与服务经济》由原先出版的《信息化与产业融合》和《服务经济发展:中国经济大变局及趋势》汇编而成。"中国经济卷"的三本中,除《体制变革与经济增长》外,《市场经济与结构调整》由新编的"市场经济及运作模式"和"结构调整与微观再造"两部分内容构成;《经济运行与发展新格局》由历年《中国经济分析》中我个人撰写章节的汇编内容和"经济发展新格局"新编内容共同构成。"上海发展卷"的三本中,《增长方式与竞争优势》由原先出版的《增长方式转变》一书和基于重大课题研究成果新编的"竞争优势、现代服务与科技创新"两部分内容构成;《改革开放的经验总结与理论探索》在原先出版的《排头兵与先行者》一书基础上,增加了一部分新内容;《创新驱动与转型发展:内在逻辑分析》是基于重大课题研究成果和有关论文及访谈的新编内容。"全球城市卷"的三本中,除了《全球城市:演化原理和上海2050》外,《全球城市崛起与城市发展》由原先出版的《崛起中的全球城市:理论框架及中国模式研究》和《城市发展:愿景与实践——基于上海世博会城市最佳实践区案例的分析》汇编而成;《迈向卓越的全球城市》由原先出版的《全球城市:国家战略与上海行动》和《卓越的全球城市:国家使命与上海雄心》,以及新编的"全球城市新议题"板块汇编而成。这样一种整理和补充,虽然又花费了不少功夫,但完善了整个学术研究过程及其成果,梳理出了一以贯之的主线及融会贯通的学术思想,四卷内容得以有机串联起来。在此过程中,通过全面回顾个人学术生涯的风雨与坎坷,系统总结学术研究的经验与教训,认真反思研究成果的缺陷与不足,使自己的学术情怀得以释放,学术精神得以光大,学术思想得以升华。

一丝踟蹰不安的期待。按理说,学术文集也应当包括学术论文的内容。无奈时间较久,数量较多,且散落于众多刊物中,平时也没有存留,收集起来难度很大,故放弃了。这套学术文集主要汇编了一系列个人专著及合著中的个人撰写部分,如上已提及的,分为"产业卷""中国经济卷""上海发展卷""全球城市卷",每卷之下安排三本书,总共 12 本。这套学术文集纵然是历经艰辛、竭尽全力的心血结晶,也希望出版后能得到广大读者认可并从中有所收获。但贵在自知之明,我深知这套学术文集存在的不足,如有些观点陈旧过时,有些分析比较肤浅,有些论证还欠充分,有些逻辑不够严密,有些判断过于主观,有些结论呈现偏差。在学术规范与文字表述上,也存在不少瑕疵。因此,将其奉献给读者,不免忐忑,敬请包涵,欢迎批评指正。

周振华

2023 年 7 月

图书在版编目(CIP)数据

创新驱动与转型发展:内在逻辑分析/周振华著
.—上海:格致出版社:上海人民出版社,2023.8
(周振华学术文集)
ISBN 978 - 7 - 5432 - 3471 - 0

Ⅰ.①创…　Ⅱ.①周…　Ⅲ.①城市经济-转型经济-
研究-中国　Ⅳ.①F299.2

中国国家版本馆 CIP 数据核字(2023)第 090004 号

责任编辑　忻雁翔
装帧设计　路　静

周振华学术文集
创新驱动与转型发展:内在逻辑分析
周振华　著

出　　版　格致出版社
　　　　　上海人ℛ出版社
　　　　　(201101　上海市闵行区号景路 159 弄 C 座)
发　　行　上海人民出版社发行中心
印　　刷　上海盛通时代印刷有限公司
开　　本　787×1092　1/16
印　　张　30
插　　页　8
字　　数　486,000
版　　次　2023 年 8 月第 1 版
印　　次　2023 年 8 月第 1 次印刷
ISBN 978 - 7 - 5432 - 3471 - 0/F · 1514
定　　价　168.00 元

周振华学术文集